X.media.press

Hans Jörg Friedrich

Content Management mit Plone

Gestaltung, Programmierung, Anwendung und Admisnistration

Mit 153 Abbildungen und 21 Tabellen

Hans Jörg Friedrich
Dürrbachstr. 14
70329 Stuttgart
hans.friedrich@d-mo.de

Bibliografische Information der Deutschen Bibliothek
Die Deutsche Bibliothek verzeichnet diese Publikation in der Deutschen Nationalbibliografie; detaillierte bibliografische Daten sind im Internet über http://dnb.ddb.de abrufbar.

ISSN 1439-3107
ISBN-10 3-540-28763-9 Springer Berlin Heidelberg New York
ISBN-13 978-3-540-28763-6 Springer Berlin Heidelberg New York

Springer ist ein Unternehmen von Springer Science+Business Media
springer.de

Printed in Germany

Satz und Herstellung: LE-TEX, Jelonek, Schmidt & Vöckler GbR, Leipzig
Umschlaggestaltung: KünkelLopka Werbeagentur, Heidelberg
Gedruckt auf säurefreiem Papier 33/3100 YL - 5 4 3 2 1 0

Vorwort

Spannende Zeiten für Plone-Nutzer. Die Version 2.1 brachte eine große Zahl technischer und optischer Neuerungen. Mit der Plone-Version 2.5 beginnt die Annäherung an Zope 3. Plone ist zu einer ausgereiften Anwendung geworden. Es ist eine optimale Plattform für Portallösungen, aber auch eine hervorragende Grundlage für Unternehmenswebsites, deren Inhalte sich ändern, deren Struktur flexibel sein muss und die einen großen Funktionsumfang benötigen.

Mit Plone können Menschen ohne Kenntnisse der Internettechnologien Inhalte veröffentlichen und aktuell halten. Designer entwerfen das Aussehen einer Site, ohne jeden neuen Artikel anfassen zu müssen und Administratoren verwalten den Funktionsumfang über eine grafische Weboberfläche.

Zope hat sich den Ruf erworben, für Einsteiger schwer erlernbar zu sein. Und Plone basiert auf Zope. Es wäre jedoch falsch, daraus zu schließen, dass Plone ebenfalls schwer erlernbar ist. Mit Plone lassen sich viele Funktionen einfach verwenden, weil Plone selbst sich um die Details kümmert. Plone hat das Ziel, die Komplexität von Zope sowohl vor dem Anwender als auch vor den Entwicklern zu verbergen. Dennoch benötigt man einige Zeit und eine gute Starthilfe.

Dieses Buch versucht, diese Starthilfe zu leisten und erklärt die wichtigen Funktionen vom Konzept bis hin zu komplexen Anwendungen. Dabei nimmt es jeweils Rücksicht auf den Kenntnisstand des Lesers und dessen Schwerpunkt.

Für wen ist dieses Buch gedacht?

Ich unterscheide vier Lesergruppen, die in den vier Teilen des Buches die wichtigsten Informationen finden. Querverweise und Hinweise auf die Schnittstelle zwischen den Lesergruppen spannen jedoch einen Bogen über das gesamte Thema.

Gerade große Webprojekte werden nicht von einer Person allein realisiert. Normalerweise entwirft ein (Web)-*Designer* ein Seitenlayout, während ein

Programmierer die Funktionalität implementiert. Das führt zu einer funktionierenden Webanwendung, die dem *Administrator* oder dem Webmaster übergeben wird. Plone als Content-Management-System unterstützt diese Arbeitsteilung, indem es versucht, die verschiedenen Arbeitsbereiche möglichst präzise zu trennen. Und es definiert noch die vierte Gruppe die mit dem System arbeitet: Die *Anwender*, also die Autoren und Redakteure, die für die Inhalte verantwortlich sind, die sie selbst erstellen, ändern und freigeben. Diese vier Nutzergruppen, die Anwender, die Designer, die Programmierer und die Administratoren finden in eigenen Teilen des Buches zu jedem Thema die Informationen, die für sie wichtig sind.

Dieses Buch ist für Sie geeignet, wenn Sie

- als Autor oder Redakteur Inhalte in ein Plone-System einpflegen müssen oder für die Gesamtstruktur der Site verantwortlich sind.
- als Designer Templates für Plone Sites oder Zusatzprodukte entwerfen.
- als Programmierer Zusatzprodukte und neue Artikeltypen entwickeln oder die Funktionalität von Plone Sites erweitern.
- als Administrator für den Betrieb einer Plone Site, für Sicherheits- und Performance-Überlegungen und die Benutzerverwaltung verantwortlich sind.

Wie ist dieses Buch zu lesen?

In der realen Welt wird es vorkommen, dass eine Person mehrere dieser Rollen übernimmt. Dennoch ist es wichtig, sich jederzeit darüber im Klaren zu sein, welche Rolle man gerade spielt. Wenn Sie einem Querverweis in einen anderen Teil des Buches folgen, dann sollte das für Sie ein Zeichen sein, dass sich Ihre Rolle verändert hat.

Die Stellen, an denen ein anderer Akteur ins Spiel kommt, sind mit Symbolen markiert, die dabei helfen, die Zuständigkeiten zu klären. Diese Sollbruchstellen sind wichtig, weil zum Beispiel der Entwickler tatsächlich nur wenig Einfluss auf die spätere Konfiguration hat. Ein Designer kann sich nicht darauf verlassen, dass die eingestellten Inhalte eine bestimmte Länge haben. Die Einflussmöglichkeiten der an der Entwicklung beteiligten Personen auf die Parameter des Betriebs sind schon deshalb gering, weil sie regional weit auseinanderliegen können und auch nicht dem gleichen Unternehmen angehören müssen, wie es im klassischen Agenturbetrieb der Fall ist.

Arbeitsteilung ist nicht nur als Instrument der Spezialisierung zu sehen. Es geht auch um Skalierbarkeit. Selbst wenn lauter Generalisten existieren, die alle Rollen spielen können, sind Content-Management-Systeme so entworfen, dass die Anwendungen wachsen können. Irgendwann kommt der einzelne Akteur an seine Grenzen. Es ist wichtig, einzelne Bereiche delegieren zu können.

Konventionen

Die Beispiele im Buch sind mit Plone 2.1 entwickelt. Aber auch die Neuerungen von Plone 2.5 werden besprochen. Aufsteiger von einer früheren Plone-Version erkennen die Neuerungen schnell an den Versionssymbolen am Seitenrand. 2.1

Der arbeitsteilige Entwicklungsprozess definiert Schnittstellen zwischen den Beteiligten. Anschließende und ergänzende Aufgaben sind durch ein Symbol am Seitenrand markiert, das anzeigt, wer dafür zuständig ist. Die Buchstaben bezeichnen dabei die einzelnen Lesergruppen (A)dministrator, (C)ontent Manager, (D)esigner und (P)rogrammierer.[1]

Praktische Beispiele werden durch das Workshop-Symbol am Seitenrand angezeigt. Work

Pfadangaben und feststehende Bezeichnungen sind *kursiv* gesetzt. Dazu gehören auch Menübefehle in der Form *konfiguration* → *Aussehen*. Zu lesen ist das Beispiel so: Klicken Sie auf den Link „konfiguration" und anschließend auf den Menüpunkt „Aussehen".

Quelltextbeispiele und Eingaben werden in einer `Nichtproportional-schrift` dargestellt. Bedingt durch das Papierformat kommt es vor, dass Codezeilen nicht auf eine Druckzeile passen. Diese druckbedingten Umbrüche sind durch das Symbol ↩ gekennzeichnet.

Was ist auf der CD-ROM?

Auf der CD-ROM ist eine lauffähige Plone Site, die die Beispiele des Buches enthält, sowie weitere Materialien.

Die Plone Site der CD ist so eingerichtet, dass Sie daran alle Änderungen, die über die Weboberfläche möglich sind, vornehmen können. So können Sie auch ohne eigene Installation die Beispiele im Buch nachvollziehen oder mit Plone experimentieren. Die Änderungen bleiben allerdings nur so lange bestehen, bis der Zope Server angehalten wird.

Weitere Informationen zum Inhalt und zur Verwendung der CD finden Sie in der *README*-Datei für Ihr Betriebssystem im Wurzelverzeichnis der CD.

Danksagungen

Dieses Buch wäre nicht zustande gekommen, wenn mich nicht viele Menschen dabei unterstützt hätten. Ich danke Jutta Maria Fleschutz und

---

[1] Das Symbol selbst ist an die Lollipop-Notation einer Schnittstelle in der UML angelehnt. Das Prinzip der Schnittstelle besagt, dass sich zwei Aspekte vollständig voneinander trennen lassen und nur durch die Schnittstelle miteinander verbunden sind. Das ist ein guter Ansatz für die Arbeit mit Plone.

Dorothea Glaunsinger für die fruchtbare Begleitung des Projekts. Herrn Michael Reinfarth danke ich stellvertretend für alle, die an der Produktion beteiligt waren. Vielen Dank auch an die Gentleware AG und Wingware.

Für die hilfreichen Tipps, technische Unterstützung und ehrlichen Meinungen, für die Inspiration, die Geduld, die Anstöße und den Verzicht danke ich Corinna Jacobs, Thomas Friedrich, Ingrid Huber, Claudia Peycke, Tatjana Marin-Hofmann, Markus Roß, Prof. Dr. Johannes Schaugg, Christian Friedrich, Mark Kleber – stellvertretend für die Aktion Spielräume – und Carola Hennig-Klingsporn – stellvertretend für den SPD-Ortsverein Stuttgart-Hedelfingen/Rohracker/Lederberg.

Stuttgart, im Mai 2006 *Hans J. Friedrich*

Inhaltsverzeichnis

Teil I Content Management

Teil IV Administration

Teil I

Content Management

1

Einführung in Content Management

Der Inhalt zählt. Internetportale, die einen hohen Nutzwert haben sollen, leben von den Inhalten. Aktualität, Qualität und Umfang sind wesentliche Größen. Content-Management-Systeme können das nicht garantieren. Aber sie können helfen, diese Ziele konsequent zu verfolgen.

Content Management heißt übersetzt in etwa „Verwalten von Inhalten“. Internet-Sprachtools sprechen bisweilen auch von „zufriedenem Management“. Auch ein wünschenswerter Zustand. In unserem Fall scheint der erste Ansatz einer Definition aber erhellender. Es bleibt zu klären, was Inhalte sind, die im Content Management eine Rolle spielen und worin das Verwalten besteht.

Zuvor sollen aber noch drei Begriffe eingeführt werden, die in diesem Buch oft verwendet werden. Es ist wichtig, dass der Einsatz dieser Begriffe, das, wofür sie stehen, eindeutig ist. Eine *Website* bezeichnet immer eine gesamte Internetanwendung. Sie besteht aus einer Vielzahl von *Webseiten.* Diese *Seiten* bestehen aus allem, was der Besucher zu sehen bekommt. Aus Zierelementen, der Navigation, einem Logo und dem *Dokument.* Das *Dokument* wird in Plone auch *Artikel* genannt. Beide Begriffe beschreiben eine Menge an Informationen, die zusammen gehören und auf einer *Webseite* dargestellt werden.

1.1 Content

Content oder Inhalt ist der Oberbegriff für Informationen, die in digitalen Medien vorliegen. Die meisten Inhalte werden im Internet in Textform angeboten, aber durch die immer schnellere Anbindung der Nutzer an die Netzwerke und vor allem das Internet, können zunehmend die spezifischen Vorteile der anderen Medien wie Bilder, Töne, Animationen und Filme für einen optimalen Wissenstransport genutzt werden.

Inhalte können online oder offline bereit gestellt werden. Online-Inhalte werden unmittelbar dargestellt, wenn sie vom Browser aufgerufen werden, Offline-Inhalte müssen zuerst auf den eigenen Rechner heruntergeladen werden und dort mit einer passenden Software geöffnet werden.

1.1.1 Diskrete Medien

Diskrete Medien sind solche, die sich im Zeitverlauf der Nutzung nicht ändern. Die wesentlichen Vertreter sind Texte und Bilder. Diskret bedeutet, dass unabhängig davon, wie lange ein Text gelesen wird, die Zeichen, aus denen er besteht, immer dieselben bleiben.

Texte

Die Erstellung von Texten und deren Verbreitung in digitaler Form (im Gegensatz zur gedruckten Verteilung) geht sehr schnell. Änderungen können laufend in den Text eingearbeitet werden. Die Texterstellung ist also ein inkrementeller Vorgang. Texte erlauben die Abbildung sämtlicher Sachverhalte im Gesamtumfang der Sprache. Statische Zustände können ebenso wie Abläufe beschrieben werden.

Der Empfänger freut sich über eine schnelle Übertragung von Texten und den geringen technischen Aufwand, den der Abruf von Texten erfordert. Ein Textbrowser auf einem alten Computer bietet ein zufriedenstellendes Leseerlebnis.

Natürlich haben Texte auch gravierende Nachteile. Mit zunehmender Länge leidet die Übersicht. Zudem bieten Bildschirmarbeitsplätze keine gute Leseumgebung. Nicht vergessen sollte man auch den Anteil von Analphabeten in der eigenen Zielgruppe. In Deutschland wird die Zahl der funktionalen Analphabeten immerhin auf 4 Millionen Menschen geschätzt[45].

Texte werden meist online in Form von HTML-Dateien im Netz verbreitet. Oft werden aber zusätzlich Teile des Angebots auch als Textdateien zum Download angeboten. Firmenprospekte, die sonst gedruckt werden, können im PDF-Format auch über das Internet verteilt werden.

Bilder

Bilder sind immer Momentaufnahmen einer Situation. Ein einzelnes Bild kann keine Abfolge darstellen. Unterschieden werden fotorealistische Darstellungen und Zeichnungen. Zeichnungen können technischen und künstlerischen Charakter haben, Fotos ebenfalls eine künstlerische Zielsetzung oder eine dokumentarische. Mischformen sind möglich und wenn die Zielsetzung nicht klar ist, ist ein Bild auch sehr schwer zu interpretieren. Der Glaube an das, was man sieht, sollte was Bilder angeht, mit einem gehörigen Schuss Skepsis gepaart sein. War die Wahrheit eines Fotos früher immer auch die Wahrheit des Fotografen, ist sie heute noch dazu die Wahrheit des Grafikers, der das Bild bearbeitet. Bilder digital zu verbreiten ist teurer als Texte zu veröffentlichen, weil mehr Bandbreite benötigt wird. Durch sehr gute Kompressionsalgorithmen wird dieser Nachteil aber immer stärker relativiert. Deutlich aufwändiger dagegen ist die Herstellung und die Bearbeitung. Zudem muss ein Foto immer am Ort des Motivs entstehen.

1.1.2 Kontinuierliche Medien

Im Gegensatz zu den diskreten Medien haben kontinuierliche Medien eine zeitliche Dimension. Zu den kontinuierlichen Medien gehören Töne und Filme und als typisches Computermedium die Animation. Um kontinuierliche Medien online anzubieten, müssen sie gestreamt werden. Dabei wird eine dauerhafte Verbindung mit dem Empfänger aufgebaut und die Datei abgespielt, während sie noch lädt. Plone und der darunter liegende Zope-Server bieten von Haus aus keine Streaming-Unterstützung.

Töne

Das gesprochene Wort, Musik, Geräusche, alles enthält Informationen und kann zur Vermittlung von Wissen genutzt werden. Im Gegensatz zu Texten und Bildern werden Tonbeiträge meist nur offline angeboten. Sehr beliebt sind die sogenannten Podcasts, bei denen Rundfunkbeiträge heruntergeladen werden, um sie zu einer anderen Zeit mit einem mp3-Player oder einer Wiedergabesoftware anzuhören.

Filme

Für Filme gilt das Gleiche wie für Töne, allerdings sind die Dateien durch die zusätzliche Bildinformation deutlich größer. Dadurch steigt die Ladezeit beträchtlich an und die Attraktivität für den Benutzer sinkt. Deshalb bieten sich gerade Filme für die Verteilung per Streaming an.

Animationen

Animationen bilden einen Sonderfall unter den kontinuierlichen Medien. Hier muss zwischen der inhaltlichen und der technischen Seite unterschieden werden. Die Animation als Folge von Einzelbildern kann durchaus als Filmdatei gespeichert werden. Dann gilt technisch das Gleiche wie für Filme. Auf der anderen Seite gibt es spezielle Dateiformate für Animationen, die die Online-Darstellung und Interaktionen mit dem Benutzer ermöglichen. Die bekannteste Technik heißt Shockwave, besser bekannt als „Flash“, benannt nach einem Programm, mit dem Animationen erstellt werden können.

1.2 Management

Das Management der Inhalte umfasst nicht nur die Erstellung. Arbeitsabläufe müssen definiert, Aufgaben verteilt, Fristen und Termine eingehalten werden. Neben den Fragen, wer was wann macht, soll es in diesem Abschnitt zunächst darum gehen, was mit den Inhalten alles angestellt werden kann.

1.2.1 Erfassen

Die Herstellung von Inhalten ist natürlich der erste Schritt. Dabei wird nur in wenigen Fällen alles auf einer Website selbst erstellt. Die Inhalte kommen von den Fachabteilungen, von externen Autoren und Agenturen oder von Fotografen. Content-Management-Systeme ermöglichen es, Inhalte direkt im System zu erstellen oder externe Inhalte einzubinden.

1.2.2 Redigieren

Vor der Veröffentlichung werden die gelieferten und erstellten Inhalte überprüft und auf ihre Tauglichkeit und Richtigkeit überprüft. Bei Fehlern muss der Redakteur die fehlerhaften Inhalte an den Autor zur Korrektur zurückverweisen können. Ein Content-Management-System muss sicher stellen, dass Inhalte erst dann der Öffentlichkeit zugänglich gemacht werden, wenn sie diese Überprüfung durchlaufen haben.

1.2.3 Aggregieren

Die Menge aller Inhalte ist noch kein Argument für den Besucher einer Website, ein Angebot zu nutzen. Die Inhalte müssen gegliedert und sinnvoll zusammengestellt werden. Als Beispiel sei hier eine Gebrauchtwagenbörse genannt, die neben den Angeboten auch die Listenpreise, Finanzierungsangebote und Testberichte bereitstellt. Aggregation von Inhalten ist das klassische Kernkonzept von Portalen.

1.2.4 Syndizieren

Content Syndication bezeichnet die Integration fremder Inhalte in das eigene Angebot. Im obigen Beispiel wird der Gebrauchtwagenhändler keine eigenen Listenpreise ermitteln, sondern die entsprechenden Informationen von den bekannten Anbietern beziehen. Inhalte zu syndizieren bedeutet nicht, Material extern anfertigen zu lassen, sondern dass die Inhalte nicht exklusiv im eigenen Angebot erscheinen.

Die andere Seite der Medaille ist, dass Informationen, gerade wenn sie digitalisiert vorliegen, beliebig oft reproduziert werden können, ohne zusätzliche Kosten zu verursachen. Deshalb sollten sie auch immer über mehrere Kanäle verteilt werden. Der Content Manager muss einzelne Inhalte zielgerichtet für die Syndizierung freigeben können und das Content-Management-System muss die Verteilung an die Partner technisch abwickeln können.

1.2.5 Publizieren

Sind die Inhalte erfasst und redigiert, werden sie der Öffentlichkeit zugänglich gemacht. Die Veröffentlichung kann sich dabei auf bestimmte Personenkreise und einen bestimmten Zeitraum erstrecken. Diese Einschränkungen müssen vom Content-Management-System unterstützt werden.

1.3 Einsatz von Content-Management-Systemen

Content-Management-Systeme können in allen drei Bereichen der netzbasierten Kommunikation eingesetzt werden: Im Intranet werden Mitarbeiter über Neuigkeiten des Unternehmens informiert, über das Extranet erhalten Partner und der eigene Außendienst benötigte Informationen und im World Wide Web wird der breiten Öffentlichkeit eine Website bereit gestellt.

Verzichtet man auf die Möglichkeiten des eBusiness, dann lassen sich die Angebote auch statisch realisieren. Die wichtigen Vorteile von Content-Management-Systemen liegen aber in der Automatisierung der Prozesse, in der Dynamisierung der Inhalte, der Effizienzsteigerung und der besseren Verwaltung umfangreicher Seiten.

1.3.1 Aktualität

Die Erstellung statischer Webseiten läuft über mehrere Stationen. Ein Text wird in einer Textverarbeitung erfasst, redigiert und freigegeben. Dann wird er dem Webdesigner weiter gegeben. Dieser fügt den Text in die Designvorlagen ein und ergänzt eventuell Bilder und weitere Medien. Hierin liegt oft der Flaschenhals, weil der Webdesigner alles bearbeiten muss, was von den Fachabteilungen an Inhalten geliefert wird.

Content-Management-Systeme bieten die Möglichkeit, dass die Inhalte direkt von den Fachabteilungen in das System eingestellt werden. Gibt der Redakteur die Artikel frei, dann stehen sie ohne weitere Verzögerung im Netz. Inhalte, die sich nach der Veröffentlichung wieder ändern, können genauso schnell angepasst oder auch aus dem System entfernt werden.

1.3.2 Umfang

Je umfangreicher eine Site ist, desto aufwändiger wird auch die Pflege der Inhalte. Leicht können veraltete Informationen vergessen werden. Navigationshilfen müssen von Hand aktualisiert werden. Wird die Site so groß, dass sie von einer Person nicht mehr überblickt werden kann, dann kommt es möglicherweise zu Fehlern wegen ungenauer Absprachen. Auch die Kostenseite bei der Pflege umfangreicher statischer Sites ist ungünstiger als beim Einsatz eines Content-Management-Systems.

Dort werden Sitemaps und die Navigation automatisch erzeugt und die Gültigkeit der Inhalte kann von vorne herein beschränkt werden. Die gemeinsame Speicherung der Inhalte mit ihren Zusatzinformationen ist der getrennten Verwaltung von Zusatzdaten wie Sperrfristen und Ablaufdaten überlegen.

1.3.3 Individualität

Beim Stichwort Aggregation wurde schon kurz auf die Wichtigkeit hingewiesen, ein eigenständiges Angebot zu entwerfen. Inhalte aus verschiedenen Quellen zu einer komplexen Anwendung zusammen zu führen ist ohne elektronische Unterstützung nicht denkbar.

1.3.4 Qualität

Zur Qualität eines Angebots gehören natürlich auch die bereits genannten Kriterien Aktualität, Umfang und Individualität. In den jeweiligen Abschnitten ging es bereits darum, wie ein Content-Management-System dabei helfen kann, die Qualität zu verbessern. Ein ganz wichtiges Merkmal ist die Möglichkeit, die Inhalte von der Erstellung bis zum Ende ihrer Lebensdauer zu begleiten. Das geschieht durch die Verwaltung von Metadaten und mit einem Änderungsprotokoll. Außerdem müssen definierte Arbeitsabläufe durchlaufen werden, bevor ein Artikel veröffentlicht wird. So kann beispielsweise sicher gestellt werden, dass mindestens zwei Personen einen Artikel gelesen haben, bevor er freigegeben wird. Durch solche Maßnahmen können viele Fehler im Vorfeld erkannt und eliminiert werden.

2

Plone-Oberfläche

Die Plone-Oberfläche ist der Berührungspunkt der Anwender mit dem System. Sie vermittelt auf den ersten Blick eine Vorstellung davon, welche Möglichkeiten das System bietet. Bevor später hinter die Kulissen geschaut wird, ist jetzt die Zeit, einen genauen Blick auf die polierte Oberfläche zu werfen.

Die Oberfläche von Plone, so wie sie sich direkt nach der Installation zeigt, soll der Inhalt der folgenden Seiten sein. Wenn Sie Ihre eigene Seite aufbauen, wird sich die Gestalt schnell verändern. Dennoch lassen sich auf jeder Plone Site Elemente identifizieren, die ihren Ursprung im klassischen Plone Layout haben. Vielleicht in anderen Farben, mit anderen Bezeichnungen oder an einer anderen Stelle. Aber es ist immer noch eine Funktion von Plone.

Das Aussehen von Plone variiert sehr stark, je nachdem ob es sich um einen anonymen Besucher oder einen angemeldeten Benutzer handelt. Plone überprüft bei jedem Seitenabruf, ob der Besucher berechtigt ist, die eine oder andere Aktion auszuführen. Generell kann man aber sagen, dass registrierte Benutzer fast alle Elemente sehen, die ein Gast auch ansehen darf.

Dieser Abschnitt soll Sie mit den Elementen der Plone-Oberfläche und ihren Namen vertraut machen. Es ist keine detaillierte Beschreibung der Funktionalität und der Konfigurationsmöglichkeiten. Wenn Sie mehr über die Einstellungen zu einzelnen Elementen wissen möchten, dann folgen Sie den Querverweisen.

Hier wird nur der Ist-Zustand nach der Installation besprochen. Sie als Content Manager entscheiden aber selbst darüber, welche Benutzer welche Funktionen sehen dürfen und welche nicht, welche Elemente grundsätzlich deaktiviert werden. Sehen Sie also den besprochenen Stand nicht als unabänderlich an. In Plone ist fast nichts in Stein gemeißelt.

Den Anblick, der sich einem anonymen Besucher einer Plone Site direkt nach der Installation bietet, zeigt die Abbildung 2.1.

2.1 Der Kopfbereich

Der waagerechte weiße Block inklusive des dunkleren Querbalkens ist der Seitenkopf. Er beinhaltet sechs Elemente: Das Logo, die Schnellsuche, die Site Actions, die Portal Tabs, die Personal Tools und den Pfadbalken.

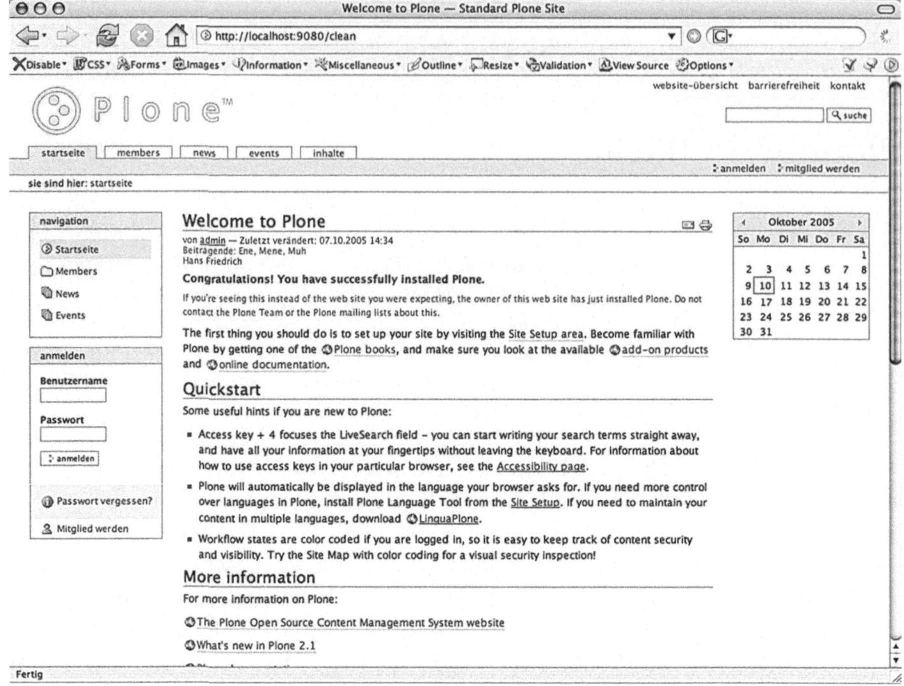

Abb. 2.1. Als Gast auf der Startseite

2.1.1 Das Gesicht des Unternehmens – Logo

Die Darstellung des Logos ist selbsterklärend und es gibt auch kaum Interaktionsmöglichkeiten. Das Logo ist mit der Startseite verknüpft, so dass man von jeder Seite aus mit einem Klick zurück zur Homepage kommt.

Abb. 2.2. Das Logo ist mit der Startseite verlinkt

2.1.2 Stichworte finden – Schnellsuche

Das Suchfeld ermöglicht eine einfache Stichwortsuche, die den gesamten Katalog durchsucht. Dabei werden sowohl Treffer in den Namen der Artikel als auch in den Inhalten selbst gelistet. Suchabfragen werden im Abschnitt 6.4.2 auf Seite 91 noch ausführlich erklärt.

Abb. 2.3. Die einfache Suche ist auf jeder Seite verfügbar

2.1.3 Globale Funktionen – Site Actions

Die Site Actions ändern sich in Abhängigkeit der Rechte des jeweiligen Benutzers. In dieses Menü gehören alle Funktionen, die auf jeder Seite das Gleiche bewirken und deren Aktionen sich auf die Website selbst beziehen. Die Aktionen beziehen sich auf die gesamte Site. Anonymen Benutzern stehen standardmäßig drei Aktionen zur Verfügung:

website-übersicht: Neu eingeführt in Plone 2.1 wurde eine automatisch generierte Übersicht, auch in Deutschland besser bekannt unter dem englischen Begriff „Sitemap".

barrierefreiheit: Barrierefreiheit ist ein sehr wichtiges, aber leider völlig stiefmütterlich behandeltes Thema. Die Standard-Plone-Site berücksichtigt die Vorgaben der entsprechenden Arbeitsgruppe des W3-Konsortiums. Dazu gehört die Definition von Tastaturkürzeln, mit denen zentrale Punkte der Site, wie die Startseite oder die Sitemap, aber auch einzelne Elemente der aktuellen Seite, hierzu gehören unter anderem die Navigation und das Suchfeld, direkt angesprungen werden können. Außerdem sind die Links für die Textgröße jetzt unter dem Punkt *barrierefreiheit* untergebracht. Wenn Sie bei der Gestaltung ihrer Plone Site daran denken, keine neuen Barrieren zu schaffen, dann haben auch Menschen mit einer Behinderung gute Chancen, Ihr Angebot nutzen zu können. Die Tastaturkürzel sind übrigens nicht nur für behinderte Menschen interessant. Probieren Sie es aus. Sie werden sich wundern, wie gut man über diese Funktionen auf der Seite navigieren kann.

kontakt: Ein Besucher sollte von jeder Seite aus die Möglichkeit haben, mit dem Site-Betreiber in Kontakt zu treten. Nachdem der Link nun fest in Plone verankert ist, wird es vielen Anbietern leichter fallen, diese Grundregel zu beherzigen. Über Kontakt gelangt man zu einem Formular, in das der Besucher sein Anliegen eintragen kann.

Administratoren – in Plone heißen sie Manager – sehen noch ein Feld mehr. Das Feld *konfiguration*. Mit diesem Link gelangt man in die Plone-Konfiguration und von dort aus auf die Oberfläche des Zope Servers, die technische Basis von Plone. Alle Konfigurationsmöglichkeiten, die dort zu finden sind, werden im Kapitel 17 auf Seite 317 behandelt.

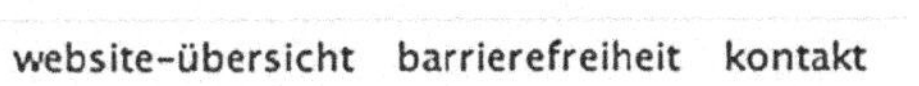

website-übersicht barrierefreiheit kontakt

Abb. 2.4. Die Standardaktionen für anonyme Benutzer

2.1.4 Das Hauptmenü – Portal Tabs

Das Hauptmenü in Plone listet die Ordner der obersten Ebene in der Dateistruktur auf, sofern das nicht individuell in einzelnen Ordnern ausgeschlossen wurde. Dazu kommen die Nachrichtenübersicht (*news*), die Liste der Termine (*events*) und ein Formular, über das nach Benutzern gesucht werden kann (*members*).

Abb. 2.5. Die Portal Tabs bilden das Hauptmenü

2.1.5 Persönliche Werkzeuge – Personal Tools

Die persönlichen Werkzeuge eines anonymen Benutzers beschränken sich auf den Mitgliedsantrag und den Link zur Anmeldemaske für die Benutzer, die bereits im Besitz gültiger Anmeldedaten sind.

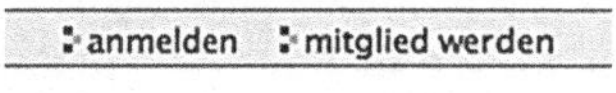

Abb. 2.6. Persönliche Werkzeuge eines anonymen Benutzers

Nachdem sich ein Benutzer mit seinen Anmeldedaten eingeloggt hat, sieht er weitere Optionen:

mein Ordner: Jeder Benutzer erhält standardmäßig ein eigenes Benutzerverzeichnis. In diesem kann er seine Artikel verfassen und sie dann zur Veröffentlichung einreichen oder auch nicht. Man kann die automatische Erzeugung von Benutzerverzeichnissen in Plone auch deaktivieren.

meine einstellungen: Über diesen Link können angemeldete Benutzer ihre Stammdaten verwalten oder ihr Passwort ändern.

rückgängig: Alle Änderungen, die an der Plone-Datenbank vorgenommen werden, können nachträglich wieder rückgängig gemacht werden.

abmelden: Aus der Schaltfläche *anmelden* wird für angemeldete Benutzer der Button *abmelden.*

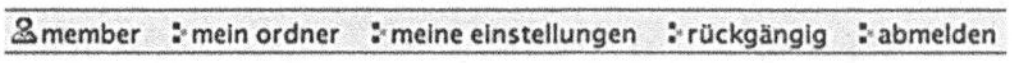

Abb. 2.7. Persönliche Werkzeuge eines angemeldeten Benutzers

Brotkrumen auf dem Weg – Pfadbalken

Pfadbalken ist die wörtliche Übersetzung des Begriffs, der in Plone üblich ist, um die verlinkte Darstellung des aktuellen Pfades zu beschreiben. Wesentlich einprägsamer ist allerdings das Wort Breadcrumbs-Navigation. Über die „Brotkrumen", die einzelnen Elemente des aktuellen Pfades kann man sich im Verzeichnisbaum aufwärts bewegen. Der Begriff ist an das Märchen „Hänsel und Gretel" angelehnt, die Brotkrumen ausstreuten, um aus dem Wald heraus zu finden.

sie sind hier: startseite

Abb. 2.8. Die Brotkrumen-Navigation

2.2 Der Seitenkörper

Der Inhaltsbereich des Plone-Basislayouts ist in drei Spalten unterteilt: In der Mitte ist der Hauptinhaltsbereich und an den Seiten befinden sich kleine Kästchen mit Zusatzinformationen. Die beiden Randspalten heißen *Slots* und die Kästchen *Portlets*. Welche Portlets in welcher Spalte erscheinen, kann vom Administrator über die Zope-Management-Oberfläche eingestellt werden.

2.2.1 Portlets

Portlets eignen sich für Informationen, die wenig Platz brauchen genauso wie für einen Kurzüberblick und Blickfänger. Plone definiert einige Portlets, von denen anonyme Benutzer die folgenden zu sehen bekommen.

Navigation

Abb. 2.9. Das Navigations-Portlet

Die Navigation ist natürlich für alle Benutzer sichtbar. Denn auch anonyme Benutzer sollen durch die Seite navigieren können. Allerdings sehen unterschiedliche Benutzer je nach ihren Berechtigungen unterschiedliche Einträge. Für angemeldete Benutzer zeigt die Textfarbe der Einträge zusätzlich deren Status an. Weitere Informationen zum Dokumentstatus und dem Workflow gibt es im Abschnitt 4.5 auf Seite 32.

Anmeldung

Abb. 2.10. Das Login-Portlet

Das Anmelde-Portlet ist nur für anonyme Benutzer sichtbar. Das Portlet bietet drei Funktionen:

- Anmeldung für registrierte Benutzer
- Zusendung des vergessenen Passworts
- Registrierung als neues Mitglied

Damit ähnelt es den Möglichkeiten der Personal Tools. Das Portlet hat aber den Vorteil, dass man seine Anmeldeinformationen unmittelbar eingeben kann und nicht erst das entsprechende Formular aufrufen muss.

Termine

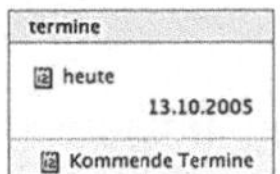

Abb. 2.11. Das Termine-Portlet

Dieses Portlet ist eine Übersicht über die nächsten Termine.

Kalender

Abb. 2.12. Das Kalender-Portlet

Zwar stellt das Kalender-Portlet prinzipiell die gleichen Informationen dar, wie das Termine-Portlet. Der Unterschied ist aber, dass es den Benutzer den Zeitraum, an dem er nach Terminen suchen möchte, auswählen lässt. Es können auch Termine in der Vergangenheit gesucht werden. Tage, an denen Termine vorliegen, werden hervorgehoben und beim Überfahren mit der Maus wird der Titel des Termins eingeblendet.

Aktuelle Änderungen

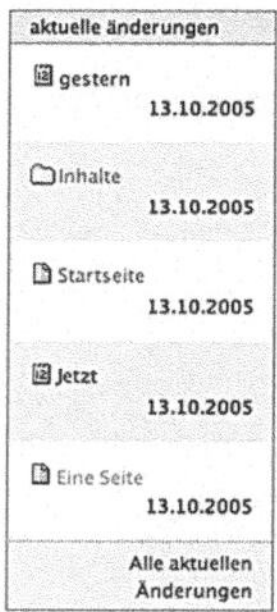

Abb. 2.13. Aktuelle Änderungen im Überblick

Nur für angemeldete Benutzer sichtbar ist die Übersicht aktueller Änderungen.

Revisionsliste

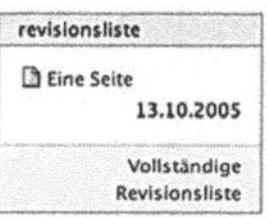

Abb. 2.14. Die Revisionsliste

Noch weiter eingeschränkt ist der Zugriff auf die Revisionsliste. Nur Mitglieder, die zumindest über Redakteursvollmachten verfügen, sehen dieses Portlet auf ihrer Plone-Site. Dort werden Artikel gelistet, die den Status *offen* haben. Das bedeutet, dass sie zur Veröffentlichung eingereicht wurden und vom Redakteur freigegeben werden sollen. Mehr zum Veröffentlichungsprozess im Abschnitt 4.5 auf Seite 32.

2.2.2 Der Dokumentbereich

Während der Seitenkopf der Navigation und der Corporate Identity dient, ist der Dokumentbereich der wesentliche Präsentationsraum, also der eigentliche Kernbereich. Abbildung 2.15 zeigt den Inhaltsbereich mit allen möglichen Elementgruppen.

Seiten eines Dokuments – Content Views

Content Views sehen nur angemeldete Benutzer. Es handelt sich dabei um die Karteikartenreiter auf dem grünen Rahmen um den Inhaltsbereich. Hinter

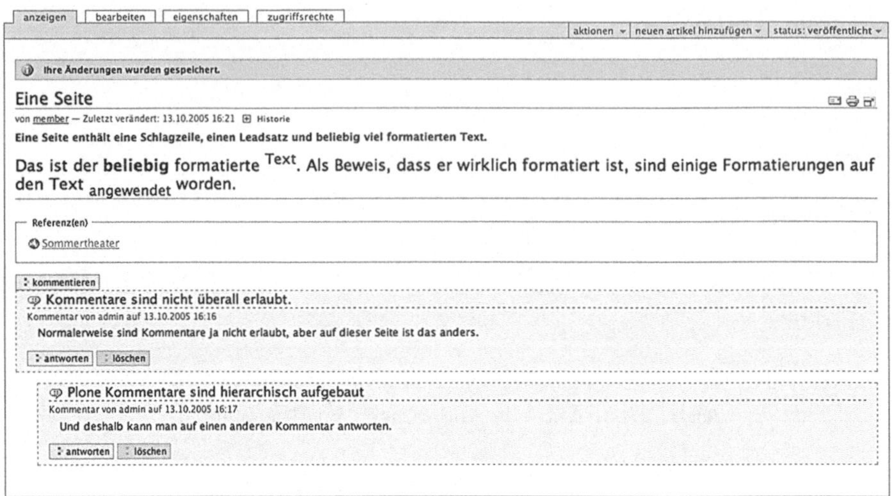

Abb. 2.15. Der Dokumentbereich einer Seite

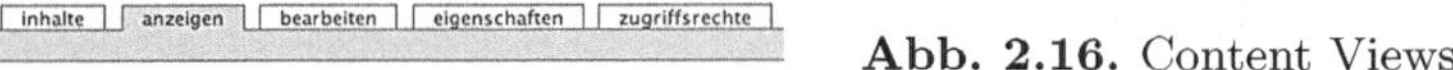

Abb. 2.16. Content Views

jedem dieser Reiter verbirgt sich eine Ansicht auf einen bestimmten Aspekt des Artikels.

Die Views im Einzelnen:

inhalte: Dieser Reiter ist nur bei Ordnertypen verfügbar. Ordnertypen sind solche, in denen weitere Artikel gespeichert werden können. Mehr zu Content-Typen im Abschnitt 3 auf Seite 21.

anzeigen: So sehen Besucher die Seite. Die Elemente, die nur angemeldete Benutzer sehen dürfen, bleiben für anonyme Benutzer allerdings unsichtbar.

bearbeiten: Alle Artikeltypen werden über Formulare editiert. Jeder Artikeltyp definiert dabei ein spezielles Formular, in dem seine Datenfelder geändert werden können. Alle Eigenschaften, die sich auf das Aussehen der Seite auswirken, werden über das *bearbeiten*-Formular gesetzt.

eigenschaften: Autoren können über das *eigenschaften*-Formular die Metadaten eines Artikels verändern. Metadaten sind zusätzliche Informationen zu den Objekten, die nicht sichtbar sind, sondern zum Beispiel für die Datenorganisation wichtig sind. Mehr zu den Metadaten lesen Sie im Abschnitt 6.2 auf Seite 76.

zugriffsrechte: Auf dieser Seite wird festgelegt, wer auf die Datei lesend oder schreibend zugreifen darf. Neben einzelnen Benutzern kann die Datei einer ganzen Gruppe freigegeben werden. Anstatt die Rechte für jede Datei einzeln anzugeben, können auch einfach die Einstellungen des übergeordneten Verzeichnisses übernommen werden. Das ist meistens der Fall und es ist selten notwendig, Zugriffsrechte für einzelne Dateien zu vergeben. Wenn es aber notwendig ist, dann finden Sie die wichtigen Informationen dazu im Abschnitt 4.4 auf Seite 32.

Verschiedene Artikeltypen definieren weitere Content Views. Den Inhalte-Reiter habe ich erklärt, weil er in sehr vielen Typen auftaucht. Aber auch andere Artikeltypen definieren die Views, die notwendig sind, um die möglichen Operationen auf die Daten anzuwenden. Bilder zum Beispiel haben einen View *transformieren*, mit dem das Bild gedreht und gespiegelt werden kann.

Dokumentoperationen – Content-Menü

Das Content-Menü sitzt direkt im grünen Balken unterhalb der Content Views.

aktionen ▾ | ansicht ▾ | neuen artikel hinzufügen ▾ | status: öffentlicher entwurf ▾

Abb. 2.17. Content-Menü

Auch hier gibt es eine wechselnde Anzahl an Schaltflächen und Auswahllisten, die wie in Plone üblich einerseits von den Benutzerrechten abhängen, andererseits vom gewählten Inhalt:

aktionen: Bei diesem Aufklappmenü handelt es sich um eine Arbeitserleichterung. Die Dateioperationen *kopieren*, *ausschneiden*, *einfügen* und *löschen* können direkt in jeder Ansicht ausgeführt werden. Bisher war es notwendig, das über die Inhalte-Ansicht des übergeordneten Verzeichnisses vorzunehmen.

ansicht: Ordnertypen haben ein Auswahlmenü, mit dem die Ansicht des Ordners eingestellt werden kann, also das Erscheinungsbild, das der Besucher zu sehen bekommt. Normalerweise wird der Ordnerinhalt in einer Liste oder einer Tabelle dargestellt. Es kann aber auch eine Standardseite festgelegt werden.

neuen artikel hinzufügen: In dieser Liste stehen die im jeweiligen Verzeichnis gültigen Artikeltypen. Wenn anstatt der Liste nur eine Schaltfläche erscheint, dann kann nur dieser eine Artikeltyp hinzugefügt werden.

status: Der Dokumentstatus hängt mit dem Workflow zusammen, also dem Verfahren, wie Artikel veröffentlicht werden. Über die Liste können eventuell mögliche Statusänderungen veranlasst werden.

Erfolgs- und Warnmeldungen – Portal Status Message

Wann immer eine Änderung gespeichert wird, sich ein Benutzer anmeldet oder sonst eine Interaktion mit dem System statt findet, die eine gewisse Wichtigkeit übersteigt, äußert das System den Erfolg oder Misserfolg in Form eines Hinweises am oberen Ende des Inhaltsbereichs.

Ihre Änderungen wurden gespeichert.

Abb. 2.18. Plone meldet sich zu Wort

Inhalte verwenden – Document Actions

Die bisher besprochenen Elemente des Inhaltsbereichs befinden sich alle in einem Bereich, der für anonyme Benutzer in der Regel nicht sichtbar ist. Die Document Actions dagegen sind ein Menü, bei dem es nicht um die Erstellung oder die Modifikation von Inhalten geht, sondern um deren Nutzung. Aber auch hier gibt es öffentliche Elemente und solche, die angemeldeten Benutzern vorbehalten bleiben.

Abb. 2.19. Die Aktionen sind durch Icons dargestellt

RSS: RSS steht für RDF Site Summary. Mit dieser Technologie werden Zusammenfassungen von Artikeln veröffentlicht, die von Interessenten abonniert werden können. Diese lesen dann die Überschriften und entscheiden, welchen Artikel sie in voller Länge ansehen möchten. RSS wird im Abschnitt 6.4.3 auf Seite 93 genauer erklärt.

Seite versenden: Besucher der Seite können eine eMail mit dem Link zum aktuellen Artikel verschicken und ihn mit einem Kommentar versehen.

drucken: Druckt die aktuelle Seite aus. Dabei wird nur der Dokumentinhalt gedruckt und eventuell vorhandene Style Sheets angewendet.

Vollbildmodus: Dieser Modus blendet die Portlets aus, damit mehr Platz für den Inhalt bleibt. Das ist sehr praktisch, wenn man eine Seite editieren möchte. Deshalb ist die Funktion nur dort verfügbar, wo der Benutzer Bearbeitungsrechte hat.

iCal / vCal-Export: Termine können in verschiedenen Formaten exportiert werden, so dass sie von gängigen Kalenderprogrammen importiert werden können.

Externer Editor: Angemeldete Benutzer, die den Artikel bearbeiten dürfen, können hier den externen Editor aufrufen.

Über den Autor – Byline

In dem Abschnitt unterhalb der Überschrift stehen Informationen zum Autor, das letzte Änderungsdatum und falls vorhanden auch weitere Beitragende und die Inhaber der Urheberrechte.

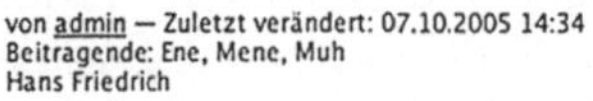

von admin — Zuletzt verändert: 07.10.2005 14:34
Beitragende: Ene, Mene, Muh
Hans Friedrich

Abb. 2.20. Informationen zu den Urhebern

Das Änderungsprotokoll – History

Angemeldete Benutzer, die Änderungsrechte auf den aktuellen Artikel haben, können die History aufklappen, indem sie auf den Text oder das Plus-Zeichen klicken.

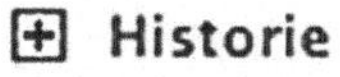

Historie

Abb. 2.21. Das Änderungsprotokoll im geschlossenen Zustand

Der Artikelinhalt

Darunter folgt die Darstellung des Artikelkörpers, also der Beschreibung und des Inhalts. Der erste, fett gedruckte Absatz ist die Beschreibung eines Artikels, danach folgt dann der Haupttext, das Bild oder woraus auch immer der Inhalt des Artikeltyps besteht.

Verknüpfte Dokumente – Referenzen

Jeder Artikel kann mit beliebig vielen anderen Dokumenten verknüpft werden. Alle verbundenen Dokumente können direkt über diese Liste aufgerufen werden.

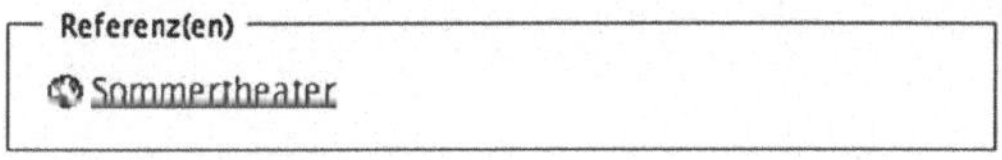

Referenz(en)

Sommertheater

Abb. 2.22. Liste der Referenzen

Die Meinung sagen lassen – Kommentare

Plone stellt für jedes Dokument eine Kommentarfunktion bereit. Diese kann global aktiviert oder deaktiviert werden, die Einstellung in einem einzelnen Artikel überschreibt diese Änderungen jedoch. Standardmäßig können nur registrierte Benutzer Kommentare schreiben. Das kann aber, genau wie die globale Einstellung, die Kommentare erlaubt oder verbietet, vom Administrator eingestellt werden.

Neben Kommentaren zum Dokument selbst, kann ein Benutzer auch auf andere Kommentare antworten. So entsteht ein Reaktionsbaum, vergleichbar mit einem Internetforum.

Administratoren können einzelne Kommentare inklusive ihrer Antworten löschen. Eine nachträgliche Änderung ist aber nicht möglich.

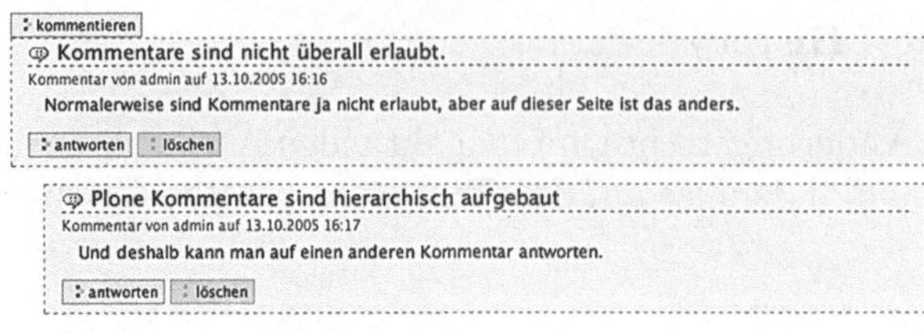

Abb. 2.23. Vielfältige Kommentarfunktion in Plone

2.3 Der Fußbereich

Den Abschluss der Seitenelemente bildet der Fußbereich, der in zwei Bestandteile unterteilt ist.

Der Seitenfuß

Im Dokumentfuß ist bei Plone der Copyright-Vermerk und die Lizenzvereinbarung untergebracht. Wenn Sie das beibehalten wollen, muss der Designer die Angaben natürlich entsprechend anpassen.

Colophon

Im Gegensatz zum Dokumentfuß, der den Artikel abschließt, ist das Colophon eine Ergänzung um interessante Informationen. Im Ursprungslayout sind dort die Standards genannt, die Plone von Haus aus erfüllt.

2.4 Wie geht es weiter?

Auf den vorangegangenen Seiten wurden die Elemente auf einer Seite beschrieben, die Ihnen in Plone standardmäßig zur Verfügung stehen. Erweiterungen sind allerdings jederzeit möglich. Viele der genannten Elemente lassen sich außerdem mit ein paar Mausklicks konfigurieren. Diese Administrationsaufgaben sind im Teil „Administration“ beschrieben. Die Konfiguration verlangt allerdings die entsprechenden Berechtigungen. Wenn Sie nicht über die nötigen Rechte verfügen, dann besprechen Sie Ihre Wünsche mit dem Administrator.

Nachdem Sie wissen, wie Informationen in Plone dargestellt werden, lesen Sie im nächsten Abschnitt, welche Informationen Plone speichern und darstellen kann. Die Inhaltsformen werden als Artikeltypen oder Content Types bezeichnet.

3

Content Types

Plone spricht grundsätzlich von Artikeln, wenn es um die Inhalte geht. Aber die Struktur der Inhalte ist vielschichtig. Nicht alles lässt sich in das Format eines Zeitungsartikels pressen. Bilder zum Beispiel oder gar Termine. Für alle diese Inhaltsarten definiert Plone maßgeschneiderte Datencontainer – die Content Types

Plone unterscheidet viele verschiedene Artikeltypen. Es wird mit einer Reihe von Content-Typen ausgeliefert, die einen Großteil der Anwendungsfälle abdecken. Die bestehenden Typen können aber erweitert oder auch durch ganz neue ergänzt werden. Beide Verfahren werden sehr oft angewendet und sind dank einer Programmarchitektur namens Archetypes einfach und effektiv zu bewerkstelligen. Neben den beiden Möglichkeiten, Standardtypen zu verwenden und neue Content-Typen programmieren zu lassen, lohnt sich ein Blick auf die Plone-Website. Unter *http://plone.org/products/* sind viele Erweiterungen aufgelistet, die entweder direkt verwendet werden können oder aber eine gute Basis für die eigene Entwicklung darstellen.

Zuerst werden aber die werkseitig mitgelieferten Artikeltypen vorgestellt. Dabei soll es vorrangig um die Datenstruktur und die Verwendung in Plone gehen. Eine Liste der verfügbaren Content Types erscheint im Aufklappmenü *neuen artikel hinzufügen* im Content-Menü.

Abb. 3.1. Standardmäßig verfügbare Artikel-Typen

Neue Inhalte werden über dieses Menü erzeugt. Wenn Sie Zugriff auf eine Plone-Installation haben, dann sollten Sie sich jetzt anmelden, damit Sie mit dem System arbeiten können. Nutzen Sie entweder den Link *anmelden* oder das *anmelden*-Portlet unterhalb des Navigationsbaums und geben Sie Ihren Benutzernamen und das Kennwort ein. Wenn Sie noch keine Zugangsdaten haben, dann bekommen Sie sie von Ihrem Administrator. Sofern nichts anderes gesagt wird, reicht für die Beispiele die normale Mitgliedschaft. Nach dem Einloggen wechseln Sie in Ihr Benutzerverzeichnis. Den Link finden Sie in den Personal Tools unter *mein ordner*.

3.1 Ordner

Ordner sind, so wie es von hierarchischen Dateisystemen her bekannt ist, Gliederungsinstrumente. In ihnen können weitere Artikel und Ordner angelegt werden, so dass die gewohnte Baumstruktur entsteht. Mehr zur physikalischen Inhaltsstruktur in Plone lesen Sie später im Abschnitt 6.1 auf Seite 67.

inhalte | anzeigen | bearbeiten | eigenschaften | zugriffsrechte

Ordner bearbeiten

Ordner können die üblichen Anzeige-Aktionen haben oder sie geben eine Auflistung des Ordnerinhalts aus, wenn keine Ansichtsaktion definiert wurde.

Titel ■

Beschreibung
Geben Sie eine kurze Beschreibung des Artikels ein.

Von Navigation ausschließen
Bestimmt, ob der Artikel nicht in der Navigation auftauchen soll.

speichern | abbrechen

von member — Zuletzt verändert: 09.10.2005 19:00

Abb. 3.2. Anlegen eines Ordners

Das rote Quadrat zeigt an, dass das Titelfeld ausgefüllt werden muss. Optional dagegen ist die Angabe einer Beschreibung. Das Auswahlfeld *Von Navigation ausschließen* schaltet die Anzeige des Ordners im Navigationsbaum aus. Alle diese Optionen können später über den Reiter *bearbeiten* der Content Views wieder geändert werden.

3.2 Seite

Der wohl am häufigsten verwendete Artikeltyp ist die Seite. Sie ist ein Dokument mit einer Überschrift, einem Leadsatz und einem Textkörper, mit oder ohne eingebettete Bilder, Tabellen, Listen oder Links. Erzeugen Sie über *neuen Artikel hinzufügen* → *seite* in Ihrem Benutzerverzeichnis ein neues Dokument.

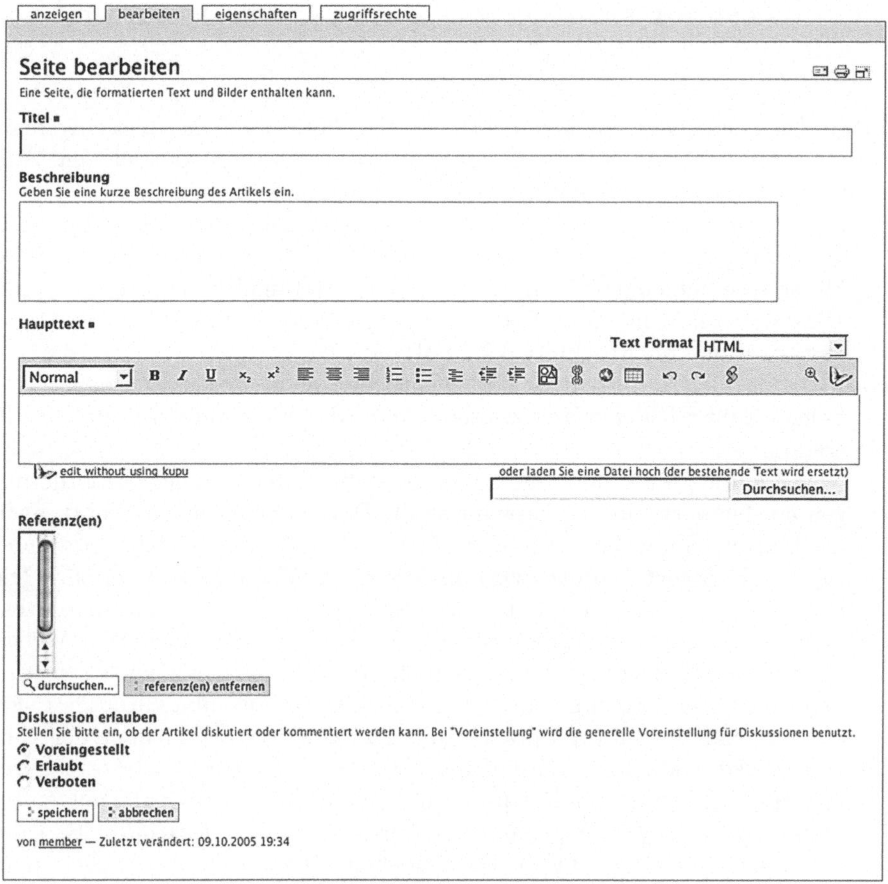

Abb. 3.3. Anlegen einer Seite

Geben sie einen Titel und etwas Haupttext ein. Felder, die mit einem roten Quadrat gekennzeichnet sind, sind Pflichtfelder. Wenn man vergisst, eines dieser Felder auszufüllen, erhält man beim Speichern eine Fehlermeldung.

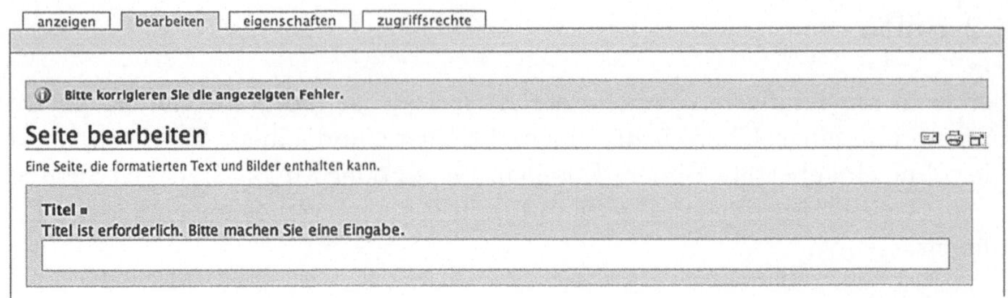

Abb. 3.4. Fehlermeldung aufgrund fehlender Pflichtfelder

Titel: Die Schlagzeile. Sie wird als Überschrift über das Dokument eingefügt, außerdem wird sie Teil des Fenstertitels des Browsers. Artikellisten, zum Beispiel Suchergebnisse zeigen den Titel einer Seite an.

Beschreibung: Die Beschreibung ist der optionale Leadsatz. Er wird standardmäßig fett unterhalb der Überschrift eingeblendet. Wenn die Seite Metadaten erzeugt, dann werden die Metafelder *description* und *DC.description* mit dem Text der Beschreibung gefüllt. Mehr zu Meta-Tags in Plone im Abschnitt 6.2.2 auf Seite 77.

Haupttext: Der Haupttext ist der eigentliche Inhalt. Er kann im neuen grafischen Editor *Kupu* erfasst werden. Kupu wird im Kapitel 5.1 auf Seite 40 erklärt.

Neben Kupu gibt es noch einen Formulareditor, der geringere Anforderungen an den verwendeten Browser stellt. Dort können neben HTML auch die Markup-Sprachen *Structured Text* und *reStructured Text* verwendet werden. ReStructuredText wird im Abschnitt 5.2 auf Seite 47 erklärt. Die letzte Möglichkeit im Formulareditor ist die Eingabe von unformatiertem Text. Angesichts der Anforderungen an die Gestaltung moderner Websites und der Einfachheit der gegebenen Formatierungsmöglichkeiten wird unformatierter Text nur sehr selten gewählt. Im Formulareditor lässt sich die verwendete Markup-Sprache mit dem Pulldownmenü über der Eingabemaske einstelllen. Wird Kupu verwendet, dann ist das Format immer HTML. Den Formulareditor wählt man in den Personal Tools unter *meine einstellungen → persönliche Einstellungen → Texteditor*. Es kann aber auch eine fertige HTML-Datei hochgeladen werden. Dazu klickt man auf die Schaltfläche *Durchsuchen...* unterhalb des Kupu-Eingabebereichs, wählt die Datei im lokalen Dateisystem und speichert sie ab.

Referenzen: Referenzen stellen Beziehungen zu anderen Dokumenten her. Bestehende Referenzen werden als Links unterhalb des Haupttextes eingefügt. Als ein Werkzeug für die Organisation der Inhalte werden sie im entsprechenden Abschnitt 6.2.4 auf Seite 80 erklärt.

Diskussion erlauben: Jeder Artikel kann von zugelassenen Benutzern kommentiert werden. In der Voreinstellung ist die Funktion deaktiviert. Aktiviert man die Kommentarfunktion, dann dürfen sich registrierte Benutzer äußern. Die gemachte Einstellung gilt nur für den jeweiligen Artikel. Die Einstellung für die gesamte Site ist eine Administrationsaufgabe, die im Abschnitt 17 auf Seite 317 beschrieben wird.

speichern: Die Änderungen am Dokument werden erst wirksam, wenn sie 2.1
gespeichert werden. Seit der Plone-Version 2.1 warnt ein Dialogfeld den Benutzer, wenn er die Seite mit dem geänderten Formular verlassen möchte, ohne die Änderungen gespeichert zu haben.

3.3 Bild

Der Artikeltyp Bild ist mehr als ein Bild im Dateisystem. Denn auch für Bilder kann Plone zusätzliche Daten verwalten.

Titel: Der Titel erscheint nicht nur in der Bildansicht, sondern auch als Tooltip und als alternativer Text.

Bild: Über den Dateiauswahldialog wird die Bilddatei im lokalen Dateisystem ausgesucht.

Die anderen Felder entsprechen denen einer Seite. Neu ist ein Reiter *trans-* 2.1
formieren in den Content Views. Hier ist es möglich das Bild zu spiegeln und zu drehen. Das ist nützlich, wenn kein Bildbearbeitungsprogramm zur Verfügung steht. Grundsätzlich aber sollten die Bilder vor dem Upload fertig bearbeitet sein, zumal keine weitergehenden Bearbeitungsmöglichkeiten in Plone zur Verfügung stehen.

3.4 Datei

Über Dateien lassen sich Offline-Inhalte in Plone verwalten. Zum Beispiel PDF-Dateien, Filme oder sonstige Dateien, die nichts mit einer Website zu tun haben müssen. Alle Computerdateien kommen in Frage. Wird ein Link auf eine Datei gesetzt, dann beginnt der Download nicht unmittelbar. Statt dessen wird auf eine Seite verwiesen, die die Zusatzdaten des Datei-Objekts darstellt und einen Link zur Datei bereitstellt. Der Besucher kann sich also erst über die Datei informieren – über die Größe zum Beispiel – bevor er sie herunterlädt.

3.5 Link

Ein Link-Objekt hat – genau wie eine Datei – eine eigene Standard-Ansicht, die geladen wird, wenn das Objekt aufgerufen wird. Hier hat der Anbieter die Möglichkeit, noch einen Disclaimer einzublenden, die den Besucher auf die Seiten des eigenen Angebots aufmerksam macht. In den meisten Fällen soll

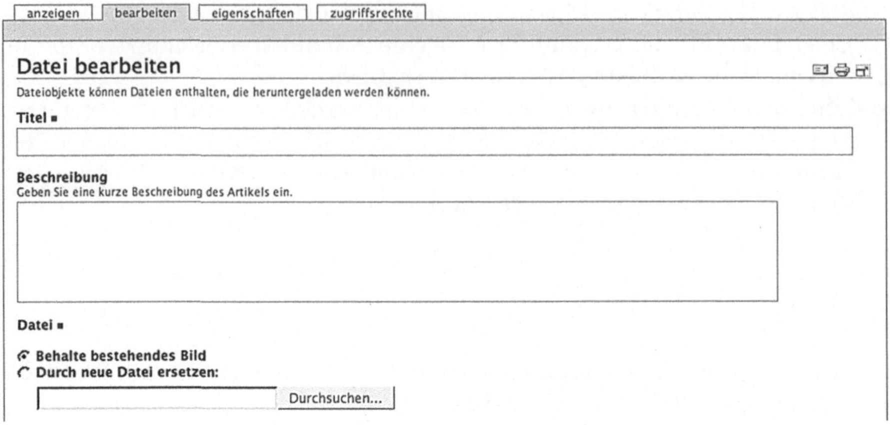

Abb. 3.5. Dateien anlegen

jedoch nach einem Klick gleich die neue Adresse aufgerufen werden. Vor allem vor internen Links muss der Besucher nicht gewarnt werden. Hier kann direkt die ID des gewünschten Artikels in das Dokument eingetragen werden.

3.6 Nachricht

2.1 Eine Nachricht ist ein Texttyp, der wie eine Nachrichtenmeldung aus einer Schlagzeile, einem Leadsatz und einem Textkörper besteht. Seit Plone 2.1 sind auch Datenfelder für ein Bild und eine Bildunterschrift vorhanden. Nachrichten sind sehr publikumswirksam, weil der Besucher auf der Startseite bereits einen Nachrichtenüberblick bekommt und danach entscheiden kann, was er von den neuen Inhalten sehen möchte. Der Eindruck der Aktualität einer Seite hängt maßgeblich von der Aktualität der Nachrichten ab.

3.7 Termin

Termine sind schon recht spezielle Artikeltypen. Da sie aber eine sehr wichtige Rolle spielen, hat ihre Existenz im Basiskatalog der Content Types durchaus ihre Berechtigung. Den speziellen Charakter der Termine erkennt man bereits am Kalender-Portlet, das auf eine textuelle Darstellung der Inhalte zunächst verzichtet und nur die Tage anzeigt, an denen Termine registriert sind. Die Anzahl der Datenfelder ist ebenfalls erheblich größer und die Verteilung der Pflichtfelder zeigt, wo bei Terminen der Schwerpunkt liegt.

Titel: In diesem Pflichtfeld steht wie immer eine prägnante Bezeichnung.

Terminanfang: Hier wird mit den Auswahlboxen die Startzeit des Termins festgelegt. Einzelne Felder können von hinten her weggelassen werden.

Terminende: Hier wird analog zur Startzeit der Endzeitpunkt eingestellt.
Terminort: Die Angabe eines Ortes ist optional.
Terminankündigung: Der Text kann beliebig formatiert werden. Er beschreibt den Termin ausführlich.
Teilnehmer: In dieses Listenfeld kann pro Zeile ein Teilnehmer eingetragen werden.
Terminart: Die Vorgabewerte lassen sich nur über das ZMI ändern. Fragen Sie Ihren Administrator. C A
URL: Wenn das Ereignis eine eigene Internetseite hat, auf der weitere Informationen zu finden sind, dann kann hier der URL eingegeben werden.
Kontakt...: Die letzten drei Felder benennen einen Ansprechpartner und geben Auskunft über seine Telefondaten und seine Anschrift.

Termine werden in Plone auf vielfältige Arten angezeigt. Es gibt eine Terminübersicht als Portlet und als Liste im Hauptinhaltsbereich. Außerdem gibt es das Kalender-Portlet, das die Tage anzeigt, an denen Termine im System vorliegen.

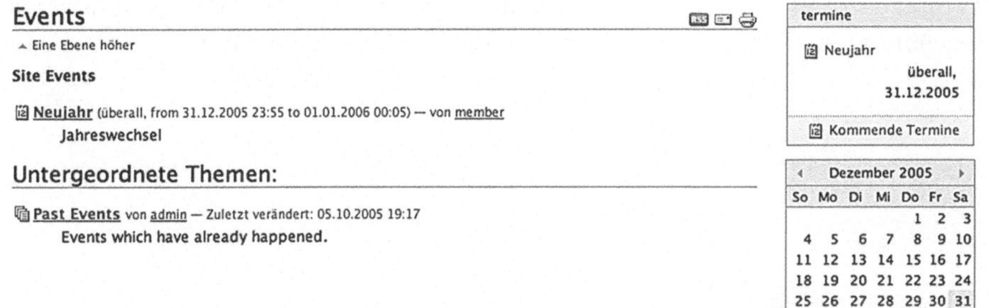

Abb. 3.6. Ansichten für Termine

Es ist schön und gut, etwas über Termine zu lesen. Noch besser ist es, die
Termine, die einen interessieren nicht zu vergessen. Dazu bietet Plone seit der 2.1
Version 2.1 die ausgesprochen interessante Möglichkeit, die Termindaten im
iCal- und vCal-Format zu exportieren. Diese Daten können von den Kalenderapplikationen unter Windows, Linux und Mac OS importiert werden, so dass der Termin dann auch im lokalen Kalender steht. Zu finden ist diese Funktion bei den Document Actions.

3.8 Ausblick

Ein Content Type ist eine Sammlung von Daten, die in ihrer Gesamtheit eine bestimmte Art des Inhalts beschreiben. Sie enthalten alle wesentlichen Eigenschaften, lassen aber Eigenschaften weg, über die der Inhalt nicht verfügen kann.

Anhand der Termine wurde bereits gezeigt, dass Artikeltypen durchaus komplexen Charakter haben können, eigene Wege der Darstellung beschreiten können und Funktionen bereit stellen, die für andere Inhalte irrelevant sind.

Das Gute daran ist, dass beliebig viele Content-Typen installiert werden können. Wann immer ein Datensatz in einer wiederkehrenden Form nach einer eigenen Darstellung verlangt, sollten Sie über einen eigenen Content Type nachdenken. Oft wird es so sein, dass eine kleine Erweiterung bestehender Typen ausreicht. Aber dank der Archetype-Technologie in Plone sind auch komplexe Inhaltsformen effizient zu programmieren.

Möglicherweise haben Sie in der Liste der beschriebenen Artikeltypen das *Thema* vermisst. Themen haben zwar eigene Eigenschaften, sind aber nicht in erster Linie eine Inhaltsart, sondern ein flexibler Mechanismus zur Organisation der eigentlichen Inhalte. Deshalb kann ein normales Mitglied solche Themen auch nicht anlegen. Man braucht zumindest die Rechte eines Redakteurs. In der Definition von Plone erstellen die Mitglieder die Inhalte und reichen sie ein. Redakteure wählen passende Inhalte aus und veröffentlichen sie, indem sie die Inhalte an einer passenden Stelle platzieren. Um die Tätigkeiten des Redakteurs und damit die Organisation der Inhalte geht es im Kapitel 6 auf Seite 67. Bevor die Inhalte verwaltet werden können, müssen sie erst einmal erschaffen werden. Das ist die Arbeit der Autoren.

4

Plones Benutzerkonzept

Über alle Gedanken zu den Inhalten darf man die wesentlichste Frage nicht außer Acht lassen: Wer soll all die Inhalte abrufen, die aufwändig erstellt und auf der Site veröffentlicht sind? Wie stark sollen die Benutzer in die Site eingebunden werden und welche Interaktionsmöglichkeiten sollen sie haben? Sie haben die Qual der Wahl. Aber das Gute daran ist: Sie haben die Wahl.

Nicht jeder Benutzer soll auf Ihrer Website Artikel veröffentlichen können, nicht einmal verändern und schon gar nicht löschen. Deshalb ist ein System notwendig, das zu jedem Zeitpunkt eindeutig entscheiden kann, ob eine Aktion von einem Benutzer zulässig ist oder nicht.

Plone unterscheidet verschiedene Benutzer nach ihrem Status und der Zugehörigkeit zu Benutzergruppen. Die Benutzergruppen verknüpfen Benutzer mit verschiedenen Rollen. Eine Rolle ist ein Satz an Rechten, sogenannte Permissions, für bestimmte Aufgaben.

Neben diesen benutzerorientierten Rechtezuweisungen werden auch noch Arbeitsabläufe definiert. Diese Workflows, wie sie in Plone heißen, bestimmen, wer zu welchem Zeitpunkt welche Aktion mit einem bestimmten Artikel durchführen darf.

4.1 Permissions – Berechtigungen

Jede Aktion in Plone ist durch eine Berechtigung geschützt. Bevor die Aktion ausgeführt wird, überprüft Plone, ob der aktuelle Benutzer berechtigt ist, diese Aktion auszuführen. Berechtigungen werden von den Programmierern definiert und der Administrator vergibt dann das Recht an die einzelnen Benutzer.

Die Administration der Rechte erfordert den Zugriff auf die Zope-Management-Oberfläche. Nur dort können die einzelnen Berechtigungen gesetzt werden. Das ist eine Administrationsaufgabe und wird im Abschnitt 17.10.5 auf Seite 341 behandelt.

4.2 Roles – Vollmachten

Eine Vollmacht oder Rolle ist eine Sammlung von Berechtigungen, die für eine bestimmte Aufgabe benötigt wird. Zope und Plone definieren eine Reihe an Standardrollen.

4.2.1 Anonymous und Authenticated

Jeder Benutzer, der Seiten einer Plone Site abruft, hat eine Rolle. Auch wenn er das gar nicht merkt. Die beiden grundsätzlichen Zustände, die ein Benutzer haben kann, sind die Rollen *anonymous* oder *authenticated.* Bevor ein Benutzer sich am System anmeldet, ist er dort nicht bekannt, also anonym. Da zur selben Zeit viele Benutzer auf der Seite unterwegs sein können, kann Plone die einzelnen anonymen Benutzer nicht auseinander halten. Deshalb haben auch alle anonymen Benutzer nur dieselben, sehr eingeschränkten Rechte. Diese Rechte belaufen sich darauf, freigegebene Seiten anzusehen, Formulare auszufüllen und eventuell Kommentare zu schreiben. Aber schon das Letzte ist nicht mehr Bestandteil der Grundeinstellung in Plone.

4.2.2 Member – Autor

Mitglieder einer Site sind alle, die sich am System mit ihren Benutzerdaten angemeldet haben. Alle angemeldeten Mitglieder haben gleichzeitig die Rolle *authenticated.* Registrierte Benutzer können aber noch andere Rollen als die Member-Rolle inne haben, sind aber dennoch *authenticated.*

Member haben relativ wenig Rechte, sie haben aber schon einen eigenen Mitgliedsordner, in dem sie Artikel schreiben können und einen Satz an persönlichen Einstellungen. Der Begriff Member kommt aus der Welt der Portale, wo sich im Prinzip jeder anmelden kann und Inhalte für den Rest der Welt bereit stellen. Die meisten kommerziellen Seiten werden jedoch nur ihren Mitarbeitern einen Mitgliederzugang gewähren und den Autoren die Rechte geben, Artikel zu verfassen. Deshalb rede ich im Allgemeinen nicht von Mitgliedern, sondern von Autoren. Es beschreibt für diesen Fall auch die Rolle, also die Funktion besser.

Alle angemeldeten Benutzer können über die Personal-Tools → meine einstellungen → Benutzereinstellungen persönliche Informationen, wie die bevorzugte Sprache und welchen Editor man zum Bearbeiten von Artikeln verwenden möchte, definieren. Außerdem kann ein Bild hochgeladen werden, das angezeigt wird, wenn nach einem Benutzer gesucht wird.

4.2.3 Reviewer – Redakteur

Redakteure haben die Möglichkeit, Inhalte tatsächlich zu veröffentlichen. Nur wenn Artikel veröffentlicht sind, dann erscheinen sie auch für anonyme Benutzer – und das sind die meisten Besucher – im Menü und den Suchergebnissen.

Weitergehende Rechte werden den Redakteuren in Plone standardmäßig nicht eingeräumt.

4.2.4 Owner – Eigentümer

Das Recht, Artikel zu erstellen oder zu ändern hat nur der, der auch die Rolle des Eigentümers ausfüllt. Eigentümer ist man normalerweise nur im eigenen Benutzerverzeichnis.

4.2.5 Manager – Administratoren

Die Manager in Plone sind die mächtigsten Benutzer. Sie können Inhalte löschen, das System konfigurieren und neue Produkte installieren.

4.3 Gruppen

Eine Benutzergruppe ist eine organisatorische Hilfe bei der Verwaltung von Benutzern. Über Gruppen werden Rollen mit Benutzern verknüpft. Jeder Benutzer, der Mitglied einer Gruppe ist, bekommt also dieselben Vollmachten. Angenommen eine neue Rolle wird erzeugt. Alle Redakteure sollen diese Rolle ausfüllen. Gibt es eine Gruppe *Redakteure*, in der alle Redakteure Gruppenmitglieder sind, dann muss nur dort die neue Vollmacht zugewiesen werden. Im anderen Fall müsste man den Eintrag für jeden Redakteur einzeln vornehmen. Je nachdem, wie groß eine Site ist und wie viele Mitglieder sie hat, lässt sich so eine Menge Zeit sparen. Und die Fehleranfälligkeit sinkt auch immens.

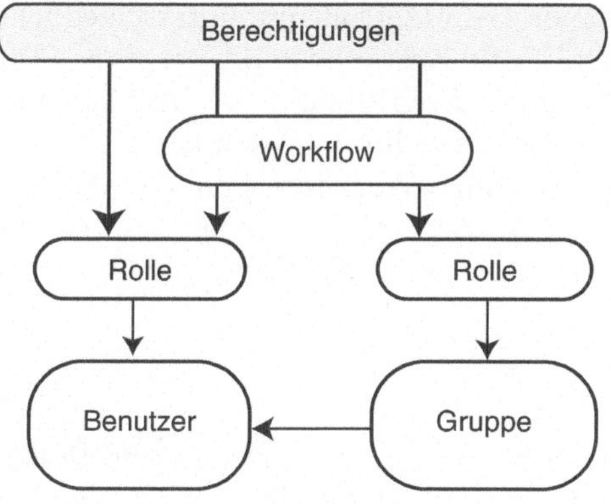

Abb. 4.1. Benutzergruppen verbinden Rollen und Benutzer

Plone wird mit zwei Gruppen ausgeliefert. Es können aber beliebige weitere Gruppen definiert werden. In Plone ist das Gruppenkonzept so, dass die Träger einzelner Rollen in Gruppen zusammengefasst werden. Im Beispiel später in diesem Kapitel werden wir sehen, dass es auch andere Konzepte geben kann.

4.4 Local Roles – Lokale Rollen

Soll ein Mitglied an einer beliebigen Stelle außerhalb seines Benutzerverzeichnisses das Recht haben, Inhalte zu erstellen, oder soll er in einem bestimmten Teilbereich der Seite Artikel veröffentlichen dürfen, in anderen aber nicht, dann ist das ein Fall für eine lokale Rolle.

Tatsächlich ist es ein ganz üblicher Vorgang, dass ein Benutzer für unterschiedliche Bereiche einer Site unterschiedliche Rechte hat. Oft bestehen Unternehmens-Websites aus verschiedenen Sektionen für unterschiedliche Geschäftseinheiten. Jede dieser Geschäftseinheiten kann von anderen Redakteuren und Autoren betreut werden. Um die Rechte zu vergeben, wechselt man in den Content View *zugriffsrechte*. Dort sieht man die aktuellen Berechtigten. Man kann einzelne Benutzer oder Gruppen löschen und neuen Benutzern oder Gruppen die Rechte zuweisen. Normalerweise „erben" die Objekte die Zugriffsrechte des übergeordneten Verzeichnisses. Das kann über das Auswahlfeld *Übergeordnete Vollmachten übernehmen* verhindert werden.

4.5 Workflow

Ein Workflow ist die formale Beschreibung eines Arbeitsablaufs. Im Fall von Plone wird der Weg eines Dokuments beschrieben, von der Erstellung bis zur Veröffentlichung, spätere Änderungen und eine erneute Freigabe. Ein Dokument befindet sich dabei immer in einem bestimmten Zustand. Von einem solchen Zustand kann es von verschiedenen Benutzerrollen in unterschiedliche andere Zustände überführt werden. Es gibt also Zustände und Übergänge. Für jeden Zustand wird definiert, welcher Benutzer Zugriff auf die Artikel hat. Für jeden Übergang wird festgelegt, welcher Benutzer ihn auslösen kann.

Plone definiert zwei Workflows: Den Plone-Workflow und den Folder-Workflow, der für Ordnertypen verwendet wird. Im folgenden werden die Zustände und Übergänge am Beispiel des Standard-Workflows erklärt.

4.5.1 States – Zustände

Der Zustand eines Dokuments wird auch Status genannt. Der Begriff Status fiel bereits im Zusammenhang mit dem Content-Menü. Tatsächlich handelt es sich bei der dortigen Angabe um den Workflow-Zustand des Dokuments. Zuerst werden die Stati und Übergänge kurz erklärt werden. Danach wird anhand des Lebenszyklusses eines Dokuments der Weg durch die verschiedenen Zustände und Übergänge gezeigt.

Public Draft, Visible – Öffentlicher Entwurf

Wird ein Dokument erzeugt, dann befindet es sich zunächst im Status *öffentlicher entwurf.* Artikel, die zwar von der Öffentlichkeit angesehen werden sollten, aber keinen eigenständigen Inhalt darstellen, behalten diesen Status dauerhaft. Zu nennen sind hier Bilder, die in andere Artikel eingebettet werden. Artikel, die später veröffentlicht werden sollen, verbleiben in diesem Status, bis der Autor sie einreicht. Der Status hieß bis zur Plone-Version 2.0 *sichtbar*, aber da auch sichtbare Artikel mittlerweile einen sehr öffentlichen Charakter haben, beschreibt der neue Begriff *öffentlicher Entwurf* den Zustand besser.

Der Sinn dieses Zustands lag darin, dass Inhalt zwar zugänglich war, aber nicht offensichtlich. Man musste erst den URL kennen, um den Artikel zu sehen. Denn obwohl anonyme Benutzer das Recht haben, Artikel mit diesem Status anzusehen, tauchten sie bis zur Version 2.0 nicht in der Navigation auf. Mittlerweile zeigt das Navigations-Portlet aber alle Artikel, die der Benutzer sehen darf. Damit hat der Status einen Großteil seines Sinns verloren.

Es gibt zwar einige Möglichkeiten, die Inhalte des Navigationsportlets anzupassen, man kann auch nach dem Workflow-Zustand filtern, aber dieser Filter gilt für alle Benutzer. Angenommen, das Navigations-Portlet zeigt nur noch veröffentlichte Artikel. Möchte ein angemeldeter Benutzer einen Artikel bearbeiten, der den Status *öffentlicher Entwuf* hat, dann kann er ihn nicht in der gefilterten Navigation sehen, selbst wenn er berechtigt ist, den Artikel zu bearbeiten.

In diesem Buch soll der Workflow angepasst werden, damit nur noch angemeldete Benutzer das Recht haben, öffentliche Entwürfe anzusehen. Zwar sehen dann alle Benutzer alle öffentlichen Entwürfe, aber innerhalb der angemeldeten Benutzer kann man eine höhere Vertrauenswürdigkeit erwarten als in der anonymen Masse. Gewonnen hat man bei diesem Ansatz als registrierter Benutzer die Bequemlichkeit, alle Artikel in der Navigation zu finden, auf die man zugreifen darf. Die dafür notwendigen Anpassungen sind im Abschnitt 16.5.1 auf Seite 314 beschrieben.

Private – Privat

Möchte ein Mitglied nicht, dass seine Artikel von jedem gelesen werden, dann kann es sie *privat schalten*. Damit sind sie nur noch für die Besitzer des Artikels sichtbar. Jeder Artikel kann mehrere Besitzer haben. Manager haben diese Rolle grundsätzlich. Für andere Benutzer oder Gruppen kann sie explizit gesetzt werden.

Published – Veröffentlicht

Das Ziel eines Mediums ist die Veröffentlichung. Und der zugehörige Zustand in Plone ist *veröffentlicht.* Veröffentlichte Artikel sind auch anonymen Besuchern uneingeschränkt zugänglich.

Veröffentlichte Artikel können nur von solchen Benutzern direkt editiert werden, die das Recht zur Veröffentlichung haben. Also Manager und Redakteure. Möchte ein normaler Benutzer seinen Artikel überarbeiten, dann muss er ihn erst *zurückziehen*. Das stellt sicher, dass kein Artikel veröffentlicht ist, ohne dass ein Redakteur ihn freigegeben hat, auch wenn es sich nur um eine Änderung handelt.

Pending – Offen

Wenn ein Autor mit seinem Artikel zufrieden ist, dann muss er ihn zur Veröffentlichung *einreichen*. Redakteure sehen in der Revisionsliste alle Artikel, die von Autoren zur Freigabe *eingereicht* wurden. Ist der Artikel in Ordnung, wird ihn der Redakteur *veröffentlichen*. Wenn er etwas zu bemängeln hat, dann wird der Artikel *abgelehnt* und so der Autor zurückgewiesen. Ein Autor kann einen eingereichten Artikel auch selbst *zurückziehen*, wenn er feststellt, dass etwas daran nicht stimmt.

4.5.2 Transitions – Übergänge

Ein Übergang ist der Wechsel von einem Status in einen anderen. Dabei ist geregelt, aus welchem Status in welchen Status gewechselt werden kann und wer diesen Wechsel auslösen darf.

Ein Übergang kann aus mehreren Zuständen heraus ausgeführt werden, er hat aber immer denselben Zielzustand.

Die für den aktuellen Artikel und den aktuellen Benutzer verfügbaren Übergänge werden im Aufklappmenü *status* angezeigt.

Hide – Privat schalten

Artikel, die versteckt werden, gelangen in den Status *privat*. Der Übergang ist möglich aus den Zuständen *öffentlicher Entwurf* und *offen*. Um einen Artikel privat zu schalten, muss man Eigentümer-Rechte daran haben.

Show – Sichtbar machen

Eigentümern ist es auch vorbehalten, versteckte Artikel wieder sichtbar zu machen. Verfügbar ist dieser Übergang natürlich nur, wenn der Artikel gerade den Status *privat* hat.

Submit – Einreichen

Öffentliche Entwürfe werden vom Autor eingereicht, wenn sie veröffentlicht werden sollen. Das verschiebt den Artikel in den Zustand *offen*.

Publish – Veröffentlichen

Redakteure veröffentlichen schließlich die Artikel, die in Ordnung sind. Veröffentlicht werden können alle Artikel, die den Status *offen* oder *öffentlicher Entwurf haben.* Offene Artikel wurden vorher von einem Autor eingereicht. Wenn ein Redakteur selbst einen Artikel schreibt und veröffentlicht, dann kann er ihn auch, ohne ihn vorher einzureichen, veröffentlichen.

Reject – Ablehnen

Bemängelt ein Redakteur einen eingereichten Artikel, dann weist er ihn an den Autor zurück, damit dieser die notwendigen Änderungen vornehmen kann. Dieser Übergang ist aus den Zuständen *veröffentlicht* und *offen* möglich. Zielzustand ist immer ein *öffentlicher Entwurf.*

Während sich die anderen Übergänge direkt über das Aufklappmenü auswählen lassen, empfehle ich, bei diesem und dem folgenden Übergang das Vorgehen über die Option *erweitert.* Im dann angezeigten Formular lässt sich neben dem neuen Status auch ein Kommentar eintragen, in dem die Änderungswünsche und sonstigen Gründe für die Ablehnung protokolliert werden können.

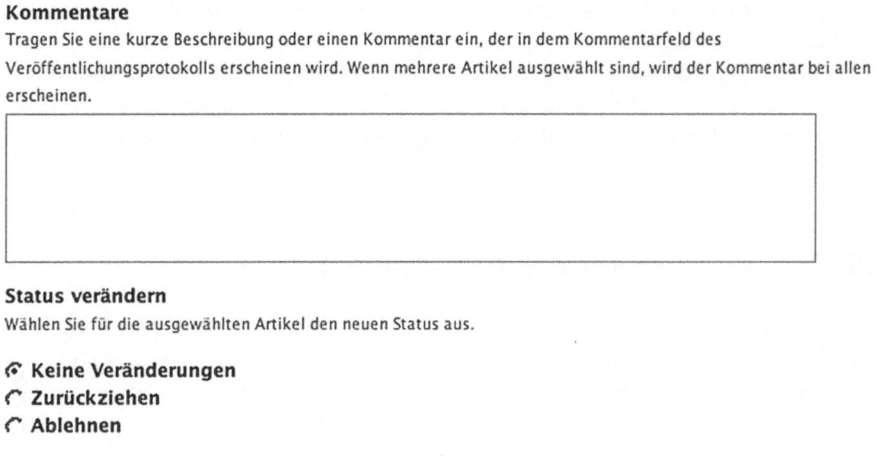

Abb. 4.2. Kommentar zur Ablehnung

Retract – Zurückziehen

Für diesen Übergang gilt genau dasselbe wie für die Ablehnung. Der Unterschied liegt darin, dass die Aktion diesmal vom Autor ausgeht und nicht vom

Redakteur. Problematisch ist die Tatsache, dass ein Autor auch veröffentlichte Artikel zurückziehen kann. Eigentlich ist die Auswahl, welche Inhalte öffentlich sind, dem Redakteur vorbehalten. Zwar kann ein Autor keine Artikel veröffentlichen, die nicht vom Redakteur freigegeben wurden, er kann aber freigegebene Inhalte entfernen, ohne dass der Redakteur das unter seiner Kontrolle hat.

4.5.3 Folder Workflow – Ordner-Workflow

Bei Verzeichnissen handelt es sich um ein Organisationswerkzeug. Deshalb veröffentlicht der Redakteur den Ordner auch, ohne dass er vorher eingereicht werden muss. Der Status *offen* entfällt deshalb vollständig. Wenn ein Autor aber nichts einreicht, dann muss der Redakteur auch nichts ablehnen. Den Übergang *ablehnen* gibt es hier nicht. Sowohl Autoren als auch Redakteure können den Ordner zurückziehen. Der Besitzer hat auch bei Verzeichnissen die Möglichkeit, sie privat zu schalten und wieder sichtbar zu machen.

4.5.4 Die weitere Entwicklung

Workflows sind in arbeitsteiligen Strukturen ein wichtiges Hilfsmittel, die Berechtigungen über den gesamten Veröffentlichungsprozess zu steuern. Das Problem der öffentlichen Entwürfe in Verbindung mit der neuen Semantik des Navigations-Portlets hat zurecht die Frage aufgeworfen, ob es denn außer sichtbarem und unsichtbarem Inhalt noch eine weitere Form dazwischen gibt.

2.5 In der Plone-Version 2.5 gibt es vier vordefinierte Workflows, die an unterschiedlichen Arbeitsumgebungen ausgerichtet sind. Außerdem kann jedem Ordner und jeder Ordnerstruktur ein eigener Arbeitsablauf zugewiesen werden.

4.6 Benutzerkonzepte – Ein Beispiel

Work Wenn Sie die Benutzerstruktur für eine Plone Site entwerfen wollen, dann brauchen Sie sich zunächst keine Gedanken über Berechtigungen, Rollen oder Gruppen zu machen. Sowohl die Frage, wie die Site strukturiert sein soll, als auch die Frage, wie die Benutzerstruktur aufgebaut wird, hängt zunächst allein von der Struktur des Unternehmens ab.

Als Beispiel soll ein Unternehmen beleuchtet werden, das Fotoapparate und Hausgeräte herstellt. Jede dieser beiden Abteilungen hat einen Abteilungsleiter (AL) und mehrere Mitarbeiter (MA). Eine abteilungsübergreifende Marketing-Abteilung hat die Gesamtverantwortung für die Website. Geplant ist ein internationaler Auftritt. Deshalb arbeiten auch mehrere Übersetzer (ÜS) an der Website mit.

Aus der Struktur der Geschäftsfelder wird die Struktur der Website abgeleitet. Zusätzlich zu den unternehmensspezifischen Elementen hat sich ein Satz

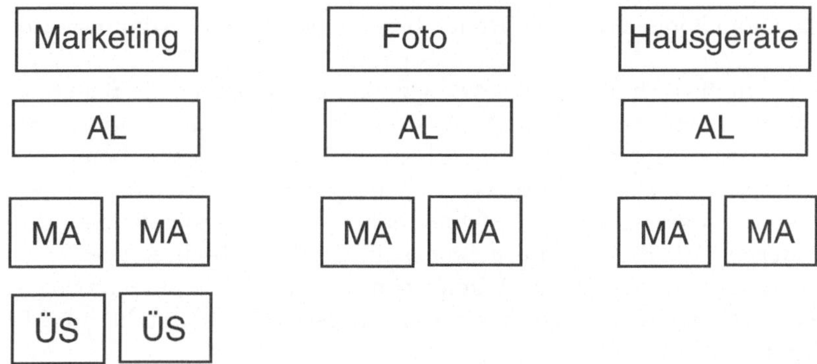

Abb. 4.3. Die Struktur des Unternehmens bildet die Basis der Überlegungen

an Standardinformationen etabliert, die auf keiner Unternehmens-Website fehlen sollten.

Die Website hat später vier Sektionen: *Unternehmen*, *Presse*, *Fotografie* und *Hausgeräte*.

Sobald diese Struktur identifiziert ist, muss festgelegt werden, wer für die einzelnen Bereiche zuständig ist.

Die Verantwortung der Sektionen *Presse* und *Unternehmen* wird von der Marketing-Abteilung übernommen. Um die Sektionen der Fachabteilungen kümmern sich die jeweiligen Mitarbeiter. Der Ansatz ist nachvollziehbar und auch richtig. Er ist aber nicht hinreichend. Wer entscheidet über die Inhalte? Worüber soll geschrieben werden und welche Informationen dürfen dafür verwendet werden? Sind die Artikel für die Zielgruppe geeignet? Hier kommen die verschiedenen Rollen ins Spiel. Jeder Mitarbeiter hat andere Fähigkeiten, mit der die eine oder andere Aufgabe gelöst werden kann.

Um die Tätigkeiten zu verteilen, müssen Sie wissen, welche Aufgaben anfallen. Ermitteln Sie, wie Inhalte entstehen sollen. Ein Abteilungsleiter beauftragt seinen Mitarbeiter damit, einen Artikel zu schreiben. Ein Mitarbeiter der Marketingabteilung überprüft schließlich, ob der Text für die Besucher geeignet ist. Der Marketingleiter übernimmt die Rolle des Chefredakteurs. Die Fachabteilungsleiter sollen Artikel aber auch zumindest zurückziehen können, falls ihnen ein Fehler auffällt. Die Übersetzer sind organisatorisch der Marketing-Abteilung unterstellt. Tatsächlich ist es aber unerheblich, welche Inhalte sie übersetzen. Sie sind auch nicht auf eine bestimmte Fachrichtung spezialisiert. Pressevertreter müssen das Recht bekommen, Artikel auf den Presseseiten zu lesen.

Aus dem Ansatz ergibt sich dann, dass sowohl der Marketing-Mitarbeiter als auch der Abteilungsleiter der Fachabteilung Redakteursaufgaben wahrnimmt, während der einzelne Mitarbeiter als Autor fungiert. Möglicherweise decken sich die vorgegebenen Rollen in Plone nicht mit der Struktur Ihres Unternehmens. Dann können Sie neue Rollen beschreiben, die der Administrator einrichtet.

Ohne sich um die technische Umsetzung zu kümmern, haben Sie Benutzer, Rollen, und einen Workflow definiert. Was noch fehlt sind die Gruppen. Sie sind nicht unbedingt nötig, aber eine Arbeitserleichterung, wenn Benutzern kurzfristig, vielleicht auch vorübergehend neue Aufgaben übernehmen sollen. Denken Sie daran, dass Mitarbeiter Urlaub haben, krank werden können und innerhalb oder außerhalb des Unternehmens die Stelle wechseln können.

Diese Vorgaben reichen dem Administrator, um die Benutzerstruktur einzurichten. Wie die Benutzerstruktur dann aussehen muss, steht im Abschnitt 17.10.9 auf Seite 355.

4.7 Wie geht es weiter?

Sie haben gesehen, wie Benutzer in Plone verwaltet werden und wie sich die Berechtigungen einzelner Benutzer in Abhängigkeit eines Artikels und seiner Position im Veröffentlichungsprozess verändern.

Es wäre falsch jetzt die eigenen Prozesse an den Plone-Workflow anzupassen. Identifizieren Sie die Abläufe, wie sie in Ihrem Unternehmen vorkommen. Dann kann Ihr Administrator einen passenden Workflow mit wenigen Mausklicks einrichten. Wie das funktioniert erklärt der Abschnitt 17.11 auf Seite 359.

Hier geht es mit der Erzeugung von Inhalten weiter.

5

Inhalte erstellen – Die Arbeit der Autoren

Artikel für eine Website zu erstellen bedeutet mehr als einen Text zu schreiben. Das interaktive Internet bietet Möglichkeiten, Verknüpfungen zu anderen Seiten anzubieten, das multimediale Internet lässt Artikel durch Bilder, Töne oder sogar Video-Sequenzen lebendig werden. Als Autor brauchen Sie Werkzeuge, die Ihnen diese Möglichkeiten erschließen. Plone bringt dafür einiges mit.

Ein Autor ist prinzipiell jedes registrierte Mitglied einer Plone Site. Inhalte können nach Belieben im eigenen Benutzerverzeichnis erstellt werden. Autoren haben nur Zugriff auf die eigenen, also die selbst erstellten Artikel. Außerhalb des eigenen Benutzerordners haben sie keine Bearbeitungsrechte. Diese Einschränkungen sind im Workflow definiert, der besagt, welcher Benutzer welche Rechte hat. Dort ist auch festgelegt, dass alle Inhalte von einem Redakteur freigegeben werden müssen, bevor sie öffentlich zugänglich sind. Ein veröffentlichter Artikel muss vom Autor erst zurückgezogen werden, bevor er verändert werden kann. Nach der Änderung muss er erneut dem Redakteur vorgelegt werden.

Inhalte in Plone zu erstellen ist ein Vorgang, der unabhängig von der Art der Inhalte immer gleich abläuft. Zunächst wechselt der Autor in ein passendes Verzeichnis in seinem Benutzerordner. Dann wählt er aus dem *Content-Menü → neuen Artikel hinzufügen* den passenden Artikeltyp aus. Es erscheint ein Formular, dessen Felder ausgefüllt werden. Sind alle Texte und Bilder so, wie der Autor es möchte, reicht er seinen Artikel zur Veröffentlichung ein und übergibt ihn damit der Verantwortung eines Redakteurs.

Die häufigste Form des Inhalts sind Texte. Plone bietet zwei geeignete Techniken an, mit denen Autoren ohne Programmierkenntnisse Texte formatieren können. Den grafischen Editor Kupu und „Strukturierten Text“. Im einfachsten Fall ist es auch möglich, Text ohne Formatierungen in den Standard-Formulareditor oder in Kupu einzugeben. Nackte Textbeiträge sind aber im durchgestalteten Internet kaum noch akzeptabel. Schließlich kann auch ein externer Editor verwendet werden. Dabei wird über WebDAV auf Plone zugegriffen. Da mit Kupu ein sehr mächtiger grafischer Editor in Plone eingeführt wurde, werde ich nicht weiter auf die externen Text-Editoren eingehen. Der Autor in Plone soll sich vornehmlich um die Inhalte kümmern und nicht um das Design. Für diesen Zweck sind die eingebauten Möglichkeiten in aller Regel mehr als ausreichend.

Anders verhält es sich mit Bildern. Plone hat in der Version 2.1 Werkzeuge eingebaut, mit denen Bilder gedreht und gespiegelt werden können. Weitergehende Änderungen sind nicht möglich. Hier ist der externe Editor eine gute Alternative. Beginnen wir aber mit der Texterfassung und Kupu.

5.1 Kupu – WYSIWYG-Editor in Plone

Kupu – zur Homepage

Kupu ist keine Plone-Entwicklung, sondern ein eigenständiges Open-Source-Projekt, das für den Einsatz in Plone angepasst wurde. Die Homepage des Projekts ist unter *http://kupu.oscom.org* zu finden. Kupu ersetzt den WYSIWYG-Editor Epoz, der bisher mit Plone ausgeliefert wurde.

Die jeweils aktuelle Version von Kupu kann entweder auf der Projektseite von Kupu heruntergeladen werden, der Link dazu steht aber auch auf der Plone-Homepage unter *products → fields and widgets*. Die Installation einer neuen Version kann jedoch nur von einem Administrator vorgenommen werden. Wenn Sie wissen möchten, welche Kupu-Version gerade installiert ist, bewegen Sie den Mauszeiger über das Schmetterling-Logo[1]. Dann wird die Versionsnummer eingeblendet.

Der Name Kupu ist Maori und bedeutet „Wort".

Ob Kupu als Editor ausgewählt werden kann oder nicht, hängt von der Konfiguration ab:

Tabelle 5.1. Plone-Konfiguration zur Verwendung von Kupu

Parameter	Wert	Verantwortlich
ZMI → portal_memberdata → wysiwyg_editor	Kupu	Administrator
ZMI → portal_properties → site_properties	available_editors	Administrator
Personal Tools → meine einstellungen → persönliche einstellungen → Texteditor	Kupu	Member

Sind diese Einstellungen vorgenommen, dann sollten formatierbare Textfelder in der Bearbeiten-Ansicht in Kupu dargestellt werden.

5.1.1 Text formatieren

Schriftformatierungen werden, wie man es von Textverarbeitungen gewohnt ist, auf den markierten Text angewendet.

[1] Das Logo kommt durch das indonesische Wort „kupu kupu" für Schmetterling.[3]

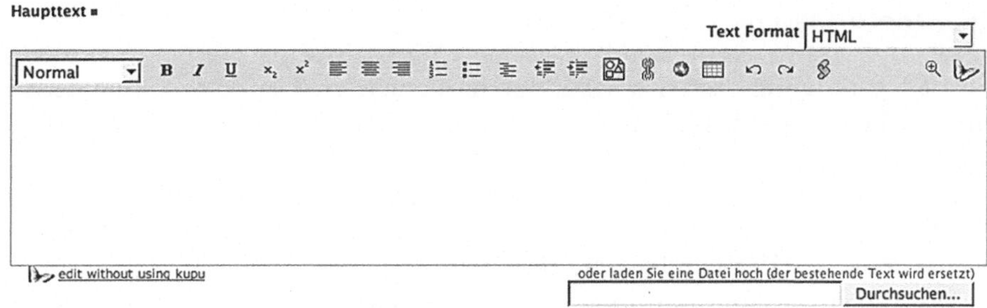

Abb. 5.1. Kupu als Texteditor

B fett
I kursiv
U unterstrichen
x^2 hochgestellt
x_2 tiefgestellt

5.1.2 Absätze formatieren

Die Absatzausrichtung kann direkt über die entsprechenden Schaltflächen eingestellt werden, die von anderen Textverarbeitungsprogrammen bekannt sind.

linksbündig
zentriert
rechtsbündig
einrücken
nach links verschieben

Designer können auch beliebige CSS-Absatzformate definieren. Diese werden dann vom Administrator in Kupu registriert und erscheinen in der Auswahlliste links oben in der Werkzeugleiste. Die Liste zeigt unter Umständen nicht das gerade aktuelle Format an. Das passiert zum Beispiel, wenn Sie mit der Tab-Taste durch die Zellen einer Tabelle navigieren oder in Listen mit mehreren Ebenen. Die Zuordnung funktioniert jedoch zuverlässig.

Normal **Abb. 5.2.** Auswahl der Absatzformate

5.1.3 Listen

Kupu unterstützt alle drei Listentypen, die in HTML existieren:

geordnete Listen
ungeordnete Listen
Definitionslisten

Geordnete Listen

Einträge geordneter Listen werden durchnummeriert. Der erste Listeneintrag wird der Zeile zugewiesen, in der die Einfügemarke beim Klick auf die Listen-Schaltfläche stand.

Auch hierarchische Listen sind möglich. Dazu kann ein Eintrag mit der Tab-Taste jeweils eine Ebene eingerückt werden. Zur nächsthöheren Ebene gelangt man mit Umschalttaste-Tab.

Die Zahlen geordneter Listen können verschiedene Formate haben. Sobald eine geordnete Liste begonnen wurde, erscheint eine weitere Auswahlliste mit den möglichen Nummerierungsformaten. Der Zahlentyp ist für jede Ebene separat einstellbar.

Ungeordnete Listen

Für ungeordnete Listen gilt weitgehend das Gleiche wie für geordnete Listen. Der Unterschied liegt darin, dass die Listeneinträge durch einen sogenannten „Bullet“ gekennzeichnet werden. Also anstelle der Zahl tritt ein Symbol. HTML definiert drei Standardsymbole. Das Quadrat, den Kreis und die Scheibe. Eine Scheibe ist ein ausgefüllter Kreis. Auf Listensymbole kann auch ganz verzichtet werden.

Wenn Sie eine ungeordnete Liste anlegen, dann sehen Sie nicht wie in der Auswahl angegeben einen ausgefüllten Kreis als Bullet, sondern ein blaues Quadrat. Auch Änderungen der Auswahlliste bleiben ohne Wirkung. Das kommt daher, dass die Stilvorlagen in Plone ein Bild als Symbol definieren. Bilder haben Vorrang vor den Symbolen. Wenn Sie die Symbole nutzen möchten, dann muss Ihr Designer die CSS-Klassen der Listen verändern oder neue Klassen in Kupu registrieren.

Definitionslisten

Die Listenpunkte einer Definitionsliste bestehen jeweils aus zwei Elementen: dem Definitionsterm und der Definition. Der Definitionsterm ist ein Begriff, der in der Definition erklärt werden soll.

Man erstellt eine Definitionsliste, indem man den ersten Term eingibt und dann die Schaltfläche für die Definitionsliste anklickt. Der Begriff sollte dann fettgedruckt erscheinen. Dann setzt man die Einfügemarke hinter den Definitionsterm und drückt den Zeilenschalter. Die nächste Zeile wird eingerückt und wie normaler Text formatiert. Jede Zeilenschaltung erzeugt im Wechsel Definitionsterme und Definitionen.

5.1.4 Bilder

Bild – Bilder einfügen und ändern

Die meisten Seiten werden mit Bildern angereichert. Zum einen, weil Bilder bestimmte Sachverhalte besser vermitteln können, zum anderen um die Seite optisch aufzulockern.

Kupu bietet einen sehr komfortablen Dialog an, mit dem das Bild ausgesucht werden kann. Man navigiert einfach durch die Seitenstruktur der Plone-Site zum gewünschten Bild. Kennt man den Speicherort eines Bildes nicht, kann man es auch über den Namen suchen. Ist das gewünschte Bild noch nicht auf dem Server verfügbar, kann es auch direkt über diesen Dialog an eine bestimmte Stelle der Site hochgeladen werden. Das erreicht man über den Befehl *Hochladen...*. Im Formular, das dann geladen wird, kann neben der Datei auch ein Titel eingegeben werden.

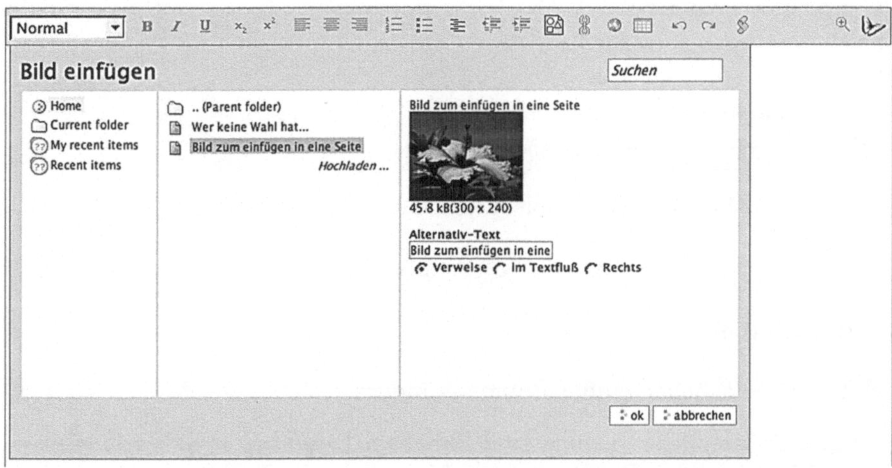

Abb. 5.3. Komfortable Bilderauswahl in Kupu

In der Voransicht des Bildes lässt sich der alternative Text direkt editieren.

5.1.5 Links und Querverweise

Kupu unterscheidet zwei Arten von Verweisen:

- Querverweise
- Internetverweise

Querverweise heißen die Links zu internen Ressourcen, also zu anderen Artikeln der Plone Site. Die Funktion verwendet denselben Auswahldialog, um das entsprechende Objekt zu finden, wie die Bildauswahl.

Internetverweise zeigen auf eine Ressource außerhalb der eigenen Plone Site und werden per Hand eingegeben. Vor dem Speichern sollte man mit *Vorschau* überprüfen, ob die richtigte Website geladen wird.

Alle Verweise können nachträglich verändert werden. Dazu muss die Einfügemarke lediglich innerhalb des Verweises stehen, wenn einer der Link-Schaltflächen geklickt wird. Ein Querverweis kann so auch zu einem Internetverweis gemacht werden und umgekehrt.

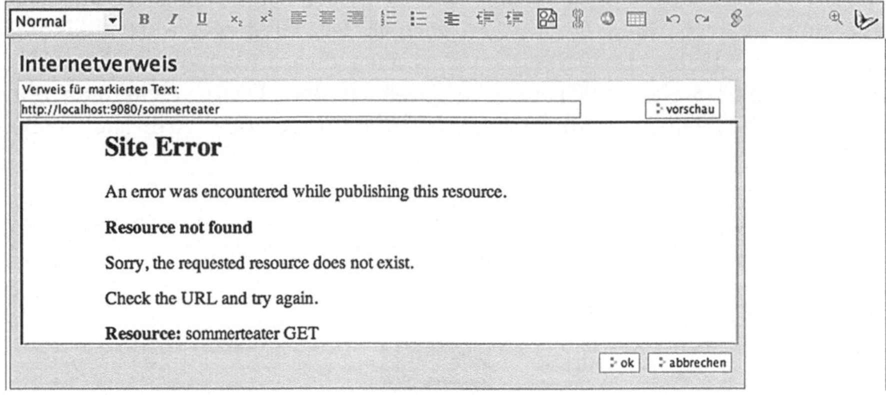

Abb. 5.4. Vor Tippfehlern schützt das Vorschaufenster

5.1.6 Tabellen

Tabelle – Tabellen einfügen und verändern

Ein sehr komplexes Thema sind Tabellen. Kupu bietet hier sehr weitreichende Möglichkeiten. Der Dialog zum Erstellen einer Tabelle wird über einen Klick auf das Tabellensymbol geöffnet.

Table Class: Wie schon bei den Absatzformaten können auch beliebige Tabellenformate für die Benutzung in Kupu registriert werden.
Zeilen: Die Anzahl der Zeilen.
Spalten: Die Anzahl der Spalten.
Überschriften erzeugen: Es wird ein `<thead>`-Bereich in den Tabellenkopf eingefügt und die Überschriftenzellen werden zusätzlich zu der vorgegebenen Zeilenanzahl erzeugt.
Tabelle einfügen: Mit dieser Schaltfläche wird die Tabelle erzeugt.

Die Spalten- und Zeilenanzahl lässt sich auch nachträglich noch verändern. Es ist aber wichtig, im Dialog Werte anzugeben, weil sonst eine leere Tabelle eingefügt wird, die nur im Quelltext, aber nicht in der grafischen Ansicht zu sehen ist.

Mit den äußeren Anfassern wird die Tabelle in der gewünschten Richtung skaliert. Die Pfeilsymbole fügen jeweils in Pfeilrichtung eine neue Zeile oder eine neue Spalte ein, während ein Klick auf den Kreis die jeweilige Spalte

Tabelle

Table Class plain

Zeilen

Spalten

Überschriften erzeugen

tabelle einfügen

fix all tables

schließen

Abb. 5.5. Der Dialog zum Anlegen einer Tabelle

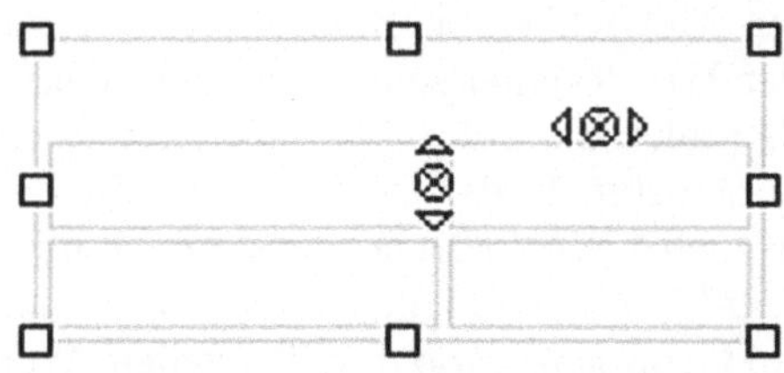

Abb. 5.6. Werkzeuge zum Editieren einer Tabelle

oder Zeile löscht. Zusätzlich zu den grafischen Möglichkeiten, eine Tabelle zu bearbeiten, stellt Kupu auch einen Dialog bereit, mit dem die Zeilen- und Spaltenanzahl verändert werden kann. Dazu wird die jeweilige Tabelle markiert und das Tabellensymbol in der Werkzeugleiste angeklickt. Neben der Anpassung der Spalten- beziehungsweise Zeilenzahl, kann der Tabellenstil und die Ausrichtung der aktuellen Spalte eingestellt werden.

5.1.7 Undo / Redo

Undo – Rückgängig
Redo – Wiederherstellen

Mit den Befehlen *Rückgängig* und *Wiederherstellen* lassen sich Änderungen widerrufen beziehungsweise widerrufene Änderungen wiederherstellen. Die Funktion ist aus vielen anderen Programmen bekannt.

5.1.8 HTML-Quellcode bearbeiten

HTML-Quellcode bearbeiten – zwischen Quellcode-Ansicht und grafischer Ansicht umschalten

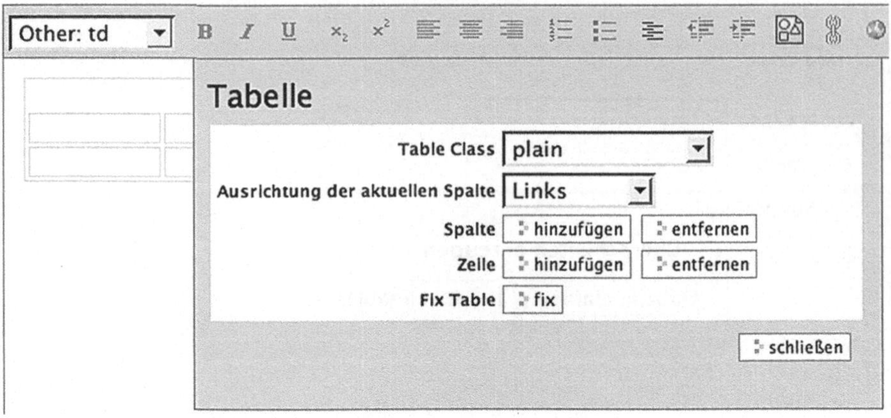

Abb. 5.7. Tabellen-Dialog zum ändern der Tabelleneigenschaften

Content-Management-Systeme bieten Möglichkeiten, Inhalte im Web zu veröffentlichen, ohne Programmierer oder Webdesigner sein zu müssen. Kupu leistet seinen Beitrag dazu, indem es als grafischer Editor viele Formatierungen zulässt und automatisch in HTML übersetzt. In der Regel werden Sie die Quellcode-Ansicht nicht brauchen, und auch nicht brauchen wollen. Manchmal kommt man aber an einen Punkt, an dem die Möglichkeiten von Kupu nicht mehr ausreichen, zum Beispiel beim Gruppieren von Tabellenzellen. Wer über HTML-Kenntnisse verfügt, kann hier auf die Quelle umschalten und die gewünschten Änderungen manuell vornehmen.

Kupu lässt aber nicht jede manuelle Änderung zu. Verschiedene Filtereinstellungen erlauben oder verbieten die Verwendung von HTML-Tags und -Attributen, CSS-Klassen und Style-Angaben. Die Filtereinstellungen können vom Administrator in der Kupu-Konfiguration angepasst werden. Von Haus aus ist Kupu recht streng konfiguriert. HTML-Formatierungen wie `<u>`, `<big>`, `<small>` oder `<strike>` werden aus dem Dokument gelöscht, ebenso die Attribute `border` und `bgcolor`. Das ist sinnvoll, da die Formatierung über CSS erledigt werden soll und nicht über HTML-Befehle. Sie müssen allerdings aufpassen, wenn Sie bestehende Seiten in Kupu laden. Auch auf solche Dokumente werden die Filterregeln angewendet.

5.1.9 Vollbildmodus

zoom – Vollbildmodus
zoom – Fenstermodus

Hinter der mit *zoom* eigentlich falsch benannten Schaltfläche verbirgt sich eine sehr nützliche Arbeitserleichterung – der Vollbildmodus. Damit lässt sich der Arbeitsbereich auf das gesamte Browserfenster ausweiten. Mit einem Klick auf die Lupe kommt man aus dem Vollbild- auch wieder zurück zum Fenstermodus.

5.2 reSt – reStructuredText

Auch falls Kupu nicht benutzt werden kann, zum Beispiel weil kein aktueller Browser verfügbar ist, lässt sich formatierter Text auf einer Seite erzeugen, ohne dass der Autor HTML-Kenntnisse haben muss. Die entsprechenden Markup-Sprachen, die verwendet werden können, heißen *Structured Text* – kurz stx – und *reStructuredText* – kurz reSt.

In diesem Abschnitt geht es nur um reStructuredText. Das Prinzip ist bei beiden Sprachen identisch. Der Text wird mit Formatierungssymbolen versehen, die von einem Parser – also einer Übersetzungssoftware – interpretiert werden. Der Parser erzeugt formatierten Text im gewünschten Ausgabeformat, hier also HTML. ReStructuredText bietet jedoch mehr Möglichkeiten als Structured Text. Außerdem gibt es viele Nutzer, die bereits damit arbeiten, weil es als Bestandteil der „Docutils" für viele Softwaredokumentationen verwendet wird. Wer sich für Structured Text interessiert, der findet eine Anleitung auf der Plone-Homepage[2].

STX und reSt sind nicht nur als Notlösung zu verstehen. Mit etwas Übung lässt sich ein Text sehr schnell inklusive seiner Formatanweisungen erfassen, da die Maus nicht benötigt wird, sondern die Formatierung über die Tastatur eingegeben wird.

Damit mit reSt gearbeitet werden kann, muss unter *Personal Tools* → *meine einstellungen* → *Benutzereinstellungen* → *Texteditor* der normale Formulareditor ausgewählt werden.

Um die Beispiele nachzuverfolgen legen Sie einen neuen Artikel vom Typ Seite an. Wählen Sie anschließend das Textformat „reStructured Text".

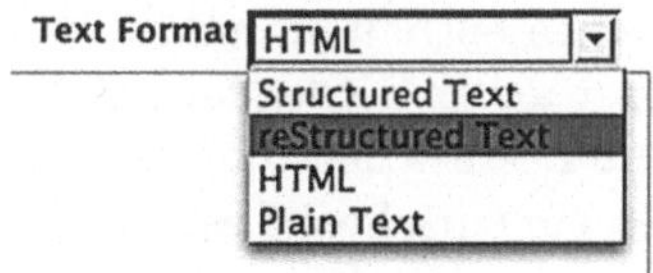

Abb. 5.8. Auswahlliste der Textformate

5.2.1 Schriftformate

Im Gegensatz zur Textgestaltung mit Kupu, der das Aussehen des Textes beeinflusst, indem beispielsweise kursiv gesetzter Text von einem `<i>`-Tag umschlossen wird, liegt der Schwerpunkt bei reStructuredText auf der logischen

[2] http://plone.org/documentation/how-to/structured-text-cheatsheet

Auszeichnung. Das entspricht weitgehend der Philosophie von HTML. Nachdem mit CSS eine flexible und mächtige Möglichkeit gefunden war, wie man das Aussehen der Texte formatieren kann, sollte mit HTML vorwiegend die Bedeutung der Elemente beschrieben werden. Wie sie optisch dargestellt werden sollen, schreibt HTML nicht vor. Dafür ist CSS zuständig. Entsprechend sind die Anweisungen auch nicht „kursiv“ oder „fett“, sondern eben „betont“ und „stark betont“.

Emphasis – Betonung

```
*betonter Text*
```

Betonte Abschnitte werden durch einen Stern begonnen und einen weiteren Stern abgeschlossen. Der so markierte Text wird in der Regel kursiv dargestellt. Im Quellcode von Plone erscheinen die Abschnitte als `<em>`-Blöcke, die durch CSS beliebig formatiert werden können.

Strong Emphasis – Starke Betonung

```
**stark betonter Text**
```

Hier kommen vor und hinter den zu betonenden Text je zwei Sterne. In der Ausgabe von Plone werden die stark betonten Textteile als `<strong>`-Blöcke ausgewiesen.

Inline Literals – Vorformatierter Text

```
``Vorformatierter Text``
```

Einzelne Worte können innerhalb der Zeile als vorformatierter Text ausgewiesen werden. Vorformatierter Text kann alle Zeichen enthalten, außer zwei aufeinanderfolgende Backquotes. Diese würden sonst als Ende des formatierten Bereichs gewertet. Es ist sogar möglich, mehrere Leerzeichen hintereinander zu schreiben. Normalerweise würden diese zu einem einzelnen Leerzeichen zusammengefasst. Da es sich um eine Inline-Formatierung und nicht um eine Absatzformatierung handelt, sind Zeilenumbrüche aber nicht geschützt.

reSt-Syntax

Damit der Parser die Formatanweisungen richtig erkennen kann, müssen bestimmte Regeln eingehalten werden:

1. Formate werden auf einen Bereich angewendet, der von identischen Anweisungen umschlossen ist.

2. Der zu formatierende Bereich darf nicht mit einem Leerzeichen oder sonstigen unsichtbaren Zeichen – sogenanntem Whitespace – beginnen oder enden.
3. Direkt vor der einleitenden Formatanweisung muss Whitespace oder eines der folgenden Zeichen stehen: , „ ([{ < - / :
4. Direkt hinter der schließenden Formatanweisung darf nur Whitespace oder eines der folgenden Zeichen stehen: ‘ “)] } > - / : . , ; ! ? \
5. Das Formatsymbol darf nicht alleine in Anführungszeichen oder Klammern stehen.
6. Der Bereich, der formatiert werden soll, darf nicht leer sein.

Diese Regeln klingen sehr kompliziert, aber im Grunde sind sie dazu da, dass auch die Formatierungssymbole in normalem Text verwendet werden können, ohne dass spezielle Maskierungen notwendig werden. Lediglich wenn die Ausgabe nicht dem entspricht, was Sie erwarten, müssen Sie sich intensiver mit dem Regelwerk auseinander setzen.

Um die Regeln zu veranschaulichen, hier noch ein paar Beispiele:

Tabelle 5.2. Die falsche Anwendung der Formatanweisungen führt zu unerwünschten Ausgaben

Regel	Beispiel	Erklärung
1	**stark betont*	Plone findet die schließende Formatanweisung nicht und gibt eine Warnung aus.
1	*betont**	Plone setzt das Wort „betont“ kursiv. Der erste Stern wird als schließende Anweisung erkannt und deshalb erscheint der folgende Stern als normales Zeichen im Text. Es wird übrigens nicht als einleitende Formatanweisung gewertet, weil es gegen Regel 3 verstößt.
2	** stark betont **	Die Leerzeichen verhindern, dass das Formatsymbol als solches erkannt wird. Sie werden als normaler Text interpretiert und ausgegeben.
3/4	re**Structured**Text	Mitten im Wort gelten die Anweisungen als normales Zeichen.
5	(*) „**“	Formatzeichen können im normalen Text an vielen Stellen verwendet werden. so auch in Klammern und Anführungszeichen. Kein Bug sondern ein Feature.
6	‘‘‘‘	Wenn es nichts zu formatieren gibt, dann sollten auch keine Formatanweisungen im Dokument stehen. Der Parser geht in diesem Beispiel davon aus, dass eine horizontale Linie gewünscht ist.

5.2.2 Absatzformate

Zu den Absatzformaten zählen alle Blockelemente, also solche, die neben einer horizontalen auch eine vertikale Ausdehnung haben. Dazu gehören normale Absätze genauso wie Listen, vorformatierter Text und Tabellen. Begonnen wird an dieser Stelle mit den häufigsten und einfachsten Blockelementen, den Absätzen.

```
Absätze werden durch Leerzeilen voneinander getrennt.

So lange keine Leerzeile kommt, dauert der
Absatz an. Zeilenumbrüche haben in der
Ausgabe keine Bedeutung. Sie werden durch ein
Leerzeichen ersetzt.

Absätze können **Schriftformatierungen** enthalten.
```

Einrückungen

Absätze – und das gilt auch für alle anderen Blockelemente – müssen linksbündig untereinander geschrieben werden, weil alle Einrückungen spezielle Bedeutungen haben. Das heißt nicht, dass der Text später auch linksbündig ausgegeben wird. Die Ausgabeformatierung ist Sache der Style Sheets.

```
Absätze werden durch Leerzeilen voneinander getrennt.

    Eingerückte Absätze werden als andere logische Ebene
    des Dokuments verstanden. Sie erscheinen auch in der
    Ausgabe eingerückt.
```

Einrückungen dürfen weder zu klein noch zu groß sein. Während es bei normalen Absätzen unproblematisch ist, wie weit pro Ebene eingerückt wird, muss man bei anderen Elementen aufpassen. Immer wenn ein Block mit einem Symbol beginnt, muss die nächste Zeile derselben Ebene so weit eingerückt sein, wie der Text der ersten Zeile ohne das Symbol und mögliche Leerzeichen.

```
-   Listeneinträge beginnen so

    die zweite Zeile muss linksbündig unter dem Text ↩
      stehen

      das wäre eine zusätzliche Einrückung innerhalb der ↩
         Ebene

das wäre eine Zeile der nächsthöheren Ebene

  das wäre eine Einrückung der nächsthöheren Ebene
```

5.2.3 Literal blocks – Vorformatierter Text

Sollen Einrückungen keine Bedeutung haben, und Sonderzeichen nicht als Formatanweisungen interpretiert werden, dann verwendet man vorformatierten Text. Eingeleitet wird er durch einen Absatz, in dem nur zwei Doppelpunkte stehen. Der vorformatierte Text wird eingerückt. Ab dort wird er genau so gesetzt, wie im Quelldokument auch.

```
Das ist normaler Text

::

    Der eingerückte Text kann nun
        untereinander gesetzt
            sein, wie er
                will.

Ab hier geht es normal weiter
```

Vorformatierter Text wird meist für Quellcode-Listings in der Software-Dokumentation eingesetzt. Der Ursprung von reStructuredText schimmert immer wieder durch. Quellcode wird in Nichtproportionalschrift dargestellt, also mit einer Schrift, in der jedes Zeichen dieselbe Breite hat. Aus diesem Grund erfolgt auch die Ausgabe von vorformatiertem Text in Nichtproportionalschrift.

Es gibt noch weitere Absatztypen, die jedoch an dieser Stelle nicht besprochen werden sollen. Ich empfehle Ihnen, wenn Sie ein bisschen Übung mit reSt haben, noch einmal die Sprachdefinition[3] zu Rate zu ziehen, um die fehlenden Sprachmerkmale zu entdecken. Für die tägliche Arbeit reichen die hier beschriebenen Möglichkeiten jedoch in der Regel aus.

5.2.4 Überschriften – Dokumente strukturieren

Überschriften dienen dazu, das Dokument in verschiedene Ebenen zu gliedern. HTML kennt sechs dieser Gliederungsebenen. Diese sechs Ebenen können auch in reSt definiert werden. Theoretisch sind in reSt noch mehr Ebenen denkbar, aber sie können in HTML nicht mehr umgesetzt werden. Eine noch feinere Untergliederung ist auch in den wenigsten Dokumenten sinnvoll.

Überschriften werden in reStructured Text durch Unterstreichungen angezeigt. Diese Unterstreichung kann mit beliebigen nicht-alphanumerischen Zeichen des 7-Bit-ASCII erfolgen:

```
^ ! " $ % & / ( ) = ? ' + * # ' < > , ; . : - _ @ [ \ ]
  { | } ~
```

Immer, wenn hier von nicht alphanumerischen Zeichen die Rede ist, sind diese Zeichen gemeint.

[3] vgl. [1]

Welches Zeichen für welche Ebene verwendet wird, ist Sache des Benutzers. Der Parser ermittelt die Ebene folgendermaßen: Die erste Unterstreichung ist die oberste Ebene. Tritt eine Unterstreichung mit einem anderen Zeichen auf, wird das als nächste Ebene interpretiert. Wann immer eine bereits bestehende Unterstreichung gewählt wird, entspricht die Ebene der der ersten Verwendung.

```
Überschrift 1. Ordnung
----------------------

Überschrift 2. Ordnung
======================

Überschrift 3. Ordnung
######################

Überschrift 2. Ordnung
======================
```

Eine Überschrift setzt immer eine Umgebung der nächsthöheren Ebene voraus. Das bedeutet, dass eine Überschrift dritter Ordnung nicht direkt nach einer Überschrift erster Ordnung benutzt werden kann. Solche Versuche werden mit einer Fehlermeldung quittiert.

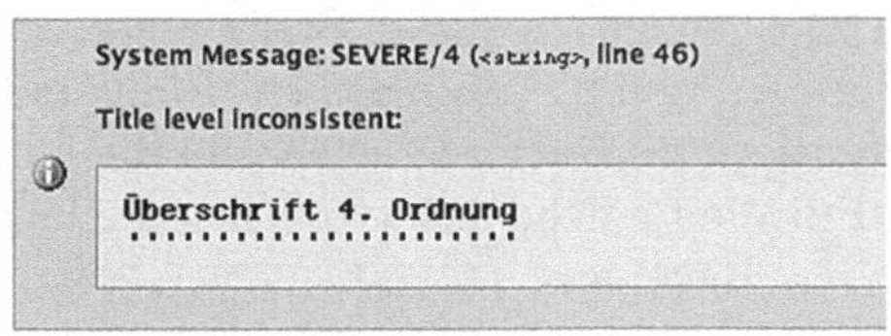

Abb. 5.9. Fehlermeldung bei falscher Ebenenschachtelung

Hier sieht man sehr gut, dass es bei den Überschriften nicht um die Formatierung geht, sondern um die logische Dokumentstruktur.

Aus jeder Überschrift wird automatisch ein Hyperlink-Anker erstellt, der denselben Namen wie die Überschrift hat. Wenn es in einem Dokument zwei gleiche Überschriften gibt, so wie im obigen Beispiel, dann werden beide Anker gelöscht und ein Hinweis ausgegeben.

System Message: INFO/1 (<string>, line 44); *backlink*
Duplicate implicit target name: "überschrift 2. ordnung".

Abb. 5.10. Hinweis bei gleichen Überschriften

Die Unterstreichung muss immer mindestens so lang sein, wie die Überschrift. Ergänzend zur Unterstreichung kann auch eine Überstreichung vorgenommen werden. Eine Überschrift, die mit einem Symbol unterstrichen ist, hat eine andere Ebene als eine Überschrift, die mit demselben Zeichen unter- und überstrichen ist. Der Vorteil überstrichener Überschriften ist, dass diese dann nicht unmittelbar am Zeilenanfang beginnen müssen.

```
-------------------------
   eingerückte Überschrift
-------------------------
```

5.2.5 Transitions – Trenner

Transitions werden durch waagerechte Linien dargestellt. Übersetzt heißt transition eigentlich Übergang. Da die Linie aber gerade nicht dazu da ist, zwei Abschnitte zu verbinden, sondern sie voneinander trennt, verwende ich im Deutschen den Begriff *Trenner*.

Um einen Trenner einzufügen, müssen nach einer Leerzeile mindestens 4 gleiche nicht alphanumerische Zeichen eingefügt werden:

```

----
```

Bei Trennern gibt es keine Hierarchie. Unterschiedliche Symbole innerhalb eines Dokuments führen nicht zu unterschiedlichen Ausgaben. Trenner sind nicht erlaubt am Anfang und Ende eines Dokuments oder Abschnitts sowie direkt nach einem Trenner.

5.2.6 Listen

In reStructuredText sind sogar noch mehr Listentypen definiert als in HTML. Die drei bekannten Grundformen existieren aber nach wie vor.

Bullet List – Ungeordnete Liste

Eine Liste beginnt und endet jeweils mit einer Leerzeile. Das erste Zeichen eines Listeneintrags ist das Bulletsymbol. Drei Zeichen sind möglich, die für die drei möglichen Bullet-Typen stehen:

Tabelle 5.3. Bullets ungeordneter Listen

Zeichen	Bullet	Symbol
*	Quadrat	■
+	Scheibe	●
-	Kreis	❍

Listen können hierarchisch aufgebaut sein. Dazu werden die Listeneinträge so weit eingerückt, dass das Listensymbol linksbündig zum Text der höheren Ebene steht. Wichtig ist, dass eine untergeordnete Liste eine eigene Liste ist. Deshalb ist hier auch eine Leerzeile vor dem ersten und nach dem letzten Eintrag Pflicht. Untergeordnete Listen können eigene Bullets haben. Da untergeordnete Listen selbständige Listen sind, kann es sich dabei auch um geordnete Listen handeln.

Ein Listeneintrag kann beliebig viel Text enthalten. Deshalb muss dem Parser mitgeteilt werden, was alles zum Listeneintrag gehört und wo der nachfolgende Absatz beginnt. Das wird durch die Einrückung erreicht. Textabsätze, die zum Listeneintrag gehören, werden so weit eingerückt, dass sie linksbündig unter dem Text des ersten Absatzes des Listenpunktes stehen:

```
- Der erste Absatz der Liste beginnt neben dem Bullet.

  Dahinter muss eine Leerzeile stehen, damit ein neuer
  Absatz begonnen wird. Er beginnt linksbündig unter dem
  ersten Absatz.
  - Eine untergeordnete Liste muss ebenfalls genau
    eingerückt werden.

Das ist der erste Absatz nach der Liste. Zu erkennen an
der fehlenden Einrückung.
```

Enumerated List – Geordnete Listen

Die Zahlenformate geordneter Listen können flexibel eingestellt werden. Neben arabischen Ziffern können Groß- und Kleinbuchstaben sowie große und kleine römische Ziffern verwendet werden. Der Ziffer muss entweder ein Punkt oder eine schließende Klammer angehängt werden, oder sie muss in runden Klammern eingeschlossen sein.

Der erste Punkt muss nicht zwingend die 1 sein. Plone gibt jedoch eine Warnung aus (*not ordinal-1*), weil HTML einen Listenbeginn mit einer beliebigen Ziffer nicht unterstützt.

Vorsicht ist geboten, wenn andere Ziffernformate als arabische Ziffern verwendet werden sollen: Klein- und Großbuchstaben sind auf eine Ziffer beschränkt. Mehr als 26 Listeneinträge sind hier nicht möglich. Der erste Eintrag darf nicht i oder I sein, weil er sonst mit den römischen Ziffern verwechselt werden könnte. Römische Zahlen sind auf den Wert 4999 begrenzt, was für normale Listen allerdings ausreichen sollte. Hier ist zu beachten, dass der Zähler mit i oder I anfangen muss oder mindestens zwei Stellen braucht, damit er von den alphabetischen Bezeichnern zu unterscheiden ist.

Geordnete Listen können ebenso geschachtelt werden, wie ungeordnete Listen.

Definitionslisten

Der Definitionsterm wird nicht eingerückt, jeweils durch einen von Leerzeichen umgebenen Doppelpunkt können Klassifizierer angegeben werden. In der zweiten Zeile wird die Definition eingerückt notiert.

```
Definitionsterm[ : Klassifizierer]
    Die Definition beginnt in der nächsten Zeile
    und wird eingerückt.

    Weitere Absätze behalten die Einrückung bei

Hier geht der normale Text weiter.
```

Während der Term auf eine Zeile beschränkt ist, kann die Definition beliebig viele Absätze und sonstige Elemente enthalten. Zwischen dem Definitionsterm und der Definition darf keine Leerzeile stehen. Maßgeblich für das Ende der Definition ist wieder die fehlende Einrückung nach einer Leerzeile.

Feldlisten

Feldlisten sind für Name-Wert-Paare gedacht und spielen in der Softwaredokumentation eine große Rolle. Nachdem die Möglichkeiten von HTML zur Darstellung von Listen bereits erschöpft sind, kommt in Plone ein anderes Schema zur Darstellung von Feldlisten ins Spiel: das einer zweispaltigen Tabelle. Da die Notation der Feldliste in reSt gegenüber der einer Tabelle einfacher ist, soll dieser Listentyp hier besprochen werden, auch wenn er nicht wirklich als Liste dargestellt wird. Wenn Sie also eine Tabelle brauchen, bei der in der ersten Spalte ein Begriff steht, auf den die zweite Spalte Bezug nimmt, können Sie diesen Listentyp verwenden. Werden die Feldnamen zu lang, dann wird der Name in eine eigene Zeile geschrieben, die erste Zelle der zweiten Zeile bleibt leer und in der zweiten Zelle steht die Erklärung.

```
:Begriff 1: Hier beginnt gleich der Wert.
    Beliebig viele Zeilen Text sind möglich.

    Weitere Absätze behalten die Einrückung bei

Hier geht der normale Text weiter.
```

Der Begriff wird von Doppelpunkten eingeschlossen. Innerhalb des Begriffs dürfen keine Doppelpunkte vorkommen.

Optionenlisten

Dieser Listentyp ist sehr speziell auf die Bedürfnisse der Softwaredokumentation zugeschnitten. Er spielt in Plone keine Rolle. Wenn Sie Plone dazu verwenden wollen, Software zu dokumentieren, dann empfehle ich Ihnen die Lektüre der englischsprachigen Dokumentation.[4]

5.2.7 Tabellen

Für Tabellen gibt es zwei Notationsmöglichkeiten. Dabei bietet die eine weiter gehende Möglichkeiten der Tabellengestaltung, die andere ist dafür etwas schneller zu schreiben.

Grid Tables – Rastertabellen

Bei diesem Tabellentyp werden alle Tabellenelemente, also die waagerechten und senkrechten Linien sowie die Trennung von Kopf und Körper mit diversen Satzzeichen notiert:

```
+----------------------+-----------------------+-------+
| Überschrift 1. Spalte | Überschrift 2. Spalte | etc.  |
+======================+=======================+=======+
| Inhalt erste Reihe,  | Dieser Text umspannt zwei     |
| erste Spalte         | Spalten                       |
+----------------------+-----------------------+-------+
| Dieser Text umfasst  |                       |       |
| zwei Zeilen          +-----------------------+-------+
|                      |                       |       |
+----------------------+-----------------------+-------+
```

Tabellen können andere Blockelemente, zum Beispiel Listen und sogar andere Tabellen, enthalten.

Die vertikalen Trennstriche müssen unbedingt untereinander stehen. Die senkrechte Linie darf im normalen Text verwendet werden, so lange sie nicht mit einem Spaltentrenner verwechselt werden kann. Sie darf also nicht an der Stelle stehen, an der der Parser einen Spaltentrenner erwartet. Notfalls schafft ein zusätzliches Leerzeichen vor dem Symbol Abhilfe. Mehrfache Leerzeichen werden in der Ausgabe auf ein Leerzeichen reduziert.

Simple Tables – einfache Tabellen

Eigentlich müsste dieser Typ Speed Table heißen. Denn der Vorteil liegt in erster Linie in der schnellen Erstellung. Es gibt auch hier einige syntaktische Merkmale, die beachtet werden müssen.

Der Anfang und das Ende der Tabelle werden mit Gleichheitszeichen markiert. Zwischen den einzelnen Spalten muss mindestens ein Leerzeichen stehen. Die Gesamtzahl der Spalten wird dabei von der obersten Zeile definiert, gleichgültig ob später in einzelnen Zeilen einzelne Spalten zusammengefasst werden.

[4] http://docutils.sourceforge.net/docs/ref/rst/restructuredtext.html#option-lists

```
=============== =============== ===============
           Englisch               Deutsch
------------------------------- ---------------
 amerikanisch     britisch
=============== =============== ===============
 elevator        lift            Fahrstuhl
 french fries    chips           Pommes Frites
=============== =============== ===============
```

Der Kopfbereich kann mehrere Zeilen umfassen. Abgeschlossen wird er mit einer Reihe aus Gleichheitszeichen und Leerzeichen, entsprechend der obersten Zeile.

Zellen können mehrere Spalten umfassen. Dazu muss darunter eine Zeile stehen, die die neue Spaltenanordnung markiert. Diese Zeile muss alle Spalten berücksichtigen. Auch wenn nur die erste und zweite Spalte zusammengefasst werden sollen, muss die dritte Spalte mit Bindestrichen ausgewiesen werden. Text darf in dieser Zeile nicht stehen.

Der Inhalt umfasst normalerweise nur eine Zeile. Steht in der ersten Zelle nichts, dann werden die Inhalte der nächsten Spalten als Fortsetzung der Zeile davor interpretiert. Daraus ergeben sich zwei Dinge. Einmal darf die erste Spalte einer Reihe nie leer sein. Zum anderen kann die erste Zelle immer nur einzeiligen Inhalt haben. Für das erste Problem gibt es allerdings eine Lösung: Es ist möglich, Kommentare in den Text zu schreiben, die in der Ausgabe nicht erscheinen. Ein solcher Kommentar wird mit zwei Punkten eingeleitet. Ein sogenannter leerer Kommentar besteht nur aus dieser Kommentareinleitung. Damit ist die Tabellenzelle nicht leer und deshalb wird die Zeile nicht als Fortsetzungszeile interpretiert.

5.2.8 References – Verweise

Natürlich bietet die Sprachdefinition von reStructuredText auch Möglichkeiten an, Referenzen in Dokumenten zu verwenden. Drei dieser Referenzen, nämlich Hyperlinks, Fußnoten und Literaturnachweise werden im Folgenden beschrieben.

Um auf Quellen innerhalb des Dokuments zu verweisen, müssen Anker definiert werden können. Viele Anker werden automatisch generiert, wie zum Beispiel bei den Überschriften. Die Namen der Anker müssen bestimmten Anforderungen an die enthaltenen Zeichen genügen. Es dürfen nur alphanumerische Zeichen, Binde-, Unterstriche und Punkte verwendet werden. Leerzeichen sind nicht erlaubt.

Referenzen müssen eindeutig sein. Ansonsten kann der Parser nicht feststellen, welcher Anker gerade referenziert wird. Deshalb sollten in einem Dokument nicht zwei gleichlautende Überschriften vorkommen. Alle Referenztypen teilen sich denselben Namensraum. Das bedeutet, dass ein Textanker auch nicht so heißen sollte, wie eine Überschrift. Falls es doch zu solchen Dopplungen kommt, greift ein Regelwerk:

- Explizite Referenzen haben Vorrang vor impliziten. Der Parser gibt einen Hinweis aus.
- Gleichlautende implizite Referenzen werden gelöscht. Der Parser gibt einen Hinweis aus.
- Gleichlautende explizite Referenzen werden gelöscht. Der Parser gibt eine Warnung aus.

Allen Referenztypen gemeinsam ist, dass sie durch einen abschließenden Unterstrich kenntlich gemacht werden. Werden mehrere Worte verlinkt, müssen sie von Backquotes umgeben sein. Alles weitere zu den einzelnen Referenztypen steht in den folgenden Abschnitten.

Hyperlink References – Hyperlinks

Hyperlinks können sowohl auf interne als auch auf externe Quellen verweisen. Das Verweisziel wird auf mehrere Arten ermittelt:

eigenständiger Hyperlink: Dieser Hyperlinktyp wird allein dadurch erkannt, dass seine Struktur die Schreibweise eines gültigen URLs ist. Ein Textabschnitt in der Form
http://www.springer.de wird automatisch als Hyperlink interpretiert.

eingebundener URI: Beliebiger Text kann mit einem Verweisziel verknüpft werden, indem es dem Text in eckigen Klammern angefügt wird:
`Zur Springer-Homepage <http://www.springer.de>`_

abgesetzter URI: Es ist nicht nötig, das Verweisziel an der Stelle zu notieren, wo der Verweis steht. Stattdessen gilt der verlinkte Text als Name für den Verweis und an einer beliebigen Stelle kann das Verweisziel dem Namen zugeordnet werden:

```
Der Referenztext_ wird zum Linknamen.

Hier steht beliebig viel Text.

.. _Referenztext: http://www.springer.de
```

Wird später derselbe Text noch einmal als Verweis verwendet, muss das Ziel nicht erneut angegeben werden. Soll ein anderer Text auf dasselbe Ziel veweisen, dann kann über der Definition der Zieladresse ein leerer Definitionsrumpf notiert werden, der den neuen Namen einführt:

```
.. _Referenzbegriff:
.. _Referenztext: http://www.springer.de
```

Dabei spart man nicht nur einmal die Zeit, die Adresse einzugeben, man sorgt auch dafür, dass sich spätere Änderungen der Verweisadressen nicht auf viele verschiedene Stellen im Dokument auswirken.

anonyme Verweise: Soll ein Verweis nur einmal in einem Dokument verwendet werden, dann muss er nicht unbedingt mit einem Namen versehen werden. Das wird angezeigt, indem an den Verweis nicht nur ein, sondern zwei Unterstriche angehängt werden. Das Verweisziel wird dann ebenfalls durch zwei Unterstriche eingeleitet. Mehrere anonyme Verweise können innerhalb eines Dokuments verwendet werden. Die Zieldefinitionen müssen dann in der gleichen Reihenfolge stehen, in der die Links im Dokument vorkommen.

interne Verweise: An jedem beliebigen Punkt des Dokuments lassen sich Anker definieren. Viele davon werden automatisch erstellt. Die Überschriften zum Beispiel werden alle als Anker mit dem Namen der Überschrift definiert. Auf diese Anker verlinkt man dann ganz normal über den Linktext.

```
Mehr dazu im Abschnitt Tabellen_

Hier kommt beliebig viel Text

Tabellen
--------

...
```

Diese Anker können aber überall im Text gesetzt werden. Die Syntax dafür lautet `_'Ankername'`

Wie man sieht sind die Möglichkeiten, Links einzufügen sehr vielschichtig. Die vielen Möglichkeiten machen es aber auch sehr komplex. Die dahinter stehende Philosophie ist, dass der Quellcode möglichst gut zu lesen sein soll. Das wird durch möglichst wenige und möglichst dezente Zusatzzeichen bewerkstelligt. Am wenigsten Zusätze entstehen bei den eigenständigen Links, nämlich überhaupt keine, da der Link allein aus der Textinformation generiert wird. Anonyme Links helfen dabei, Namensdopplungen zu vermeiden, falls derselbe Text mehr als einmal verlinkt werden soll, aber auf unterschiedliche Ziele verweist.

Footnote References – Fußnoten

Fußnoten sind nummerierte Verweise auf einen Text, der an anderer Stelle im Dokument steht. Das muss nicht zwingend das Dokumentende sein. Das Absatzende ist genauso möglich. Die Fußnotennummer wird immer in eckige Klammern eingeschlossen und kann entweder von Hand oder automatisch gesetzt werden:

```
Häufig werden Hilferufe in User-Foren mit einem
lapidaren RTFM[#]_ beantwortet.

.. [#] Read The "Fine" Manual
```

Die Raute ist das Symbol für die automatische Nummerierung. Gerade in größeren Dokumenten sollten Sie diese Möglichkeit der expliziten Nummerierung vorziehen. Anderenfalls müssten Sie immer, wenn eine Fußnote eingefügt wird, alle anderen Nummern verändern. So reicht es, die neue Definition an der richtigen Stelle einzusetzen. Das müssen Sie aber auf jeden Fall überprüfen, denn der Parser kann nur warnen, dass die Anzahl nicht stimmt, nicht aber über die falsche Reihenfolge informieren.

Citation References – Zitate

Literaturnachweise im Text werden genau wie Fußnoten notiert. Der Unterschied ist aber, dass es sich hier nicht um eine reine Zahl, sondern um einen Namen handelt. Für ihn gelten dieselben syntaktischen Vorgaben wie für alle Referenznamen. Dadurch, dass es sich nicht um eine Zahl handelt, ist auch keine automatische Nummerierung möglich.

5.2.9 Directives – reSt erweitern

Das Prinzip der Direktiven ermöglicht die Erweiterung von reSt. Es gibt aber bereits viele eingebaute Direktiven.

Syntax

Direktiven werden mit zwei Punkten am Zeilenanfang eingeleitet. Danach folgen Leerzeichen oder Tabulatoren. Anschließend kommt der Name der Direktive. Zwei Doppelpunkte schließen die Zeile ab. In den nächsten Zeilen folgen eingerückt und von einem Doppelpunkt eingeleitet etwaige Argumente. Darunter folgen beliebig viele Textblöcke. Das Ende der Einrückung markiert wie üblich das Ende der Direktive.

Admonitions – Warnungen

Hinweise, Warnungen und Fehlermeldungen werden oft in auffälligen Textboxen dargestellt, damit der Benutzer sie gleich wahrnimmt. In Plone wird davon bei den Portal-Status-Messages Gebrauch gemacht oder wenn ein Besucher ein Formularfeld falsch ausfüllt. ReSt definiert etliche dieser Warnungen, mit unterschiedlichem Dringlichkeitsgrad und für verschiedene Anwendungsfälle:

- attention
- caution
- danger
- error
- hint
- important
- note

- tip
- warning

Plone selbst definiert nur das Aussehen für den Typ Error als orange hinterlegte Textbox. Der Designer kann jedoch für jeden der Typen eigene Stile definieren.

```
.. important:: Schicken Sie das Formular nur
   einmal ab. Sonst könnte es zur Doppel-
   belastung Ihrer Kreditkarte kommen.
```

Bilder

reSt kennt zwei Direktiven um Bilder einzufügen: *image* und *figure*. *Image* fügt nur ein Bild ein, während *figure* eine Beschriftung ermöglicht.

Image

```
.. image:: picture.jpg
   :height: 240
   :width: 300
   :scale: 100
   :alt: Alternativer Text
   :align: right
```

Die Argumente *height* und *width* werden von *scale* beeinflusst. Es ist auch nicht notwendig, alle Argumente anzugeben. Mit *scale* werden die Bilder proportional skaliert. Die Angabe ist ein Prozentwert. Eine absolute proportionale Skalierung erreicht man, indem man einen Wert für *width* oder *height* angibt. Die Dimensionen lassen sich auch strecken oder stauchen, wenn *height* und *width* angegeben werden. Das verzerrte Bild – wie auch alle unverzerrten – lässt sich mit *scale* zusätzlich verkleinern oder vergrößern.

Das Argument *align* kann einen der Werte *left*, *center* oder *right* annehmen. Nachfolgender Text fließt um das Bild herum, wenn die Ausrichtung links- oder rechtsbündig ist.

Figure

In einer *figure*-Anweisung können dieselben Argumente wie in der *image*-Direktive verwendet werden. Zusätzlich wird aber die Bildbeschriftung angegeben. Die Breite der Beschriftung kann über das Argument *figwidth* ebenfalls festgelegt werden.

```
.. figure:: picture.jpg
   :width: 300
   :figwidth: 400
   :alt: Alternativer Text
```

```
:align: right

Hier steht die Bildbeschriftung.

Auf die Beschriftung folgt die optionale Legende.
Sie kann beliebig viel Text enthalten. Auch:

- Absätze
- Listen
- Tabellen
```

Die Legende kann beliebig lang sein und auch andere Elemente außer Fließtext enthalten. Das Ende der Einrückung bestimmt auch hier das Ende des Direktivenblocks.

5.3 Lokalisierung– Mehrsprachige Websites

Es gibt mehrere Stufen der Internationalisierung und der Lokalisierung. Das eine ist die Plone-Oberfläche selbst mit ihren Meldungen und Beschriftungen. Diese liegen in einer sehr großen Zahl von Sprachen vor. Auch wenn die eine oder andere Formulierung etwas unglücklich wirkt, Plone wird für Anwender aller dieser Sprachen sofort bedienbar. Zur Ehrenrettung der Übersetzer sei noch angemerkt, dass die Übersetzung einer solchen Anwendung ein hochkomplexer Vorgang ist. Wenn Sie eigene Produkte auf Ihrer Plone Site einsetzen, dann können Sie diese auch internationalisieren. Die Internationalisierung von Templates wird im Abschnitt 11.3 auf Seite 189 besprochen.

Lokalisierung hat aber noch weitere Elemente als die Beschriftung. Verschiedene Länder haben unterschiedliche Datumsformate oder sogar unterschiedliche Schriftlaufrichtungen. Neu in Plone 2.1 ist die Unterstützung für Schriftsysteme, die von rechts nach links laufen.

Wirklich mehrsprachiger Inhalt bedeutet aber, dass die Artikel selber in verschiedenen Sprachen vorliegen. Um das zu bewerkstelligen muss ein Zusatzprodukt installiert sein. In diesem Buch wird LinguaPlone verwendet. Wenn Ihr Administrator die Installationsanweisungen in diesem Buch ausgeführt hat, dann ist es bereits installiert. Ansonsten steht die Anleitung unter Abschnitt 16.4.5 auf Seite 312.

5.3.1 Sprache auswählen

In der Konfiguration von LinguaPlone können die zulässigen Sprachen eingestellt werden. Jeder Artikel kann dann in jede dieser Sprachen übersetzt werden.

Grundsätzlich entscheiden erst einmal die Spracheinstellungen des Browsers darüber, in welcher Sprache die Seiten ausgeliefert werden. Dieses Verfahren nennt man „Language Negotiation“. LinguaPlone stellt aber für die verschiedenen Sprachen Schaltflächen zur Verfügung, mit denen auf eine andere Sprache umgestellt werden kann. Diese bleibt dann auch beim Wechsel auf eine andere Seite erhalten.

Abb. 5.11. Flaggen der erlaubten Sprachen

Die momentan ausgewählte Sprache wird umrahmt dargestellt. Die Flagge der Sprachen, für die keine Übersetzung des aktuellen Artikels vorliegt, erscheint nur als blasses Icon. In den Spracheinstellungen kann die Anzeige der Flaggen deaktiviert werden. Statt dessen wird dann eine Auswahlliste der möglichen Sprachen angezeigt. Welche Übersetzung verfügbar ist, ist dabei nicht zu sehen. Egal, welche Ansicht für die Sprachauswahl genutzt wird; wird ein Artikel in einer Sprache angefordert, in der er nicht vorliegt, erscheint die folgende Meldung in der gewünschten Sprache.

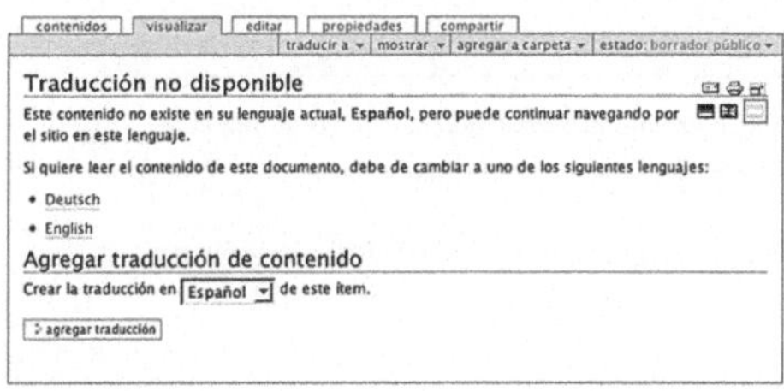

Abb. 5.12. Hinweis, wenn eine Übersetzung nicht existiert

Hier stehen Links zu den vorhandenen Übersetzungen. Außerdem kann direkt von dieser Seite aus eine Übersetzung in die entsprechende Sprache erzeugt werden.

5.3.2 Übersetzung erzeugen

Der übliche Weg, eine Übersetzung zu erzeugen, ist das Content-Menü *translate into*. Dort kann die entsprechende Übersetzung direkt ausgewählt werden.

Die Übersetzungsmaske ist eine zweiteilige Darstellung, in der links das Original steht und rechts direkt die Übersetzung eingetragen werden kann. Leider gibt es nach dem Speichern keine Möglichkeiten mehr, die Übersetzungsmaske erneut aufzurufen, um die Übersetzung fortzusetzen oder zu verändern. Da jede Übersetzung ein eigenständiger Artikel ist, kann sie aber wie gewohnt editiert werden.

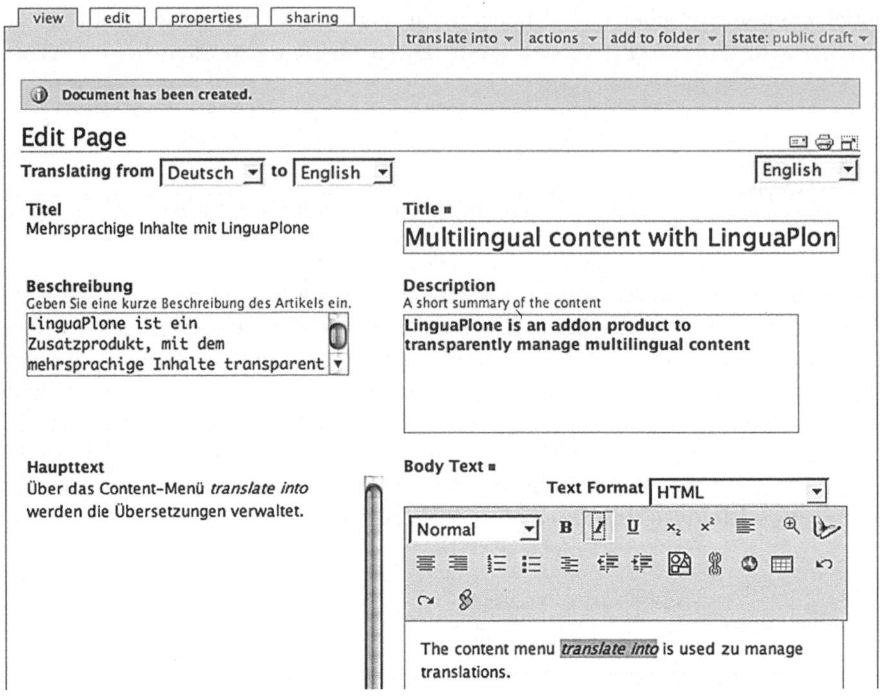

Abb. 5.13. Die zweispaltige Darstellung hilft bei der Übersetzung

5.3.3 Übersetzungen verwalten

Im Formular unter *translate into* → *manage translations* stehen zwei Optionen zur Verfügung. Zum einen kann die Sprache des aktuellen Artikels festgelegt werden, zum anderen werden hier bestehende Übersetzungen gelöscht.

Das ursprüngliche Dokument wird als kanonische Version bezeichnet. Sie kann über diesen Dialog nicht gelöscht werden. Der Sinn einer solchen kanonischen Version liegt darin, dass der Workflow-Status überwacht werden kann. Wird die kanonische Version zurückgezogen, kann ein Skript dafür sorgen, dass auch alle Übersetzungen automatisch zurückgezogen werden. Eine Änderung am Status einer einzelnen Übersetzung würde sich aber nicht auf die anderen Übersetzungen auswirken.

LinguaPlone ist ein Produkt, dass einerseits sehr intuitiv zu bedienen ist, zum anderen aber so konstruiert ist, dass es die bestehende, einsprachige Seite nicht beeinträchtigt. Auch wenn LinguaPlone deinstalliert wird, bleibt sie intakt.

anzeigen | bearbeiten | eigenschaften | zugriffsrechte

translate into ▾ | aktionen ▾ | neuen artikel hinzufügen ▾ | status: öffentlicher entwurf ▾

Manage Translations

Here you can change the content language or remove existing translations.

Change content language

Select the language you want to change the content to.

Available languages

- Neutral
- Español

change language

Remove translations

Select translations to remove.

Existing translations

- English (en): Multilingual content with LinguaPlone

löschen

Abb. 5.14. Übersetzungen werden über diesen Dialog verwaltet

5.4 Wie geht es weiter?

Sie haben die Aufgaben eines Autors kennen gelernt und die Möglichkeiten der Texterfassung mittels Kupu und reSt. ReStructuredText bietet noch viele andere Möglichkeiten, die aber zu speziell sind, um sie an dieser Stelle zu diskutieren. Wenn Sie sich dafür entscheiden, Ihre Texte in reSt zu erfassen, dann sollten Sie sich die anderen Sprachmerkmale von reSt ansehen, ob Sie noch weitere Elemente als die hier beschriebenen für Ihre Seiten nutzen können.

Viele Angaben führen in Plone zur Ausgabe einer CSS Klasse, die aber unter Umständen in Plone noch nicht definiert ist. Wenn Sie ein bestimmtes Element nutzen möchten, dann sprechen Sie mit Ihrem Designer. Er kann die Gestaltung einzelner Elemente übernehmen. Mehr zur Gestaltung von reSt finden Sie im Abschnitt 9.4.1 auf Seite 146.

5.4.1 Inhalte einreichen

Der letzte Schritt, den Sie als Autor zur Veröffentlichung Ihrer Seite machen müssen, ist, sie einzureichen. Der Redakteur wird sie dann entweder freigeben oder zur Korrektur an Sie zurück geben. Wenn Sie einen Artikel, der bereits veröffentlicht ist, bearbeiten müssen, dann müssen Sie ihn erst zurückziehen. Nach der Bearbeitung wird er dann erneut dem Redakteur vorgelegt.

Um einen Artikel einzureichen kann im Content-Menü in der Auswahlliste *status* entweder der Eintrag *einreichen* oder *erweitert* gewählt werden. Unter *erweitert* gibt es die Möglichkeit, einen Kommentar zur Änderung anzugeben. Ich empfehle bei der ersten Einreichung den einfachen Weg über *einreichen* zu gehen und bei späteren Änderungen diese unter *erweitert* zu protokollieren.

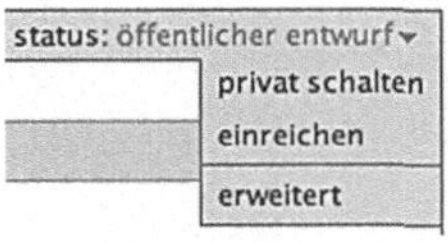

Abb. 5.15. Auswahlmenü zur Statusänderung

Die fertigen Inhalte müssen jetzt dem Benutzer bereitgestellt werden. Dazu muss der Redakteur sie freigeben und sinnvoll mit anderen Inhalten verknüpfen. Von der Organisation der Inhalte handelt das nächste Kapitel.

6

Die Inhaltsstruktur – Die Arbeit der Redakteure

Eine Website muss mehr sein, als die Summe ihrer Einzelteile. Diesen Mehrwert zu schöpfen ist die Aufgabe des Redakteurs. Durch die gelungene Gruppierung und Verknüpfung verschiedener Inhalte wird aus einer Menge an Artikeln ein unverwechselbares Online-Angebot.

Ein wesentliches Merkmal von Content-Management-Systemen ist, dass sie einmal erfasste Inhalte an vielen verschiedenen Stellen in vielen unterschiedlichen Formaten wieder ausgeben können. Dabei ist der Ort, an dem ein Artikel erscheint nicht zwangsläufig auch der, an dem er angelegt wird. In diesem Kapitel soll zwischen dem physikalischen Speicherort eines Artikels und seinem Erscheinen innerhalb des Webangebots unterschieden werden. Puristen werden anmerken, dass auch die sogenannte Sicht auf die physikalische Struktur der Daten nicht wirklich die Daten, geschweige denn ihren physikalischen Speicherort zeigt, sondern auch nur eine software-gestützte Sicht auf die Daten ist, aber es ist die Ansicht, die für die Organisation von Daten vorgesehen ist, und auf die technischen Details der Datenspeicherung kann der Content Manager sehr gut verzichten.

6.1 Physikalische Organisation

Im Büro gibt es Aktenschränke mit Aktenordnern, in denen die einzelnen Dokumente abgelegt sind. Die Speicherung der Daten auf dem Computer – oder, zum letzten Mal, die Sicht auf die gespeicherten Daten – erfolgt genau nach dieser Metapher, wie es in der Softwarewelt heißt. Ordner werden Verzeichnisse genannt, sind aber dazu da, Dokumente, also Dateien aufzunehmen, damit sie leicht wieder gefunden werden können. Ordner erfüllen gleichzeitig die Funktion der Aktenschränke. Sie können weitere Ordner aufnehmen. So entsteht ein Verzeichnisbaum, der, wenn er sorgfältig angelegt wurde, sehr schnell zu den gewünschten Inhalten führt. Das ist das Prinzip der Datenspeicherung auf allen gängigen PCs und Ihr Dateibrowser zeigt Ihnen diesen Baum auf die eine oder andere Weise an.

Nicht anders funktioniert das in Content-Management-Systemen. In Plone gibt es die Ansicht *Inhalte*, die immer dann verfügbar ist, wenn Sie sich am System angemeldet haben. Plone, beziehungsweise der darunter liegende Zope-Server speichert die Daten nicht als Dateien, sondern als Objekte in einer Datenbank. Dennoch verwende ich im Folgenden auch den Begriff Datei als Bezeichnung für eine definierte Menge an Daten. Wie die Speicherung der Daten tatsächlich funktioniert ist ein rein technisches Detail und muss Sie als Content Manager nicht interessieren. Die Plone- und Zope-Oberfläche ist so gestaltet, dass Sie das Gefühl haben, mit Dateien und Ordnern zu arbeiten.

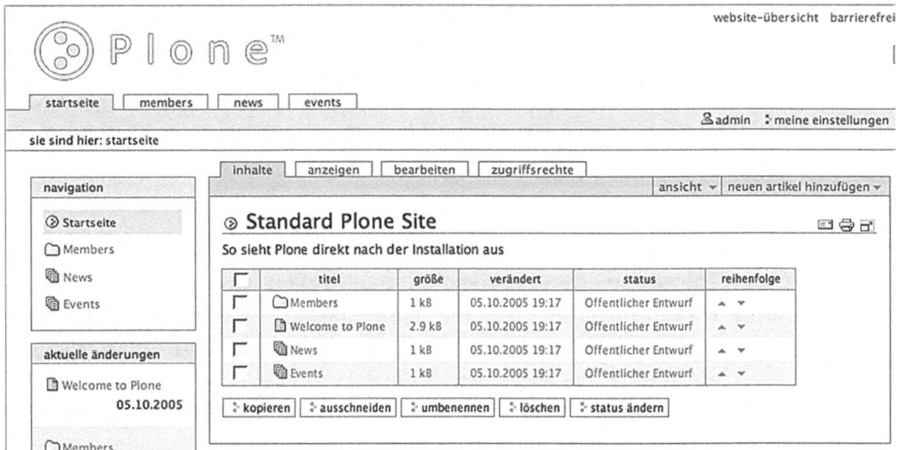

Abb. 6.1. Inhalte-Ansicht in Plone

6.1.1 Dateioperationen

Neben dem jeweiligen Objekt steht ein Datei- oder auch ein Ordnersymbol. Klickt man auf den Datei- oder Ordnernamen, gelangt man zur Ansicht der Datei oder in das nächste Verzeichnis. Sie sehen, die Bedienung wurde sehr stark an das gewohnte Arbeiten mit Ordnern und Verzeichnissen angelehnt. Ungewohnte Bedienelemente sind die Rubrik *reihenfolge* und das Auswahlkästchen links von den Dateien.

Mit den Pfeilsymbolen können die Dateien im Ordner sortiert werden. Das ist deshalb nötig, weil die automatisch generierten Menüs die Reihenfolge der Ordner verwenden. Das Auswahlkästchen markiert die Einträge, auf die die Funktionsschaltflächen unterhalb des Ordnerinhalts wirken. Für die Organisation der Inhalte sind die ersten vier bekannten Schaltflächen notwendig: *kopieren*, *ausschneiden*, *umbenennen* und *löschen*. Die Funktionen sind zwar aus der täglichen Computerarbeit bekannt, haben aber zum Teil in Plone auch noch andere Bedeutungen, weshalb sie hier noch einmal kurz erklärt werden.

kopieren: Werden Einträge kopiert, dann können sie an einem anderen Ort wieder eingefügt werden. Der entsprechende Inhalt existiert dann doppelt. Das kann dafür verwendet werden, Content-Vorlagen zu kopieren und am Zielort zu modifizieren. Um Artikel an mehreren Stellen der Site zu verwenden, sollte der Befehl nicht verwendet werden. Wird der Artikel an einer Stelle verändert, dann ist er an der anderen noch in der alten Version vorhanden. Content sollte in Content-Management-Systemen nur einmal existieren. Mehrfache Verwendungen, die durchaus vorkommen, werden über Sichten realisiert, die das Thema des nächsten Abschnitts sind.

ausschneiden: Nach dem Einfügen werden die ausgeschnittenen Artikel an den neuen Platz verschoben. Werden sie nicht eingefügt, dann verbleiben sie an dem alten Ort. Eingefügt werden Objekte mit dem Button *einfügen*, der nur dann erscheint, wenn zuvor etwas ausgeschnitten oder kopiert wurde.

löschen: Gelöschte Dateien und Ordner erscheinen nicht mehr in der Ordneransicht. Sie sind jedoch nach wie vor in der Datenbank vorhanden. Objekte werden erst dann aus der Datenbank gelöscht, wenn diese „gepackt“ wird. Das Packen der Datenbank ist eine Administratoraufgabe und kann in regelmäßigen Abständen oder auch nur bei Bedarf durchgeführt werden. So lange die Datenbank nicht gepackt wurde, können alle Änderungen, die gemacht wurden, wieder rückgängig gemacht werden. Danach jedoch nicht mehr. Deshalb ist es sinnvoll zu wissen, in welchen Abständen und unter welchen Bedingungen die Datenbank gepackt wird.

umbenennen: Vom normalen Dateisystem auf dem heimischen Computer ist man es gewohnt, dass eine Datei einen Namen hat. In Plone hat jede Datei zumindest zwei Namen, eine ID und einen Titel.

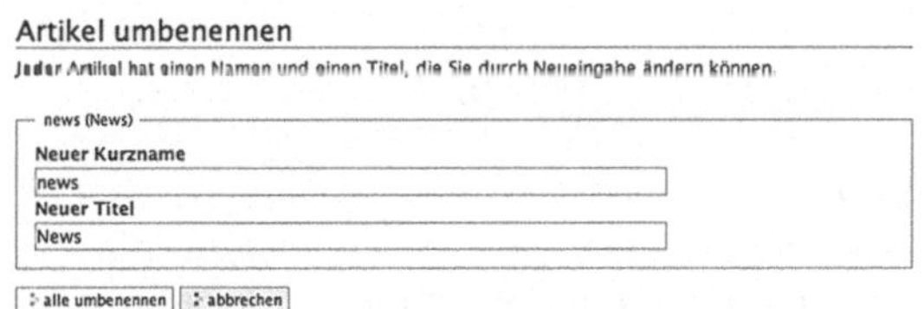

Abb. 6.2. Eine Datei hat in Plone mehrere Namen

Die ID – zu deutsch „Kurzname“ – wird Teil der Webadresse und sollte deswegen keine Großbuchstaben, Leer- und Sonderzeichen enthalten. Der Titel ist hingegen beliebig und dient der Anzeige im Browserfenster. Der Kurzname sollte nur dann umbenannt werden, wenn es gute Gründe dafür gibt. Unter Umständen werden dadurch Links ungültig, wenn diese auf den alten Kurznamen verweisen. Die ID wird normalerweise nicht von Hand 2.1
eingegeben, sondern automatisch aus dem Titel generiert. Seit der Version 2.1 gibt es aber die Möglichkeit, alle Artikel über eine eindeutige Bezeichnung, die UID zu identifizieren und auf diese zu verlinken. Dennoch rate ich von der Änderung des Kurznamens generell ab. Die Möglichkeit, den

Kurznamen zu verändern lässt sich in der Plone-Konfiguration einstellen: *konfiguration → Website allgemein → Kurzname der Artikel anzeigen?*

Die Schaltfläche *status ändern* wird für den Veröffentlichungsprozess verwendet und deshalb auch erst im entsprechenden Abschnitt behandelt.

6.1.2 Dateien und Ordner

In der Computerwelt ist relativ eindeutig, was ein Ordner und was eine Datei ist. Ein Ordner ist ein Ordner und alles, was kein Ordner ist, ist eine Datei. In Plone verhält sich das ein wenig anders.

Ordnertypen

Jedes Objekt in Plone kann, wenn es so programmiert wurde, andere Objekte enthalten. Dabei können einzelne Objekte, auch Standard-Verzeichnisstypen so eingestellt werden, dass sie nur bestimmte Elemente aufnehmen können. Es gibt zum Beispiel spezielle „User-Folder", die nur Benutzerobjekte enthalten dürfen. Wenn Sie über die Inhalte-Ansicht der Startseite den Eintrag „News" auswählen, sehen Sie die Meldung „Dieser Ordner hat keinen sichtbaren Inhalt". Es handelt sich also um einen Ordner. Innerhalb des grünen Balkens gibt es eine Schaltfläche *smart folder hinzufügen.* Hier sieht man den Typ, den dieser Ordner aufnehmen kann. Gibt es mehrere Typen, wird statt der Schaltfläche eine Auswahlliste angezeigt. Das können Sie auf der Startseite überprüfen.

Abb. 6.3. Verfügbare Typen für die Startseite

Standardseite

Genausowenig wie man einer Datei sofort ansieht, ob sie andere Dateien aufnehmen kann, sieht man einem Ordner sofort an, dass er keine Datei ist. Es besteht die Möglichkeit, für jedes Verzeichnis eine Standardseite zu definieren, die als Dokument beim Zugriff auf das Verzeichnis gezeigt wird. Das klingt zunächst verwirrend, ist aber ein durchaus gebräuchliches Verfahren. Stellen Sie sich vor, dass eine Internetseite eine Rubrik Produkte hat. Es ist eher ungewöhnlich, dass eine Liste aller Produkte erscheint, wenn man auf diesen Link klickt. Statt dessen wird eher ein einführender Text gezeigt, vielleicht mit weiteren Verweisen auf die einzelnen Produktgruppen. Die Beschreibung der einzelnen Produkte soll hingegen durchaus unterhalb des Menüeintrags „Produkte" erscheinen. Legen Sie über *neuen Artikel hinzufügen → Ordner* ein Verzeichnis an, in dem wiederum zwei Seiten liegen (jeweils *neuen Artikel hinzufügen → Seite*), die Sie beliebig benennen und mit beliebigen Inhalten füllen können. Tragen Sie dazu einen Titel ein und einen beliebigen Haupttext. Mit einem roten Quadrat markierte Felder sind Pflicht. Eine ausführliche Anleitung zu den Möglichkeiten, den Haupttext zu gestalten finden sie im Abschnitt 5.1 auf Seite 40. Für dieses Beispiel genügt es aber, ein wenig Text einzugeben und zu speichern.

Die Standardansicht des Verzeichnisses zeigt die folgende Abbildung:

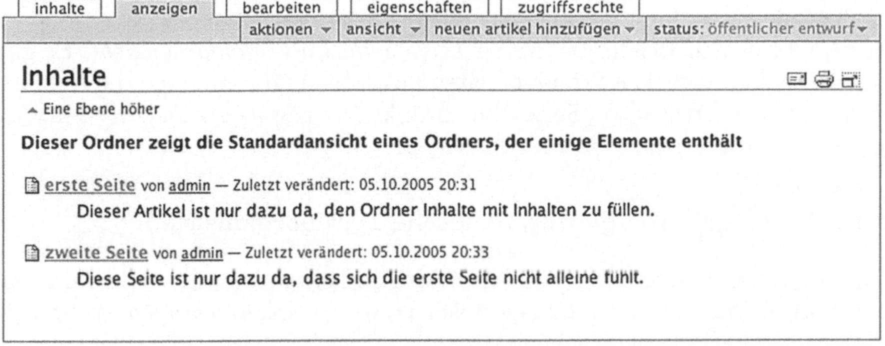

Abb. 6.4. Standardansicht für Verzeichnisse

Anschließend wird eine weitere Seite angelegt, die einen der folgenden Kurznamen trägt:

- index_html
- index.html
- index.htm
- FrontPage

Die Liste der Dateinamen ist beliebig und kann über die Zope-Management-Oberfläche eingestellt werden. Der Kurzname kann normalerweise nicht direkt im Formular zum Erstellen der Seite eingegeben werden. Statt dessen muss die Ordnerübersicht des übergeordneten Verzeichnisses aufgerufen werden, die Seite markiert und über die Schaltfläche *umbenennen* erreicht man das gewünschte Formular. Das Ergebnis sieht dann folgendermaßen aus:

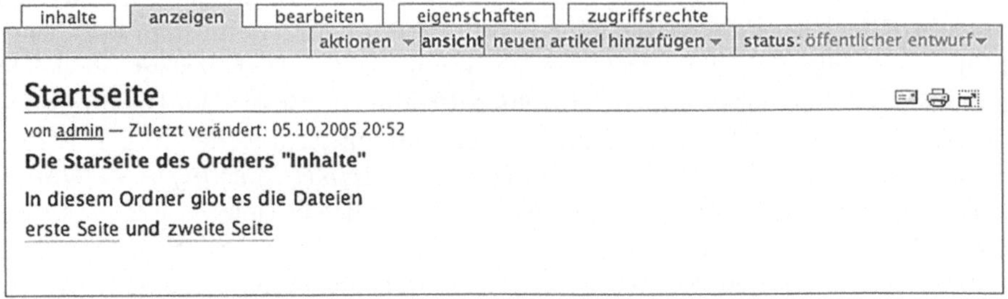

Abb. 6.5. Ordneransicht mit Standardseite

Statt der Liste der Inhalte wird jetzt die Startseite angezeigt, wenn der Ordner in der Navigation ausgewählt wird. Über den Reiter Inhalte sind für angemeldete Benutzer die Inhalte immer noch verfügbar. Nicht angemeldete Benutzer erreichen die enthaltenen Unterpunkte über die Navigation.

2.1 Seit der Version 2.1 geht das aber noch viel einfacher. Im Content-Menü gibt es den Befehl *ansicht → setze artikel als standardansicht.* Er gibt eine Liste der möglichen Standardseiten aus. Dabei fällt auf, dass die Auswahl nicht auf den Artikeltyp „Seite“ beschränkt ist. Die möglichen Artikeltypen kann der Administrator im ZMI festlegen.

6.1.3 Strategien für die physikalische Datenorganisation

Die folgenden Abschnitte beschreiben Möglichkeiten, wie die Artikel und die zugehörigen Assets[1] im System gespeichert werden sollen. Dabei muss berücksichtigt werden, wie die Navigation reagiert, welchen Status die Elemente haben müssen und wie die Übersicht auch bei großen Projekten gewahrt bleibt.

Vorüberlegungen

Natürlich entstehen die Artikel-Dateien. Normale Internetseiten bestehen aber nicht nur aus den Textfeldern, sondern es können beliebige Bilder und Links in Artikel eingebunden werden. Diese Bilder und Dateien sollen aber möglicherweise nicht in der Navigation auftauchen, wenn sie nicht auch eigenständige Inhalte darstellen. Außerdem muss man unterscheiden, ob es sich bei diesen Assets um solche handelt, die fest an den aktuellen Artikel gekoppelt sind, oder solche, die allgemein zur Illustration der Seiten verwendet werden können. Außen vor bleiben Schmuckelemente, die ja zusammen mit den anderen Elementen des Designs an einer zentralen Stelle gespeichert werden.

[1] Als Assets bezeichnet man alle Einzelteile eines Medienprodukts.

Der einfache Weg

Grundsätzlich muss man sich keine Gedanken machen, wo man seine Artikel speichert. Plone bietet viele Möglichkeiten, Artikel zu suchen, so dass sie auch ohne strategische Überlegungen wieder gefunden werden können. Die Vorstellung jedoch, dass irgendwann auf der obersten Ebene Tausende von alten und aktuellen Nachrichten liegen, wird den Administrator, der auch mit der Zope-Management-Oberfläche arbeiten muss, nicht gerade begeistern. Diese Unübersichtlichkeit erschwert die Wartung. Auch die Artikellisten, zum Beispiel wenn über Kupu ein Bild eingefügt werden soll, werden zu lang, um sie schnell zu überblicken. Die textuelle Verlinkung ist hingegen sehr schnell, weil nur der Dateiname ohne zugehörige Pfadkomponenten angegeben werden muss.

Bedacht werden muss außerdem, dass die Standardordner von Plone nicht für eine große Anzahl von Objekten optimiert sind. Die Grenze liegt bei etwa einhundert Objekten. Mehr sollten in einem Verzeichnis nicht liegen.

Besonders groß ist die Versuchung, Artikel an Ort und Stelle abzulegen, wenn sie nicht an einer bestimmten Stelle im Verzeichnisbaum erscheinen sollen, sondern nur durch intelligente Ordner oder innerhalb von Portlets angezeigt werden, so wie das bei Terminen und Nachrichten standardmäßig der Fall ist. Legen Sie von vorne herein Verzeichnisse für diese Typen in Ihrem Benutzerverzeichnis an und erzeugen Sie alle Artikel des entsprechenden Typs nur an diesem Ort.

Lokale Asset-Ordner

Dokumente und zugehörige Assets können in einem gemeinsamen Verzeichnis gespeichert werden. Diesem Verzeichnis wird dann der eigentliche Artikel als Startseite zugewiesen. Der Vorteil ist, dass der Artikel zusammen mit allen seinen Bestandteilen in einem Verzeichnis gespeichert ist. Nachteilig daran ist, dass das originäre Icon im Navigationsbaum verloren geht. Stattdessen wird ein Ordner-Symbol angezeigt.

Damit auch anonyme Benutzer die Bilder sehen können, die in die Seite eingebettet sind, müssen diese mindestens den Status *öffentlicher Entwurf haben*. Damit erscheinen sie aber auch in der Navigation. Zur Erinnerung: Die Navigation zeigt alle Elemente, die der aktuelle Benutzer sehen darf. Sind die Assets, zum Beispiel die Bilder aber nur im Kontext der Seite sinnvoll, dann muss man sie einzeln im Eigenschaften-Reiter der Content Views von der Navigation ausschließen.

Dieses Verfahren eignet sich für alle Assets, die ausschließlich mit dem aktuellen Artikel in Verbindung stehen, zum Beispiel das Foto in einem Adressdatensatz. Schlecht geeignet ist dieses Vorgehen jedoch für Assets mit allgemein verwendbarem Charakter, da sie über das gesamte Angebot verstreut sind. Hier schafft der nächste Ansatz Abhilfe.

Zentrale Asset-Ordner

Alle Elemente, die mehrfach auf einer Site verwendet werden können, werden in einem zentralen Verzeichnis, zum Beispiel auf der obersten Ebene der Site gespeichert. Innerhalb dieses Verzeichnisses kann es weitere Verzeichnisse geben, um die Flut der Assets zu bewältigen.

Gerade für Bilder, mit denen die Seiten angereichert werden sollen, sind zentrale Asset-Ordner durch die neue Photoalbumansicht sehr praktisch. Auch das Problem mit der Navigation ist deutlich entschärft, weil nur der eine Asset-Ordner aus der Navigation ausgeschlossen werden muss, damit alle Assets aus der Navigation verschwinden.

Schlechter geeignet sind zentrale Verzeichnisse für Bilder, die eine spezielle Bedeutung haben. Solche Bilder sollten nicht in einem Verzeichnis gespeichert werden, wo sich jeder ein passendes Bild für seinen Artikel heraus sucht. Solche Bilder können auch leicht zur Karteileiche werden, wenn der zugehörige Artikel längst gelöscht ist, das Bild aber noch im Verzeichnis liegt. Bei der lokalen Assetspeicherung muss einfach nur der entsprechende Ordner mitsamt seinem Inhalt gelöscht werden und alle zum Artikel gehörigen Assets werden gelöscht. Das ist auch der Grund, weshalb andere Artikel nicht auf Assets in lokalen Ordnern verlinken sollten. Denn wird ein Artikel in der eben beschriebenen Form gelöscht, dann sind die Assets auch für andere Artikel nicht mehr verfügbar.

Zu beachten ist, dass jeder, der Assets anlegen können muss, auch Schreibrechte auf den Ordner bekommen muss. Und damit hat er auch Zugriff auf die bestehenden Assets. Möchte man das nicht, kann man für die exklusiven Assets ein zusätzliches Verzeichnis im eigenen Benutzerverzeichnis erstellen. Das schmälert jedoch den Nutzen, da ein offenes System natürlich auch Vorteile mit sich bringt, wenn ein Autor Bilder bereitstellen kann und alle anderen sie verwenden können. Wer in einem zentralen Asset-Verzeichnis, das zur allgemeinen Verwendung gedacht ist, Dinge ablegt, der muss natürlich auch dafür sorgen, dass die notwendigen Nutzungsrechte vorhanden sind.

Der richtige Weg

Oft kann man allein aus der Existenz mehrerer Optionen schließen, dass es die eine, richtige nicht gibt. Der Königsweg liegt jeweils in der Kombination mehrerer Techniken, so wie das ja auch in dem Beispiel mit dem benutzerbezogenen Asset-Ordner angeklungen ist. Vielleicht gibt es in Ihrem Unternehmen thematische Unterschiede oder mehrere Sektionen. Dann können Sie darüber nachdenken, ob nicht jede Sektion einen zentralen Asset-Ordner bekommt. Letztlich sollten Sie aber den Dingen eben nicht freien Lauf lassen, sondern sich Gedanken machen, wie die Dateien am besten geordnet werden können. Denken Sie immer daran, dass eine Website ein dynamisches Gebilde ist. Sie wächst manchmal schneller als man denkt. Dann ist ein schlüssiges Konzept Gold wert.

Der Redakteur ist zuständig für die Organisation der Daten. Das heißt aber nicht, dass er sich alleine darum kümmern kann. Denn umsetzen müssen es bereits die Autoren. Wenn Sie festlegen, dass alle allgemein verwendbaren Assets in einem zentralen Verzeichnis gespeichert werden sollen, dann müssen Ihre Autoren das Verzeichnis kennen. Wenn Sie verbieten, auf Assets in lokalen Dateien zu verweisen, dann müssen Sie Ihren Autoren klar machen, weshalb. Sie müssen Ihr Konzept kommunizieren. Und nur wenn das Konzept von allen Autoren verstanden und akzeptiert wird, wird es von ihnen auch umgesetzt werden.

Eine politische Netzzeitung – Ein Beispiel

In dem folgenden Beispiel soll eine Inhaltsstruktur für eine Internetzeitung erstellt werden, die über Tätigkeiten einzelner Bundestagsabgeordneter berichtet. Alle Artikel haben eine festgelegte Struktur:

- Der Text ist vom Typ Seite.
- Auf der Seite wird jeweils ein Foto des Abgeordneten abgebildet.
- Genau ein Bild illustriert jede Seite. Gibt es kein Bild zu dem aktuellen Artikel, kann ein thematisch passendes Foto aus einer Bibliothek verwendet werden.
- Jeder Artikel soll durch eine begleitende Nachricht angekündigt werden.

Eine mögliche Datenstruktur sähe dann folgendermaßen aus:

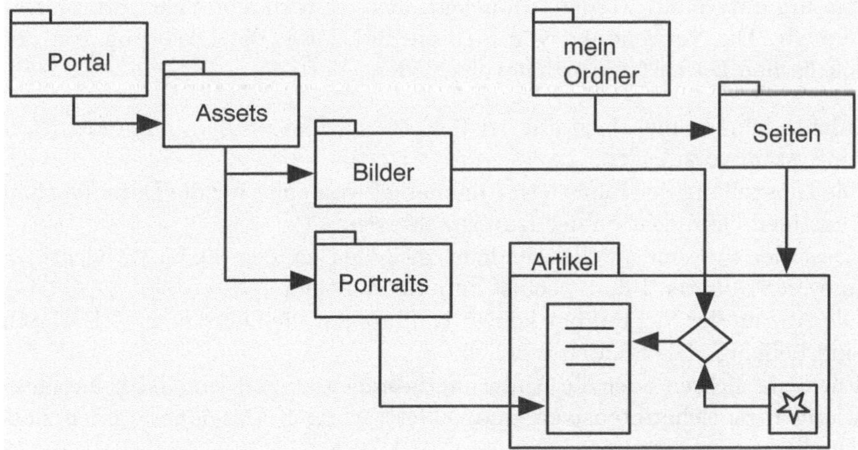

Abb. 6.6. Die physikalische Anordnung der Dateien

Ein zentraler Asset-Ordner enthält zwei Verzeichnisse für Bilder. Im Ordner *Bilder* werden die frei einsetzbaren Bilder zur Illustration gespeichert, im Verzeichnis *Portraits* liegen die Fotos der Abgeordneten. Natürlich hätte ein einzelnes Verzeichnis für alle Bilder auch funktioniert, aber bei mehreren hundert Abgeordneten ist ein eigenes Verzeichnis eine gute Investition. Man könnte sogar noch weiter gehen und weitere Unterordner für die einzelnen Fraktionen anlegen.

Die Autoren haben in ihren Benutzerverzeichnissen Ordner für die verschiedenen Inhaltsarten. Also Ordner für Nachrichten, Termine und eben auch Seiten. Darin wird für jeden Artikel ein Verzeichnis erzeugt. Dieser enthält das eigentliche Dokument, also die Seite. Sie wird als Startseite für den Ordner festgelegt. Zudem kommt in den Ordner ein Bild, sofern ein eigenes Bild für den Artikel vorliegt. Ansonsten muss ein Bild aus dem Bilder-Ordner ausgewählt werden. Dabei sind nur Bilder aus diesem Verzeichnis erlaubt.

Alle Elemente haben den Status *öffentlicher Entwurf*, lediglich die fertige Seite wird eingereicht.

Jetzt müssen die Verzeichnis-Inhalte noch versteckt werden, damit sie nicht in der Navigation erscheinen. Konkret sind das der Ordner Assets und die Elemente im Ordner Artikel. Sie werden im Content View *Eigenschaften → von der Navigation ausschließen* ausgeblendet.

6.2 Logische Organisation – Sichten

Die logische Organisation der Inhalte richtet sich nur danach, ob und wie Inhalte miteinander in Beziehung stehen. Diese Inhalte können anhand verschiedener Kriterien, die im Folgenden beleuchtet werden, gesammelt und gemeinsam dargestellt werden. Man sagt auch, es wird eine Sicht auf die Daten erstellt. Die Verwendung von Sichten und damit die Loslösung von der physikalischen Datenstruktur hat verschiedene Vorteile:

- Inhalte können mehrfach auf der Seite verwendet werden, ohne mehrfach im System vorzuliegen.
- Die Darstellung der Inhalte ist unabhängig von einer für die Datenhaltung günstigen Organisation der Dateistrukturen.
- Es werden Systeme möglich, in denen sich die Benutzer die für sie wichtigen und interessanten Inhalte selbst zusammenstellen.
- Die Anzahl der Sichten hat keinen Einfluss auf die Datenmenge. Dadurch sind beliebig viele Sichten möglich.
- Für neue Sichten oder die Änderung bestehender Sichten sind keine langwierigen, speicherintensiven und fehlerträchtigen Dateioperationen notwendig.

Bleiben wir beim Beispiel der Online-Gebrauchtwagenbörse. Ein angebotener VW-Golf ist sicher in der Rubrik VW gut aufgehoben, er ist aber auch ein Kompaktwagen, gehört vielleicht zu den 100 günstigsten Angeboten und zu den 20 meist angesehenen. Vielleicht soll die Startseite durch das neueste oder ein zufälliges Angebot angereichert werden. Wäre das Angebot in jeder Rubrik tatsächlich vorhanden, müsste eine Änderung, zum Beispiel des Preises, an jeder dieser Stellen vorgenommen werden.

Die Verwendung von Sichten erlaubt die zentrale Datenhaltung an einer Stelle und die Verwendung an beliebigen Orten. Sicher ist es für die Durchsicht der Daten günstig, einen zentralen Ordner zu haben, in dem alle Fahrzeugangebote liegen, sortiert nach Fahrzeugtyp und Hersteller. Mit der späteren Anzeige muss das aber nichts zu tun haben.

Auch wenn die Angebote in andere Websites integriert werden, in einem Partnerprogramm zum Beispiel, dann wird direkt auf den zentralen Datenstamm zugegriffen. So wird vermieden, dass Angebote im Netz stehen, die gar nicht mehr verfügbar sind.

Plone bietet zahlreiche Möglichkeiten, zusammengehörige Inhalte zu identifizieren. Diese Mechanismen werden in den folgenden Abschnitten erklärt.

6.2.1 Content Types

Jede Information hat ein bestimmtes Format. Termine müssen einen Zeitraum beschreiben, indem in ihnen ein Anfang und ein Ende gespeichert wird, eine Nachricht wird durch eine Schlagzeile, einen Leadsatz und einen Text definiert, ein Bild hat einen Titel, einen Fotografen oder Zeichner und natürlich die Bilddaten. Content-Typen beschreiben die unterschiedlichen Inhaltsarten und stellen Datencontainer bereit, die die entsprechenden Informationen aufnehmen können und Funktionalitäten, die Informationen auf Anforderung auszugeben. Im Abschnitt 3.1 wurde bereits ein Blick auf die verschiedenen verfügbaren Content-Typen geworfen. Sammlungen solcher Inhalte gleichen Typs werden in Plone oft in sogenannten Portlets dargestellt. Portlets sind die kleinen Kästen, die sich rechts und links vom Hauptinhalt befinden. Das Nachrichtenportlet ist ein typischer Vertreter. Es zeigt eine Sammlung von Nachrichten. Es erscheint allerdings erst, wenn ein Artikel angelegt wurde.

Die Darstellung von Nachrichten in einem Nachrichtenüberblick ist eine typische Sicht auf diese Inhaltsform, genau wie sich Termine gut in einem Kalender darstellen lassen, indem die Tage, an denen Termine existieren, grafisch hervorgehoben werden.

6.2.2 Meta-Angaben

Keine Plone-Erfindung, sondern ein System, mit dem Daten im Internet kategorisiert werden, sind die Meta-Tags. Meta-Tags sollen unabhängig vom Inhalt Informationen über eine Seite bereit stellen. Genau darin liegt auch das Problem der Meta-Tags. Man kann dort reinschreiben, was man möchte. Und daraus haben unseriöse „Keyword-Optimierer“ lange Kapital geschlagen. Es wurden Keywords notiert, die nichts mit dem Inhalt der Seiten zu tun hatten, um die Seiten in vielen Ergebnislisten zu platzieren. Heute richten sich die Suchmaschinen deshalb nicht mehr rein nach den Meta-Tags, sondern auch der Volltext wird ausgewertet. Dadurch haben die Meta-Tags an Bedeutung für die Platzierung in den Ergebnislisten der Suchmaschinen verloren.

Meta-Tags sind dennoch sinnvoll, um standardisierte Informationen über Inhalte bereit zu stellen. Der Dublin-Core-Metadatensatz ist ein Ansatz dafür, der 15 Felder definiert, mit denen Dokumente beschrieben werden:

Tabelle 6.1. Dublin Core Meta-Tags

Bezeichnung Plone Bezeichnung	Meta-Tag-Name	Beschreibung
Contributor Beitragende	DC.contributors	Liste der Namen von Personen oder Institutionen, die an der Erstellung des Dokuments mitgewirkt haben
Coverage	DC.coverage	Dieses Meta-Tag beschreibt den regionalen und zeitlichen Gültigkeitsbereich. Dabei sollten Standard-Ortsbezeichnungen verwendet werden. Das Tag wird von Plone standardmäßig nicht unterstützt.
Creator Ersteller	DC.creator	Der ursprüngliche Autor eines Artikels. Plone setzt automatisch den Benutzernamen des angemeldeten Benutzers ein, der den Artikel erzeugt hat. Über den Eigenschaften-Dialog kann der Eintrag verändert werden. Mehrere Angaben sind möglich.
Date Erstellt	DC.date.created	Das Datum, an dem der Artikel erzeugt wurde. Er ist nicht veränderbar. Er wird im standardisierten Format YYYY-MM-DD hh:mm:ss dargestellt.
Date Zuletzt verändert	DC.date.modified	Bei jeder Änderung wird die Eigenschaft auf das aktuelle Datum gesetzt.
Date Sperrfrist / Löschdatum	DC.date.valid_range	Wird eine Sperrfrist und ein Löschdatum definiert, dann wird das Tag in das Dokument eingefügt. Bei der Angabe nur einer dieser Eigenschaften, wird das Tag nicht erzeugt.
Description Beschreibung	DC.description description	Das Tag wird mit dem Inhalt der Artikelbeschreibung gefüllt, das über den Reiter *bearbeiten* erreicht werden kann. Neben der Dublin-Core-Version wird auch ein Meta-Tag mit Namen „description“ erzeugt.
Format	DC.format	Der MIME-Type der Datei.

Tabelle 6.1. Fortsetzung

Bezeichnung Plone Bezeichnung	Meta-Tag-Name	Beschreibung
Identifier	DC.identifier	Dieses Element hält einen eindeutigen Bezeichner für die Ressource. Netzwerkressourcen können durch URIs bezeichnet werden, beliebige andere Dinge über eindeutige Artikelnummern. Das DC.identifier-Tag wird von Plone standardmäßig nicht unterstützt.
Language Sprache	DC.language	Der Wert wird aus der Spracheigenschaft der Seite generiert. Es sollten Sprachcodes gemäß ISO 639 verwendet werden. Die Sprache kann über den Reiter *Eigenschaften* verändert werden.
Publisher	DC.publisher	Dieses Feld nimmt Informationen über den Verleger auf. Es wird von Plone standardmäßig nicht unterstützt.
Relation	DC.relation	Hier können Informationen über Beziehungen zu anderen Dokumenten festgehalten werden. Das Feld wird von Plone von Haus aus nicht unterstützt.
Rights Management Urheberrechte	DC.rights	In dieses Feld können Informationen zu den Rechten am Dokument eingetragen werden, zum Beispiel der Urheber. Die Dublin Core Metadata Initiative (DCMI) erklärt ausdrücklich, dass sich aus dem Fehlen eines solchen Feldes oder dem leeren Inhalt keine Aussagen zur Rechtesituation ableiten lassen. Das Feld ist über den Content View *Eigenschaften* erreichbar.
Source	DC.source	Quellenangaben werden in diesem Feld untergebracht, das aber von Plone derzeit nicht verwendet wird.
Subject und Keywords Stichwörter	DC.subject keywords	Beide Tags enthalten jeweils die zugewiesenen Stichwörter. Die Stichwörter sollten aus einem definierten Satz ausgewählt werden. Das ist in Plone gegeben, da alle neu angelegten Stichwörter auch bei allen anderen Artikeln zur Auswahl stehen.
Title Titel	DC.title	Das Tag bekommt den Dokumenttitel zugewiesen, der im Reiter *bearbeiten* verändert werden kann.

Tabelle 6.1. Fortsetzung

Bezeichnung Plone Bezeichnung	Meta-Tag-Name	Beschreibung
Resource Type	DC.resource	Eine Bezeichnung für die Medienkategorie. Die DCMI definiert ein Vokabular für dieses Feld mit Begriffen wie Bild, Bewegtbild, Ereignis, ... In Plone wird dieses Feld bisher nicht verwendet.

Wenn die unterstützten Dublin-Core-Elemente im Quellcode erscheinen sollen, muss das in den Site-Eigenschaften eingestellt werden. Der entsprechende Parameter findet sich unter *Zope Management Oberfläche → portal_properties → site_properties → exposeDCMetaTags*.

6.2.3 Stichwörter

Jedem Artikel können beliebige Stichwörter zugeordnet werden. Die Stichwortliste befindet sich im Reiter *Eigenschaften* der Content Views. Neue Stichwörter werden in das rechte Textfeld eingegeben, bereits bestehende Stichwörter erscheinen in der linken Liste. Es können beliebig viele Stichwörter zugeordnet werden. Nicht verwendete Stichwörter werden aus der Liste der bereits existierenden Stichwörter entfernt.

6.2.4 Referenzen

Vor der Plone-Version 2.1 war ein großes Problem, dass Standard-Content-Typen, also Artikel, Bilder, Termine etc. keine dauerhaften, eindeutigen Bezeichner hatten. Der ursprüngliche Denkfehler liegt lange zurück. Damals ging man davon aus, dass jedes Objekt eindeutig über seinen URL identifiziert werden kann. Das stimmt auch, so lange man das Objekt nicht an einen anderen Ort verschiebt. Mit dem Speicherort ändert sich auch der URL. Eine Technologie namens Archetypes, die die Erstellung neuer Inhaltstypen vereinfacht, versieht jedes Objekt mit einem eindeutigen Bezeichner. Dieser ändert sich niemals, solange das Objekt existiert. Archetype-basierte Inhaltstypen können über diese sogenannte UID mit anderen Inhalten verknüpft werden.
2.1 Diese Verknüpfungen heißen Referenzen.

Seit der Plone-Version 2.1 existieren Archetype-basierte Typen für alle Standard-Inhalte. Das erleichtert dem Programmierer die Ableitung neuer Inhaltsarten aus den Standardformaten, es hilft aber durch das Vorhandensein der UIDs auch dem Content Manager, die Inhalte miteinander in Beziehung zu setzen.

Die Verknüpfung mit anderen Artikeln, mit Terminen oder Nachrichtenbeiträgen geschieht ausgesprochen intuitiv über einen Dateiauswahldialog, der

Abb. 6.7. Stichwortfelder im Eigenschaften-Dialog

alle Inhalte anzeigt, die verwendet werden können. Diesen Dialog erreicht man über den Content View *bearbeiten* → *Referenzen* → *durchsuchen...* Dann kann durch den Verzeichnisbaum zum richtigen Element navigiert oder mit der Suchfunktion nach dem Namen gesucht werden. Neben der gewünschten Datei klickt man auf *Hinzufügen*. Wenn man sich nicht sicher ist, ob es das richtige Element ist, kann man über *Anzeigen* die Seite in einem neuen Browserfenster aufrufen.

Es können beliebig viele Referenzen erstellt werden. Um eine einzelne Referenz zu löschen, wird sie in der Liste ausgewählt und mit *referenz(en) entfernen* entfernt.

6.2.5 Smart Folder – Themen / intelligente Ordner

Smart Folder sind ein neuer Content Type in Plone 2.1. In früheren Versionen gab es aber schon einen ähnlichen Inhaltstyp, die Topics. Die deutsche Übersetzung „Thema“ für Topic ist geblieben. Um Verwechslungen mit den Topics zu vermeiden, bevorzuge ich allerdings den Begriff „intelligente Ordner“. Bis auf Topic bedeuten sie aber alle das Gleiche und werden im Folgenden auch in loser Reihenfolge verwendet.

Der Begriff „Folder“ zeigt an, dass es sich bei den intelligenten Ordnern um einen Sammelbehälter handelt. Das ist insofern richtig, als das Verhalten dem

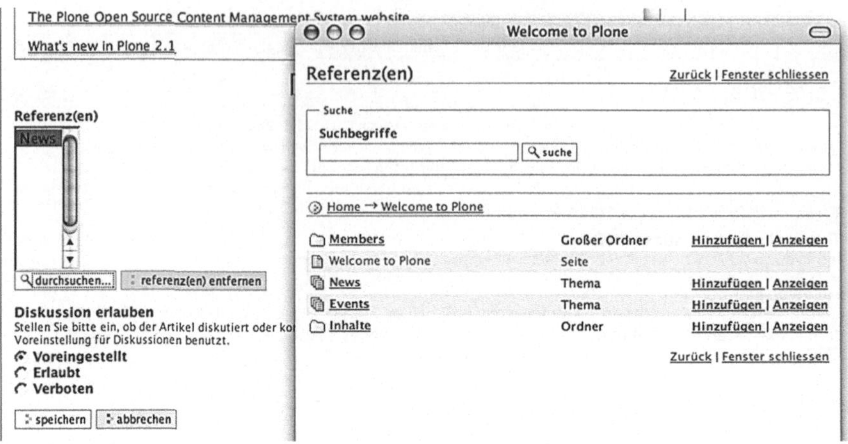

Abb. 6.8. Die komfortable Verknüpfung mit anderen Inhalten

eines Verzeichnisses ähnelt. Ein Smart Folder kann aber keine tatsächlichen Artikel enthalten. Der einzige Typ, der innerhalb eines Smart Folders erlaubt ist, ist ein Thema. Der „Inhalt“ eines intelligenten Ordners ist das Ergebnis einer Suche mit festgelegten Kriterien. Alle Artikel, die die Kriterien erfüllen, werden innerhalb dieses Ordners angezeigt. Während die Suchkriterien nur einmal definiert werden müssen, wird die Suche jedes Mal, wenn die Seite geladen wird, neu ausgeführt. Damit ist das Ergebnis immer aktuell.

Themen waren in den früheren Plone-Versionen aufgrund einiger Fehler nicht sehr beliebt. Ich persönlich halte die intelligenten Ordner für ein sehr gutes Werkzeug, mit dem Redakteure Inhalte strukturieren können, ohne auf den physischen Speicherplatz eines Artikels Einfluss nehmen zu müssen. Das ist gerade dann wichtig, wenn Inhalte mehrfach verwendet werden sollen.

Smart Folder werden in der Basisinstallation verwendet, um die Nachrichten und die Termine anzuzeigen. Dass das Thema auf der obersten Ebene angelegt wurde, sagt nichts darüber aus, wo der Speicherort der tatsächlichen Nachricht oder des Termins ist.

Intelligente Ordner werden über das Content-Menü eingefügt. Neben einem obligatorischen Titel können noch andere Angaben gemacht werden, die die Ausgabe der Ergebnisse steuern. Für große Seiten und Abfragen, die sehr viele Ergebnisse zurück liefern, kann die Anzahl der angezeigten Treffer eingeschränkt werden. Dazu muss sowohl die Checkbox angekreuzt sein als auch ein Wert eingetragen werden. Eine weitere Option erlaubt die Ausgabe in Form einer Tabelle. Die Informationen, die in der Tabelle dargestellt werden sollen, werden aus der Liste darunter ausgewählt.

Nach dem Speichern erscheint eine Aufforderung, Kriterien anzugeben, mit denen die Suche ausgeführt werden soll. Unter dem Kriterien-Reiter liegt das entsprechende Formular. Plone definiert eine große Zahl an Kriterien, die parametrisiert werden können. Jedes Thema kann beliebig viele Kriterien

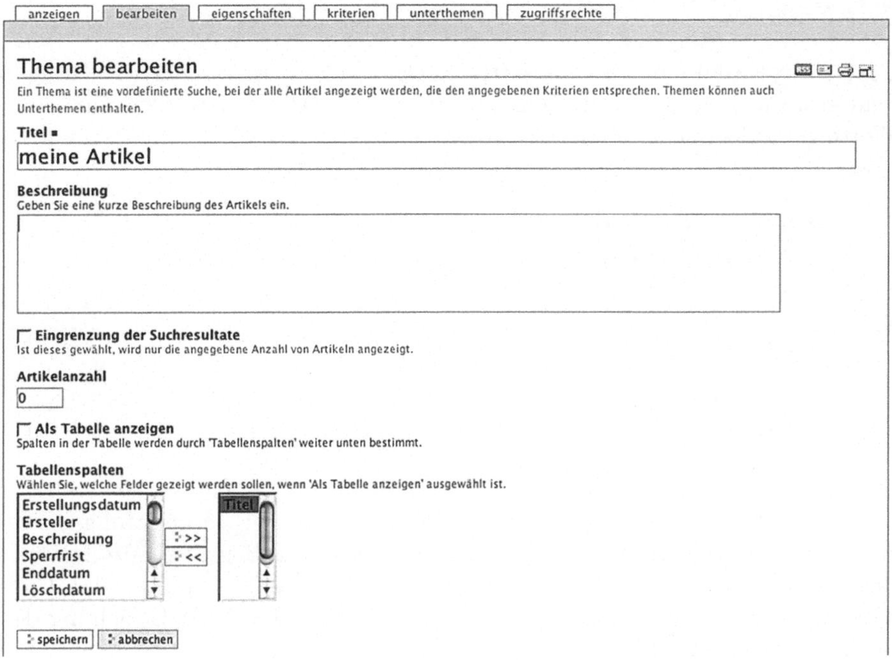

Abb. 6.9. Optionen eines intelligenten Ordners

enthalten. Zusätzlich kann noch die Sortierreihenfolge festgelegt werden. Die Kriterien sind übrigens eigene Artikeltypen. Das bedeutet, dass der Satz an bestehenden Kriterien erweitert werden kann.

Die Kriterien werden in der Navigation übrigens nicht angezeigt, weil die Navigationseinstellungen einen Filter nach Artikeltypen bereit stellen. Die Überlegung, wo denn nun die Kriterien gespeichert werden, entlarvt eine Halbwahrheit, die ich kurz vorher verkündet habe. Smart Folder können tatsächlich andere Elemente außer Themen enthalten, nämlich Kriterien. In Plone ist dieses Verhalten aber nicht offensichtlich und als Benutzer intelligenter Ordner können Sie sich dieses technische Detail merken oder auch nicht.

Kriterien

Die einzelnen Kriterien werden jeweils auf ein Feld angewendet. Je nach Feldtyp (Datumsfeld, Textfeld, ...) stehen unterschiedliche Kriterientypen zur Auswahl. Die Zuordnung, welche Kriterientypen für welches Feld angeboten werden, legt der Administrator in der Plone-Konfiguration fest.

Die Kriterien im Einzelnen:

Text-Kriterium

Text ist das wohl einfachste Kriterium. Der obligatorische Text wird in dem Feld gesucht, dem das Kriterium zugeordnet ist. Als Text werden nur ganze Worte gefunden, keine Wortausschnitte. Als Wildcard wird * unterstützt.

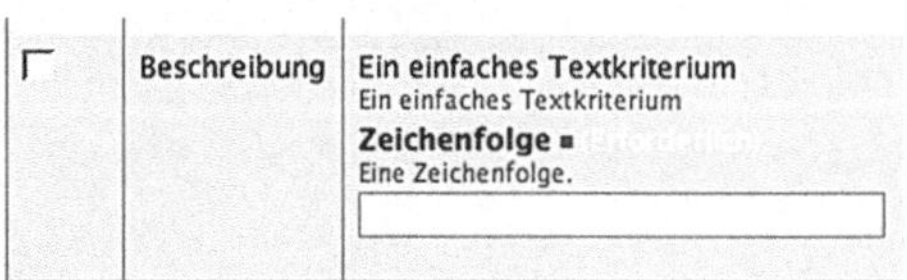

Abb. 6.10. Dialog des Text-Kriteriums

Listen-Kriterium

Die Werteliste speichert mehrere Texte, nach denen gesucht werden soll. Die Elemente dieser Liste werden ja nach der angegebenen Verknüpfungsoperation miteinander verbunden. *Und* bedeutet, dass alle Begriffe gefunden werden müssen, *oder* heißt, dass ein Begriff reicht. Generell schränkt eine Und-Verknüpfung die Suche immer weiter ein, während eine Oder-Beziehung den Suchbereich erweitert.

Auch bei diesem Kriterium kann * als Platzhalter für eine beliebige Zeichenkette verwendet werden. Die Reihenfolge der einzelnen Punkte hat keinen Einfluss auf das Suchergebnis.

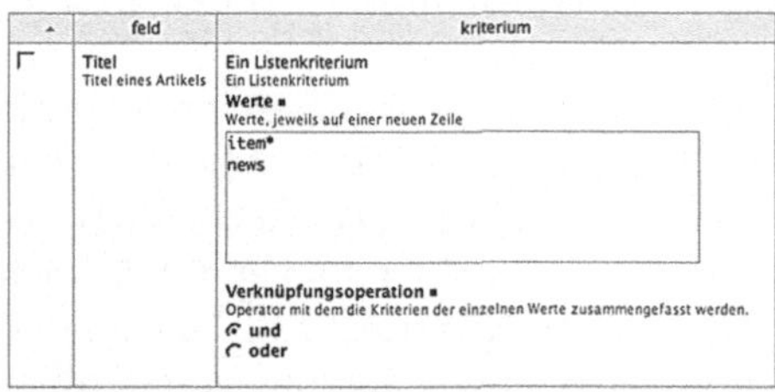

Abb. 6.11. Dialog des Werteliste-Kriteriums

Auswahl-Kriterium

Bei der Auswahlliste werden im Gegensatz zur Werteliste bereits die möglichen Optionen angeboten, aus denen dann ausgewählt werden kann. Eine Mehrfachauswahl ist möglich[2].

Als eigenständiger Kriterientyp definiert, ist das Artikeltyp-Kriterium nur ein Auswahl-Kriterium, das eben speziell die Artikeltypen zur Auswahl vorgibt.

[2] Eine lose Mehrfachauswahl wird übrigens mit der Steuerungstaste (Win) bzw. der Befehlstaste (Mac) bewerkstelligt

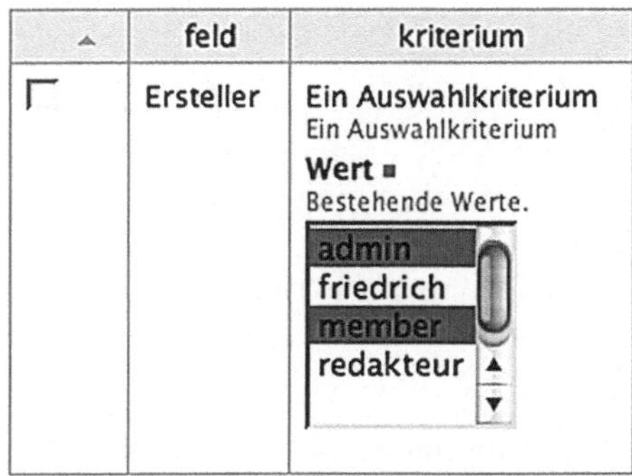

Abb. 6.12. Dialog des Auswahl-Kriteriums

Referenz-Kriterium

Das Referenz-Kriterium zeigt alle Artikel an, die von anderen Artikeln referenziert werden. Aus der Liste können ein oder mehrere Einträge ausgewählt werden. Der Begriff *Referenzen zu ...* bechreibt die zu erwartende Ergebnismenge übrigens besser als der erklärende Text darunter. Die Suche findet den Artikel, der in seiner Referenzliste den angegebenen Artikel auflistet.

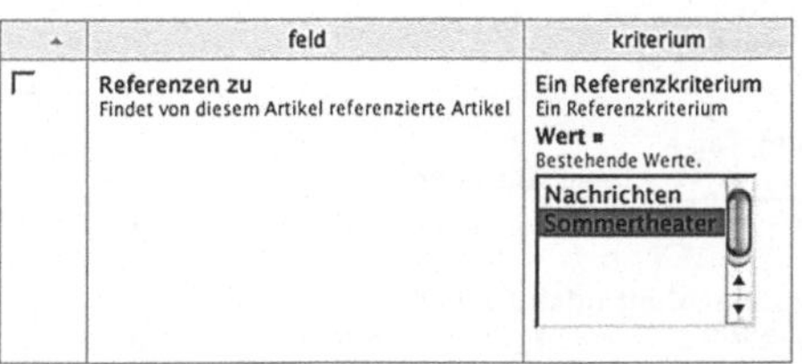

Abb. 6.13. Dialog des Referenz-Kriteriums

Pfad-Kriterium

Die Suche lässt sich auf einzelne Ordner einschränken. Das ist eine große Verbesserung gegenüber dem Pfad-Index, mit dem das vor der Plone-Version 2.1 bewerkstelligt werden musste. Denn dort waren immer auch alle Unterverzeichnisse mit eingeschlossen.

Nicht ganz offensichtlich ist allerdings die Bezeichnung Stelle für den Speicherort.

Relatives Datums-Kriterium

Für die zahlreichen Datumsangaben gibt es zwei Kriterien. Beim relativen Datums-Kriterium wird ein Zeitpunkt festgelegt, der jeweils in der Zukunft oder in der Vergangenheit liegt. Der relative Abstand zu heute ist relevant und sorgt dafür, dass jeden Tag andere Ergebnisse heraus kommen können. Deshalb die Bezeichnung *relativ*.

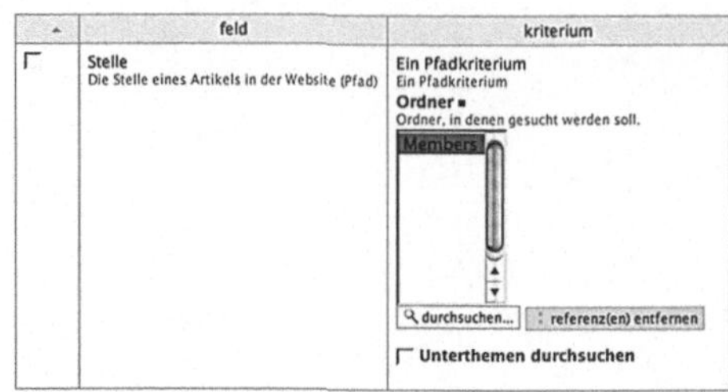

Abb. 6.14. Dialog des Pfad-Kriteriums

Die drei Parameter lassen sich beliebig kombinieren. Die Einstellung *An diesem Tag* ist aber nur in Verbindung mit *Jetzt sinnvoll*, da die anderen Intervalle sehr grob gerastert sind. Aber vielleicht möchten Sie auch eine Rubrik „Heute vor einem Jahr“ haben. Auch da hilft dieser Parameter. Ansonsten ist die Benennung der Werte sehr gut gelungen, da die Kombination immer einen sprachlich verständlichen Ausdruck bildet, der die Einstellungen beschreibt.

	feld	kriterium
	Erstellungsdatum Zeitpunkt, an dem ein Artikel erstellt wurde.	**Ein relatives Datumskriterium** Ein relatives Datumskriterium **Mehr oder weniger** Wählen Sie die Methode zur Datumseingrenzung. Mehr als **An welchem Tag** Wählen Sie den Wert des Datumskriteriums. Jetzt **In der Vergangenheit oder Zukunft** Wählen Sie die Zeitspanne aus. Wird nicht verwendet, wenn Sie 'Jetzt' ausgewählt haben. zuvor

Abb. 6.15. Dialog des relativen Datums-Kriteriums

Zeitspannen-Kriterium

Im Gegensatz zum relativen Datumskriterium werden bei der Zeitspanne absolute Zeitpunkte eingetragen. Das bedeutet, dass sich die Ergebnisse im Zeitverlauf nicht ändern. Zeitspannen sind für Chroniken bestimmter Veröffentlichungsperioden hilfreich.

Aktueller Benutzer

Ein sehr spezielles Kriterium ist die Auswahl des aktuellen Benutzers. Es ist nicht vergleichbar damit, ein Auswahlkriterium mit dem momentan angemeldeten Benutzer zu definieren. Denn bei einer solchen Auswahl ist der

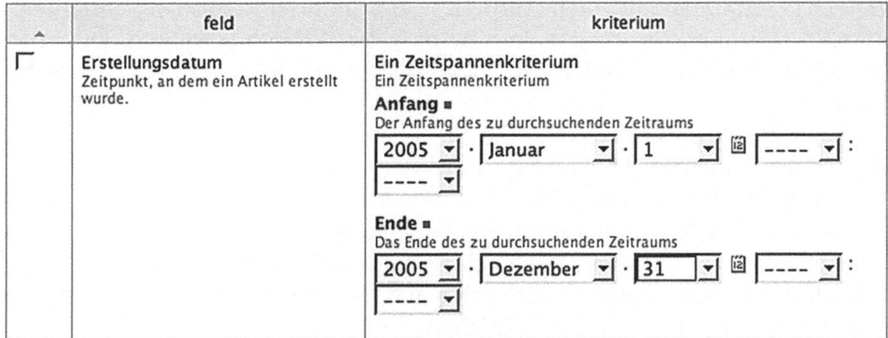

Abb. 6.16. Dialog des Zeitspannen-Kriteriums

Parameter – also der ausgewählte Benutzer – immer derselbe, während er bei diesem Kriterium vor jeder Suche aktuell ermittelt wird.

Ein Beispiel für die Verwendung wäre ein Smart Folder, der jedem Besucher seine eigenen Artikel zeigt.

	feld	kriterium
	Ersteller	**Ein Kriterium, das nach momentan angemeldeten Benutzernamen sucht.** Ein Kriterium, das nach momentan angemeldeten Benutzernamen sucht.

Abb. 6.17. Ein aussagekräftiger Name für das Kriterium steht noch aus

Unterthemen

Themen können weitere Themen enthalten. Werden die Kriterien des übergeordneten Objekts vererbt, dann lässt sich so die Ergebnismenge Schritt für Schritt eingrenzen. Zum Beispiel könnte so ein alphabetischer Index erstellt werden, oder eine Gruppierung nach Benutzer und Status. Der Vorteil eines Unterthemas kommt allerdings nur dann zum Tragen, wenn mehrere Unterthemen angelegt werden. Den Effekt eines einzelnen Unterthemas erreicht man ansonsten auch über ein zusätzliches Kriterium. In diesem Fall geht allerdings auch der Zugriff auf die Ergebnisse der ursprünglich umgebenden Selektion verloren.

6.2.6 Netzzeitung Teil 2 – Der Zugriff auf die Artikel

Zurück zu unserem Beispiel. Derzeit liegen die Artikel, beziehungsweise deren umgebende Verzeichnisse im Benutzerverzeichnis des Autors. Über *lokale*

Rollen[3] könnte man auch den Autoren in bestimmten Bereichen Schreibrechte auf Verzeichnisse im öffentlichen Bereich der Website gewähren. Die Frage ist, welche Struktur richtig wäre. Sollen die Artikel nach dem jeweiligen Abgeordneten, nach seiner Fraktion oder nach dem Bundestagsausschuss sortiert werden. Glücklicherweise haben Sie in diesem Kapitel Methoden kennen gelernt, wie eine solche Festlegung vermieden werden kann. Bieten Sie Ihren Besuchern alle Möglichkeiten an, die sinnvoll sind.

Neben der Möglichkeit, über die Navigation einen Artikel auszuwählen, sollte man dem Benutzer immer auch Optionen bieten, wo er weitere, für ihn möglicherweise interessante Informationen auf der Site findet. Deshalb werden zu den Rubriken Referenzen eingerichtet.

Präsentation der Inhalte durch Themen

Dazu werden auf der obersten Ebene drei Themen angelegt: Ausschüsse, Abgeordnete und Fraktionen. Wenn Sie nicht das Recht dazu haben, dann lassen Sie sich die drei Elemente vom Administrator anlegen. Sie benötigen dann Eigentümerrechte für diese Themen. Die Artikellisten werden über die Stichwörter kategorisiert. Stichwörter sind aber auch dazu da, um die Meta-Tags mit Informationen über einen Artikel zu versorgen. Das bedeutet, dass auch die begleitenden Nachrichten, die ja über den Artikel berichten, aber selbst nicht im Thema auftauchen sollen, dieselben Stichwörter zugewiesen bekommen wie die Artikel. In den Themen muss also zunächst nach dem Inhaltstyp gefiltert werden. Nur Artikel vom Typ *Seite* sollen aufgelistet werden. Legen Sie für alle drei Themen also ein entsprechendes Kriterium an.

Damit liefert das Thema alle auf der Seite existierenden Artikel zurück. Für jede Fraktion und jeden Ausschuss wird es Unterthemen geben, die die Suche dann entsprechend der ersten Überschrift einschränken. Vorher jedoch sollen schon alle Artikel herausgefiltert werden, die nichts mit einer Fraktion oder einem Ausschuss zu tun haben. Das zweite Kriterium filtert also nach Stichwörtern. Wählen Sie die Option *Werteliste*, damit Sie die Stichwörter von Hand eintragen können. Ansonsten müssen Sie warten, bis Artikel mit dem entsprechenden Stichwort existieren, bevor Sie das Kriterium anpassen können. Beide Wege führen zum Ziel, der erste ist anfangs etwas aufwändiger, der zweite erfordert bei neuen Artikeln mehr Kontrollarbeit.

Wenn nun ein neuer Artikel bei Ihnen eingereicht wird, dann haben Sie als Redakteur verschiedene Aufgaben:

Korrektur: Artikel und die zugehörige Nachricht überprüfen. Bei Änderungsbedarf werden die Artikel zurückgewiesen und die Arbeit ist zunächst erledigt. Ansonsten folgen vor der Freigabe die folgenden Schritte.

Stichwörter vergeben: Dem Artikel wird je eins für die Fraktion, den Ausschuss und den Abgeordneten vergeben. Auch die Nachricht erhält diese

[3] vgl. Abschnitt 4.4

Stichwörter, weil sie auch in den Meta-Tags stehen und so Informationen vorhanden sind, die die Nachricht beschreiben. Neue Stichwörter müssen nur dann erfasst werden, wenn sie noch nicht vorhanden sind. Ansonsten wird aus der Liste der bestehenden eines ausgesucht. Dass die Nachrichten nicht ebenfalls in den Artikellisten der Themen auftauchen, wurde ja bereits als Kriterium berücksichtigt.

Stichwort-Kriterium überprüfen: Wenn Sie die Stichwörter im Kriterium aus einer Liste auswählen, dann muss eventuell das Kriterium angepasst werden.

Unterthema erzeugen: Taucht ein neues Stichwort auf, dann muss ein neues Unterthema angelegt werden, das zusätzlich zu den geerbten Kriterien die Stichwörter so filtert, dass nur noch eine Fraktion oder ein Ausschuss durchkommt. Filtern Sie also im Unterthema „Vermittlungsausschuss" nach dem Wort „Vermittlungsausschuss".

Referenzen eintragen: Um dem Besucher ein Angebot zu machen, wo er sich auf Ihrer Seite weiter informieren kann, werden in jedem Artikel im Content View *bearbeiten* → *Referenzen* die entsprechenden Unterthemen ausgesucht, die auf seine eigenen Stichwörter passen.

Inhalte veröffentlichen: Anschließend veröffentlichen Sie den Artikel und die Nachricht.

Die einzelnen Abgeordneten werden nicht alle einzeln als Unterthema eingerichtet. Stellen Sie sich eine Stichwortliste mit mehreren hundert Einträgen vor oder ein Thema mit sechshundert Unterthemen. Statt dessen wird nur nach dem Artikeltyp und nach einem Stichwort – zum Beispiel Abgeordneter – gesucht. Der Name wird im Format [Nachname, Vorname] in das Feld *eigenschaften* → *Beitragende* eingetragen. Die Sortierung der Ergebnisse erfolgt dann nach diesem Feld.

Hier kommt die angewandte Datenorganisation an ihre Grenzen. Ein eigentlich falsches Metadatenfeld für Informationen zu nutzen, ist nicht besonders elegant. Beim inkrementellen Erweitern der Unterthemen könnte man sich sogar noch vorstellen, nach und nach für jeden Abgeordneten ein eigenes Unterthema anzulegen. Aber wie soll die Navigation das anzeigen? Und wie soll ein Benutzer dort navigieren? Ein solcher Fall ruft nach einem eigenen Content-Typ mit einem eigenen Datenfeld für den Namen des Abgeordneten, und einer speziellen Ansicht für eine lange Liste, vielleicht mit einer alphabetischen Auswahl oder einer Suchfunktion. Die Erstellung von Content-Typen ist eine Programmieraufgabe und wird im Kapitel 14.1 auf Seite 247 beschrieben.

6.3 Wie geht es weiter?

Sie haben gesehen, wie sich Artikel aufgrund einer Vielzahl unterschiedlicher Eigenschaften gruppieren lassen. Intelligente Ordner bieten eine Möglichkeit, dynamische Suchabfragen zu definieren und auf der Site einzubauen. So können verschiedene Artikel auf beliebig viele Arten miteinander verbunden werden, ohne dass sie an einer bestimmten Stelle vorliegen oder gar mehrfach vorhanden sein müssen.

Neben einer logischen Struktur sind auch die Hilfsmittel, die dem Benutzer zur Verfügung stehen, um die Inhalte zu finden, von großer Bedeutung. Der nächste Abschnitt beschäftigt sich mit den Möglichkeiten in Plone.

6.4 Benutzerführung

Neben einer sinnvollen Inhaltsstruktur ist es auch wichtig, dem Besucher Werkzeuge an die Hand zu geben, gezielt nach Inhalten zu suchen. Diese Möglichkeiten wurden im Kapitel über die Plone-Oberfläche kurz angesprochen. An dieser Stelle sollen aber noch ein paar Aspekte ihres Einsatzes beleuchtet werden. Dabei werden Optionen erklärt, die in der Regel nur vom Administrator eingestellt werden können. Dennoch müssen Sie als Content Manager darüber Bescheid wissen, damit Sie bei Ihrem Administrator die gewünschte Konfiguration anfordern können. Die Konfigurationen sind im Abschnitt 17 auf Seite 317 genauer beschrieben.

6.4.1 Menüs

In Plone gibt es eine ganze Reihe an Menüs. Sie unterscheiden sich hinsichtlich ihres Fokusses. Die Entwickler von Webanwendungen messen der Navigation oft eine höhere Bedeutung bei als die Benutzer. Die Navigationsstruktur muss vom Besucher erst erfasst werden. Sie sind aber mehr am Dokumentinhalt interessiert. Auf diesen konzentrieren sie sich. Ein Link im Text oder zumindest in der Nähe und mit einem direkten Zusammenhang zum aktuellen Artikel, den der Besucher ja bewusst angefragt hat, wird oft bevorzugt.

Portal Tabs

Das Hauptmenü zeigt die Sektionen der Site. Sektionen sind keine einzelnen Dokumente, sondern nur Verzeichnisse, also Ordner und Themen. In den Navigations-Einstellungen kann die automatische Erzeugung dieser globalen Reiter deaktiviert werden. Dadurch, dass keine Unterverzeichnisse angezeigt werden, so wie im Navigationsportlet, bleibt dieses Menü immer übersichtlich. Durch die waagerechte Anordnung ist die Anzahl der Elemente, die auf eine Zeile passen natürlich begrenzt. Es sollten aber generell nicht mehr als sieben Elemente pro Ebene vorhanden sein.

Navigation

Einen vollständigen Baum über die Seiten und Ordner der obersten und der aktuellen Ebene bietet das Navigations-Portlet. Die angezeigten Inhaltstypen können ebenso gefiltert werden wie der Dokumentstatus. Die Startseite kann ein- oder ausgeblendet werden.

Breadcrumbs

Die Breadcrumbs-Navigation ist in erster Linie dazu geeignet, sich im aktuellen Pfad aufwärts zu bewegen. Plone-Versionen vor 2.1 verfügten hier noch über eine Möglichkeit, Lesezeichen zu setzen. Diese Funktion ist in Plone 2.1 in die Personal Tools verschoben worden.

Website-Übersicht – Sitemap

Die Sitemap wird automatisch generiert. Die Tiefe des dargestellten Baums 2.1
kann eingestellt werden. Diese Funktion wurde in Plone 2.1 neu integriert.

6.4.2 Suchabfragen

Suchabfragen haben insbesondere auf inhaltsreichen Seiten eine große Bedeutung. Mehrere Tausend Dokumente über die Navigation zu suchen, kann selbst bei einer guten Struktur schwierig sein. Plone beziehungsweise Zope indiziert die Inhalte und Metadaten aller Artikel. Dieser Katalog, wie er in der Plone-Terminologie heißt, kann über verschiedene Suchfunktionen abgefragt werden.

Schnellsuche

Die Schnellsuche ist im Standardlayout auf jeder Seite verfügbar. Ein Wort oder eine Phrase wird in das Textfeld eingetragen. Dabei darf * als Wildcard verwendet werden. Außerdem werden die Operatoren *AND* und *OR* interpretiert. Nach einem Klick auf *Suche* werden alle relevanten Artikel in der Datenbank in einer Liste ausgegeben. Da viele Felder, darunter auch der Haupttext, durchsucht werden, kann es sein, dass die Anzahl der Treffer zu groß ist. Sie lässt sich über die erweiterte Suche weiter einschränken. Einen Link dorthin gibt es auf der Ergebnisseite der Schnellsuche. Neben dem Haupttext, der Beschreibung und dem Titel wird auch in den Metadaten, zum Beispiel den Stichwörtern nach einer Entsprechung gesucht.

Live-Suche

Neu in Plone 2.1 ist die Live-Suche, die mit JavaScript-fähigen Browsern ge- 2.1
nutzt werden kann. Bereits nach der Eingabe des ersten Buchstabens wird mit der Suche begonnen. Die Treffer werden in einem Fenster angezeigt. Es müssen also nur so viele Buchstaben eingegeben werden, bis der gewünschte Artikel in der Übersicht erscheint. Werden allerdings die Operatoren *AND* oder *OR* verwendet, wird das von der Live-Suche als Wort interpretiert.

Abb. 6.18. Die neue Live-Suche in Plone 2.1

Erweiterte Suche

Die erweiterte Suche ist immer dann interessant, wenn die Schnellsuche zu viele Treffer bringt oder aber keine Informationen aus den Textfeldern bekannt sind. Bei der erweiterten Suche kann man verschiedene Felder gezielt durchsuchen. Dabei können für mehrere Felder Kriterien angegeben werden. Die Felder sind im einzelnen:

Gesuchter Text: Dieses Feld entspricht im Wesentlichen der Schnellsuche. Der Titel, die Beschreibung und der Haupttext der Artikel wird durchsucht. Die Operatoren ***, *AND* und *OR* können verwendet werden.

Titel: Nur die Titel der Artikel werden nach dem Text durchsucht.

Stichwörter: Wenn Stichwörter im System angelgt, das heißt mindestens einem Artikel zugeordnet sind, dann stehen die Wörter in der Liste und können dort ausgewählt werden. Eine Mehrfachauswahl ist möglich. Dabei werden die Stichwörter entsprechend der Option darunter verknüpft. Die Oder-Verknüpfung ist der Standard.

Beschreibung: Hier gilt dasselbe wie für das *Titel*-Feld, nur dass hier eben ausschließlich die Artikelbeschreibung durchsucht wird.

Neue Artikel seit: Hiermit kann der Suchbereich zeitlich eingeschränkt werden, so dass nur Artikel gefunden werden, die jünger sind als der eingestellte Zeitraum. Ganz interessant ist die Option *Zuletzt angemeldet*. Sie liefert alle Artikel zurück, die seit dem letzten Besuch auf der Seite angelegt wurden. Ein kleines Manko und möglicherweise eine Aufgabe für den Programmierer: Nur neue, nicht aber geänderte Artikel werden gefunden.

Artikeltyp: Nur in den angekreuzten Typen wird gesucht.

Autor: Dieses Feld ist ebenfalls selbsterklärend. Nur Autoren, von denen auch Artikel existieren, werden vorgeschlagen.

Revisionsstatus: Der Dokumentstatus kann hier eingeschränkt werden.

6.4.3 RSS

Bisher ging es um Besucher der Site, die eine Aktion ausführen, um Artikel zu finden. RSS ist eine Technologie, mit der auch andere Systeme einen Überblick über die Inhalte der Site bekommen können. Außerdem können RSS-Feeds von interessierten Benutzern abonniert werden. Die Nutzer erhalten dann regelmäßig eine Liste der aktuellen Artikel. Die Software, die der Benutzer dafür benötigt, ist ein RSS-Reader. Das kann entweder eine eigene Software sein oder im Browser integriert, wie in der Abbildung 6.19.

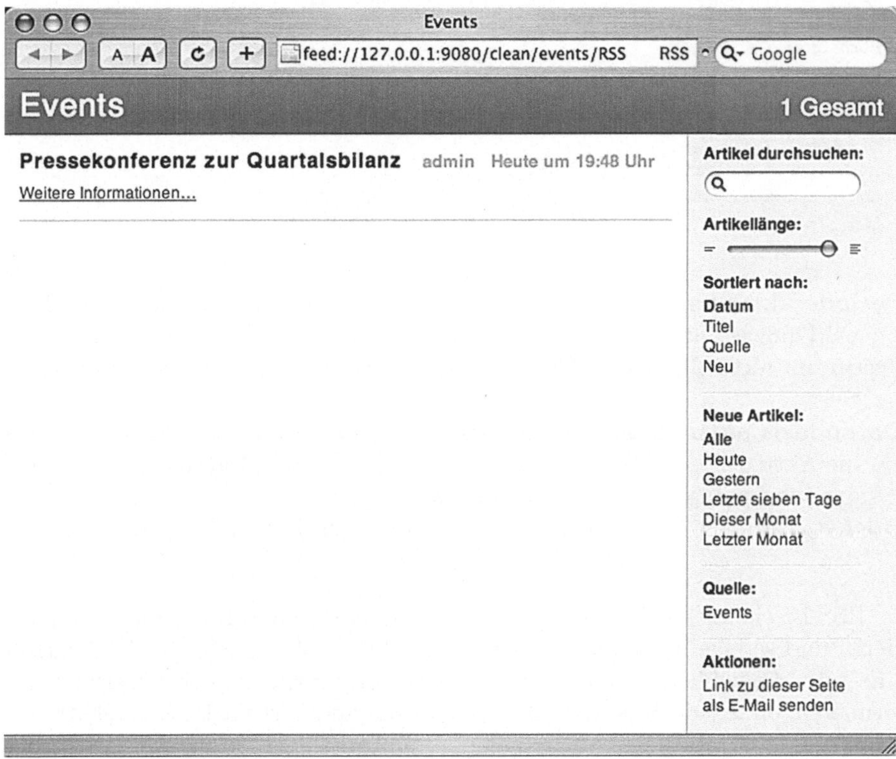

Abb. 6.19. Der integrierte RSS-Reader in Safari

RSS ist für Smart Folder standardmäßig aktiv, der zugehörige Content View aber ausgeblendet. Sollen auch normale Ordner ihren Inhalt über RSS bereitstellen, dann muss der Administrator diesen View aktivieren. Danach können Sie für jedes Verzeichnis einstellen, ob RSS erlaubt sein soll oder nicht. Im deaktivierten Zustand zeigt der Content View *syndizierung* nur eine Schaltfläche, um RSS zu aktivieren. Nach der Aktivierung kommen weitere Parameter dazu:

Details zur Syndizierung

Periode aktualisieren

Bestimmt wie oft der Kanal aktualisiert wird.

Daily

Frequenz aktualisieren

Bestimmt die Häufigkeit der Aktualisierungen. Wenn Sie z.B. jede zweite Woche aktualisieren wollen, dann wählen Sie oben "wöchentlich" und hier "2".

1

Datenbasis aktualisieren

Dies ist das Datum, an dem die Aktualisierungen starten. Falls Sie also jeden Dienstag aktualisieren wollen, starten Sie an einem Dienstag.

2005 · Oktober · 30 19 : 05

Höchstgrenze Artikel ■

Maximale Anzahl der Artikel, die über Syndizierung zur Verfügung gestellt werden.

15

speichern

Abb. 6.20. Die Steuerung des RSS-Feeds

Periode aktualisieren: RSS-Kanäle werden regelmäßig aktualisiert. Hier wird eingestellt, in welchem grundsätzlichen Intervall das passieren soll.

Frequenz aktualisieren: Die Periode wird noch mit der Frequenz multipliziert.

Datenbasis aktualisieren: Hier wird das Startdatum eingetragen, das für die Aktualisierung relevant ist. Sie benötigen diesen Parameter nur, wenn der Wochentag der Aktualisierung wichtig ist.

Höchstgrenze Artikel: Sie bestimmt, wie viele Einträge übertragen werden.

RSS ist einerseits eine Möglichkeit, auf anderen Seiten Ihre Inhalte zu platzieren und so eigenen Traffic zu generieren. Es ist aber auch für die Benutzer eine gute Möglichkeit, sich über neue Artikel auf verschiedenen Websites zu informieren, ohne jede Seite besuchen zu müssen und dort nach neuen Beiträgen zu suchen. Wenn Ihre Seite regelmäßig aktualisiert wird, dann sollten Sie RSS-Kanäle anbieten.

6.5 Benutzerinteraktionen

Der Weg der Inhalte vom Anbieter zum Nutzer macht einen Großteil einer Webanwendung aus. Aber der Rückkanal vom Benutzer zur Website und ihren Betreibern darf nicht vernachlässigt werden. Ein gängiger Weg, wie der Besucher mit der Site interagieren kann, sind Formulare. Plone stellt dem Benutzer aber noch ein anderes Sprachrohr zur Verfügung:

6.5.1 Kommentare

Kommentare können global für die gesamte Site zugelassen oder verboten werden. Jeder Artikel bietet aber die Möglichkeit, dieses globale Verhalten zu überschreiben. Zudem kann der Administrator festlegen, welche Benutzer Artikel kommentieren dürfen. Es sind viele Fälle denkbar, in denen man ein öffentliches Feedback erhalten möchte. Auf der Plone-Homepage können angemeldete Benutzer die Dokumentation kommentieren. In diesen Kommentaren finden sich oft wertvolle Hinweise.

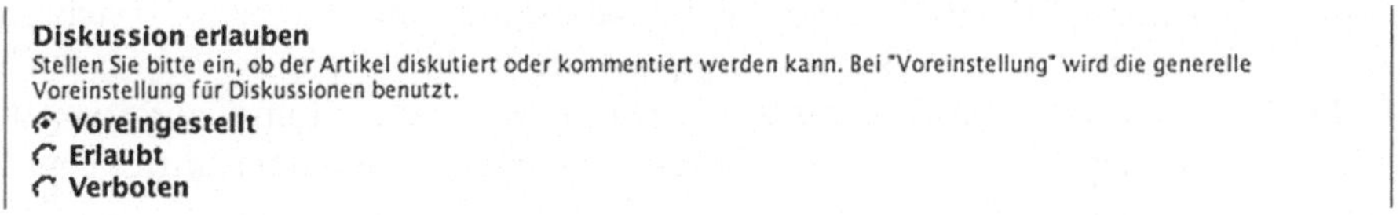

Diskussion erlauben
Stellen Sie bitte ein, ob der Artikel diskutiert oder kommentiert werden kann. Bei "Voreinstellung" wird die generelle Voreinstellung für Diskussionen benutzt.
(•) **Voreingestellt**
( ) **Erlaubt**
( ) **Verboten**

Abb. 6.21. Einstellung im Content View *eigenschaften*

6.5.2 Umfragen

Etwas diskreter sind Umfragen. Dem Besucher wird eine Frage gestellt, die er aus einer Auswahl an Optionen beantworten kann. Veröffentlicht wird allenfalls das anonymisierte Gesamtergebnis. Für solche Umfragen (Polls) gibt es verschiedene Produkte auf der Plone-Homepage.

6.5.3 Formulare

Formulare sind dazu da, Daten strukturiert abzufragen. Die Ergebnisse eignen sich sehr gut für eine automatische Weiterverarbeitung. Im Gegensatz zu den öffentlichen Kommentaren und den halböffentlichen Umfragen sind sie als privater Kanal eine gute Möglichkeit, ein Feedback vom Benutzer zu bekommen. Wichtig für jede Website und deshalb konsequenterweise jetzt auch im Standardfunktionsumfang von Plone ist ein allgemeines Kontaktformular. Angemeldete Benutzer brauchen dort nur den Betreff und die Nachricht zu notieren, während anonyme Besucher zusätzlich ihren Namen und ihre eMail-Adresse angeben können. Die Angabe einer Email-Adresse ist Pflicht.

Speziellere Formulare müssen von Hand erstellt und in das System integriert werden. Das ist in der Arbeitsteilung, wie Plone sie vorsieht, eine Teamarbeit. Sie als Content Manager müssen die Daten festlegen, die über das Formular abgefragt werden sollen. Der Designer entwirft das Formular und der Programmierer nimmt die Ergebnisse entgegen, um sie auf ihre Gültigkeit zu überprüfen, sie in einer Datenbank zu speichern oder sie an die zuständige Abteilung weiter zu leiten. Die Aufgaben der anderen Mitwirkenden sind in den jeweiligen Kapiteln beschrieben. Hier geht es im Folgenden um die Definition der Felder. Sie ist nicht Plone-spezifisch. Aber eine strukturierte Herangehensweise hilft wie überall im Content Management, die Zusammenarbeit mit den anderen Beteiligten zu verbessern und die Ergebnisse zu optimieren.

Umfang

Wenn man sich überlegt, welche Daten man von seinen Besuchern, also zum Beispiel potentiellen Kunden, gerne hätte, dann gibt es wohl kaum eine Information, auf die man verzichten möchte. Jedoch definieren Datenschutzbestimmungen den gültigen Umfang einer Datensammlung, die es zu beachten gilt. Neben den rechtlichen Bedenken gegen eine Vollerhebung stellt sich auch die Frage des technischen Aufwands, die Daten zu speichern und zu verarbeiten. Der wichtigste Aspekt ist aber die Bereitschaft der Benutzer, ihre Zeit zu opfern und ihre persönlichen Daten offen zu legen. Die – wenn auch nur scheinbare – Anonymität des Internets ist ein hohes Gut im Bewusstsein der Nutzer. Die Erhebung von Daten, deren Notwendigkeit für den Benutzer nicht sofort ersichtlich ist, führt leicht zu Widerständen. Diese äußern sich in falschen Angaben und im schlimmsten Fall gar mit dem Abbruch der Kontaktaufnahme.

Aus diesen Gründen ist ein maßvoller und auf das Nötige beschränkter Satz an Daten, die pro Formular abgefragt werden, Voraussetzung für eine erfolgreiche Erhebung.

Struktur

Das Formular sollte in mehrere logische Bestandteile untergliedert werden. Finden Sie möglichst passende Titel für die einzelnen Feld-Gruppen. Der Designer kann die Felder anhand dieser Gruppierung anordnen, so dass der Besucher schnell einen Überblick über den Aufbau des Formulars bekommt.

Neben der Definition der Gruppen ist auch eine Gewichtung von Bedeutung. Welche Gruppen sollen oben stehen, welche erst weiter unten. Maßgeblich für die Entscheidung ist das erwartete Verhalten der Benutzer. Werden sie davon abgeschreckt, wenn gleich am Anfang nach dem Namen und einer Telefonnummer gefragt wird? Provoziert die späte Frage nach persönlichen Daten vermehrt falsche Angaben? Diese Fragen sind nicht leicht zu beantworten. Formulare zu entwerfen ist kein trivialer Vorgang.

Felder

Als letztes definieren Sie Felder, die in den einzelnen Gruppen abgefragt werden. Dabei sind die folgenden Angaben wichtig:

- Wie soll das Feld benannt werden?
- Ist die Angabe eines Wertes freiwillig oder obligatorisch?
- Sollen die möglichen Werte vorgegeben sein oder nicht?

- Wie viele Antworten sind auf einzelne Fragen möglich?
- Welche Antworten sind gültig?
- Soll ein Standardwert angegeben werden und wenn ja, welcher?

Feldname

Bei der Bezeichnung eines Formularfeldes kommt es darauf an, die Antwort bereits an die Struktur heranzuführen, die für die Auswertung am günstigsten ist.

Insbesondere bei Checkboxen muss eindeutig sein, wie die Frage beantwortet wird. Die Frage *verheiratet oder nicht?* lässt sich durch eine Checkbox eher nicht beantworten. Die Frage *verheiratet?* dagegen sehr wohl.

Pflichtfelder

Natürlich soll ein Formular möglichst vollständig ausgefüllt werden. Über Pflichtfelder kann sicher gestellt werden, dass der Besucher das auch tut. Die übermäßige Verwendung von Pflichtfeldern kann aber vermehrt falsche Angaben provozieren. Ob eine Angabe falsch ist, ist aber schwieriger heraus zu finden als zu beurteilen, ob sie fehlt. Außerdem kann es immer sein, dass eine Frage gar nicht richtig beantwortet werden kann. Wer kein Telefon hat, kann keine Telefonnummer angeben.

Vokabular

Ein fester Satz an möglichen Antworten lässt sich leichter auswerten, als wenn die Besucher die Fragen mit eigenen Worten beantworten.Wenn die Möglichkeiten zu antworten eingeschränkt sind, dann muss sicher gestellt sein, dass die Frage in jedem Fall richtig beantwortet werden kann. Dazu gehört auch die Option, keine Angabe zu machen.

Mehrfachnennungen

Ob eine Frage nur einmal oder mehrfach beantwortet werden darf, ist wichtig für die Auswahl der Formularelemente. Radio-Buttons schließen sich gegenseitig aus, während Checkboxen mehrere Antworten zulassen. Auswahllisten gibt es für Einfach- und Mehrfachnennungen.

Validierung

Formulareingaben können vor und nach dem Absenden überprüft werden. Wenn es möglich ist, einen gültigen Wertebereich für ein Feld anzugeben, dann sollte das gemacht werden. So lassen sich sowohl absichtliche als auch unabsichtliche Falschangaben reduzieren.

Neben dem Wertebereich geht es auch um den Wertetyp. Ist eine Zahl gefragt oder handelt es sich um ein Textfeld. Textfelder können einzeiligen Text einer beliebigen Länge aufnehmen, sich aber auch über mehrere Zeilen erstrecken.

Standardwert

Felder können mit Standardwerten belegt werden. Standardwerte heben die Wirksamkeit von Pflichtfeldern auf, weil auf jeden Fall ein Wert vorhanden ist. Nur wenn der Standardwert außerhalb des Gültigkeitsbereichs liegt, lässt sich die fehlende Angabe noch erkennen.

Wenn Standardwerte angegeben werden, dann müssen sie auch sinnvoll sein. Ein Standardwert soll dem Benutzer Arbeit sparen. Sonst spart er sie sich selbst und das ist wesentlich schwieriger herauszufinden.

Wenn Sie alle Felder und Feld-Gruppen definiert haben, dann empfehle ich Ihnen, das Ganze auch strukturiert zu Papier zu bringen. So haben Sie, Ihr Programmierer und Ihr Designer ein einheitliches Arbeitspapier in der Hand, das viele Unklarheiten und Fehler vermeidet.

Teil II

Design

7 Grundlagen

Webdesign ist ein kreativer Prozess. Für den Computer müssen diese kreativen Gedanken aber in eine logische Struktur übersetzt werden. Je tiefer das Wissen um die formalen Aspekte dieser Umsetzung ist, desto mehr kreative Ideen überstehen diesen Schritt. So ist das Wissen um die Technologie nicht die Barriere, als die sie oft empfunden wird, sondern der eigentliche Zugang zur kreativen Freiheit.

In der Anfangszeit des WWW wurden die meisten Textformate direkt als Attribute in die entsprechenden HTML-Tags geschrieben. Das align-Attribut sorgte zum Beispiel für die Absatzausrichtung. Für andere Anweisungen gab es sogar eigene Tags, wie das <font>-Tag, in dem Schriftformate definiert wurden. Die Folge war von Formatanweisungen überladener Quellcode. Das hatte zahlreiche Nachteile. Grafische Editoren wie Dreamweaver oder GoLive waren damals noch die Ausnahme. Die meiste Arbeit wurde in Texteditoren erledigt. Deshalb war der eigentliche Inhalt nur schwer zu lesen. Die Dateien wurden durch die vielen zusätzlichen Anweisungen sehr groß, was damals, in der Zeit analoger Modems durchaus gravierend war. Ein einheitliches Layout war kaum umsetzbar, denn dieselben Formate mussten wieder und wieder in den Quelltext eingesetzt werden. Änderte sich daran eine Kleinigkeit, dann musste an vielen Stellen der Quelltext editiert werden. Dieses Verfahren war anfällig für Fehler, langwierig und deshalb teuer und konnte nur von fachkundigem Personal durchgeführt werden.

Also suchte man einen Weg, das Design zentral, aber ohne Verlust der Flexibilität zu verwalten. Die Lösung heißt CSS – Cascading Style Sheets.

In diesem Kapitel erfahren Sie, wie CSS grundsätzlich funktioniert, und wie es in Plone eingesetzt wird. Sie werden erkennen, dass Autorensysteme wie Plone ohne eine zentrale Stilverwaltung gar nicht denkbar sind. Wenn Sie dieses Kapitel gelesen haben, verfügen Sie über die Grundlagen, die Sie brauchen, um die folgenden Kapitel zu verstehen. Dieses Buch ist allerdings kein CSS-Lehrbuch. Wenn Sie noch nicht mit CSS gearbeitet haben, sollten Sie sich damit beschäftigen, bevor Sie anfangen, Plone-Seiten zu gestalten. CSS ist das Herz des Design-Konzeptes von Plone. Ich empfehle Ihnen ein Lehrbuch zu CSS und ein Online-Nachschlagewerk als Referenz.

Auf den folgenden Seiten werden Grundkenntnisse in HTML voraus gesetzt. Auch wenn Sie normalerweise mit grafischen Editoren arbeiten, sollten Sie sich auf einer HTML-Seite zurecht finden. Sie sollten die wichtigsten Tags kennen und die Grundregeln der Notation von HTML beherrschen. Um selbst CSS-Dateien anzulegen und zu bearbeiten, benötigen Sie einen Text-Editor oder einen grafischen Web-Editor.

7.1 CSS in zehn Minuten

HTML ist eine Auszeichnungssprache für Textdokumente. Gemeint ist dabei die logische Struktur eines Dokuments. Also die Frage, welche Funktion ein bestimmter Textabschnitt hat. Er kann eine Überschrift, ein einzelner Punkt in einer Liste oder gemeiner Fließtext sein. Sieht man von den einfachen Formatanweisungen wie `<b>` oder `<i>` einmal ab, sagt HTML jedoch nichts darüber aus, wie der Text dargestellt wird. Als Mitte der 1990er Jahre durch die zunehmende Kommerzialisierung des World Wide Web das Bedürfnis nach erweiterten Gestaltungsmöglichkeiten aufkam, gab es im Wesentlichen zwei Grundströmungen. Die Einen wollten HTML um Formatierungsoptionen erweitern, die Anderen favorisierten das Konzept der Style Sheets. Diese „Vorlagenblätter“ wurden damals von den Browsern bereits verwendet, um programmintern die Darstellung der Internetseite zu steuern. Das Pendel schlug zuerst zur anderen Seite aus, was zu schwer lesbarem Quellcode geführt hat. Letztendlich setzte sich aber CSS sowohl gegen die HTML-Formatierung, als auch gegen die anderen Style-Sheet-Sprachen durch. Auf der Website des w3-Konsortiums können Sie auf englisch die Geschichte von CSS nachlesen: http://www.w3.org/Style/LieBos2e/history/[5].

Auch wenn CSS mittlerweile vom w3-Konsortium standardisiert wurde, sind die Implementierungen in den einzelnen Browsern unterschiedlich. Befehle werden zum Teil gar nicht interpretiert. Oft sind die Unterschiede aber auch nur geringfügig und somit akzeptabel. In der Praxis empfiehlt es sich immer, die Ergebnisse in möglichst vielen Browsern auf mehreren Plattformen zu testen. Unterschiedliche Browser basieren dabei oft auf denselben Engines. Zum Beispiel nutzt Firefox die Mozilla-Technologie und Safari und Konqueror haben ebenfalls die gleiche Basis.

Tabelle 7.1. Aktuelle Browser auf verschiedenen Plattformen

	Windows	Mac OS X	Linux
Internet Explorer	•	(•)[1]	
Mozilla	•	•	•
Firefox	•	•	•
Opera	•	•	•
Safari		•	
Konqueror			•

[1] Die „aktuelle“ Version ist aus dem Jahr 2003

Das HTML-Projekt „SELFHTML“[9] des Autors Stefan Münz ist auch in Sachen CSS ein gutes Nachschlagewerk und bei der Entwicklung sehr hilfreich, weil es auch die Browserkompatibilitäten ausweist.

Der große Vorteil von CSS ist, dass Formate, die auf ein Element angewendet werden sollen, an mehreren Stellen definiert sein können. Das wird durch das „Cascading“ im Namen zum Ausdruck gebracht. Wie es genau funktioniert, steht im Abschnitt 7.1.2 auf Seite 111. Vorher werden jedoch die wesentlichen Sprachelemente beschrieben.

7.1.1 CSS – Die Syntax

Eine einfache Zuordnung einer Eigenschaft zu einer Elementmenge geschieht im einfachsten Fall mit dem Konstrukt:

```
Selektor{Eigenschaft:Wert;}
```

Leerzeichen und Zeilenumbrüche können eingefügt werden, um die Lesbarkeit zu verbessern. Das Semikolon schließt die Anweisung ab und ist bei der letzten Anweisung optional. Ich empfehle allerdings, auch den letzten Eintrag mit einem Strichpunkt zu beenden, denn bei späteren Ergänzungen vergisst man häufig das Semikolon zu setzen.

Werte

Werte können in CSS oft auf unterschiedliche Arten zugewiesen werden. Es gibt reservierte Worte, die bestimmte Bedeutungen haben, es gibt relative und absolute Maßeinheiten und es gibt Eigennamen. Einige Eigenschaften erwarten genau einen Wert, anderen kann man eine Liste möglicher Werte übergeben.

Größenangaben

px (Pixel): Ein Pixel entspricht einem Bildpunkt auf dem Bildschirm. Die tatsächliche Ausdehnung einer Größe, die in Pixeln angegeben ist, hängt also von der eingestellten Bildschirmauflösung ab. Pixelangaben eignen sich für Maßangaben, die sich an der physikalischen Pixelzahl orientieren sollen. Zum Beispiel die Breite von Bildern oder die Breite des Layouts einer Website, die für die Standardauflösung eines 15¨Monitors ausgelegt ist.

in (Inch), cm (Zentimeter), mm (Millimeter): Absolute Längenmaße eignen sich für Ausgabemedien, die eine feste Größe haben. Ein Ausdruck auf einem Blatt Papier zum Beispiel. Feste Größenangaben vertragen sich aber meistens nicht mit Layouts, die für variable Bildschirmweiten ausgelegt sind.

pt (Punkt), pc (Pica): Diese zwei Begriffe haben ihren Ursprung in der Satztechnik. 1 Pica entspricht dabei 12 Punkten. Die Größe eines gedruckten Punktes schwankt je angewandter Definition zwischen 0,35 und 0,38mm. Für die Computerdarstellung rundet man den Punkt zu 1/72-Inch. Die Schlussfolgerung, ein Punkt entspricht einem Pixel stimmt aber aufgrund unterschiedlicher Pixeldichten auf verschiedenen Plattformen nicht generell. Als typografisches Maß lassen sich Punktgrößen gut für die Ausgabe auf einem Drucker verwenden, aber auch um die grundsätzlichen Schriftgrößen zu definieren.

em, ex: Hier handelt es sich um relative Maße zur Größe der aktuellen Schriftart. Während *1 em* eigentlich als die Breite des Buchstabens *M* ist, definiert CSS sie lediglich als die aktuelle Schriftgröße. Deshalb ist em auch für Höhen- wie Breitenangaben verwendbar. Die Einheit *ex* beschreibt wie in der Typographie üblich die Höhe des Buchstabens *x*. Mit *em* lassen sich die Basisgrößenangaben und Abstände gut modulieren. Der Vorteil liegt darin, dass die relative Veränderung unabhängig von der verwendeten Schriftart bestehen bleibt.

%: Prozentangaben eignen sich um ein Verhältnis zu feststehenden Größen herzustellen, zum Beispiel die Breite einer Tabellenspalte. Relative typografische Angaben sollten Sie aber über `em` einstellen. Worauf sich der Prozentwert bezieht ist nicht immer offensichtlich, weshalb ein zielsicherer Einsatz erst mit etwas Übung möglich ist. Prozentwerte können als positive Absolutwerte oder als Differenzen mit einem führenden Vorzeichenoperator notiert werden.

Farbangaben

Farben werden in CSS entweder als Hexadezimal-, als Dezimalwerte oder in der sogenannten Funktionsnotation[2] ausgedrückt. Außerdem sind die benannten Farben und Systemfarben möglich.

hexadezimale Schreibweise: Sie kann entweder in der dreistelligen Form `#fc9` oder sechsstellig `#ffcc99` erfolgen. Bei der dreistelligen Variante werden die angegebenen Werte auf der zweiten Stelle verdoppelt. Das bedeutet, dass die beiden angegebenen Werte identisch sind.

Funktionsnotation: Die grundsätzliche Schreibweise ist `rgb(rotwert, grünwert, blauwert)`. Die einzelnen Werte können als Dezimalwert zwischen 0 und 255, oder als Prozentwert angegeben werden.

Farbnamen: Zum Einen gibt es eine Anzahl benannter Farbnamen wie *white* oder *fuchsia*. Sehr interessant ist aber auch die Möglichkeit, Farbwerte der Systemeinstellung wie zum Beispiel *InfoText* anzufordern. Leider interpretieren die meisten aktuellen Browser diese Einstellung noch nicht. Die entsprechenden Namen und ihre Bedeutungen finden Sie in Ihrer Online-Referenz oder auf den Seiten des w3-Konsortiums[7].

[2] In der Programmierung haben Funktionen meistens die Form `Funktionsname(Parameter)`

Tabelle 7.2. Benannte Farbnamen

Farbname	hexadezimal	Farbname	hexadezimal
maroon	`#800000`	green	`#008000`
red	`#ff0000`	navy	`#000080`
orange	`#ffa500`	blue	`#0000ff`
aellow	`#ffff00`	aqua	`#00ffff`
olive	`#808000`	teal	`#008080`
purple	`#800080`	black	`#000000`
fuchsia	`#ff00ff`	silver	`#c0c0c0`
white	`#ffffff`	gray	`#808080`
lime	`#00ff00`		

Eigenschaften

CSS verfügt über eine große Zahl an Formateigenschaften, mit denen Zeichen und Absatzformate sehr genau definiert werden können. Neben den Angaben zur Schriftart, den Farben oder dem Schriftschnitt, kann auch die Laufweite, oder der Zeilenabstand definiert werden. Es gibt Anweisungen zu Abständen zu benachbarten Objekten, Rahmen, Hintergründe etc. an dieser Stelle können nur wenige der Anweisungen aufgeführt werden.

Zeichenformate

`font:`

Die `font`-Eigenschaft setzt sich zusammen aus verschiedenen Formatanweisungen, die auch alle einzeln verwendet werden können. Das ist ein Konzept, von dem in CSS reichlich Gebrauch gemacht wird. Sie müssen nicht alle Eigenschaften setzen, aber die Reihenfolge einhalten. Die einzelnen Eigenschaften werden im Folgenden genannt:

`font-style:` Der Stil kann einen der folgenden Schlüsselworte annehmen: `normal`, `italic`, `oblique`.

`font-variant:` Als Variante kommen `normal` und `small-caps`, also Kapitälchen in Frage.

`font-weight:` Das Schriftgewicht kann zwischen 100 und 800 eingestellt werden. Je größer die Zahl, desto fetter wird die Schrift. Statt einer Zahl können auch die Schlüsselwörter absoluten benannten Werte `normal` (400) und `bold` (700) eingesetzt werden, oder die relativen Werte `lighter` und `bolder`.

`font-size:` Die Schriftgröße kann in verschiedenen Maßeinheiten notiert werden. Außerdem gibt es auch hier benannte Werte: `xx-small`, `x-small`, `small`, `medium`, `large`, `x-large` und `xx-large`.

`font-family`: Hiermit wird die Schriftart festgelegt. Mehrere Schriftarten können durch Kommata getrennt nacheinander notiert werden. Dabei wird zwischen Groß- und Kleinschreibung unterschieden. Die Schriftnamen sollten in Anführungszeichen gesetzt werden, falls sie aus mehreren Worten bestehen. Die erste Schrift, die im System installiert ist, und in dem das entsprechende Schriftzeichen existiert, wird verwendet. Es ist empfehlenswert, als letzte Angabe eine der generischen Schriftarten anzugeben. Das System sucht dann eine dem Typ entsprechende Schriftart aus. Die generischen Schriftarten heißen: `serif`, `sans-serif`, `cursive`, `fantasy` oder `monospace`.

Rahmen und Abstände

Besonders wichtig für das Layout sind Kenntnisse über das Rahmenmodell von CSS. Jedes Blockelement verfügt über einen Innenabstand, einen Außenabstand und einen Rahmen.

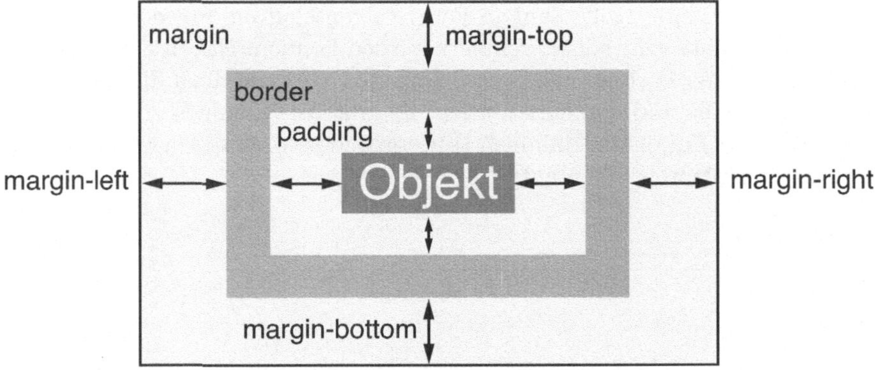

Abb. 7.1. Das CSS-Rahmenmodell

Außenabstand. Der Außenabstand wird der Eigenschaft `margin` zugwiesen. Dabei können zwischen einem und vier Werten gesetzt werden. Ein Wert gilt für alle vier Seiten. Zwei Werte gelten jeweils für die vertikalen und horizontalen Abstände. Drei Werte gelten für oben, seitlich und unten und vier Werte bestimmen den Außenabstand von oben, rechts, unten und links. Der Außenabstand hat einen transparenten Hintergrund. Wird er kleiner definiert, als der Außenabstand des angrenzenden Elements, dann wird der größere Außenabstand verwendet. Anstelle der Anweisung `margin` können die einzelnen Seiten auch namentlich angesprochen werden. Die entsprechenden Eigenschaften heißen `margin-top`, `margin-right`, `margin-bottom` und `margin-left`.

Innenabstand. Der Innenabstand wird über die Eigenschaft `padding` gesetzt. Der Innenabstand hat die Hintergrundfarbe des Objekts. Die Werte werden analog zu `margin` notiert.

Rahmen. Der Rahmen hat neben einer Stärke noch weitere Eigenschaften, nämlich einen Rahmenstil und eine Farbe. Es gibt durchgezogene, gestrichelte, punktierte und dreidimensionale Rahmen. Sie können die Rahmeneigenschaften für eine einzelne Seite oder für alle definieren und Sie können jeweils eine Rahmeneigenschaft setzen oder alle, so dass sich eine ganze Reihe an Unteranweisungen ergeben:

Tabelle 7.3. Eigenschaften zur Rahmendefinition

einfache Anweisung	nach Seiten	nach Eigenschaften	Einzeleigenschaften
border			
	border-left	border-style	border-left-style
	border-right	border-width	border-left-width
	border-top	border-color	border-left-color
	border-bottom		...

display

An dieser Stelle möchte ich noch eine weitere Eigenschaft aus dem Sprachschatz von CSS heraus greifen. Es ist die Eigenschaft `display`. Display wird häufig verwendet, um Elemente auszublenden. Der eigentliche Sinn der Eigenschaft ist aber, die Art der Darstellung zu definieren. HTML-Elemente haben Standardwerte, die mit Hilfe von `display` überschrieben werden können. Bilder oder Überschriften zum Beispiel sind Blockelemente (`display:block`), die in einem eigenen Absatz stehen. Dieses Verhalten kann verändert werden. Mit `img{display:inline;}` werden Bilder in den Fließtext eingefügt, ohne einen neuen Absatz zu erzwingen. Stilvorlagen in Plone machen häufig Gebrauch davon. Die „portal-tabs“ zum Beispiel sind Listeneinträge, die durch `display:inline` nebeneinander gesetzt werden. Mögliche Werte sind: `block`, `inline`, `list-item`, `marker`, `none`, `run-in`, `compact` und verschiedene Tabellenstrukturelemente.

Selektoren

Der Selektor beschreibt die Menge der Elemente, für die die nachfolgenden Formatanweisungen gelten sollen. Die zu formatierenden Elemente können über ihren Namen, nach der Art oder auch der Position im Dokument definiert werden.

`#id`

Beginnt der Selektor mit einer Raute, dann beziehen sich die Anweisungen auf das Element mit der entsprechenden ID. Diese muss im `id`-Attribut des HTML-Elements definiert sein. Da dieselbe ID im Dokument nur einmal vorkommen darf, lässt sich jedes einzelne Element auf einer Seite einzeln formatieren. Das ist nicht unbedingt der Sinn von CSS, aber es ist möglich, zulässig und in Einzelfällen auch notwendig.

```
p
```

Alle HTML-Tags können auf einmal verändert werden, indem mit einem Tagnamen alle Tags dieses Typs selektiert werden. So kann zum Beispiel dem `<P>`-Tag das Standard-Absatzformat zugewiesen werden, dass dann für alle Absätze gilt. Im Selektor wird nur der Tagname, ohne die spitzen Klammern notiert. Wenn Sie möchten können Sie sogar die Bedeutung der HTML-Formatanweisungen verändern:

```
u{text-decoration:none;}
```

Empfehlen möchte ich Ihnen dieses Vorgehen jedoch ausdrücklich nicht.

```
.Klassenname
```

Um mehrere Tags mit denselben Attributen zu versehen, können Klassen definiert werden. Eine Klasse wird einem Element über das `class`-Attribut zugewiesen.

```
h1,h2,h3
```

Mehrere Elemente können im Selektor miteinander in Beziehung gesetzt werden, so dass die Auswahl der Elemente sehr differenziert vorgenommen werden kann. Durch Kommata getrennt, können mehreren Elementgruppen gleichzeitig neue Eigenschaftswerte zugewiesen werden.

```
p strong
p > strong
p * strong
p + strong
```

Diese vier Beispiele selektieren die Elemente nach ihrer Lage in der Dokumenthierarchie. Das erste Beispiel trifft immer zu, wenn sich ein hervorzuhebender Bereich (`<strong>`) in einem Absatz (`<p>`) befindet, nicht jedoch ein `<strong>` innerhalb von `<li>`. Dabei können die Objekte beliebig tief gestaffelt sein. Die anderen Operatoren schränken diese Freiheit weiter ein, indem sie vorschreiben, dass kein Element dazwischen liegen darf (>) oder mindestens ein Element dazwischen liegen muss (*) oder sie beziehen sich auf das vorhergehende Objekt auf der gleichen Hierarchieebene (+).

Eine weitere Möglichkeit, Elemente zu selektieren ist die Existenz oder der Wert eines bestimmten Attributes.

```
a[name]
a[name=anker]
a[class~=links]
```

Im ersten Fall werden alle Anker im Text gefunden. Das zweite Beispiel findet den Anker „anker", nicht aber „Tanker" oder „anker 2". Im dritten Beispiel wird das Suchmuster als einzelnes Wort in der Zeichenkette gefunden.

*

Der sogenannte Universalselektor findet alle Elemente. Er steht deshalb auch normalerweise nicht alleine, sondern wird in Verbindung mit der attributbezogenen Selektion verwendet (`*[class=quellcode]`), oder als Platzhalter in der Dokumentstrukturbeschreibung (`p * i`).

Medien

CSS bietet die Möglichkeit, für verschiedene Ausgabemedien unterschiedliche Stile zu definieren. Viele Angaben werden von den Browsern allerdings noch nicht interpretiert. Eine mögliche Anwendung ist eine Schwarz-Weiß-Ansicht für die Druckversion von Internetseiten. Diese erledigen moderne Browser allerdings schon von alleine. Wenn aber das Ergebnis nicht zufriedenstellend ist, dann können Sie auf diese Weise nachbessern.

```
@media screen {
    p {
    color: white;
    background-color: black }
}
@media print {
    p {
    color: black;
    background-color: white }
}
```

Kommentare

Kommentare, also Anmerkungen im Style Sheet, die vom Parser nicht beachtet werden sollen, können in die Zeichen `/*` und `*/` eingeschlossen werden. Kommentare können sich über mehrere Zeilen erstrecken. Der CSS-Kommentar ist syntaktisch identisch mit dem Kommentar der Programmiersprache C. Der C^{++}-Kommentar `//` ist in CSS jedoch nicht zulässig.

Stile einbinden

Es reicht nicht, Stile zu definieren. Sie müssen auch an einer Stelle definiert werden, wo sie vom CSS-Parser des empfangenden Browsers gefunden werden. Dazu stehen mehrere Orte zur Verfügung.

im Style-Attribut

Stile können direkt in das `style`-Attribut eines Elements eingetragen werden. `@media`-Angaben sind dort nicht möglich. Der Geltungsbereich erstreckt sich nur auf dieses Element. Deshalb entfällt im `style`-Attribut auch der Selektor. Eventuell werden aber Eigenschaften an enthaltene Elemente vererbt. Verwenden Sie diese Möglichkeit sparsam. Im Zusammenhang mit Content-Management-Systemen sind sie nur in der Template-Gestaltung interessant. Und wenn Sie ein Standardelement in einem Template definieren, dann spricht nichts gegen eine Definition einer Formatvorlage an einem der anderen Orte. Wenn Sie den #-Selektor verwenden, dann haben Sie dieselbe Kontrolle über einzelne Elemente. Ihr HTML-Quellcode wird jedoch einfacher zu lesen.

in einem Style-Block im Dokumentkopf

Sie können Style-Blöcke in jeder HTML-Datei definieren. Neben dem Tag muss auch der MIME-Typ der Stilsprache angegeben werden. Die vollständige Syntax sieht also so aus:

```
<style type="text/css">
/* hier werden die Stile notiert */
</style>
```

Hierbei handelt es sich um eine gute Möglichkeit, um mehrere Elemente zu formatieren, die nur auf einer Seite vorkommen. Zum Beispiel Formularfelder in einem Formular. Ihr Ziel muss immer sein, gleichartige Elemente an möglichst wenig Stellen zu formatieren. Wenn Sie ein Element mit einer zumindest ähnlichen Formatierung an einer anderen Stelle wieder verwenden möchten, dann sollten Sie die gemeinsamen Formate in eine separate CSS-Datei (ein Style SHEET) auslagern.

in externen CSS-Dateien

Alle CSS-Befehle können in beliebig vielen externen Stildateien notiert werden. Diese Dateien haben die Dateiendung .css. Sie enthalten keine HTML-Befehle, also kein `style-Tag`. Sie müssen in jedem HTML-Dokument referenziert werden, das die enthaltenen Anweisungen verwenden soll. Es gibt zwei Möglichkeiten:

Die HTML-Syntax:

```
<link rel="StyleSheet" type="text/css"
  media="screen, print"
  href="Pfad/zur/CSS-Datei">
```

Die CSS-Syntax:

```
@import url("Pfad/zur/CSS-Datei") screen, print;
```

Bei beiden Schreibweisen ist die Angabe der Medien optional. Um die CSS-Notation in HTML-Dateien zu verwenden, muss sie von einem `<style>`-Block umgeben sein. Innerhalb von CSS-Dateien kann nur die CSS-Notation verwendet werden. Die Importbefehle müssen vor allen anderen Anweisungen stehen, ansonsten werden sie vom Parser ignoriert. Der organisatorische Unterschied der beiden Varianten ist, dass bei der HTML-Syntax eine Liste von Dateien entsteht, die nacheinander eingebunden werden, bei der CSS-Syntax ein Baum, da die Dateien ineinander verschachtelt sind. Hierarchische Ordnungssysteme sind in der Regel schwerer zu verwalten, so dass Sie gute Gründe haben sollten, die CSS-Schreibweise zu verwenden. Wie viele Stildateien in einem Projekt sinnvoll sind, hängt letztlich davon ab, wie viele Formate es in ihrem Style-Guide gibt. Kleinere Projekte kommen meist mit einer Datei aus, in großen Projekten müssen Sie sich Gedanken über eine günstige Aufteilung machen. Sie können die Stile nach Medien zusammen fassen, unterschiedliche Browserversionen bedienen oder nach Layout-Gruppen (Tabellen, Formulare, Text, ...) sortieren.

7.1.2 CSS – Die Kaskade

Betrachtet man die Vielzahl an Möglichkeiten, wie und wo CSS-Anweisungen definiert werden können, stellt sich die Frage, wie das tatsächliche Format ermittelt wird. Was passiert, wenn unterschiedliche Eigenschaften an mehreren Orten definiert werden? Welche Angabe hat Vorrang, wenn sich die Werte widersprechen? Der nächste Abschnitt bringt Licht in dieses Dunkel.

Vererbung

Selbt wenn Elemente kein eigenes Format haben, können CSS-Anweisungen auf sie zutreffen. Viele Eigenschaften werden an die Kind-Objekte in der Dokumenthierarchie vererbt. So hat im folgenden Beispiel auch der `<strong>`-Block die Größe der Absatzschrift. Der Vererbungsmechanismus kann über das Schlüsselwort `inherit` verdeutlicht werden.

```
<p style="font-size:14pt;">
    Ein Satz mit einer <strong> starken </strong> Mitte.
</p>
```

Kaskadierung

CSS ermöglicht nicht nur die Verwendung mehrerer Style Sheets innerhalb eines Dokuments, es gestattet (und befürwortet) unterschiedliche Stile auf der Seite des Senders (Author) und des Empfängers (User). Das letzte Glied in dieser Kette ist das Anwendungsprogramm (User Agent) das ein eigenes Style Sheet definieren muss, um die Elemente darzustellen, für die keine Stile definiert sind. Das w3-Konsortium stellt ein Beispieldokument zur Verfügung[8].

!important

Mit dem nachgestellten Befehl `!important` bekommt der Wert mehr Gewicht. Gewicht meint hier die Gewichtung zwischen Nutzer- und Autoren-Style-Sheet. Im Normalfall überschreibt ein Autoren-Style-Sheet ein User-Style-Sheet. Dieser kann aber über den Zusatz `!important` seine Formatierung durchsetzen.

Spezifizität der Selektoren

Der Begriff Spezifizität wird von Google ungefähr 6710 Mal gefunden, meist in Verbindung mit CSS. Deshalb verwende ich ihn hier auch, selbst wenn man ihm seine angelsächsische Herkunft deutlich ansieht. Es geht darum, eine Richtlinie zu entwerfen, wie genau die Selektoren ein Element beschreiben. Je genauer das der Fall ist, desto stärker lässt sich vermuten, dass eine Formatanweisung für das spezifizierte Element gedacht ist. ein Beispiel:

```
p {
    color:red;
}

p.green{
    color:green;
}

<p>das ist rot</p>
<p class="green">das ist grün</p>
```

Auf den ersten Absatz passt nur das erste Format, da ihm nicht die Klasse *green* zugewiesen ist. Deshalb wird der Absatz rot dargestellt. Der zweite Absatz ist zwar ein <p>-Element mit der Klasse *green* aber genauso ein einfaches <p>-Element. Der Absatz wird grün gerendert, weil der zweite Selektor das Element genauer beschreibt. Er hat eine höhere Spezifizität. Das Beispiel wirkt banal und die Schlussfolgerung belanglos. Aber es gibt auch andere Beispiele, bei denen die Lösung nicht so offen auf der Hand liegt:

```
#leftObject{
    text-align:right;
}

*[id=leftObject]{
    text-align:left;
}
```

Das ähnelt natürlich dem Versuch, sich selbst ein Bein zu stellen. Und der Versuch ist vielversprechend. Wenn Sie einen Stil auf ein einzelnes Objekt anwenden wollen, dann benutzen Sie den ID-Selektor (#).

Das Beispiel zeigt, dass eine natürliche Rangfolge nicht immer gegeben ist. Deshalb wurden Regeln definiert, die sich jedoch immer noch ändern. Im

Folgenden werden die Regeln der CSS-Version 2.1 erklärt, die sich noch im Entwurf befindet, die aber kurz vor der Verabschiedung steht:

1. Die erste Stelle ist 1, wenn die Angabe im `style`-Attribut steht, ansonsten 0.
2. Die zweite Stelle ist die Summe der ID-Attribute im Selektor.
3. Die Anzahl der anderen Attribute plus der Summe der Pseudo-Klassen ergibt die dritte Stelle.
4. Alle Elementnamen plus die Anzahl aller Pseudo-Elemente ergibt den Wert der vierten Stelle.

Zuletzt werden die Stellen zusammen gesetzt und die höchste Zahl hat die größte Relevanz. Es ist unwahrscheinlich, aber im Standard durchaus zulässig, dass eine Stelle einen Wert annimmt, der größer als 9 ist. In diesem Fall dürfen die zusammengesetzten Zahlen nicht im Dezimalsystem interpretiert werden:

$$
\begin{aligned}
1\ 0\ 1\ 0 \quad &= 1010 \\
1\ 0\ 0\ 12 \quad &= 1012
\end{aligned}
$$

Obwohl der erste Wert eine größere Spezifizität aufweist, wäre der Dezimalwert der zweiten Zahl größer.

Reihenfolge des Auftretens

Werden Eigenschaften bei gleicher Spezifizität der Selektoren mehrfach definiert, dann überschreibt der letzte Wert alle anderen. Allerdings werden nur die tatsächlich mehrfach gesetzten Eigenschaften überschrieben. Andere Eigenschaften behalten den bestehenden Wert:

```
body{
    color:black;
}

.textblock{
    font-family:fantasy;
    font-size:10pt;
}

.textblock{
    font-size:9pt;
}
```

Diese Angaben führen zu der resultierenden Klasse.

```
.textblock{
    color:black;
        /*Diese Angabe wird vom Body-Tag geerbt*/
    font-family:fantasy;
        /*Diese Angabe wird in der ersten Klasse
```

```
            definiert*/
    font-size:9pt;
        /*überschrieben in der zweiten Definition*/
}
```

Direkt hintereinander notiert wirkt dieses Beispiel ziemlich sinnlos. Sie sollten auch tatsächlich vermeiden, Eigenschaften für dieselbe Klasse innerhalb eines Style Sheets an mehreren Stellen zu definieren. Darunter würde die Lesbarkeit beträchtlich leiden. Aber Sie werden sehen, dass Sie in Plone regen Gebrauch von dieser Technik machen werden, wenn Sie mit Ihrem personalisierten Style Sheet die Standard-Plone-Stile überschreiben.

Wie geht es weiter?

Sie haben die grundsätzliche Funktion von CSS kennen gelernt und einiges über das Verfahren gelesen, wie in CSS resultierende Formate gebildet werden. Natürlich ist der nächste Schritt, diese Kenntnisse in der Praxis einzusetzen. Gerade aber im Design von Content Management Systemen ist ein gutes Konzept wesentlich für den Gesamteindruck, da es oft um die Navigation in Tausenden von Seiten geht. Deshalb wird im Folgenden noch auf generelle Aspekte des Designs von content-basierten Anwendungen eingegangen. Kenntnisse von CSS und das Wissen um Aspekte der Usability und des Designs von Datenbankanwendungen erleichtern oder besser ermöglichen Ihnen die Arbeit mit Plone.

8 Templates

Welche Inhalte haben Sie als Designer von einem Content-Management-System zu erwarten? Wie lang werden die Texte sein? Wie groß die Bilder? Klassisches Webdesign nimmt alle Einzelteile und setzt sie zu einem Gesamtbild zusammen. Design für Content-Management-Systeme kann sich diesem Bild nur annähern. CSS ist eine gute Möglichkeit für ein konsistentes Aussehen der Einzelteile. Das große Ganze beschreiben Schablonen. Es wird Zeit, den einzelnen Seiten einen Rahmen zu geben.

Die Daten aus den Datenbanken eines Content-Management-Systems werden in Schablonen eingefügt. Das heißt, dass der Inhalt erst dann mit dem Layout verknüpft wird, wenn die entsprechende Seite vom Benutzer angefordert wird. Diese Schablonen heißen Templates. Für jeden Seitentyp muss ein Template angelegt werden. Wahrscheinlich arbeiten Sie auch bei statischen Seiten prinzipiell mit Templates. Sie entwerfen ein Layout und speichern es als Vorlage. Anschließend erstellen Sie für jede Seite ein neues Dokukment aus dieser Vorlage und füllen sie mit den richtigen Inhalten. Content-Management-Systeme automatisieren dieses Vorgehen. Der Vorteil liegt auf der Hand:

- Der Designaufwand ist unabhängig von der Menge des Inhalts.
- Soll das Design verändert werden, müssen nur die Templates editiert werden.

Allerdings muss man auch im Vorfeld mehr Überlegungen anstellen, wie die Templates gestaltet werden müssen, dass beliebige Inhalte darin dargestellt werden können. Während bei der statischen Gestaltung auf jede Seite einzeln Einfluss genommen werden kann, scheidet diese Möglichkeit bei automatisch generierten Seiten aus.

8.1 Template-Arten

Bevor die einzelnen Schablonen entworfen werden können, muss erst identifiziert werden, welche Templates benötigt werden. Im Prinzip ist das ein formaler Vorgang und die meisten Datenbankanwendung können mit drei bis vier Templates vollständig genutzt werden.

8.1.1 Suche

Inhalte werden innerhalb von Content-Management-Systemen in Datenbanken gespeichert. Um die Daten darstellen zu können müssen sie aus dieser Datenbank abgerufen werden. Das geschieht mittels einer Datenbankabfrage. Diese kann für den Benutzer transparent ablaufen, indem er beispielsweise auf einen Menüpunkt klickt[1], sie kann aber auch vom Benutzer selbst definiert werden, indem er entsprechende Suchkriterien in ein Formular eingibt. Dieses Formular kann, muss aber nicht alle Felder enthalten. Plone bietet bereits eine Volltextsuche an, die in den meisten Fällen ausreicht. Ein eigenes Suchformular für bestimmte Inhaltsarten ist deshalb nicht unbedingt nötig. Um neue Inhalte eines Typs anzulegen, muss ebenfalls ein Formular bereit gestellt werden, in das die entsprechenden Daten eingegeben werden können. Es spricht nichts dagegen, dasselbe Template zu benutzen, wie für die Suchmaske. Allerdings müssen dort andere Tests durchgeführt werden, beispielsweise ob alle Pflichtfelder ausgefüllt wurden, oder die Werte im gültigen Bereich liegen. Die Validierung von Formularfeldern ist eine Entwickleraufgabe und wird im Abschnitt 14.4 auf Seite 278 erklärt.

8.1.2 Übersicht

Werden bei einer Suche mehrere Ergebnisse gefunden, so werden diese in einer Ergebnisübersicht dargestellt. Dies geschieht meist in einer Tabelle oder einer Liste, in der die Zeilen die einzelnen gefundenen Datensätze repräsentieren, und in den Spalten verschiedene Eigenschaften der Datensätze dargestellt werden.

8.1.3 Detail-Ansicht

Die Detail-Ansicht schließlich ist die Darstellung eines einzelnen Objektes, sei es ein Artikel einer Seite, ein einzelnes Produkt in einem Online-Shop oder ein Adresseintrag im Adressbuch einer Intranetanwendung.

8.1.4 Portlets

In Plone und anderen Content-Management-Systemen werden neben dem einzelnen Dokument weitere Informationen, meist in kleinen, dezidierten Boxen, angezeigt. In Plone heißen diese Boxen Portlets. In ihnen können beliebige Informationen zu anderen Inhalten angezeigt werden. Zum Beispiel ein Formular, um sich für den Newsletter anzumelden, eine Übersicht über die neuesten Nachrichten...

Der Abschnitt 2.2.1 auf Seite 13 zeigt, welche Portlets in Plone standardmäßig existieren.

---

[1] Menüpunkte, beziehungsweise das Aufrufen einer Seite, führt in der Regel zu einer fest definierten Datenbankabfrage

8.2 Zope Page Templates

Das Content-Management-System Plone basiert auf dem Applikationsserver Zope. Ein Applikationsserver stellt Funktionen zur Verfügung, die dann von den Anwendungen, die darauf laufen genutzt werden können. Page Templates sind bereits in Zope eingebaut und werden von Plone verwendet. Deshalb heißen sie Zope Page Templates oder einfach Page Templates.

Zope Page Templates waren nicht das erste Template-Konzept in Plone. Vorher wurde DTML verwendet. Hierbei wurden – ähnlich wie bei PHP oder ASP – eigene Tags in den HTML-Quellcode eingefügt, in denen die Anweisungen für den Server notiert waren. DTML darf übrigens nicht mit DHTML verwechselt werden, bei dem mittels JavaScript dynamische Interaktionen des Benutzers mit den Elementen auf einer Internetseite möglich sind. DHTML wird wie bei JavaScript üblich, auf dem Client, das heißt dem Browser des Benutzers ausgeführt, DTML innerhalb des Zope Servers.

Das Problem von DTML war einmal, dass es intelligente Webeditoren brauchte, die mit diesen Spracherweiterungen zurecht kamen und die Trennung von Business-Logik und Design war nicht in der gewünschten Schärfe möglich.

DTML-Seiten tauchen immer noch an einigen Stellen in Plone auf. Zum Beispiel ist der Dateiname der zentralen Stildatei in Plone nicht plone.css sondern plone.css.dtml. Das ist in diesem Fall so, um zentral definierte Eigenschaften dynamisch in die CSS-Datei einzufügen. Was es damit genau auf sich hat wird im Abschnitt 9.2.1 auf Seite 136 erklärt. Wenn Sie auf eine DTML-Datei stoßen, sollten Sie sich also nicht wundern. Die Sprache selbst müssen Sie aber um ein Design für Plone zu erstellen nicht lernen. In den betreffenden Dateien wird zum Teil auch erklärt, wie Sie mit den DTML-Anweisungen umgehen müssen.

```
/* <dtml-with base_properties>
        (do not remove this :) */
/* <dtml-call "REQUEST.set('portal_url', portal_url())">
        (not this either :) */
```

Page Templates sind zuerst – und das wird Sie als Designer freuen – normale HTML-Dateien. Das bedeutet, dass das Design ganauso erstellt werden kann, wie bei einer statischen HTML-Seite. Die gewohnten Werkzeuge funktionieren, die Vorschau im Browser funktioniert, der einzige Mehraufwand ist, dass Sie Blindelemente in die Seite einsetzen müssen, wo die Inhalte stehen sollen. Ist diese HTML-Seite erstellt, wird sie mit zusätzlichen Sprachelementen zu einem Page Template erweitert. Diese Erweiterungen werden mit Hilfe der Sprachen TAL, METAL und TALES notiert. Am Anfang ist es etwas verwirrend, die drei voneinander abzugrenzen. Als Faustregel kann man sich merken, dass TALES die Daten beschreibt, die in das Template eingefügt werden sollen. Mit Hilfe von TAL werden die TALES-Anweisungen in die HTML-Dateien eingefügt und mit METAL lässt sich ein Dokument in mehrere kleine Komponenten aufteilen.

8.2.1 TAL – Template Attribute Language

Wie der Name schon sagt, handelt es sich bei TAL um eine Attributsprache. Im Gegensatz zu anderen serverseitigen Erweiterungen wie PHP oder DTML werden keine neuen Tags eingeführt, sondern die Anweisungen werden als Attribute in bestehende Tags geschrieben. Das hat den Vorteil, dass grafische Webeditoren besser mit den Erweiterungen zurecht kommen, auch wenn sie die entsprechende Sprache nicht kennen.

TAL kann in XML, XHTML und HTML-Dateien verwendet werden. zumindest bei den ersten beiden Sprachen ist es notwendig, einen entsprechenden XML-Namensraum (namespace) zu definieren. Ich empfehle es aber generell auch bei HTML-Dokumenten zu machen. Die Deklaration wird als Attribut des HTML-Tags notiert und sieht für TAL folgendermaßen aus:

```
<html xmlns:tal="http://xml.zope.org/namespaces/tal">
```

Die Deklaration beginnt mit dem Vorsatz `xmlns`, gefolgt von einem Doppelpunkt. Dahinter steht ein Platzhalter für den neuen Namensraum. In diesem Fall natürlich `tal`. Ihm wird ein URI[2] zugewiesen. Es handelt sich dabei um einen eindeutigen Bezeichner. Auch wenn er aussieht wie ein URL, verbirgt sich dahinter keine Internetseite.

Der generelle Aufbau von Erweiterungs-Attributen ist:

```
Namensraum:Attributname="Argument"
```

Der gesamte Ausdruck wird „Statement-Attribut“ genannt, das umgebende Objekt heißt „Statement-Element“. Ein auf TAL bezoges Beispiel:

```
<p tal:content="Das ist der Inhalt des Absatzes">
   Das fällt weg
</p>
```

Bezogen auf das `content`-Attribut ist das gesamte `p`-Tag das Statement-Element und der Bereich `tal:content="..."` ist das Statement-Attribut.

Die möglichen TAL-Anweisungen[3] werden in den folgenden Abschnitten beschrieben.

tal:attributes

Mit der `attributes`-Anweisung können einzelne Attribute des aktuellen HTML-Tags verändert werden. Das kann zum Beispiel benutzt werden, um die Hintergrundfarbe unterschiedlicher Tabellenzeilen zu variieren.

---

[2] Unique Resource Identifier – eindeutiger Bezeichner

[3] Die synonyme Verwendung der Bezeichnungen *Anweisung* und *Attribut* ist vielleicht etwas verwirrend. Aus der Sicht von HTML handelt es sich um zusätzliche Attribute. Sie sind aber auch die Anweisungen der Attributsprache TAL.

Syntax

```
tal:attributes="ATTRIBUT1 TALES-Ausdruck;
                ATTRIBUT2 TALES-Ausdruck;..."
```

Ein Attribut darf in einem HTML-Tag immer nur einmal vorkommen. Das gilt auch für die zusätzlichen TAL-Attribute. Deshalb müssen alle HTML-Attribute, die verändert werden sollen innerhalb einer `attributes`-Anweisung stehen. Sie werden durch ein Semikolon voneinander getrennt. Attribute können auch gelöscht werden, indem ihnen der Wert `nothing` zugewiesen wird.

Beispiel

```
<p tal:attributes="class flipflop;
                   style text-align:right;;color:red">
   roter Text rechtsbündig
</p>
```

Kommt im Attributwert ein Semikolon vor, dann muss es von einem weiteren Semikolon maskiert werden. Das ist oft der Fall, wenn mehrere CSS-Anweisungen innerhalb des Style-Attributes notiert werden sollen, da das Semikolon nicht nur einzelne Attribute im TAL-Statement voneinander trennt, sondern auch CSS-Anweisungen voneinander abgrenzt.

tal:content

`content` ist eine der häufigsten TAL-Anweisungen. Schließlich geht es bei der Dynamisierung von Webanwendungen in erster Linie um den Inhalt. Alles, was sich innerhalb des Tags befindet, wird durch den vom TALES-Ausdruck gelieferten Text ersetzt.

Syntax

```
tal:content="[text|structure] TALES-Ausdruck"
```

Bei dem ersetzten Inhalt kann es sich um Text oder um Quelltext handeln. Text ist der Standard und kann durch das optionale Schlüsselwort `text` ausgedrückt werden. `structure` zeigt an, dass es sich bei der Zeichenkette um Quelltext handelt. So werden die speziellen HTML-Zeichen <, > und & nicht durch ihre Entity-Schreibweisen (`<`, `>` und `&`) ersetzt.

Entspricht der TALES-Ausdruck dem Wert *nothing*, dann bekommt das Element keinen Inhalt. Führt die Auswertung zu *default*, dann wird der ursprüngliche Inhalt des Statement Elements angezeigt.

Beispiel

```
<p tal:content="here/getContent">
    Es wurde noch kein Text angegeben.
</p>
```

tal:replace

Im Gegensatz zu `content` ersetzt der Befehl `replace` das Element in dem es notiert ist. Die Anweisungen `content` und `replace` dürfen nicht im selben Element notiert sein, weil sie sich gegenseitig ausschließen.

Syntax

`tal:replace="[text|structure] TALES-Ausdruck"`

Die Schlüsselwörter `text` und `structure` haben dieselbe Bedeutung wie bei `content`. Auch die Werte `default` und `nothing` führen zu vergleichbaren Ergebnissen. Allerdings wird bei `nothing` das gesamte Tag aus dem Dokument entfernt und nicht nur sein Inhalt.

Beispiel

```
<div tal:replace="nothing">Ich bin ein Kommentar</div>
```

Ein sehr häufiger Anwendungsfall sind Kommentare. TAL selbst definiert keine Anweisung für Kommentare. Zwar können HTML-Kommentare verwendet werden, aber die werden ja an den Client gesendet. Während der Entwicklungsphase lassen sich so auch TAL-Anweisungen vorübergehend ausblenden, zum Beispiel, wenn ihre Ausgabe fehlerhaft ist. HTML-Kommentare können nur die Ausgabe verstecken, nicht aber den Fehler verhindern. Soll ein Element generell nicht beim Client angezeigt werden, dann ist es auch nicht ratsam, es überhaupt zum Client zu übertragen. Wird konsequent alles herausgefiltert, was für den Benutzer unsichtbar ist, dann sinkt die Größe der Übertragung, was zu einem Geschwindigkeitsvorteil führt.

```
<p tal:replace="structure here/getTable" class="fehler">
    Bei der Berechnung der Tabelle ist ein Fehler
    aufgetreten.
</p>
```

Hier wird eine Tabelle dynamisch erzeugt. Ist die Operation erfolgreich, dann wird das Tag durch die Tabelle ersetzt. Schlägt die Operation jedoch fehl, wird die Fehlermeldung als eigener Absatz mit der entsprechenden Formatierung angezeigt.

tal:omit-tag

Mit dieser Anweisung kann das Statement Element aus dem Dokument entfernt werden, sein Inhalt bleibt davon unberührt.

Syntax

```
tal:omit-tag="TALES-Ausdruck"
```

Der TALES-Ausdruck beschreibt eine Bedingung, unter der das Element aus dem Dokument entfernt werden soll. Ist der Ausdruck wahr oder leer, dann wird das Tag weggelassen. Eingeschlossene Objekte bleiben aber erhalten. Ist der Ausdruck falsch, wird das Element ganz normal angezeigt.
Beispiel

```
<input type="text" id="vorname" name="vorname">
<img src="required.gif" tal:omit-tag="not:required" />

<ul>
    <li>
    <p tal:omit-tag="inList">
        Ein Absatz oder Listenelement
    </p>
    </li>
</ul>
```

omit-tag sieht der replace-Anweisung auf den ersten Blick recht ähnlich. Der Unterschied liegt aber im Fokus der Anweisung. Während es bei replace genau wie bei content um den Inhalt des Elements geht, wird mit omit-tag die Ausgabe des umgebenden Elements selbst bestimmt. Die Frage, welche der beiden Anweisungen richtig ist, ergibt sich also aus dem jeweiligen Anwendungsfall. Im ersten Beispiel soll eine Grafik nur dann eingeblendet werden, wenn es sich um ein Pflichtfeld handelt. Im zweiten Beispiel wird Text, der entweder als Absatz oder als Listenelement dargestellt werden soll, mit einem <p>-Tag umgeben, das aber wegfällt, wenn der Block in einer Liste dargestellt wird[4].

tal:define

Mit define werden Variablen definiert. Variablen eignen sich für alle Werte, die mehrfach auf einer Seite verwendet werden sollen. Speziell für solche, die sich während der Bearbeitung des Templates ändern können. Angenommen, die Uhrzeit des Abrufs soll in der Kopf- und in der Fußzeile des Dokumentes dargestellt werden. Uhrzeiten werden in Millisekunden erfasst. Wenn in der Kopf- und in der Fußzeile jeweils die aktuelle Uhrzeit eingesetzt wird, dann ist die Wahrscheinlichkeit recht groß, dass sich die Zeiten unterscheiden. Manche Werte ändern sich zwar nicht kurzfristig, aber ihre Berechnung ist sehr aufwändig. Auch hier sollte das einmal errechnete Ergebnis in einer Variablen zwischengespeichert werden.

---

[4] Der Begriff inList ist ein fiktiver Name einer Funktion, die das überprüft. Deshalb ist das Beispiel von sich aus nicht lauffähig.

Syntax

`tal:define="[local|global] Variablenname TALES-Ausdruck"`

Geben Sie Ihren Variablen aussagekräftige Namen. Das steigert die Übersichtlichkeit, insbesondere, wenn Sie nach Monaten etwas ändern wollen.

Vor dem Variablennamen können die Schlüsselwörter `global` oder `local` stehen. Sie bestimmen den Gültigkeitsbereich der Variablen. Wird kein Wert angegeben, dann entspricht das der Angabe von `local`.

Sichtbarkeit und Gültigkeitsbereich

Der Unterschied zwischen globalen und lokalen Variablen liegt in ihrem Gültigkeitsbereich (scope). Lokale Variablen existieren nur innerhalb des Blocks, in dem sie definiert werden. Das heißt in allen vom Statement Element eingeschlossenen Elementen. Globale Variablen sind im gesamten Dokument verfügbar ab dem Punkt, wo sie definiert wurden.

Sichtbarkeit bezeichnet die Zugriffsmöglichkeit auf eine Variable. Wird eine lokale Variable innerhalb der Struktur in der sie gültig ist, neu definiert, so entsteht eine neue, innere Variable mit dem neu zugewiesenen Wert. Die alte, äußere Variable existiert weiterhin und sie behält auch ihren Wert. Die Variable ist aber innerhalb des Gültigkeitsbereichs der inneren Variable nicht sichtbar. Sie wird von der inneren Variablen maskiert. Nach dem Austritt aus dem Gültigkeitsbereich der inneren Variablen wird wieder auf die äußere Variable zugegriffen.

```
<h1>lokale Variablen</h1>
<ol tal:define="lokVar string:OL">
    <li tal:content="lokVar">nicht gesetzt</li>
    <li tal:define="lokVar string:LI2"
        tal:content="lokVar">nicht gesetzt</li>
    <li tal:content="lokVar">nicht gesetzt</li>
</ol>

<h1>globale Variablen</h1>
<ol tal:define="global globVar string:OL">
    <li tal:content="globVar">nicht gesetzt</li>
    <li tal:content="globVar"
        tal:define="global globVar string:LI2">
        nicht gesetzt</li>
    <li tal:define="globVar string:LI3?"
        tal:content="globVar">nicht gesetzt</li>
    <li tal:content="globVar">nicht gesetzt</li>
</ol>

<h1>welche Variable existiert noch?</h1>
<p tal:content="lokVar|default">lokal nicht gesetzt</p>
<p tal:content="globVar|default">global nicht gesetzt</p>
```

lokale Variablen: Im Kopf der Liste wird eine lokale Variable definiert. Lokale Gültigkeit ist die Voreinstellung. Deshalb konnte der Vorsatz `local` weggelassen werden. Als lokale Variable ist sie innerhalb des Objekts gültig, in dem sie definiert wurde. Im ersten Listeneintrag wird der Wert zur Kontrolle erfolgreich ausgegeben. Im zweiten Listeneintrag wird `lokVar` ein anderer Wert zugewiesen. Die Kontrollausgabe zeigt auch den neuen Wert. Die Ausgabe im direkt nachfolgenden Listenelement zeigt aber wieder den alten Wert. Was ist passiert? Im zweiten Listeneintrag wurde nicht der Wert der lokalen Variable ersetzt, sondern es wurde eine gleichnamige lokale Variable mit einem anderen Wert erzeugt. Die äußere Variable wird nun von der inneren Variablen maskiert und ihr Wert ist nicht mehr sichtbar. Der nächste Listeneintrag liegt außerhalb des Gültigkeitsbereichs der inneren Variablen, so dass der ursprüngliche Wert der äußeren Variable wieder angezeigt wird.

globale Variablen: Die nächste Liste zeigt denselben Vorgang mit einer globalen Variablen, wie am Schlüsselwort `global` zu erkennen ist. Nach der Kontrollausgabe im ersten Listenpunkt, wird im zweiten der Variable ein neuer Wert zugewiesen. Hier steht zuerst das `tal:content`-Attribut und dann erst `tal:define`. Dass dennoch der neue Wert ausgegeben wird zeigt, dass die Reihenfolge nicht von der Position innerhalb des Tags abhängt. Das ist bei HTML/XML generell so und deshalb werden TAL-Anweisungen nach einer festgelegten Reihenfolge abgearbeitet. `define` steht hier an erster Stelle. Im dritten Listenpunkt wird der Variablen `globVar` wieder ein neuer Wert zugewiesen. Diesmal fehlt allerdings das Schlüsselwort global. Im vierten Eintrag springt der Wert wieder zurück auf LI2. Da das Schlüsselwort `global` im dritten Listenpunkt nicht angegeben wurde, wurde nicht der Wert der globalen Variablen verändert, sondern es wurde eine lokale Variable mit demselben Namen angelegt, die den Wert der globalen Variablen maskiert hat. Außerhalb des Gültigkeitsbereichs der lokalen Variablen gilt wieder der Wert der globalen Variablen. Die letzten zwei Zeilen zeigen den Unterschied zwischen globalen und lokalen Variablen. Da die lokale Variable außerhalb der Liste, in der sie definiert wurde nicht mehr gültig ist, kann in dem nachfolgenden Absatz nicht mehr auf sie zugegriffen werden. Die globale Variable hat jedoch Bestand bis zu Ende des Dokuments. Die einzige Bedingung für ihre Verwendung ist, dass sie vorher definiert wurde.

Globale Variablen sind oft nicht an ein Objekt gebunden. Sie werden am Anfang des Dokuments definiert, um von überall auf der Seite darauf zugreifen zu können. Hier bietet sich eine Syntax-Variante an, ein TAL-Block.

```
<tal:globals define="global globVar python:1" />
```

Da das gesamte Tag dem TAL-Namensraum zugeordnet ist, muss dem `define`-Attribut nicht extra der Namensraum vorangestellt werden. Problematisch ist, dass es sich um ein Tag handelt, das von grafischen Editoren unter Umständen nicht erkannt wird. Wenn Sie solche Probleme bekommen, dann können Sie ein beliebiges HTML-Tag verwenden und mit der `omit-tag`-Anweisung aus dem Dokument entfernen.

tal:condition

Mit dieser Anweisung lässt sich eine Bedingung festlegen unter welcher der das Objekt angezeigt werden soll. Ein bekanntes Beispiel dafür ist der Hinweis in einem Forum, dass noch keine Beiträge vorhanden sind, oder die Markierung fehlender Felder in einem Formular. Diese Informationen sind natürlich immer im Template vorhanden, sollen aber nur unter bestimmten Bedingungen angezeigt werden. `tal:condition` ist hier das richtige Mittel.

Syntax

```
tal:condition="TALES-Ausdruck"
```

Beispiel

```
<p tal:define="entries python:0"
    tal:condition="not: entries">
   Es sind keine Einträge vorhanden.
</p>
```

Der Einfachheit halber wird eine Variable gesetzt, die manuell verändert werden kann. In einer tatsächlichen Anwendung würde die Anzahl der Einträge natürlich von einer Funktion berechnet. Der TALES-Ausdruck des `condition`-Attributs wird ausgewertet. Die Zahl 0 wird als falsch, alle anderen Zahlen werden als wahr interpretiert. Da der Text aber genau dann erscheinen soll, wenn die Anzahl der Einträge 0 ist, der Ausdruck also den Wert *falsch* hat, muss das Ergebnis noch invertiert werden. Das geschieht mit dem Vorsatz `not:`. TALES-Ausdrücke werden im Abschnitt 13.1 auf Seite 213 erklärt.

tal:repeat

Ergebnisgruppen, die in einer Liste, oder einer Tabelle dargestellt werden sollen, wie die Ergebnisse einer Suche oder die Artikel innerhalb eines Warenkorbs, folgen einer immer wiederkehrenden Formatierung. In den Templates wird diese einmal aufgezeichnet und mit der TAL-Anweisung `repeat` auf jedes Objekt angewendet.

Syntax

```
tal:repeat="LISTENELEMENT TALES-Ausdruck"
```

`LISTENELEMENT` ist ein beliebiger Variablenname, der einen Eintrag in der Ergebnismenge repräsentiert. Bei jedem Schleifendurchlauf wird ihm das aktuelle Element zugewiesen. Der TALES-Ausdruck muss eine Sequenz zurückgeben.

Beispiel

```
<ul tal:define="items python:('1. Punkt', '2. Punkt', ↩
    '3. Punkt')">
    <li tal:repeat="item items"
        tal:content="item">kein Punkt</li>
</ul>
```

Auch in diesem Beispiel wurde zunächst eine Liste unter dem Namen `items` gespeichert. Im `li`-Tag steht dann die `repeat`-Anweisung. Das Argument `item items` bedeutet: Nimm das nächste Objekt aus der Liste `items` und speichere es in der Variablen `item`. Oft handelt es sich nicht um einfache Zeichenketten, die in der Liste gespeichert sind, sondern um komplexe Objekte. Auf die Eigenschaften dieser Objekte kann im Schleifenkörper zugegriffen werden:

```
<form>
<select tal:define="items python:(
            {'id':'erster Punkt', 'value': 1},
            {'id':'zweiter Punkt', 'value': 2},
            {'id':'dritter Punkt', 'value': 3},)">
    <option tal:repeat="item items"
            tal:content="item/id"
            tal:attributes="value item/value">
                kein Punkt
    </option>
</select>
</form>
```

Neben den Informationen, die im Objekt selbst gespeichert sind, lassen sich auch Informationen über den Index des Objektes in der Liste abrufen, ob das aktuelle Element einen geraden oder ungeraden Index besitzt und vieles mehr. Letzteres wird häufig verwendet, um die Hintergrundfarbe einer Tabelle zeilenweise zu variieren. Diese Informationen stehen in der Variablen `LISTENELEMENT` unterhalb der eingebauten Variablen `repeat`. Hier handelt es sich aber nicht um die TAL-Anweisung, sondern um eine TALES-Variable. Im ersten Beispiel eingesetzt sieht das folgendermaßen aus:

```
<ul tal:define="items python:('erster Punkt',
                              'zweiter Punkt',
                              'dritter Punkt')">
    <li tal:repeat="item items">
        <span tal:replace="repeat/item/number" />:
        <span tal:replace="item">kein Punkt</span></li>
</ul>
```

Mehr zur `repeat`-Variablen steht im Abschnitt 13.1.2 auf Seite 217.

tal:on-error

Tritt ein Fehler bei der Bearbeitung des Templates auf, dann „wandert“ dieser Fehler von innen nach außen, also vom Element, in dem er aufgetreten ist zu dessen übergeordnetem Objekt und so weiter. Die erste *on-error*-Anweisung auf diesem Weg wird ausgeführt. Dabei verhält sich das Element wie eine *content*-Anweisung und das Element bekommt den Inhalt des Arguments.

Syntax

```
tal:on-error="TALES-Ausdruck"
```

Der einfachste TALES-Ausdruck, der in diesem Fall verwendet wird ist `nothing`. Er führt dazu, dass der Inhalt des fehlerhaften Elements überhaupt nicht dargestellt wird. Es ist aber auch jede beliebige Zeichenkette möglich. Außerdem können auch Funktionen aufgerufen werden, die eine detaillierte Fehlermeldung ausgeben.
Beispiel

```
<p tal:on-error="Fehler" tal:content="here/title">Titel</p>
```

Passiert in dem angegebenen Fall ein Fehler, dann wird einfach das Wort Fehler an der Stelle ausgegeben. Diese Methode können Sie nur wählen, wenn die weitere Verarbeitung der Seite nicht von dem Inhalt dieses Feldes abhängt. Ansonsten brauchen Sie eine ausgefeiltere Fehlerbehandlung.

Reihenfolge der Bearbeitung

Die Reihenfolge, in der die TAL-Anweisungen bearbeitet werden, ist in der Sprachdefinition festgelegt. Das liegt daran, dass die Attribute als XML-Elemente in einer beliebigen Reihenfolge erscheinen dürfen. Die festgelegte Reihenfolge ist also unabhängig von der Position im Tag. Die folgenden Beispiele sind identisch:

```
<body tal:define="theContent string:definedInBody"
<p  tal:content="here/theContent"
    tal:define="theContent string:definedInP">
    Hier der Text
</p>
<p  tal:define="definedInBody string:definedInP"
    tal:content="here/theContent">
    Hier der Text
</p>
</body>
```

Der Gedanke ist sehr verlockend, die Reihenfolge zu ändern, um zu einem anderen Ergebnis zu kommen. Aber es funktioniert eben nicht. Deshalb empfehle ich, die Elemente immer in der Reihenfolge zu notieren, in der sie auch ausgewertet werden. Das ist zwar dem Computer egal, aber dem Entwickler hilft es, die Anweisungen besser nachzuvollziehen.

define: Zuerst können Variablen definiert werden. Auf ihren Inhalt können spätere Anweisungen zugreifen.

condition: Als nächstes wird überprüft, ob die Bedingungen für eine Ausführung überhaupt erfüllt sind. Sind die Bedingungen nicht gegeben, dann kann man die Rechenleistung sparen.

repeat: Oft wird ein Block in Abhängigkeit einer Sequenz mehrfach ausgewertet und mit unterschiedlichen Inhalten versehen. Deshalb steht `repeat` vor `content`.

content oder replace: Hier wird, gegebenenfalls in einer Schleife, der aktuelle Inhalt eingefügt.

attributes: Diese Anweisung wird sehr spät ausgeführt, um zu vermeiden, dass Attributwerte erst berechnet und dann verworfen werden.

omit-tag: Diese Anweisung wünscht man sich eigentlich vorher, denn auch hier kann es vorkommen, dass aufwändige Berechnungen durchgeführt wurden, um die Attributwerte zu beziehen und schließlich wird das Element verworfen.

on-error: Der `on-error`-Handler gehört streng genommen nicht in diese Liste, da er im Normalfall gar nicht zum Zug kommt, im Fehlerfall aber sofort ausgeführt wird. Er lässt sich also nicht in eine Reihe einordnen [12][13].

8.2.2 METAL – Macro Expansion Template Attribute Language

Die gute Nachricht, wenn es um METAL geht: Es gibt nur vier Anweisungen. Die schlechte ist, dass dieses Konzept recht komplex ist und etwas Übung erfordert, bis man sicher damit umgehen kann. Dennoch lohnt sich der Aufwand, denn METAL bietet einen hervorragenden Weg, Templates zu strukturieren und in einzelne Module zu zerlegen. Das Logo beispielsweise soll unabhängig vom Template auf jeder Seite erscheinen. Das Ziel ist die Wiederverwendung von Quellcode. Anstatt auf jeder Seite die entsprechenden HTML-Befehle einzufügen, kann eine METAL-Anweisung eingesetzt werden, die das zentral gespeicherte Layout für den Bereich des Logos repräsentiert. Und zentral gespeichertes Design ist aufgrund der Wartungsfreundlichkeit ein Schlüsselkonzept von Content-Management-Systemen. Deshalb ist auch METAL ein Schlüsselkonzept der Plone Templates.

Auch die Verwendung von METAL erfordert die Deklaration eines Namensraums:

```
<html xmlns:metal="http://xml.zope.org/namespaces/metal">
```

define-macro

Die Wiederverwendung beginnt damit, dass der Bereich definiert wird, der wiederverwendet werden soll. Ein solcher Bereich wird *Makro* genannt. Es gibt zwei Möglichkeiten, ein Makro in einem Template zu definieren. Beide sind aus TAL schon bekannt:

```
<p metal:define-macro="einmacro">
    Das ist ein Makro
</p>
```

oder

```
<metal:einmacro define-macro="einmacro">
    Das ist ein Makro
</metal:einmacro>
```

Diese Anweisungen können in einem separaten Template gespeichert werden, sie dürfen aber auch in dem Template stehen, das später dargestellt werden soll.

use-macro

Der Befehl, um ein Makro in eine Seite einzubinden lautet `use-macro`. Die zwei möglichen Schreibweisen sehen wie folgt aus:

```
<p metal:use-macro="here/macros/einmacro">
    Hier kommt der Inhalt des Makros hin
</p>
```

oder

```
<metal:einmacro use-macro="here/macros/einmacro">
    Hier kommt der Inhalt des Macors hin
</metal:einmacro>
```

Der Wert in Anführungszeichen muss auf das gewünschte Makro verweisen. In diesem Beispiel ist es im aktuellen Template definiert (`here`). Alle Makros eines Templates stehen in der Sammlung `macros`. Innerhalb dieser Sammlung hat das Makro einen eindeutigen Namen, der ihm als Parameter des `define-macro`-Blocks übergeben wurde. In unserem Beispiel ist das also `einmacro`.

Makros werden immer mit den Elementen ersetzt, in denen die METAL-Anweisung steht.

define-slot

Ein Slot ist ein Bereich innerhalb eines Makros, in den dynamische Inhalte eingefügt werden sollen. Das erweiterte Beispiel von oben sieht dann so aus:

```
<p metal:define-macro="here/macros/einmacro">
    Name des Templates:
    <metal:time define-slot="templatename" />
</p>
```

Inhalte kommen dann in den Slot, indem sie innerhalb des use-macro-Bereichs „gefüllt“ werden.

fill-slot

```
<p metal:use-macro="here/macros/einmacro">
    Name des Templates:
    <metal:block fill-slot="templatename">
        Der Name
    </metal:block>
</p>
```

Slots müssen nicht gefüllt werden. Werden sie nicht gefüllt, dann wird der usprüngliche Inhalt dargestellt. Es findet ja keine Ersetzung statt. Ein Slot, der gefüllt werden soll, muss aber existieren. Ansonsten kommt es zu einer Fehlermeldung.

erweiterte Anwendung

Sehr häufig sieht man ein Konstrukt in der folgenden Form:

```
<metal:page define-macro="master">
    <head metal:use-macro="here/header/macros/ ↩
       html_header">
        <metal:cssslot fill-slot="css_slot">
          <!-- A slot where you can insert CSS
               in the header from a template -->
          <metal:cssslot define-slot="css_slot" />
        </metal:cssslot>
    </head>
</metal:page>
```

Das ist ein Beispiel aus dem Main-Template von Plone. Wie ist dieser Codeabschnitt zu lesen? Zunächst wird die gesamte Seite als Makro definiert. Der Headerbereich ist in einem anderen Template als Makro definiert. Es wird hier geladen und ersetzt den Teil des Main-Templates zwischen `<head>` und `</head>`. Der CSS-Slot des Head-Templates wird vom Main-Template aus gefüllt. Es stellt in diesem Fall jedoch nicht selbst die Daten bereit, sondern gibt den Templates, die das Master-Makro verwenden die Möglichkeit, Inhalte in den CSS-Slot einzufügen. Es ist leider nicht so, dass ein Slot von einem beliebig tief gestaffelten Template gefüllt werden kann, obwohl man sich das der Einfachheit halber manchmal wünscht.

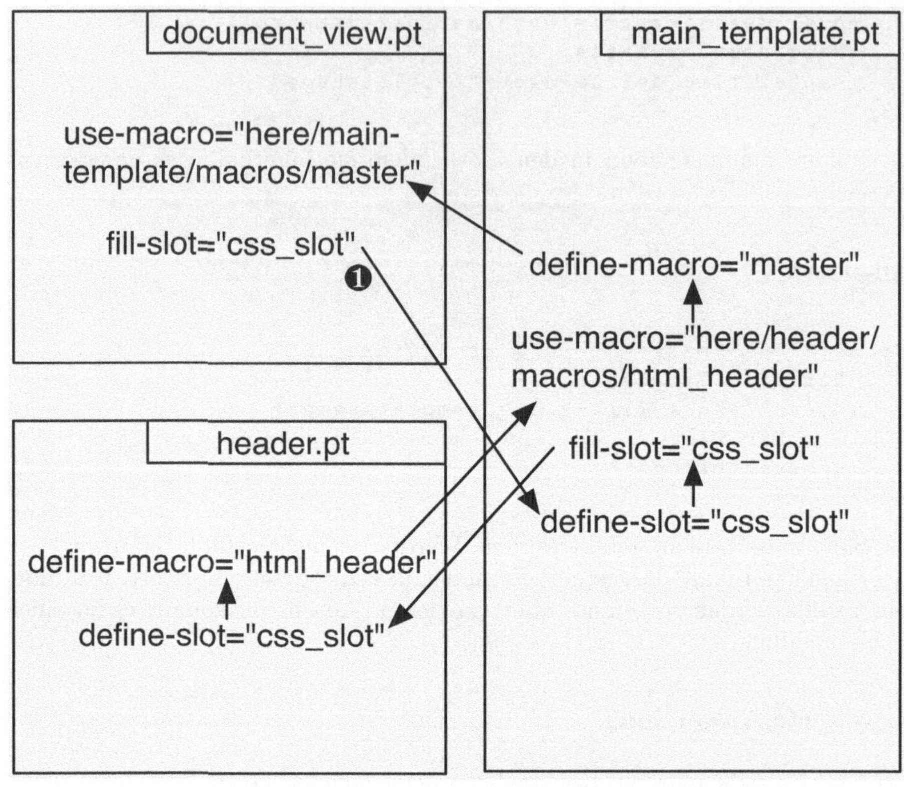

Abb. 8.1. Das Zusammenspiel von Slots und Makros

In der nächsten Sprachversion soll jedoch ein Mechanismus implementiert werden, der anzeigt, dass ein Template eine Erweiterung eines anderen ist und so die Slots übernimmt, ohne sie neu zu definieren. Wer mehr wissen möchte findet auf der Zope-Website den Sprachstandard von METAL und die Diskussion zur zukünftigen Entwicklung[11]. Aber Vorsicht: Sprachstandards sind schwere Kost.

8.2.3 TALES – Template Attribute Language Expression Syntax

TALES – und das ist kein Märchen – steht für *Template Attribute Language Expression Syntax.* Mit Hilfe dieser Sprache lassen sich Daten abfragen, und Objekte auswerten um sie in das fertige Dokument einzufügen. Da die Logik von der Präsentation, also die Programmierung vom Design getrennt werden soll, soll möglichst wenig Programmcode in die Templates geschrieben werden. Zope Page Templates bieten dafür eine gute Grundlage.

Auch wenn TAL und TALES sich namentlich sehr ähneln, so sind es dennoch separat einzusetzende Sprachen. TALES kann auch in anderen Umgebungen als TAL funktionieren, und TAL könnte auch andere Sprachen nutzen, um Daten abzurufen. Die Kombination der beiden Sprachen ist aber üblich und mir sind keine Argumente dagegen bekannt.

Wenn Sie nicht selbst für die Programmierung zuständig sind, erhalten Sie die entsprechenden Aufrufe von Ihrem Programmierer.

8.2.4 Wie geht es weiter?

Sie haben gesehen, wie HTML-Dateien erweitert werden, um als Page Templates für Plone zu funktionieren. Der nächste Schritt ist, dieses Wissen am „Lebenden Objekt" auszuprobieren. Im folgenden Kapitel wird das Basisdesign von Plone verändert. Dabei kommt zunächst CSS zum Einsatz, außerdem werden in Plone eingebaute Mechanismen zur Steuerung des Layouts erklärt.

Die Migration einer statischen Seite zeigt dann die praktische Anwendung der Page Templates. Das dort gezeigte Verfahren entspricht in weiten Teilen einer Neuentwicklung einer Plone Site, wenn das Layout nicht vom Basislayout abgewandelt werden soll.

Wenn Sie auch für die Programmierung zuständig sind, dann sollten Sie als nächstes das Kapitel 13.1 auf Seite 213 durcharbeiten.

9

Plone Basislayout

Ran an die Tasten. Was nützt die schönste Theorie, wenn sie nicht praktisch umgesetzt wird. Genau darum geht es in diesem Kapitel. Der Ausgangspunkt ist eine frisch installierte Plone Site. Welche Stile bewirken was? Und wo notiert man seine eigenen? Wie ist die Template-Struktur und wo findet man die richtige Datei um sie zu ändern? Tauchen Sie ein in das Innenleben von Plone.

Auf den folgenden Seiten ist beschrieben, wie Plone von einer jungfräulichen Installation innerhalb kürzester Zeit zu einer Portallösung für einen bestimmten Kunden ausgebaut wird. Wichtig ist hier, dass die grundsätzlichen Elemente des Corporate Designs umgesetzt werden. In erster Linie also die Symbole des Unternehmens, Schriftarten und Farben. Die Variation des Grundlayouts, mit dem Plone ausgeliefert wird ist immer dann sinnvoll, wenn eine Portallösung gefragt ist, wenn wenig Zeit und oder wenig Geld zur Verfügung steht, sich die Wünsche aber nicht mit einer statischen Seite verwirklichen lassen. Es ist aber grundsätzlich eine gute Idee, Plone schon an die Optik eines potentiellen Kunden anzupassen, bevor man ihm das System das erste Mal präsentiert.

Zwei Grundtechniken beschreiben das Aussehen einer Plone Site. Zum einen können die Style Sheets verändert werden, zum anderen können die einzelnen Templates editiert werden. Die Veränderungen, die mit CSS möglich sind, sind bereits so umfangreich, dass sich einfache Projekte schnell und kostengünstig realisieren lassen. Um diese Veränderungen soll es zunächst gehen.

Von dem mitgelieferten Basislayout profitiert die Arbeitsteilung. Denn unmittelbar nach der Installation können die Autoren damit beginnen, Inhalte in das System einzugeben, ohne dass sie auf die Fertigstellung des Designs warten müssen.

Um dieses Kapitel zu bearbeiten sollten Sie das Kapitel über Zope Page Templates gelesen haben und über CSS Bescheid wissen. Außerdem sollten Sie sich mit den Namen der einzelnen Elemente einer Plone Site vertraut gemacht haben. Eine ausführliche Beschreibung finden Sie im Abschnitt 2 auf Seite 9. Sie brauchen eine frische Installation von Plone 2.1. Die Installation übernimmt entweder der Administrator, oder Sie können im Abschnitt 16 auf Seite 301 nachlesen, wie das funktioniert. Um die Beispiele zu bearbeiten, brauchen Sie Zugriff auf das Zope Management Interface und einen Text- oder Webeditor.

9.1 TTW und dateibasierte Entwicklung

Hinter der Abkürzung *TTW* verbirgt sich der Begriff *Through the Web.* eine TTW-Operation ist also eine Handlung, die mit den Mitteln der Plone- oder Zope-Oberfläche ausgeführt werden kann. Die Ergebnisse einer solchen Aktion werden in der Objektdatenbank von Zope gespeichert.

Dateibasierte Entwicklung bedeutet, dass mit Dateien im Dateisystem gearbeitet wird, so wie das auch bei statischen Webseiten der Fall ist.

9.1.1 TTW

TTW-Operationen sind überall dort möglich, wo man Zugriff auf die Plone Site hat. Im Fall einer Website ist das also weltweit möglich. Um das Design zu verändern, braucht man allerdings Administratorrechte für den Zugriff auf die Zope-Management-Oberfläche – kurz ZMI. Da die Daten in der Objektdatenbank gespeichert werden, sind sie nicht so ohne Weiteres von einem Server auf einen anderen zu übertragen. Diese Vermischung von Design und den Inhalten – für die die Objektdatenbank eigentlich gedacht ist – widerspricht dem Konzept eines Content-Management-Systems.

Auch im laufenden Betrieb ergeben sich Nachteile. Templates, die über das ZMI editiert wurden, unterliegen starken Sicherheitsbeschränkungen. Das ist notwendig, um die Gefahr durch Angriffe über die Weboberfläche zu minimieren. Unter diesen Überprüfungen leidet die Bearbeitungsgeschwindigkeit.

Dass es dennoch möglich ist, das Design über die Weboberfläche zu verändern hat seinen Grund. Durch die weltweite Erreichbarkeit können Korrekturen sehr kurzfristig und ohne weitere Entwicklungswerkzeuge durchgeführt werden. Um Plone zu lernen ist es manchmal hilfreich, erste Versuche über die Weboberfläche zu unternehmen. Wichtig ist aber, dass Produktivsysteme mit dateibasierten Designs ausgestattet werden, und dass Schnellkorrekturen, die über die Weboberfläche gemacht wurden, zeitnah im Dateisystem aktualisiert werden.

9.1.2 Dateibasierte Entwicklung

Die Alternative ist die Entwicklung auf Basis von Dateien im Dateisystem. Die Templates werden in einem Ordner gespeichert und vom Administrator im System registriert. Wenn Sie ihren Plone Server selbst verwalten, dann können Sie im Abschnitt 16.4.9 auf Seite 313 nachlesen, wie das funktioniert.

Der Zugriff auf die Dateien geschieht dann mit denselben Werkzeugen, die Sie auch für statische Websites verwenden würden. Durch die Speicherung im Dateisystem wird das Design transportabel und unabhängig von der einen Plone-Installation.

Es hat aber auch Nachteile, ein Design im Dateisystem zu entwickeln. Während des Entwicklungsprozesses werden sich häufig Änderungen an den Templates ergeben. Damit Plone die aktuellen Versionen verwendet, muss der

Server im Debug-Modus laufen. Auf Produktivsystemen ist das nur bedingt erwünscht.

Die beste Lösung ist, wenn Sie eine lokale Plone-Installation für Ihre Entwicklungen haben. Dort werden Sie auch ohne Probleme Administratorrechte bekommen, so dass Sie auf das ZMI zugreifen können.

Zum Design gehören auch Einstellungen im ZMI. Diese Einstellungen sind aber dann im Dateisystem nicht vorhanden. Wird das Design auf einem anderen Server installiert, dann fehlen diese Änderungen. Damit der Administrator die fehlenden Informationen ergänzen kann, ist es notwendig, ausnahmslos jede Änderung an der Konfiguration zu protokollieren und dem Administrator mit der Auslieferung des Designs mitzuteilen.

9.1.3 Zugriff auf die Dateien

Wenn es darum geht, Elemente zu editieren, dann müssen Sie unterscheiden, ob es sich dabei um Designelemente oder Inhaltselemente handelt. Desingelemente sind Schmuckelemente, Icons und Logos, CSS-Dateien und Templates. Inhalte dagegen sind alle Elemente, die eine eigene Aussage haben. Nachrichten, Termine, Seiten... Sie haben insgesamt vier Optionen, wie Sie Designinformationen bearbeiten können:

1. Über das ZMI und die Formulare der Weboberfläche. Hier lassen sich sowohl Design als auch Inhaltselemente bearbeiten.
2. Über WebDAV und ihre gewohnten Programme. Das ist insbesondere dann hilfreich, wenn es nicht um Designvorlagen geht, die gestaltet werden müssen, sondern darum, einzelne Artikel zu formatieren. Ob ein Zugang über WebDAV möglich ist, erfahren Sie von Ihrem Administrator.
3. Wenn ein Zugang über WebDAV nicht möglich ist, dann können Sie Inhaltselemente auch über den externen Editor öffnen, sofern er freigegeben und installiert ist.
4. Designelemente, nicht aber Inhalte werden vorrangig im Dateisystem erstellt und bearbeitet. Auch hier können Werkzeuge wie Photoshop, Dreamweaver und Co. verwendet werden. Im weiteren Verlauf des Kapitels wird nur noch diese Möglichkeit verwendet.

Innerhalb von Zope sind die Dateien über das ZMI unter *portal_skins* zu finden. Dort sind etliche Verzeichnisse mit einem Schloss in der Mitte aufgelistet. Außerdem gibt es ein Verzeichnis ohne Schloss, das *custom* heißt. Das Schloss zeigt an, dass es sich um Verzeichnisse im Dateisystem handelt, die über die Weboberfläche nicht verändert werden können, genannt *File System Directory View*, kurz *FSDV*. Das *custom*-Verzeichnis dient als Container für die Dateien, die über die Weboberfläche angelegt oder verändert wurden.

Im Dateisystem findet man die Verzeichnisse in den *skins*-Ordnern der Produkte. Die Templates, die zu Plone gehören also unter *$INSTANCE → Products → CMFPlone → skins*, wobei *$INSTANCE* immer für das Wurzelverzeichnis der Plone Installation steht. Zusätzlich zu den Plone Skins können

Drittanbieterprodukte Skins bereitstellen. Kupu ist ein Beispiel dafür. Anfangs ist es nicht einfach, den Speicherort eines Templates zu finden. Eine Möglichkeit ist, über die Suchfunktion des Dateibrowsers des Betriebssystems danach zu suchen. Die andere Möglichkeit ist das ZMI. Die Registerkarte *Properties* eines FSDVs speichert den physikalischen Pfad des Verzeichnisses – ausgehend von *$INSTANCE/Products* in der Eigenschaft *Filesystem path.*

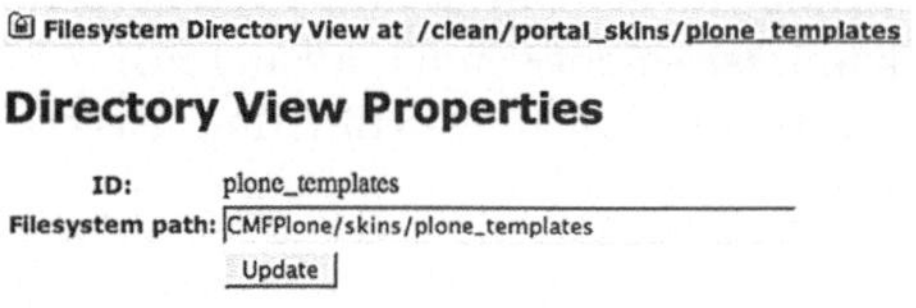

Filesystem Directory View at /clean/portal_skins/plone_templates

Directory View Properties

ID: plone_templates
Filesystem path: CMFPlone/skins/plone_templates
Update

Abb. 9.1. Der Speicherort eines FSDVs

Nachdem klar ist, wie Dateien bearbeitet werden können und wo sie gespeichert werden, ist die entscheidende Frage, welche Dateien bearbeitet werden müssen. Und das ist tatsächlich auch die Frage, die dem Anfänger erfahrungsgemäß die größten Schwierigkeiten bereitet.

9.2 Plones Templates und CSS-Dateien

Dieses Kapitel beschreibt in erster Linie die Veränderung einer Plone Site mittels CSS und globaler Einstellungen im ZMI. Dennoch sind die Hinweise darauf, welche CSS-Klasse zu ändern ist, zumeist in den Templates zu finden. Tabelle 9.1 auf der nächsten Seite zeigt einen Überblick über wichtige Templates, die IDs der Elemente und die CSS-Klassen, die verwendet werden.

Wenn Sie eine CSS-Eigenschaft verändern wollen, dann gehen Sie am besten so vor, dass Sie das entsprechende Template öffnen, die richtige ID oder CSS-Klasse ermitteln – in der Tabelle ist das oberste Element jeweils angegeben – und dann in der angegebenen CSS-Datei nach der ID beziehungsweise der Klasse suchen. So bekommen Sie schnell einen Überblick über die Template- und CSS-Struktur.

9.2.1 plone_styles

Die CSS Dateien von Plone liegen alle im Verzeichnis *plone_styles.* Der Weg dorthin: *$INSTANCE* → *Products* → *CMFPlone* → *skins* → *plone_styles.*

base_properties

Basiseinstellungen für Farben und Schriftarten werden bisher noch im Propertiy Sheet *base_properties* definiert. Property Sheets sind Dateien, in denen Eigenschaften gesammelt abgelegt werden können. Es handelt sich um ein einfaches Textformat in der Form `[Eigenschaft]:[Datentyp]=[Wert]`.

Tabelle 9.1. Wichtige Plone-Elemente, ihre Templates und Stile

Element ID oder Klasse	Template CSS-Datei
Logo portal-logo	CMFPlone/skins/plone_templates/global_logo.pt CMFPlone/skins/plone_styles/public.css.dtml
Schnellsuche portal-searchbox	CMFPlone/skins/plone_templates/global_searchbox.pt CMFPlone/skins/plone_styles/public.css.dtml
Site Actions portal-siteactions	CMFPlone/skins/plone_templates/global_siteactions.pt CMFPlone/skins/plone_styles/public.css.dtml
Portal Tabs portal-globalnav	CMFPlone/skins/plone_templates/global_sections.pt CMFPlone/skins/plone_styles/public.css.dtml
Personal Tools portal-personaltools	CMFPlone/skins/plone_templates/global_personalbar.pt CMFPlone/skins/plone_styles/public.css.dtml
Breadcrumbs portal-breadcrumbs	CMFPlone/skins/plone_templates/global_pathbar.pt CMFPlone/skins/plone_styles/public.css.dtml
Portlets portlet-...	CMFPlone/skins/plone_portlets/portlet_... CMFPlone/skins/plone_styles/portlets.css.dtml
Content Views contentViews	CMFPlone/skins/plone_templates/global_contentviews.pt CMFPlone/skins/plone_styles/authoring.css.dtml
Content-Menü actionItems	CMFPlone/skins/plone_templates/global_contentviews.pt CMFPlone/skins/plone_styles/authoring.css.dtml
Portal Status Message portalMessage	CMFPlone/skins/plone_templates/global_statusmessage.pt CMFPlone/skins/plone_styles/public.css.dtml
Document Actions	CMFPlone/skins/plone_content/document_actions.pt
Byline documentByLine	CMFPlone/skins/plone_content/document_byline.pt CMFPlone/skins/plone_styles/public.css.dtml
History	CMFPlone/skins/plone_content/review_history.css.dtml
Artikelinhalt	CMFPlone/skins/plone_content/document_view.pt
Referenzen	CMFPlone/skins/plone_content/document_relateditems.pt
Seitenfuß portal-footer	CMFPlone/skins/plone_templates/footer.pt CMFPlone/skins/plone_styles/public.css.dtml
Colophon portal-colophon	CMFPlone/skins/plone_templates/colophon.pt CMFPlone/skins/plone_styles/public.css.dtml

```
fontBaseSize:string=69%
```

Als erstes sollte der Schlüssel *plone_skin* angepasst werden.

Diese Eigenschaften werden später über DTML-Anweisungen in die CSS-Dateien eingefügt. Sie haben aber die Wahl, ob Sie statt dessen die Werte direkt in die CSS-Datei schreiben. Bedenken Sie aber, dass die vorhandenen Dateien von den Einstellungen der *base_properties* Gebrauch machen.

ploneCustom.css

In die Datei *ploneCustom.css.dtml* sollen alle CSS-Anweisungen geschrieben werden, die zu dem eigenen Design gehören. Die Standard-Plone-Dateien sol-
2.1 len nicht verändert, sondern über die Kaskade außer Kraft gesetzt werden.
Bis zur Version 2 waren alle Plone-eigenen Stile in einer zentralen Datei namens *plone.css* untergebracht. Das hat sich mit der Version 2.1 geändert. Jetzt stehen diese Klassen in mehreren Dateien:

authoring.css: Hier sind die Stile definiert, die die Seiten betreffen, die ein angemeldeter Benutzer sieht. Dazu gehören die Formulare zum Anlegen neuer Artikel, aber auch die Rahmenanweisungen für die *Content Actions*, also die Operationen, die auf ein Dokument angewendet werden können und die Stildefinitionen für die *Configlets*. Configlets sind die Seiten in der Plone Konfiguration, auf denen Einstellungen vorgenommen werden können.

base.css: Diese Datei enthält alle Basisformate für die HTML-Tags.

member.css: Hier sind die Stile hinterlegt, mit dem der Dokumentstatus ausgezeichnet wird. Der Status eines Dokuments bestimmt, wer ihn sehen darf und was damit passieren kann. Mehr zu diesem Thema im Abschnitt 4.5 auf Seite 32.

portlets.css: Portlets sind die Boxen am linken und rechten Rand. In ihnen ist zum Beispiel die Navigation untergebracht. Die Log-In-Box haben wir schon benutzt und in der Standard-Ansicht von Plone gibt es auf der rechten Seite noch das Kalender-Portlet. Die Stile, die das Aussehen dieser Portlets steuert sind in dieser Datei untergebracht. Im Gegensatz zur Version 2 haben sich auch die Stile verändert. Die alten stehen in der Datei deprecated.css. Diese werden in der nächsten Version von Plone nicht mehr unterstützt.

public.css: Alles, was anonyme Benutzer sehen können ist hier formatiert.

Die Aufteilung der Dateien ist natürlich gut für die Übersicht, aber am Anfang bedeutet es mehr Aufwand, wenn man nicht genau weiß, in welcher Datei die gesuchte Klasse definiert ist.

Im Dateisystem haben alle Dateien ein angehängtes *.dtml*.

9.2.2 plone_images

Ein weiteres Kernelement eines Designs sind die Icons, die auf der Seite vorkommen. Die Plone-eigenen Bilder liegen alle in dem Ordner *plone_images*. sicherlich werden Sie nicht alle Icons und Bilder anpassen. Viele spielen nur auf den Managemet-Seiten eine Rolle. Es ist oft eine Budget-Frage, ob auch diese Seiten individuell gestaltet werden.

Ganz egal, wie viele Bilder ausgetauscht werden sollen. Eines der ersten Kandidaten dafür ist natürlich das Logo. Das Logo in Plone heißt logo.jpg. Ich persönlich finde den Namen etwas unglücklich, suggeriert er doch, dass das Logo im Jpeg-Format vorliegen muss. Das ist aber nicht der Fall und oft wäre es auch nicht sinnvoll. Es kann jedes Grafikformat verwendet werden, im Internet empfiehlt es sich aber natürlich entweder ein Gif-, ein Jpeg- oder ein Png-Bild zu verwenden. Der Name des Logos ist eine Eigenschaft in den base_properties. Sie können ihn in Logo ändern und so die Verwirrung vermeiden.

9.2.3 plone_templates

Plone zeigt nach der Installation eine Menge an Elementen an. Einige von ihnen werden Sie möglicherweise nicht brauchen, oder nicht wollen. Die Elemente können an verschiedenen Stellen ausgeblendet. werden. Es ist natürlich wichtig, zu wissen, wo das eingestellt wird.

Portlets

Es gibt zahlreiche Portlets, die in Plone selbst, oder in Drittanbieterprodukten definiert sind. Sie alle werden in der Plone-Konfiguration ein- und ausgeblendet und auf die rechte und linke Seite verteilt. Unter *konfiguration* → *ZMI* → *Properties* gibt es die Parameter *left_slots* und *right_slots*. Der Wert ist jeweils eine Liste mit den Pfaden zu den entsprechenden METAL-Makros. METAL wird im Detail im Abschnitt 8.2.2 auf Seite 127 erklärt. Die Änderung der Konfiguration muss im Konfigurationsprotokoll festgehalten werden.

Ein typischer Aufruf eines Portlets sieht folgendermaßen aus:

```
here/portlet_navigation/macros/portlet
```

here: Das ist der Bezug auf den aktuellen Kontext.
portlet_navigation: So heißt das Template, in dem das Makro definiert ist.
macros: Eine eingebaute Variable, die eine Sammlung aller Makros des aktuellen Templates enthält. Ihr Name ist immer *macros*.
portlet: Der Name des Portlets.

Es fällt auf, dass in den Slots auch Portlets definiert sind, die aber auf der gerenderten Seite nicht zu sehen sind. Genauso werden anonymen Benutzern andere Portlets angezeigt, als angemeldeten Benutzern. Diese Bedingungen werden im jeweiligen Template definiert. Die Templates der Portlets liegen im Verzeichnis *$INSTANCE → Products → CMFPlone → skins → plone_portlets.*

main_template

Unter *$INSTANCE → Products → CMFPlone → skins → plone_templates → main_template* liegt das Basistemplate, in dem das Gesamtlayout definiert ist. Es geht im main_template auch wirklich nicht um Inhalte, sondern nur um die Struktur. Hier passiert nichts anderes, als dass andere Templates eingebunden werden. Wollen Sie einzelne Templates ausschließen, dann können Sie eine `tal:condition="nothing"`-Anweisung in das äußerste Element des Templates einfügen.

Angenommen, das Suchfeld soll aus dem oberen Bereich des Fensters ausgeblendet werden: Dazu sucht man im main_template nach dem entsprechenden Element. Es handelt sich um die Zeile 63:

```
<div metal:use-macro="here/global_searchbox/macros/ ↩
    quick_search">
```

Danach sucht man in den *plone_templates* nach dem richtigen Template, das wäre in diesem Fall also *global_searchbox*. Dort muss dann ein Makro definiert sein, dass *quick_search* heißt. Zeile 7 muss dann entsprechend editiert werden.

```
<div id="portal-searchbox"
     metal:define-macro="quick_search"
     tal:condition="nothing">
```

Das war schon alles. Es wäre theoretisch möglich gewesen, die CSS-Eigenschaft `display:none;` zu setzen. Aber dann wäre das Element trotzdem auf dem Server gerendert worden, um es nachher im Dokument zu verwerfen. Rechenzeit, die man sich sparen sollte.

Im main_template zeigen sich die Vorteile der Makro-Technologie. Man muss sich nur einmal vorstellen, wie die Datei aussehen würde, wenn der gesamte Aufbau innerhalb einer Datei stehen würde. Es ist wesentlich einfacher, sich in schlanken, übersichtlichen Dateien zurecht zu finden, als in Templates mit Tausenden Zeilen. Soll ein einzelnes Element verändert werden, wird das entsprechende Makro angepasst. Es kann anschließend an beliebigen Stellen angezeigt werden.

9.3 Plone Skins

Als nächstes geht es darum, die Organisation der Designs in Plone zu durchleuchten. Wie ist ein Design aufgebaut, und wie erfährt Plone, welches Design verwendet werden soll? Dabei legen wir einen eigenen Skin an und bereiten alles für die Entwicklung eines Designs im Dateisystem vor. Als Beispiel entsteht ein Skin für eine fiktive Site namens „Clone“.

Im Kapitel 8.2 auf Seite 117 wurde über einzelne Templates gesprochen. Einzelne Templates werden aber in der Regel nicht angezeigt. Eine Seite besteht immer neben dem Inhaltsbereich auch aus Elementen, die auf einer Vielzahl von Seiten zu sehen sein sollen. Diese Elemente mehrfach in verschiedene Templates zu schreiben widerpräche dem modularen Konzept. Deshalb setzt sich eine Plone Site aus vielen Templates zusammen. Eine Sammlung dieser Templates wird Skin genannt. Der erste Blick hinter die Kulissen von Plone führt in die Steuerzentrale der Skins.

Zuerst muss man sich als Manager einloggen. Dazu können Sie Ihren Benutzernamen und das Passwort in das Log-In-Portlet eingeben. Nach der Anmeldung erscheint ganz oben rechts in den sogenannten Site Actions eine Schaltfläche *konfiguration*.

Dort angekommen sieht man einen Menüpunkt *Aussehen*. Im dort hinterlegten Formular kann ein Aussehen ausgewählt werden. Es ist also möglich, mehrere Skins gleichzeitig installiert zu haben. Mehr noch. Beide können gleichzeitig von unterschiedlichen Benutzern verwendet werden, wenn das entsprechende Feld angekreuzt wird. Das Stichwort ist Personalisierung und hier sieht man eine direkte Auswirkung der Trennung von Inhalt und Design.

Die Organisation der Skins ist aber tiefer im System vergraben. Über den letzten Punkt der Plone-Konfiguration kommt man zum Zope Management Interface. Das ZMI lässt bereits durch seine andere Anmutung erkennen, dass es keine Plone-Seite mehr ist, sondern eine Zope-Ansicht. Über den Link *portal_skins* und den Reiter *Properties* gelangt man zum Formular zur Skin-Verwaltung.

Hier können Skins gelöscht und neue angelegt werden. Außerdem werden hier die Layer und ihre Reihenfolge angegeben. Was Layer genau sind, wird weiter unten erklärt. Im ersten Schritt wird jetzt ein Skin erzeugt. Dazu wird links in das Formularfeld der Name eingetragen, rechts in die Textarea wird der Inhalt von *Plone Default* kopiert. Mit *Add* wird der Vorgang abgeschlossen. Anschließend erscheint das neue Aussehen in der Liste der Skins. Der untere Teil der Seite zeigt dieselben Parameter, die auch in den Plone-Einstellungen gesetzt werden können. Viele Zope-Funktionen sind von Plone aus erreichbar. Damit haben Sie eine Eigenschaft im ZMI verändert. Vergessen Sie nicht, den genauen Vorgang für den Administrator festzuhalten. Er wird später diese Einstellungen über ein Skript automatisieren. Dafür ist es notwendig, dass er von jeder Veränderung in den Einstellungen weiß.

9.3.1 Layer

Der Reiter *Contents* führt zur Übersicht der installierten Layer. Ein Layer ist eine Sammlung von Templates. Man spricht hier auch von Subskin. Jeder Layer kann beliebige Templates definieren, auch solche, die in anderen Layern bereits vorhanden sind. Hier kommt die Reihenfolge der Layer in der Skin-Definition ins Spiel. Bei der Suche nach dem richtigen Template werden die Layer der Reihe nach von oben nach unten, so wie sie im Skin definiert sind,

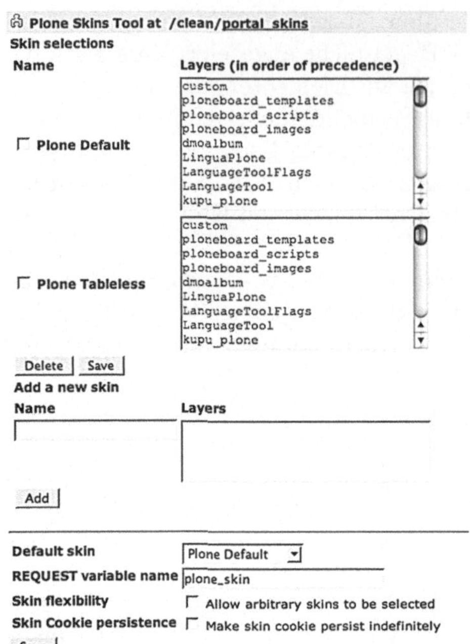

Abb. 9.2. Die Skinverwaltung im ZMI

durchsucht. Das erste passende Template wird verwendet. Bei der Erstellung eigener Skins wird genau dieser Effekt genutzt. Indem bestehende Templates überlagert werden, kommen die eigenen zum Einsatz.

Nach einem Wechsel in ein Layer-Verzeichnis sieht man die darin liegenden Templates, Bilder oder Skriptobjekte. Um eines über die Weboberfläche zu bearbeiten, wird es angeklickt und dann über *customize* in den angegebenen Ordner kopiert. Standardmäßig existiert nur ein Ordner *custom*, in den die Dateien kopiert werden können.

Der neue Skin hat die identischen Layer, wie der Plone-Default-Skin. Auch der *custom*-Ordner ist bei beiden identisch. Das bedeutet, dass sich Änderungen, die unter *custom* gespeichert werden auch auf alle Skins auswirken. Das ist natürlich nicht beabsichtigt. Deshalb werden die geänderten Templates für den neuen Skin in einem eigenen Layer abgespeichert. In der Layer-Liste muss dazu ein neuer Ordner angelegt werden. Dazu sucht man in der Auswahlliste oben rechts den Punkt *Folder*, markiert ihn und klickt auf *Add*. Nur die Angabe einer ID ist Pflicht. Das Verzeichnis bekommt weder eine öffentliche Startseite, noch einen Benutzerordner. Als ID habe ich in diesem Beispiel *clonecustom* verwendet. Sie ist aber eine beliebige Zeichenkette. Da sie Teil des URLs ist, sollte sie aber keine Leer- oder Sonderzeichen und keine Umlaute enthalten. Ich empfehle, alles klein zu schreiben.

Damit die geänderten Templates sich auch auf das Aussehen auswirken, muss das neue Verzeichnis in die Layerliste des Skins unter dem Reiter *Properties* eingetragen werden. Der Eintrag *custom* wird nicht mehr benötigt und kann ersetzt werden. Wichtig ist, dass das eben erstellte Verzeichnis ganz oben in der Liste eingetragen wird. Ein Klick auf *Save* speichert die Änderungen. Für den letzten Schritt wechselt man über den Reiter *View* wieder auf die Plone Ansicht. Unter *konfiguration* → *Aussehen* muss das voreingestellte Aussehen auf den eben erzeugten Skin umgestellt werden.

Auch wenn die Templates nachher nicht in der Objektdatenbank abgelegt werden, sondern im Dateisystem, sollte trotzdem für schnelle Reparaturen zu jedem Skin ein eigener Ordner in der Datenbank existieren. Und da der Ordner über die Konfigurationsoberfläche angelegt wurde, müssen Sie die Änderung protokollieren.

Die Oberfläche einer Website besteht aus Stilvorlagen, Bildern und den Schablonen, die das Layout der Objekte auf einer Seite beschreiben. Im allgemeinen spricht man aber vom „Look and Feel" einer Software. Deshalb gehören auch Skripte zu einem Skin, die das Verhalten des Programms bei Benutzerinteraktionen steuert.

9.3.2 Skins im Dateisystem erzeugen

Mittlerweile hat die Testumgebung einen eigenen Skin, ein eigenes Verzeichnis für geänderte Templates in der Datenbank, aber Änderungen im Dateisystem sind noch nicht möglich. Zwar könnten die Originaldateien überschrieben werden, das hätte aber Auswirkungen auf die anderen Skins, die im System installiert sind. Das richtige Vorgehen wird im Folgenden beschrieben.

Der Skin wird Teil eines Plone-Produkts. Produkte werden installiert, indem sie in das *Products*-Verzeichnis der Plone-Installation gelegt werden. Die Site, die entstehen soll, muss man sich als Produkt vorstellen, das Design als einen Teil davon. Wie bei allen anderen Produkten, die sich in diesem Ordner befinden, liegen die Templates, Skripte, Bilder und Stilvorlagen später in Unterverzeichnissen eines Ordners, der *skins* heißt. Je nachdem, wie die Arbeitsabläufe in Ihrem Unternehmen sind, erhalten Sie den Produktnamen oder ein vorbereitetes Verzeichnis von Ihrem Administrator oder Sie können sich selbst einen Namen überlegen. Als Ordnerstruktur verwende ich immer dieselbe Basis.

In die Datei *config.txt* schreiben Sie das Protokoll für den Administrator. In die Verzeichnisse innerhalb von *skins* werden die neuen und veränderten Templates abgelegt. Allerdings weiß Plone bisher noch nichts von diesem Verzeichnis. Die Datei *__init__.py* sorgt dafür, dass Plone den Ordner als Produkt erkennt. Dort müssen Sie den folgenden Text einfügen:

```
from Products.CMFCore import DirectoryView

DirectoryView.registerDirectory('skins', globals())
```

Anschließend muss der Ordner in das *Products*-Verzeichnis gelegt und Zope neu gestartet werden. Danach sind die Verzeichnisse im *skins*-Ordner als mögliche Subskins für Plone sichtbar.

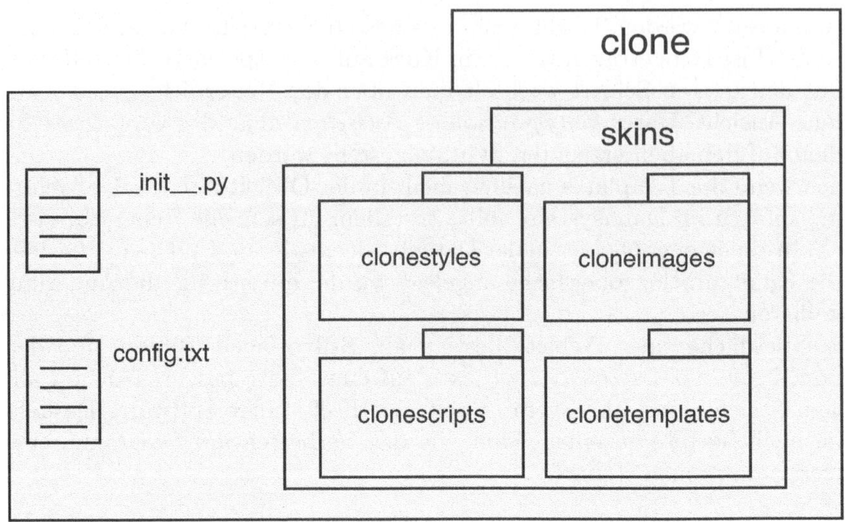

Abb. 9.3. Ordnerstruktur für neue Skins

Als nächstes müssen die Subskins als FSDVs angelegt und in die Layerliste des Skins aufgenommen werden. Unter *portal_skins* → *Contents* wählen Sie aus der Liste die Option *File System Directory View* und klicken auf *Add.* Suchen Sie in der Liste das erste Verzeichnis (*cloneimages*) und klicken Sie auf *Add.* Diesen Vorgang wiederholen Sie für die anderen drei Verzeichnisse.

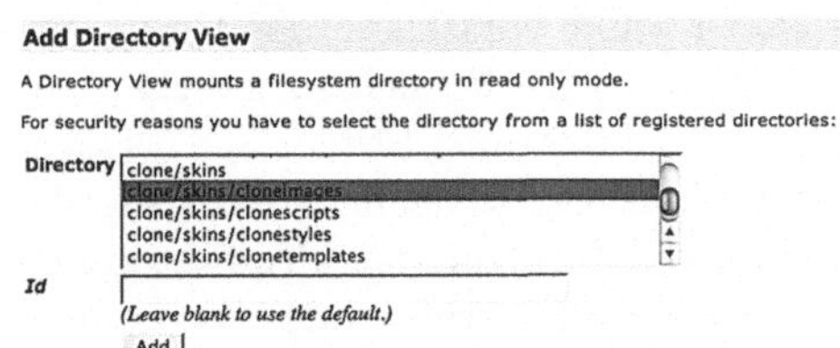

Abb. 9.4. Einen FSDV hinzufügen

Wie die neuen Subskins als Layer im Clone-Skin eingetragen werden, wissen Sie bereits. Achten Sie aber darauf, dass der oberste Layer *clonecustom* bleibt und vergessen Sie nicht die Änderungen zu protokollieren.

Alle Dateien, die Sie für das Design erstellen oder ändern, speichern Sie dann im entsprechenden Verzeichnis ab. Dateien, die in der Objektdatenbank gespeichert werden, können Eigenschaften zugewiesen bekommen. Bei Dateien im Dateisystem ist das ebenfalls möglich, indem im selben Verzeichnis eine Datei angelegt wird, die denselben Namen hat, ergänzt um die Endung *.metadata.* Der Inhalt der Dateien hat den folgenden Aufbau:

```
[Sektion]
Eigenschaft=Wert
```

Die möglichen Sektionen sind `[default]`, `[security]`, `[actions]` und `[validators]`. Als Designer werden Sie allenfalls Informationen in den Block `default` schreiben, beispielsweise wenn Sie einen Titel vergeben möchten. Wenn aber eine solche Datei für ein Element, dass Sie verändern möchten existiert, dann sollten Sie auch die zugehörige Metadaten-Datei in Ihr Skins-Verzeichnis kopieren. Insbesondere bei Formularen ist das wichtig.

9.3.3 Grafische Editoren verwenden

Ein Grund für die Entwicklung im Dateisystem ist die Möglichkeit, die gewohnten Werkzeuge zu verwenden. Grafische Editoren kennen aber normalerweise die Dateiendungen der Page Templates und von DTML nicht. Diese müssen erst eingerichtet werden, so dass der Editor weiß, wie er sie behandeln muss. In GoLive zum Beispiel wird eine neue Dateizuordnung über die Web-Einstellungen vorgenommen. Im Bereich Dateizuordnungen klickt man mit der rechten Maustaste auf den Bereich *text/* und wählt im Kontextmenü *Erweiterung hinzufügen*. Für die Endungen *zpt*, *pt* und *dtml* sollte jeweils der Typ *text/html* angegeben werden, für die Endungen *metadata* und *props text/plain*.

Ein weiteres Problem gibt es, wenn eine CSS-Datei im Editor geöffnet werden soll. Die CSS-Dateien haben im Dateisystem die Endung *.dtml*. Dadurch erkennt der Editor sie nicht als CSS-Datei. Der Grund liegt darin, dass innerhalb der CSS-Dateien auf Eigenschaften der Plone Site zurückgegriffen wird. Diese Daten werden serverseitig in das CSS geschrieben. Die entsprechenden Anweisungen sind in dtml notiert. Daher die Endung. Das Problem wird sich mit einer der nächsten Versionen von Plone erledigen, weil kein DTML mehr innerhalb von Style Sheets verwendet werden soll. Bis es soweit ist, muss man aber noch mit dem derzeitigen Zustand leben. Die Lösung für das Problem ist nicht gerade elegant, aber vom Aufwand her vertretbar. Öffnen Sie die Datei nicht über das lokale Dateisystem, sondern über den WebDAV oder FTP-Zugang des Zope Servers. Dann wird sie mit der richtigen Endung geliefert. Abspeichern können Sie die Datei aber nicht auf demselben Weg. Daher müssen Sie beim ersten Speichern den Befehl *Speichern unter...* verwenden, um die Datei direkt ins Dateisystem zurückzuspeichern.

Für Page Templates funktioniert der Zugriff über das Dateisysteme ohne Probleme. Und dann zeigt sich auch die Eleganz von TAL als Attributsprache. Es gibt keine Elemente, die den Seitenaufbau stören. Auch wenn die TAL-Attribute im Quelltext vorhanden sind, besteht die Seite dennoch aus gültigem HTML und kann so mit den Editoren erstellt und von den Browsern dargestellt werden.

Ihre Aufgabe ist zunächst, nach einem tatsächlichen oder auch virtuellen Styleguide die base_properties und die CSS-Klassen in den Dateien anzupassen. Vielleicht verwenden Sie die Vorgaben Ihres Unternehmens, oder die eines potentiellen Kunden. Dabei werden wie gesagt nicht die Originaldateien editiert, sondern alle Klassen werden in der ploneCustom.css neu definiert.

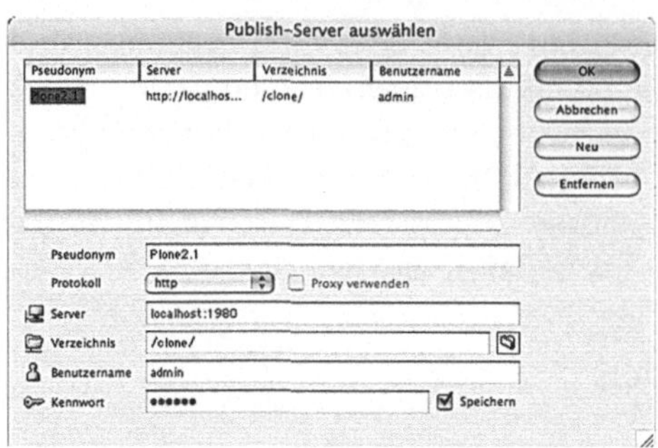

Abb. 9.5. Einrichten des WebDAV-Zugangs in GoLive

9.4 Design von Inhalten

Der Entwurf des Layouts und die Gestaltung der Schmuckelemente macht einen Großteil der Arbeit des Designers aus. Später werden in dieses Gerüst die Inhalte eingefügt. Und auch diese Inhalte sollen zum Design des Rahmens passen.

Plone bietet den Autoren mehrere Werkzeuge an, die eine Menge an Formatierungsmöglichkeiten bieten. Als Designer können Sie durch die Definition geeigneter CSS-Klassen den Autor dabei unterstützen, Dokumente zu erstellen, die dem Styleguide der Site entsprechen.

9.4.1 Stilklassen für reSt

Wenn an der Plone Site, die Sie betreuen niemand mit *reStructuredText* – kurz reSt – Artikel schreibt, dann müssen Sie sich um die Stile nicht kümmern. Ansonsten finden Sie hier wichtige Klassen beschrieben, die vom reSt-Parser ausgegeben werden. Wie reSt-Dokumente erstellt werden, ist im Abschnitt 5.2 auf Seite 47 beschrieben. Ein Beispieldokument, in dem die genannten Stile vorkommen, finden Sie auf der Buch-CD.

docutils: Diese Klasse wird mehreren Objekten zugewiesen. Zum Beispiel `<tt>`-Tags, Definitionslisten und Tabellen. Mir fällt auf Anhieb keine sinnvolle Verwendung ein, welche Formate über diese Klasse gesteuert werden könnten, aber vielleicht können Sie diese Klasse brauchen.

literal: Diese Klasse wird `<tt>`-Tags zugeordnet. Zusätzlich enthalten diese Abschnitte noch ein `<pre>`-Tag. Sie müssen also aufpassen, dass Ihre Anpassungen dort nicht wieder überschrieben werden.

image: Die Klasse `image` wird jedem Bildobjekt zugewiesen, das über reSt eingebunden wurde.

figure: Figure-Objekte bestehen aus einem Bild und einer Bildunterschrift. Beide Elemente sind in einem `<div>`-Tag zusammengefasst. Dieses Tag erhält die Klasse `figure`. Das Bildobjekt selbst wird über `image` formatiert, wie Bilder ohne die Bildunterschrift. Die Bildunterschrift selbst erhält die Klasse `caption`.

caption: Die Klasse für Bildunterschriften in `figure`-Objekten.

section: Jeder Block der Gliederung – reSt definiert jede Überschrift als neuen Block – ist von einem `<div>`Tag umschlossen, das die Klasse `section` bekommt.

reference: Die Klasse `reference` wird sowohl internen, als auch externen Links zugewiesen.

error: Die Warn- und Hinweistafeln werden jeweils mit einer Klasse verknüpft, die so heißt, wie der Typ der Warnmeldung. Zur Auswahl stehen `attention`, `caution`, `danger`, `error`, `hint`, `important`, `note`, `tip` und `warning`.

admonition-title: Der Typ einer Warnmeldung wird ausgegeben. Möchte man das nicht, dann kann man die Ausgabe des Elements in der CSS-Klasse `adminition-title` unterdrücken.

first: `first` ist eine Klasse, die anzeigt, dass es sich um das erste Element einer Struktur handelt. Sie kommt bei Hinweisen vor und ist dort dem Typnamen zugewiesen.

last: Last ist ebenfalls eine Klasse, die bei Hinweisen auftaucht. Sie markiert den letzten Absatz der Meldung.

field-list: Feldlisten werden eher selten verwendet werden. Dann aber stehen gleich 4 Klassen zur Verfügung. Die HTML-Entsprechung einer Feldliste ist eine Tabelle. Die Klasse `field-list` wird der Tabelle selbst zugeordnet.

field: Die Klasse Feld bekommt die erste Zeile eines neuen Feldes zugewiesen.

field-name: Der Feldname wird über die Klasse `field-name` gesteuert.

field-body: Der Inhalt des Feldes wird über `field-body` formatiert.

9.4.2 Stilklassen für Kupu

Kupu ist der grafische Editor, der neu in Plone 2.1 integriert wurde. Er bietet die Möglichkeit, Stile auf Bereiche anzuwenden. Die Klassen, die für reSt verwendet werden können, waren vorgegeben. Bei Kupu haben Sie die Möglichkeit, beliebige Klassen einzuführen. Kupu kommt bereits mit einigen Vorschlägen. Wie auch bei reSt hängt die Notwendigkeit für einen Entwurf dieser Klassen davon ab, ob Kupu für die Seite verwendet wird.

Sie können Absatz- und Tabellenformate definieren. Zeichenformate werden wie in einer grafischen Textverarbeitung direkt eingegeben. Das bietet zwar den Autoren mehr Spielraum, bedeutet aber auch, dass Sie weniger Einfluss auf die Gestaltung der einzelnen Inhalte haben. Reden Sie mit Ihren Autoren, bevor es Ihnen und anderen im wahrsten Sinne des Wortes „zu bunt“ wird.

Absatzformate

Absatzformate werden normalerweise nicht nur in CSS definiert. Für die meisten Formate gibt es HTML-Tags die vorrangig verwendet werden sollen. Dem trägt die Konfiguration von Kupu Rechnung. Abbildung 9.6 zeigt die Standardwerte.

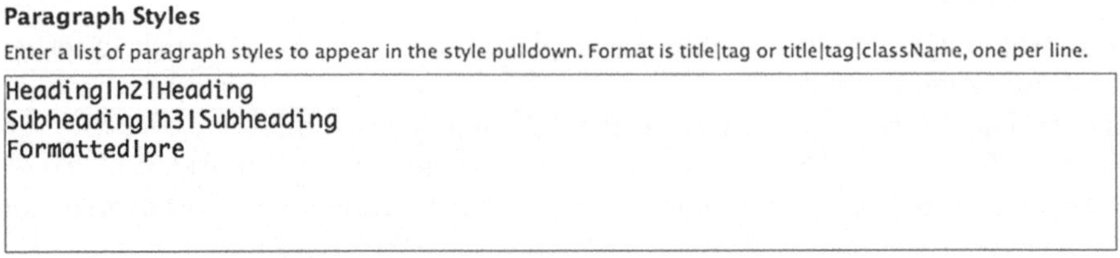

Paragraph Styles

Enter a list of paragraph styles to appear in the style pulldown. Format is title|tag or title|tag|className, one per line.

```
Heading|h2|Heading
Subheading|h3|Subheading
Formatted|pre
```

Abb. 9.6. Definition der Absatzformate

Der erste Wert ist der Name des Formats, wie er in der Liste erscheinen soll. Der zweite Wert gibt an, welches Tag verwendet werden soll. Optional kann an dritter Stelle noch eine CSS-Klasse angegeben werden. Getrennt werden die Angaben jeweils mit einer senkrechten Linie.

Auch die Änderungen an der Konfiguration von Drittanbieterprodukten müssen in das Konfigurationsprotokoll aufgenommen werden.

Tabellenformate

Da bei Tabellen die Tags bereits klar sind, geht es hier nur um eine oder mehrere Klassen, die dem <table>-Tag zugewiesen werden. Mehrere Klassen werden durch Leerzeichen getrennt. Durch eine senkrechte Linie getrennt kann ein Name angegeben werden, der für diesen Tabellentyp im Auswahlfeld eingeblendet werden soll. 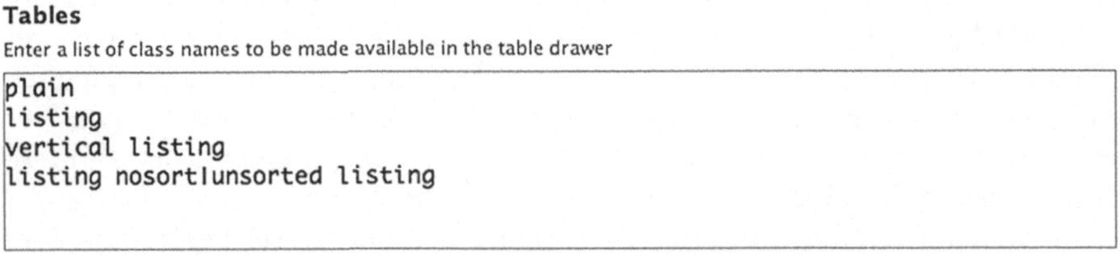

Tables

Enter a list of class names to be made available in the table drawer

```
plain
listing
vertical listing
listing nosort|unsorted listing
```

Abb. 9.7. Definition der Tabellenformate

Zwar lässt sich nur für das umgebende <table>-Tag ein Format angeben, die anderen Elemente erreichen Sie aber für den fiktiven Tabellenstil result-table über die folgenden Selektoren.

```
.result-table tr
.result-table th
.result-table td
```

HTML-Filter

Prüfen Sie am Schluss noch, ob Kupus HTML-Filter richtig eingestellt ist. Hier werden Tags und Attribute aus dem Dokument entfernt, Stilangaben und Klassenangaben zugelassen oder verhindert.

Eventuell bekommen Sie Schwierigkeiten mit den Voreinstellungen, wenn Sie zum Beispiel alte Inhalte als HTML-Datei in das System importieren und dann mit Kupu verändern. Wie der HTML-Filter genau eingestellt wird, ist im Abschnitt 17.13.1 auf Seite 376 beschrieben.

9.4.3 Inhalte mit grafischen Editoren gestalten

Als es um die Anbindung grafischer Webeditoren an den Zope Server ging, war schon kurz die Rede davon, dass auch Inhalte, also Artikel, die in der Objektdatenbank gespeichert werden, über solche Werkzeuge gestaltet werden können. Notwendig dafür ist aber ein FTP oder WebDAV-Zugang für den Zope-Server, den Sie von Ihrem Administrator bekommen. Damit können Sie die Artikel laden und auch direkt in der Datenbank wieder abspeichern. Eine weitere Möglichkeit ist der externe Editor. Hier können Sie angeben, welches Programm zum öffnen welcher Content Types verwendet wird. Diese Methode funktioniert auch dann, wenn kein FTP- oder WebDAV-Zugang besteht[1]. Fragen sie Ihren Administrator, wie der externe Editor eingerichtet wird oder lesen Sie es im Abschnitt 17.12 auf Seite 371 nach.

9.5 Wie geht es weiter?

In diesem Kapitel haben Sie gelernt, sich durch die Menge an Style Sheets und Templates zu bewegen, ohne die Orientierung zu verlieren. Je mehr Zeit Sie am Anfang damit verbringen können, desto leichter werden Ihnen Änderungen fallen.

Bisher wurde nur das mitgelieferte Basislayout modifiziert und die Templates waren bisher nur die Quelle für Hinweise auf die richtigen CSS-Klassen. Das wird sich im nächsten Kapitel ändern. Dort wird eine statische HTML-Seite auf den Plone Server portiert. Dort wird gezeigt, dass vom Basislayout völlig unabhängige Designs für Plone möglich sind. Denn das ist auch das, was man eigentlich möchte. Ein Design nach Designgesichtspunkten entwerfen und die Funktionalität eines Content-Management-Systems nutzen.

---

[1] Letztendlich funktioniert auch der externe Editor über das WebDAV-Protokoll. Er benötigt aber nicht den separaten Server für die Quellenansicht, sondern verwendet den Standard-HTTP-Server

10

Migration eines Designs nach Plone

Das Ziel eines guten Designs ist optisch ansprechend zu wirken, die Benutzbarkeit der Seite zu optimieren und auch noch dem Charakter der Website gerecht zu werden. Content-Management-Systeme bieten zwar vielfältige Möglichkeiten für die Verwaltung von Inhalten, stellen aber gleichzeitig weitere Anforderungen an den Designer. Wie der Designer allen Ansprüchen gerecht werden kann, zeigt das folgende Beispiel.

Portallösungen lassen sich schnell und einfach aus dem Basislayout von Plone ableiten. Durch die Modifikation der CSS-Klassen, einfache Änderungen der Templates oder Einstellungen in der Plone-Konfiguration kann das Aussehen gravierend verändert werden.

Aber nicht jede Anwendung ist ein Portal und zumeist soll eine Webseite auch nicht nach einer Plone Site aussehen. Ein völlig freies Design ist gefragt. In diesem Kapitel soll eine bestehende, statische Website in Plone umgesetzt werden. Das erfordert in der Implementierung gute Kenntnisse der Template-Sprachen TAL und METAL, zuvor aber eine gründliche Konzeption, in der die statische Seite analysiert wird. Die zentralen Fragen sind:

- Welche Plone-eigenen Bestandteile tauchen auf der Seite auf?
- Welche Elemente, die es in Plone nicht gibt, kommen vor?
- Welche Gemeinsamkeiten weisen die einzelnen Seiten auf?

Würde es sich um die Neuerstellung einer Website handeln, dann gäbe es einige der Probleme, auf die man beim Migrationsprozess stoßen wird, nicht. Als Designer hätte man dann nicht nur das Aussehen, sondern auch den Gedanken an die Umsetzbarkeit in Templates im Kopf. Das ist nicht grundsätzlich negativ, diszipliniert es doch dahingehend, einem klar definierten Styleguide zu folgen. Daraus ergibt sich dann eine durchgehende Optik über den gesamten Webauftritt. Die Berührungsängste mit den Templates sollen aber die Freiheit des Designs nicht beschneiden. Deshalb werden auf den folgenden Seiten auch gezielt Probleme angesprochen, die aus einem Design resultieren, das keine Rücksicht auf Templates, Plone oder auch Sie als Webdesigner für Content-Management-Systeme nimmt, weil es ursprünglich nicht dafür entworfen wurde.

Sie können mit den Materialien auf der CD-ROM das Beispiel nachvollziehen. Es ist zum Kennenlernen von Plone eine sehr gute Übung, mehrere kleinere Projekte zu migrieren. Vielleicht haben Sie in Ihrem Fundus ein paar ältere Seiten, die Sie sich vornehmen können. Möglicherweise denken Ihre Kunden von damals ja auch gerade über eine Erweiterung ihrer Internetseite nach.

Das Original des Beispiels in diesem Kapitel stammt von Corinna Jacobs, die das Design für das Marbacher Sommertheater[1] erstellt hat. An dieser Stelle möchte ich mich für die Bereitstellung des Materials herzlich bedanken.

Auch das Originalmaterial der statischen Website finden Sie auf der Buch-CD.

10.1 Analyse

Die Analyse der Seite gliedert sich in folgende Punkte:

- Die Identifikation der Gestaltungsobjekte.
- Die Identifikation der Navigationshilfen und sonstiger Funktionalitäten.
- Die Gestalt der Inhalte.

10.1.1 Gestaltungsobjekte

Abbildung 10.1 zeigt einen Screenshot der Startseite. Der Darstellungsbereich ist nicht bildschirmfüllend, sondern hat einen Rand zur Seite. Dieser hat dieselbe Hintergrundfarbe wie der Inhaltsbereich, ist aber von ihm durch einen Rahmen getrennt. Das Logo ist in der linken oberen Ecke des Darstellungsbereichs untergebracht.

In der rechten unteren Ecke ist auf den meisten Seiten eine Grafik dargestellt. Ausgenommen davon ist die *Galerie*, die *Seite Presse/Bilder* und *Presse/Logos*. Einige dieser Grafiken tauchen einmal, andere mehrfach auf.

Der Navigationsbaum hat zwei Ebenen, die untereinander dargestellt sind. Einzelne Elemente der gleichen Navigationsebene sind durch eine sekrechte Linie voneinander getrennt. Das Untermenü wird über einen Winkel mit dem zugehörigen Hauptmenüeintrag verbunden. Der ausgewählte Menüeintrag wird in einer anderen Farbe dargestellt. Es gibt einen Mouse-Over-Effekt.

Links werden zum Teil mit einer doppelten schließenden spitzen Klammer eingeleitet. Die Linkfarbe entspricht der Textfarbe.

10.1.2 Navigation und Funktionalität

Das Logo ist mit der Startseite verlinkt.

Die Menüeinträge der Navigation reagieren auf das Überfahren mit der Maus mit der Veränderung der Farbe. Nach dem Anklicken wird ein eventuelles Untermenü angezeigt.

In der Galerie sind die Vorschaubilder mit den Detailansichten verlinkt, die sich in einem neuen Fenster öffnen. Es gibt jeweils einen Link zur nächsten und/oder vorherigen Seite.

[1] http://suedlichvomochsen.de/marbachersommertheater_de

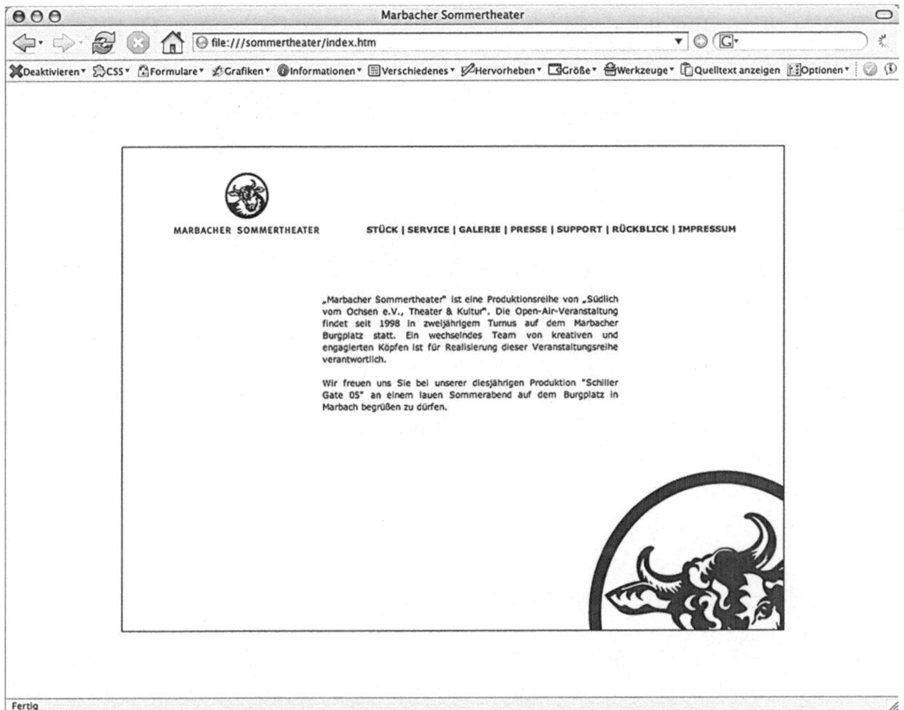

Abb. 10.1. Die Startseite des Sommertheaters

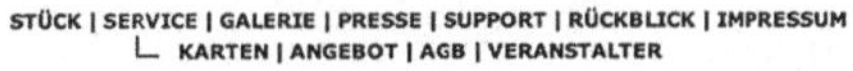

STÜCK | SERVICE | GALERIE | PRESSE | SUPPORT | RÜCKBLICK | IMPRESSUM
└ KARTEN | ANGEBOT | AGB | VERANSTALTER

Abb. 10.2. Der Navigationsbaum

10.1.3 Inhalte

Die Inhalte sind ein- bis dreispaltig gesetzt. Die Spaltenbreite und Ausrichtung ist variabel. Der Fließtext erscheint im Blocksatz. Im Text gibt es einige interne Links, Bilder und Dokumente zum Download und unter *Service*, *Service/Angebot* und *Impressum* sind E-Mail-Adressen verlinkt.

10.2 Konzeption

Sobald klar ist, womit man es zu tun hat, also den Ist-Zustand aufgenommen hat, muss man die Erkenntnisse bewerten. Dabei gilt es mehrere Fragen zu beantworten:

- Welche Bestandteile lassen sich in Plone 1:1 übersetzen?
- Welche Erweiterungen werden benötigt, um den Inhalt adäquat darzustellen?

- Welche Erweiterungen sind für die Nutzung innerhalb eines CMS sinnvoll und notwendig?

Es ist leider nicht immer möglich, ein Design ganz ohne Veränderungen zu portieren. Plone ist ein System, bei dem jede Komponente daraufhin optimiert wird, für den Benutzer sinnvoll zu sein. Wenn Sie einen Konflikt mit den Möglichkeiten in Plone entdecken, dann lohnt es sich immer, auch darüber nachzudenken, ob der Weg, der in Plone beschritten wird, nicht besser wäre. Ein Redesign ist immer auch eine Chance, gemachte Fehler zu beseitigen. Achten Sie also nicht nur darauf, die Seite möglichst naturgetreu umzusetzen, sondern machen Sie sich Gedanken darüber, welche Änderungen über das Notwendige hinaus sinnvoll wären.

Außer der Umsetzung der bisherigen Seite muss auch daran gedacht werden, dass die Vorteile von Plone nur dann zum Tragen kommen, wenn das neue Konzept erweiterbar ist. Deshalb müssen einzelne Elemente abstrahiert werden. Die Templates müssen in ihrer Struktur erweiterbar, aber auch reduzierbar sein.

10.2.1 Elemente, die erhalten bleiben

Viele Elemente auf der Seite sind mit CSS formatiert. Diese Klassen können weiter verwendet werden. Allerdings sollten einige Anpassungen vorgenommen werden. Schriftarten sollten über den Vererbungsmechanismus auf die Texte wirken, da die gleichen Textattribute für die meisten Klassen gelten.

10.2.2 Elemente, die verändert werden

Die mehrspaltige Darstellung soll natürlich beibehalten werden, weil sie ein wesentliches Element der Gesamtanmutung der Seite ist. Schwierig umzusetzen ist allerdings die Flexibilität, die Spalten unterschiedlich breit zu machen und unterschiedlich auszurichten. Hier muss eine praktikable Lösung gefunden werden, die sicher im Ergebnis zu kleineren Änderungen führen wird.

Problematisch in Bezug auf die Erweiterbarkeit ist die waagerechte Ausrichtung der Navigation. Zwar sollten aus Gründen der Übersichtlichkeit nicht mehr als sieben Einträge pro Navigationsebene exitieren, aber selbst wenn das beachtet wird ist es bei dem existierenden Layout schwierig, Untermenüs für die rechts stehenden Hauptmenüeinträge zu ermöglichen. Denn die Einträge der Untermenüs beginnen erst unter dem entsprechenden Hauptmenüeintrag. Der verbleibende Platz nimmt also ab, je weiter rechts der Hauptmenüeintrag steht. Außerdem ist die Beschränkung auf zwei Navigationsebenen gerade in Verbindung mit der Limitierung der Einträge pro Menüebene ein Deckel, der die Anzahl der Seiten begrenzt. Die Lösung wird nicht allein der Designer treffen können. Statt dessen muss das Gesamtkonzept Annahmen über die Wachstumstendenz der Seite formulieren. Dann kann man über die Aufstockung der Menüebenen oder die Trennung der ersten und weiteren Menüpunkte analog

zum gewohnten Plone-Design nachdenken. Im Beispiel wird die Ausrichtung der Untermenüs vom ausgewählten Hauptmenüpunkt entkoppelt. Die Begrenzung der Menütiefe entfällt.

Nicht aus der Sicht von Plone, sehr wohl aber aus Usability-Gründen ist die Schlichtheit der Links im Text problematisch. Hier sollte eine farbliche Absetzung erfolgen oder alternativ der einleitende Doppelpfeil konsequent eingesetzt werden.

10.2.3 Elemente, die ergänzt werden

Um Inhalte in das System eingeben zu können ist es wichtig, dass die Möglichkeit zum Login besteht. Am einfachsten ist dabei die Integration der Personal Tools in die Seite. Eventuell kann der Link zum Login auch auf eine einzelne Seite, zum Beispiel das Impressum, ausgelagert werden, wenn er sonst stört.

Ähnlich verhält es sich mit einem Link zur Konfiguration, also den Site Actions, die zumindest angemeldeten Benutzern offen stehen sollten. Plone bietet ein eingebautes Sitemap-Feature, dass den Benutzern zusätzlich angeboten werden könnte.

Der Pressebereich könnte erweitert werden, so dass sich Interessenten anmelden müssen. Das erleichtert die Pressearbeit, weil die E-Mail-Adressen der Interessenten im System vorhanden wären.

Die bisher statisch aufgebaute Bildergalerie wird durch ein Zusatzprodukt ersetzt. So können einzelne Bilder nach Bedarf eingefügt oder gelöscht werden, ohne dass Änderungen an der Verlinkung notwendig würden. Das entsprechende Produkt wird im Kapitel 14.1.8 auf Seite 260 beschrieben.

10.3 Umsetzung

Mittlerweile ist das Projekt so konkret, dass die Umsetzung beginnen kann. Der erste Schritt wird sein, ein Template zu erzeugen, das sowohl die Ploneeigenen Funktionalitäten bereit stellt, zum anderen aber den Grundaufbau des gewünschten Designs abbildet. Es müssen also zwei Dateien in eine einzelne überführt werden: das *main_template* und die statische Startseite *index.htm*.

- Die Struktur des main_templates wird an die gewünschte Website angepasst.
- Nicht benötigte Elemente werden ausgeblendet oder gelöscht.
- Gegebene Informationen werden aus der alten Homepage in das main_template übernommen.
- Wo möglich werden Designinformationen in vorhandenen CSS-Klassen umgesetzt.
- Weitere Templates werden angepasst, um optisch zu der Seite zu passen.

Diese Schritte führen zum Rohbau der Seite, in dem die globalen Elemente an der richtigen Stelle und im richtigen Look vorhanden sind. Wenn alles so weit stimmt, dann müssen nur noch die Inhalte importiert werden.

Das Vorgehen zeigt, dass es bei der Entwicklung von Plone-Designs niemals allein um das Design geht. Es geht auch um Strukturen. Die Verwendung von Schablonen kann nur dann funktionieren, wenn zu jeder Zeit klar ist, welche Elemente auf der Seite existieren. Der Zusatzaufwand für Sie als Designer ist es, diese Elemente als eigenständige Bestandteile der Site zu identifizieren.

10.3.1 Vorbereitungen

Auch in diesem Beispiel wird letztendlich ein Plone Skin herauskommen. Deshalb muss das Gerüst eines Skins nach dem bekannten Muster angelegt werden.

Für die Bildergalerie soll ein Drittanbieterprodukt zum Einsatz kommen. Die mitgelieferten Templates müssen mit großer Wahrscheinlichkeit angepasst werden. Auch in dem Fall geht man so vor, dass man die Templates des Original nicht überschreibt. Statt dessen werden Sie über einen eigenen Layer im Skin der Site gesammelt. Mehr zur Organisation der Daten von Zusatzprodukten steht im Abschnitt 11 auf Seite 187.

- skins
  - STTemplates
  - STScripts
  - STStyles
  - STImages
  - STdmoAlbum
- __init__.py
- config.txt

Erzeugen Sie jetzt eine Kopie der Datei main_template.pt und speichern Sie sie in das Verzeichnis STTemplates. In den nächsten Abschnitten werden die Bestandteile des main_templates beschrieben und bei Bedarf verändert. Andere Dateien, die vom main_template aufgerufen werden, werden ebenfalls unmittelbar betrachtet und falls nötig editiert.

10.3.2 Headerinfomationen

Plone benötigt um funktionieren zu können diverse Elemente auf seinen Seiten. Diese sind außerhalb des sichtbaren Bereichs der HTML-Seite definiert. Jedes main_template, enthält außerhalb der HTML-Struktur zumindest die folgenden Elemente.

main_template.pt

```
<metal:page define-macro="master">
<metal:doctype define-slot="doctype">
    <!DOCTYPE html PUBLIC "-//W3C//DTD XHTML 1.0 ↩
        Transitional//EN"
     "http://www.w3.org/TR/xhtml1/DTD/xhtml1- ↩
         transitional.dtd">
</metal:doctype>
<metal:block define-slot="top_slot" />
<metal:block use-macro="here/global_defines/macros/ ↩
    defines" />

<html...

...</html>
</metal:page>
```

Das `master`-Macro wird von den Content Templates als Basisschablone aufgerufen. Deshalb muss es hier definiert werden. Der Name ist prinzipiell beliebig, Plone und alle Fremdanbieter verlassen sich aber darauf, dass es *master* heißt. Wenn Sie also vermeiden wollen, alle Templates überschreiben zu müssen, dann sollten Sie sich wo immer möglich an die Plone-eigene Namensgebung halten.

Der `doctype`-Slot ist mit einer Doctype-Deklaration vorbelegt. Er kann aber bei Badarf mit anderen Dokumenttypen gefüllt werden. Die index.htm hat bereits eine Doctype-Deklaration. Sie können entscheiden, ob Sie den default-Wert des main_templates durch den Typ der index.htm ersetzen. Ich empfehle, den Doctype aus dem main_template beizubehalten.

Der `top_slot` ist eine Möglichkeit, Elemente außerhalb des HTML-Bereichs einzufügen.

Die nächste Zeile ist wieder besonders wichtig. Im `defines`-Macro sind die eingebauten Variablen in Plone definiert. Sie werden an vielen Stellen der Templates benutzt. Fehlt die Definition, dann kommt es zu Fehlermeldungen und die Seite kann nicht berechnet werden. Wenn Sie wissen wollen, welche Variablen das sind, dann finden Sie die Datei im Plone-Verzeichnis unter *Products → CMFPlone → skins → plone_templates → global_defines.pt.*

Eine Kleinigkeit fehlt jetzt noch, um die Definition der Basismacros abzuschließen. Das `master`-Macro bezieht sich auf die gesamte Seite. Deshalb wird es erst nach dem schließenden `</html>`-Tag beendet.

html

main_template.pt

```
<html xmlns="http://www.w3.org/1999/xhtml"
      xml:lang="en"
```

```
lang="en"
tal:attributes="lang language;
                xml:lang language">
```

Das <html>-Tag des main_templates ist um einige Attribute erweitert. Der xml-Namespace wird für den Fall angegeben, dass der Doctype *XHTML* ist. Darauf bezieht sich auch das xml:lang-Attribut. Der angegebene Vorgabewert wird durch die Variable language sofort wieder überschrieben. Der Wert der Variable wird im bereits erwähnten Template *global_defines.pt* definiert. Wurde der ursprüngliche Doctype nicht verändert, kann das Tag ohne Änderungen beibehalten werden. Ansonsten müssen die Attribute xmlns und xml:lang gelöscht werden.

head

Der <head>-Bereich bleibt für den Besucher ebenfalls unsichtbar. Deshalb stören auch die hier enthaltenen Elemente das Aussehen später nicht. Allerdings müssen Informationen aus der index.htm in das main_template übertragen werden.

main_template.pt

```
<head metal:use-macro="here/header/macros/html_header">
```

Da ein Makro verwendet wird, wird alles innerhalb des Tags, das nicht in fill-slot-Anweisungen steht, ersetzt. Die Informationen, die tatsächlich im Dokument stehen werden, sind – wie immer ausgehend vom Plone-Basisverzeichnis – in der Datei *Products* → *CMFPlone* → *skins* → *plone_templates* → *header.pt* definiert.

Die Datei *header.pt* ist wieder eine vollwertige HTML-Seite, jedoch wird nur der Inhalt des <head>-Tags in das main_template eingefügt, weil ja nur das Makro html_header verwendet wird.

Direkt im <head>-Tag wird die Variable skinrequest definiert. Sie ermöglicht das Umschalten zwischen mehreren Skins. Danach wird der Header für den Content Type gesetzt, den ich für einen Moment zurückstelle. Um die Meta-Tags geht es im Abschnitt 10.3.2. Da nicht zwischen Skins umgeschaltet wird, kann die Definition entfallen. Kopieren Sie die Datei *header.pt* in Ihr STTemplates-Verzeichnis und editieren Sie das <head>-Tag wie folgt:

header.pt

```
<head metal:define-macro="html_header">
```

title

Der nächste Abschnitt bestimmt den Titel, der im Browser-Fenster angezeigt wird. Plone-Standard ist [Seitentitel] – [Sitename]. Der Standardtitel des Beispiels ist *Marbacher Sommertheater*. Die Zusatzinformation, auf welcher Seite sich der Besucher befindet ist nützlich und deshalb wird die Originalseite verändert. Die beiden Informationen tauschen allerdings die Plätze. Zuerst kommt der Sitename und dann der Titel der jeweiligen Seite. Deshalb muss die Datei angepasst werden. Die notwendige Änderung ist schnell erledigt:

header.pt

```
<title tal:define="portal_title portal_properties/title;
                   page_title here/pretty_title_or_id">
    <tal:portaltitle replace="portal_title">
        Inserts portal title
    </tal:portaltitle>
    &mdash;
    <tal:pagetitle replace="page_title">
        Inserts page title
    </tal:pagetitle>
</title>
```

base

Der base-Slot wird vom main_template aus gefüllt. Dort wird ein Skript aufgerufen, das renderBase heißt. Es liefert den aktuellen URI zurück.

header.pt

```
<metal:baseslot define-slot="base" />
```

main_template.pt

```
<metal:fillbase fill-slot="base">
  <metal:baseslot define-slot="base">
    <base href="" tal:attributes="href here/renderBase" />
  </metal:baseslot>
</metal:fillbase>
```

meta

Anschließend werden die Meta-Tags ermittelt und in einer Schleife ausgegeben. Zope verwaltet den Standardsatz der Dublin-Core-Metadaten[2]. Er besteht aus 15 Feldern. Einige wie das Erstellungsdatum oder der Autor ergeben sich automatisch durch die Erfassung, andere, wie die Stichwörter können auf der Eigenschaften-Seite eines Artikels definiert werden. Damit die Felder auch als Meta-Tags in das Dokument geschrieben werden, muss das in Zope allerdings noch eingestellt werden. Das entsprechende Flag findet sich im ZMI unter *portal_properties* → *site_properties* → *exposeDCMetaTags*. Dieser Standardsatz beherbergt alle Metadatenfelder des Beispiels, bis auf wenige

[2] www.dublincore.org

Ausnahmen. Dublin-Core-Metatags werden genauso notiert, wie andere Metatags, jedoch wird dem Namen immer ein *DC.* vorangestellt. Also zum Beispiel *DC.author.* Um welche Metadaten es sich im Einzelnen handelt wird im Abschnitt 6.2.2 auf Seite 77 erklärt.

In der Index-Datei sind ebenfalls Meta-Tags definiert:

content-type: Dieses Feld wird bereits in der Datei header.pt oberhalb des Titels definiert.
robots: Diese Information weist die Indexsysteme der Suchmaschinen an, eine Seite zu indizieren und ihren Links zu folgen, oder eben nicht.
revisit: Mit diesem Metatag wird festgelegt, nach welcher Zeit eine Suchmaschine den Index der angegebenen Seite neu erstellen soll.

Es ist nicht sicher, dass alle Seiten überhaupt und im gleichen Abstand neu indiziert werden müssen. Deshalb sollte eine Möglichkeit geschaffen werden, das einzustellen. Da das aber eine Programmieraufgabe ist, wird das an dieser Stelle nicht beschrieben. Für das Beispiel werden die zwei fehlenden Meta-Tags in das Header-Template unterhalb des Content-Types statisch eingefügt.

header.pt

```
<meta http-equiv="Content-Type" content="text/html; ↩
    charset=iso-8859-1"
      tal:define="charset site_properties/ ↩
         default_charset|string:utf-8"
      tal:attributes="content string:text/html;;charset= ↩
         ${charset}" />
<meta name="revisit" content="after 20 days">
<meta name="robots" content="index,follow">
```

script

Im Header-Template folgen Makro-Aufrufe für Skripts und Stile.

header.pt

```
<metal:js metal:use-macro="here/renderAllTheScripts/ ↩
    macros/jsrenderer">
     <!-- Fetch scripts from the Javascript Registry -->
</metal:js>

<metal:css metal:use-macro="here/renderAllTheStylesheets ↩
    /macros/cssrenderer">
     <!-- Fetch stylesheets from the CSS Registry -->
</metal:css>
```

Wir nutzen die Möglichkeit und gliedern das JavaScript aus der Index-Datei in eine separate Datei mit Namen *global.js* aus. Bei der Gelegenheit wurde der Code auch gleich ein bisschen aufgeräumt:

global.js

```
function SymError()
{
  return true;
}

window.onerror = SymError;

var ns=(document.layers);
var ie=(document.all);
var width = 770;
var height = 570;
var screenW=screen.availWidth;
var screenH=screen.availHeight;
var newX = (screenW - width)/2;
var newY = (screenH - height)/2;
```

Sinn und Zweck dieses Skripts soll an dieser Stelle nicht im Mittelpunkt 2.1
unseres Interesses stehen. Statt dessen soll die JavaScripts Registry erklärt werden. Sie findet sich im ZMI unter *portal_javascripts*. Über das ZMI kann ein neues Skript am unteren Ende des Formulars hinzugefügt werden.

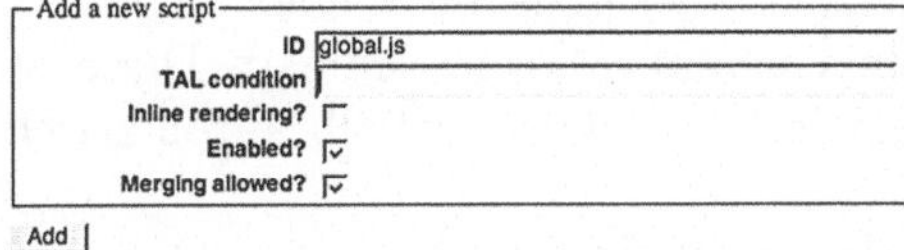

Abb. 10.3. Hinzufügen eines Skripts zur JavaScripts Registry

ID: Die ID ist der Name des Scripts. Hier also global.js.

TAL Condition: Hier kann ein TALES-Ausdruck eingetragen werden, der festlegt, unter welchen Umständen das Script in die Seite eingesetzt werden soll. Als globale Skriptdatei bleibt das Feld leer. So wird es in jede Seite mit eingebunden.

Inline rendering: Ist dieser Parameter gesetzt, dann wird der Quellcode des Scripts in die Ausgabedatei geschrieben. Ansonsten wird nur ein Verweis auf die Skript-Datei vorgenommen.

Enabled: Damit der Eintrag in der Registry überhaupt verwendet werden kann, muss er aktiviert sein.

Merging allowed: Das ist eine fortgeschrittene Funktion, um die Sie sich als Designer nicht kümmern müssen.

Vergessen Sie nicht, die Änderung an der Konfiguration zu protokollieren. Alternativ wird im header-Template noch der javascript_head_slot definiert, über den vor der Version 2.1 Skriptdateien eingebunden wurden.

header.pt

```
<metal:block metal:define-slot="javascript_head_slot" ↩
    tal:replace="nothing">
  Inserts javascript specified from a page.
</metal:block>
```

style

Genau dieselbe Funktionalität besteht seit der Version 2.1 für CSS-Dateien. Drittanbieter können nun CSS-Dateien über die Registry einbinden.

Die Bedienung der CSS-Registry funktioniert analog zur JavaScript-Registry. Lediglich drei weitere Parameter können gesetzt werden:

CSS Media: Hier gehört der Medientyp hin, sofern das Stylesheet nicht für alle Typen gültig ist. Medien werden im Abschnitt 7.1.1 auf Seite 109 genau erklärt.

rel: Der Relationstyp ist bei einem Stylesheet immer Stylesheet. Sie sollten den Standardwert deshalb belassen.

Render type: Hier kann zwischen *import*, *link* und *inline* ausgewählt werden. Mehr dazu im Abschnitt 7.1.1 auf Seite 109.

Für das Beispiel wird diese Möglichkeit allerdings nicht genutzt. Statt dessen werden die Stile in der Datei ploneCustom.css.dtml definiert. Diese ist bereits in der Stylesheets Registry registriert und wird deshalb automatisch eingebunden.

Auch für Stildateien existiert ein Slot im main_template. Der CSS-Slot wurde vor der Plone Version 2.1 verwendet und wird noch für Produkte benötigt, die noch nicht an die neue Version angepasst wurden.

header.pt

```
<metal:block metal:define-slot="css_slot" tal:replace=" ↩
    nothing">
  Inserts CSS specified from a page.
</metal:block>
```

link

In der Datei werden noch zahlreiche Relationen zu anderen Dokumenten vermerkt. Das ist für unser Beispiel aber nicht wichtig.

Es gibt noch einen `rel_slot`. Dieser kann weitere `<link>`-Anweisungen aufnehmen.

Die Änderungen an header.pt sind damit vollständig. Jetzt wird das main_template weiter bearbeitet.

Alle Header-Informationen, die in der index.htm standen, wurden in die header.pt überführt. Der nächste Schritt wird sein, den Inhaltsbereich des main_templates anzupassen. Vorher aber noch ein Überblick über die bisherige Gestalt des main_templates.

main_template.pt

```
<metal:page define-macro="master">
<metal:doctype define-slot="doctype">
    <!DOCTYPE HTML PUBLIC "-//W3C//DTD HTML 4.01 ↩
        Transitional//EN"
    "http://www.w3.org/TR/html4/loose.dtd">
</metal:doctype>
<metal:block define-slot="top_slot" />
<metal:block use-macro="here/global_defines/macros/ ↩
    defines" />


<html xmlns="http://www.w3.org/1999/xhtml"
      xml:lang="en"
      lang="en"
      tal:attributes="lang language;
                      xml:lang language">

<head metal:use-macro="here/header/macros/html_header">

  <metal:fillbase fill-slot="base">
    <metal:baseslot define-slot="base">
      <base href="" tal:attributes="href here/renderBase ↩
        " />
    </metal:baseslot>
  </metal:fillbase>

  <metal:headslot fill-slot="head_slot"
       tal:define="lang language;
       charset site_properties/default_charset|string: ↩
          utf-8">

  <metal:cache use-macro="here/global_cache_settings/ ↩
     macros/cacheheaders">
      Get the global cache headers located in ↩
         global_cache_settings.
  </metal:cache>

  <metal:headslot define-slot="head_slot" />
    <tal:comment replace="nothing"> A slot where you can
       insert elements in the header from a template
    </tal:comment>
  </metal:headslot>

  <metal:cssslot fill-slot="css_slot">
    <tal:comment replace="nothing"> A slot where you can
```

```
        insert CSS in the header from a template
    </tal:comment>
    <metal:cssslot define-slot="css_slot" />
  </metal:cssslot>

  <metal:javascriptslot fill-slot="javascript_head_slot ↩
     ">
    <tal:comment replace="nothing"> A slot where you can
        insert javascript in the header from a template
    </tal:comment>
    <metal:javascriptslot define-slot=" ↩
       javascript_head_slot" />
  </metal:javascriptslot>
</head>
<body>
...
</body>
</html>
</metal:page>
```

10.3.3 Darstellungsbereich

Im Basislayout von Plone ist das Main-Template nur eine Schablone der Struktur. Sie sagt noch nicht viel über das tatsächliche Erscheinungsbild aus. Es wird nur festgelegt, wie der Rahmen der Seite aussieht und welche Objekte darin dargestellt werden sollen. Dieser Ansatz soll auch in diesem Beispiel übernommen werden. Also gilt es Anzeigebereiche zu identifizieren, die jeweils eine speziellen Inhalt haben.

body

Das <body>-Tag ist in Plones Main-Template um zwei Attribute ergänzt. Das `dir`-Attribut für die Unterstützung unterschiedlicher Textlaufrichtungen und ein dynamisch ermittelter Klassenname, der aus der Sektion gebildet wird. So können Kapitelformatierungen, zum Beispiel Color Coding, realisiert werden. Der resultierende Klassenname ist *section-[Kapitelname]*. Auch wenn im vorliegenden Beispiel diese Funktionalitäten nicht verwendet werden, kann das <body>-Tag wie es ist aus dem Main-Template übernommen werden. Sie können die `tal`-Anweisung aber auch entfernen.

main_template.pt

```
<body
    tal:attributes="class here/getSectionFromURL;
                    dir python:test(isRTL, 'rtl', 'ltr')">
```

visual-portal-wrapper

Standard-Plone-Sites werden von einem Blockelement umhüllt. Im Inneren dieses Umhüllungsobjektes ist der Inhalt in den Seitenkopf, den dreispaltigen Inhaltsbereich und den Fuß unterteilt. Das Beispiellayout gliedert sich in den Dokumentkopf mit Logo und Navigation und den Inhaltsbereich. Das bedeutet, dass die Dreiteilung des Inhaltsbereichs und der Fuß nicht benötigt wird.

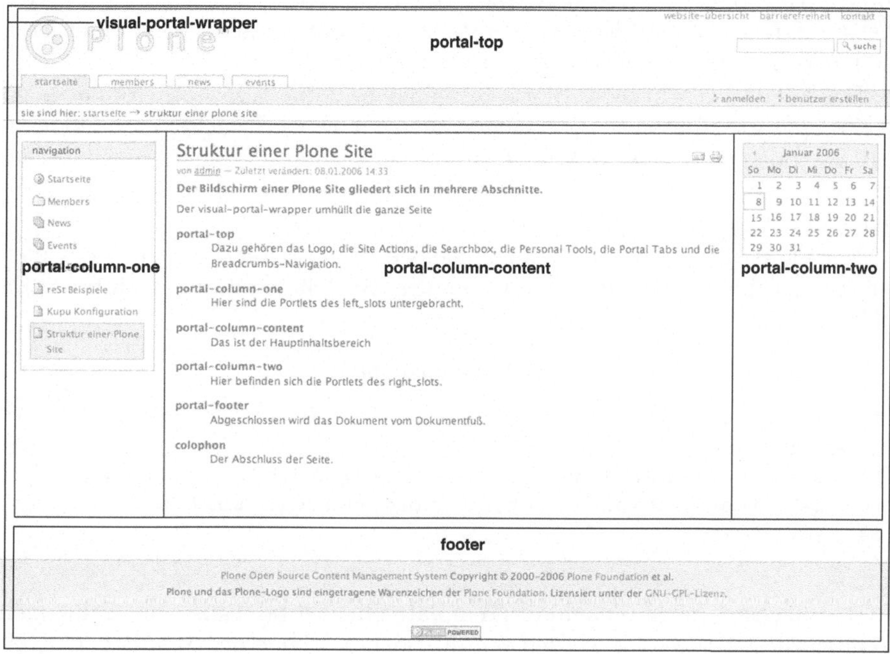

Abb. 10.4. Die Seitenaufteilung der Standard-Plone-Site

portal-top

Im Quelltext des main_templates stehen zunächst zwei unsichtbare Links mit der Klasse `hiddenStructure`. Sie führen in Textbrowsern direkt zum Inhalt und zur Navigation. Wer eine Plone Site einmal mit einem Textbrowser aufruft, der merkt schnell, wie sinnvoll diese Links sind. Danach folgen die Site Actions. Sie sind ein zusätzliches Element der Seite, das später zumindest den Link zur Konfiguration bereit stellt. Allerdings haben sie in dem bisherigen Layout noch keinen Platz.

Der nächste Abschnitt, das Suchfeld wird in unserem Beispiel nicht verwendet. Entweder der ganze Block wird herausgelöscht, oder Sie kopieren die

Datei *global_searchbox.pt* in Ihr STTemplates-Verzeichnis und fügen in das Element *portal-searchbox* folgende TAL-Anweisung ein:

global_searchbox.pt

```
<div id="portal-searchbox"
     metal:define-macro="quick_search"
     tal:condition="nothing">
```

Genauso gut hätte man den Aufruf des Makros im main_template löschen können. Eine Suchfunktion steht aber früher oder später bei jeder wachsenden Website auf der Todo-Liste. Wird die Anzeige nur ausgeblendet, dann kann die Funktion sehr schnell wieder aktiviert werden.

Das Logo ist der nächste Block. Gemäß dem Plone-Konzept wird das Logo in ein separates Template ausgelagert. Dieses muss auch nicht verändert werden. Sie müssen aber das richtige Logo im Verzeichnis STImages bereitstellen. Wenn Sie die Grundeinstellung nicht verändert haben, dann muss das Logo den Namen *logo.jpg* tragen.

Der Skinswitcher wird sicherlich nicht benötigt. Schließlich soll der Benutzer nur das eine Design zu sehen bekommen. Sie können den ganzen Block im main_template löschen.

main_template.pt

```
<div metal:use-macro="here/global_skinswitcher/macros/ ↩
   skin_tabs">
 The skin switcher tabs. Based on which role you have,
 you get a selection of skins that you can switch
 between.
</div>
```

Als nächstes sieht das Main-Template die Portal-Tabs vor. Prinzipiell könnten diese verwendet werden um die oberste Ebene des Menüs darzustellen. Statt dessen wird aber der Navigationsbaum verwendet werden. Deshalb können Sie den gesamten Block löschen.

main_template.pt

```
<div metal:use-macro="here/global_sections/macros/ ↩
   portal_tabs">
    The global sections tabs. (Welcome, News etc)
</div>
```

Die persönlichen Optionen werden im nächsten Block eingefügt. Auch diese werden zusätzlich zum Layout benötigt. Der Codeabschnitt muss aber an eine geeignete Stelle im main_template verschoben werden.

Die Brotkrumen-Navigation ist das letzte Element im Standard-Seitenkopf. Sie ist im Beispiel nicht vorgesehen, aber ein sehr guter Ansatz für eine Erweiterung. Dennoch wird sie zunächst mit der bekannten Anweisung ausgeblendet.

global_pathbar.pt

```
<div metal:define-macro="path_bar"
     id="portal-breadcrumbs"
     tal:define="breadcrumbs python:putils. ↩
        createBreadCrumbs(here);
                        portal_url portal_url|utool"
     tal:condition="nothing">
```

Damit ist der obere Bereich aufgeräumt, die Elemente, die sicher nicht verwendet werden, wurden gelöscht, die die möglicherweise irgendwann einmal im Zuge einer Erweiterung Verwendung finden könnten, sind nur ausgeblendet worden.

main_template.pt

```
<div id="portal-top" i18n:domain="plone">
    <a class="hiddenStructure"
     accesskey="2"
     tal:attributes="href string:${request/ACTUAL_URL}# ↩
        documentContent"
     i18n:translate="label_skiptocontent">Skip to
        content</a>

    <a class="hiddenStructure"
     accesskey="6"
     tal:attributes="href string:${request/ACTUAL_URL}# ↩
        navigation-tree"
     i18n:translate="label_skiptonavigation">Skip to
        navigation</a>

    <div metal:use-macro="here/global_searchbox/macros/ ↩
       quick_search">
      The quicksearch box, normally placed at the top
        right
    </div>

    <a metal:use-macro="here/global_logo/macros/ ↩
       portal_logo">
      The portal logo, linked to the portal root
    </a>

    <div metal:use-macro="here/global_pathbar/macros/ ↩
       path_bar">
      The breadcrumb navigation ("you are here")
    </div>
</div>
```

portal-column-content

Als nächstes wird der Bereich definiert, in dem später die Inhalte stehen werden. Im Original handelt es sich ja um eine dreispaltige Tabelle. In der linken und der rechten Spalte werden die Portlets angezeigt. Portlets sind auf der Seite aber nicht vorgesehen, so dass nur die mittlere Spalte extrahiert werden muss. Die umgebende Tabelle wird der Einfachheit halber beibehalten. Wenn Sie alle Bestandteile gelöscht haben, die Sie nicht benötigen, dann bleibt der unten stehenden Code übrig:

main_template.pt

```
<table width="100%" height="100%" border="0" cellpadding ↩
    ="0" cellspacing="0">
  <tr align="center" valign="middle">

    <tal:comment replace="nothing"> Start of main
        content block </tal:comment>
    <td id="portal-column-content"
        tal:define="tabindex python:Iterator(pos=0)">

      <metal:block define-slot="content">
        <div id="content"
             metal:define-macro="content"
             tal:define="show_border python:here. ↩
                 showEditableBorder(template_id= ↩
                 template_id, actions=actions );"
             tal:attributes="class python:test( ↩
                 show_border,'documentEditable','')">

          <metal:ifborder tal:condition="show_border" >
            <div metal:use-macro="here/ ↩
                global_contentviews/macros/content_views ↩
                ">
              The content views (View, Edit, Properties,
              Workflow)
            </div>

            <div metal:use-macro="here/ ↩
                global_contentviews/macros/ ↩
                content_actions">
              The content bar
            </div>
          </metal:ifborder>

          <div class="documentContent" id="region- ↩
              content">

            <a name="documentContent"></a>
```

```
          <div metal:use-macro="here/ ↩
              global_statusmessage/macros/ ↩
              portal_message">
            Portal status message
          </div>

          <metal:header metal:define-slot="header"
              tal:content="nothing">
            Visual Header
          </metal:header>

          <metal:bodytext metal:define-slot="main"
              tal:content="nothing">
            Page body text
          </metal:bodytext>

          <metal:sub metal:define-slot="sub">
            <metal:discussion use-macro="here/ ↩
                viewThreadsAtBottom/macros/ ↩
                discussionView" />
          </metal:sub>

        </div>

      </div>

    </metal:block>
  </td>
 </tr>
</table>
```

Content Views

Die Reiter *Anzeigen*, *Bearbeiten*, *Eigenschaften*, ... werden von angemeldeten Benutzern für die Arbeit an den Artikeln benötigt.

main_template.pt

```
<div metal:use-macro="here/global_contentviews/macros/ ↩
    content_views">
   The content views (View, Edit, Properties, Workflow)
</div>
```

Content Actions

Die Funktionen, die für das jeweilige Objekt zur Verfügung stehen: Drucken, Seite versenden, ... Es ist nicht vorgesehen, diese Funktionen zu verwenden. Sie werden im ZMI deaktiviert. Unter *portal_actions* müssen alle Aktionen mit der Kategorie *document_actions* deaktiviert werden. Statt dessen können Sie die Aktion auch mit einer Bedingung versehen, so dass zum Beispiel angemeldete Benutzer die Aktion sehen können. Tragen Sie einfach in das Feld *Condition* den Wert *member* ein.

main_template.pt

```
<div metal:use-macro="here/global_contentviews/macros/ ↩
    content_actions">
  The content bar
</div>
```

Title	Print this page
Id	print
URL (Expression)	string:javascript:this.print();
Condition (Expression)	
Permission	View
Category	document_actions
Visible?	☑

Abb. 10.5. Eine Aktion vom Typ *document_actions*

Dokumentbereich

Der Bereich, in dem der eigentliche Artikel dargestellt wird, wird durch einen Anker eingeleitet. Sie erinnern sich an die unsichtbaren Links am Anfang des Dokuments? Der Link, der zum Inhalt führt, benötigt diesen Anker.

main_template.pt

```
<a name="documentContent"></a>
```

Portal Status Message

Meldungen über eine erfolgreiche oder auch erfolglose Anmeldung, Änderung eines Dokuments... werden in diesem Feld abgebildet.

main_template.pt

```
<div metal:use-macro="here/global_statusmessage/macros/ ↩
    portal_message">
  Portal status message
</div>
```

Die restlichen Elemente binden die Kopfinformationen des Artikels – nicht zu verwechseln mit den Kopfinformationen der Seite, die im *header*-Template definiert wurden – und den Haupttext ein. Die letzte Abteilung zeigt die Kommentare an, sofern die Funktion aktiviert ist.

Auch hier gibt es Elemente, die dem anonymen Besucher verborgen bleiben sollten, während der angemeldete Benutzer sie sehen soll. Im ZMI kann über die Einstellung *portal_properties → site_properties → allowAnonymousViewAbout* die Autoreninformation ausgeblendet werden. Die Überschrift der Artikel hingegen muss aus dem Template entfernt werden, damit sie nicht mehr dargestellt wird. Das Template heißt *document_view*.

document_view.pt

```
<h1 tal:content="here/pretty_title_or_id"
    class="documentFirstHeading"
    tal:condition="not:isAnon">
  Title or id
</h1>
```

Was jetzt noch fehlt, sind die drei Elemente, die weiter oben ausgespart wurden: die Personal Tools, die Site Actions und die Navigation. Da innerhalb des Anzeigenbereichs nur für die Navigation Platz ist, habe ich die anderen Elemente unterhalb des visual-portal-wrappers verschoben. Fügen Sie dort hinter das schließende <\div> die folgenden Aufrufe für die Elemente ein:

main_template.pt

```
<div metal:use-macro="here/global_personalbar/macros/ ↩
   personal_bar">
 The personal bar. (log in, logout etc...)
</div>
<div metal:use-macro="here/global_siteactions/macros/ ↩
   site_actions">
Site-wide actions (Contact, Sitemap, Help,
    Style Switcher etc)
</div>
```

Die Navigation ist in einem eigenen Abschnitt beschrieben, da dafür auch ein eigenes Template erstellt werden muss.

Damit ist die Struktur fertig. Sie haben gesehen, dass nur sehr wenig Änderungen am main_template nötig sind, um das Aussehen stark zu verändern. Der Hauptteil der Änderungen wird über CSS eingestellt. Mit diesen Änderungen der Darstellung kann jetzt begonnen werden.

10.3.4 Designanpassungen

Zu den Designanpassungen gehören die Veränderungen an den Templates und die Definition der Stile.

Stilvorlagen

Die meisten Formate sind bereits in einer CSS-Datei definiert. Zuerst muss die Datei ploneCustom.css.dtml aus dem Ordner *plone_styles* in das eigene Skin-Verzeichnis kopiert werden. Vergessen Sie nicht, auch die zugehörige

Metadaten-Datei zu kopieren. An der entsprechenden Stelle im Dokument werden dann die Inhalte der bisherigen CSS-Datei eingefügt.

Einige der Formatanweisungen werden nicht in der CSS-Datei gehalten, sondern in den *base_properties* gespeichert. Auch diese Datei liegt im Verzeichnis *plone_styles*. Kopieren Sie die Datei in das Verzeichnis STStyles und passen Sie die Eigenschaften an die Informationen im Style Sheet an. Sie können aber auch die Werte direkt in die ploneCustom.css.dtml schreiben.

base_properties.props

```
fontFamily:string=Verdana, Arial, Helvetica, sans-serif
headingFontFamily:string=Verdana, Arial, Helvetica, sans ↩
    -serif

fontColor:string=Black
fontBaseSize:string=10pt

linkColor:string=#000000
linkActiveColor:string=#000000
linkVisitedColor:string=#000000
```

Die Schriftart bleibt immer dieselbe. Auch die Textfarbe ändert sich innerhalb der Stile nicht. Um das CSS zu verschlanken und spätere Änderungen an den Stilen zu vereinfachen, wurden diese Attribute in einer Klasse zusammengefasst:

ploneCustom.css.dtml

```
body {
    color: &dtml-fontColor;;
    font-family: &dtml-fontFamily;;
    font-size: &dtml-fontBaseSize;;
    line-height: 14px;
    padding:0;
    margin:0;
    background-color:transparent;
}
```

Einige Parameter haben keinen Wert, sondern rufen DTML-Variablen auf. Der Name dieser Variablen entspricht den Namen der base_properties.

base_properties.props

```
fontFamily:string=Verdana, Arial, Helvetica, sans-serif
fontColor:string=Black
fontBaseSize:string=10pt
```

Der Aufruf einer DTML-Variablen entspricht der Entity-Schreibweise von HTML.

```
&dtml-fontColor;
```

Beachten Sie, dass der Aufruf mit einem Semikolon abgeschlossen wird. CSS benutzt das Semikolon, um eine Anweisung abzuschließen. Deshalb müssen zwei Strichpunkte am Ende der Zeile stehen.

Jetzt können Sie die alten CSS-Klassen vereinfachen, indem Sie alle Elemente aus den Klassen entfernen, die global über die `body`-Klasse definiert sind. Danach ersetzen Sie alle in den base_properties definierten Werte durch den DTML-Variablen-Aufruf.

Die Klasse `#visual-portal-wrapper` ist für den Rahmen um den Darstellungsbereich verantwortlich. Hier werden die Maße definiert.

```
#visual-portal-wrapper{
    width:770px;
    max-width:770px;
    min-width:770px;
    min-height:500px;
    margin:30px auto;
    padding: 30px 60px 80px 60px;
    border: black solid 1px;
    background-image: url(ochsefrei.gif);
    background-position: bottom right;
    background-repeat: no-repeat;
}
```

Die Maße sind der Tabelle der ursprünglichen Seite entnommen. Das Hintergrundbild wird hier als Standard zugewiesen. Im Template wird der Wert aber eventuell überschrieben. Wie das passiert zeigt der nächste Abschnitt.

10.3.5 Das Hintergrundbild

Die verschiedenen Seiten haben unterschiedliche Hintergrundbilder. Das Hintergrundbild ist Bestandteil des Skins, weil es nicht zum Inhalt, sondern zum Design gehört. Aus diesem Grund sollen die Hintergrundbilder im Skin-Verzeichnis gespeichert werden.

Seiten können entweder ein oder kein Hintergrundbild haben, einzelne Hintergrundbilder können für beliebig viele Seiten verwendet werden.

Das schließt dann aber aus, dass es eine statische Anweisung gibt, mit der das Hintergrundbild eingefügt wird. Statt dessen wird eine entsprechende Eigenschaft eingeführt.

Zope kann beliebige Metadaten zu seinen Objekten verwalten. Die Eigenschaft *logoname* aus den base_properties wurde bereits besprochen. Genauso lässt sich eine Eigenschaft *backgroundImage* definieren, in der der jeweilige Bildname gespeichert wird. Diese Eigenschaft wird dann vom Template ausgelesen.

Nachteilig an einer zusätzlichen Eigenschaft ist, dass sie nur über das ZMI gesetzt werden kann. Es ist natürlich lästig, für jede neue Seite die erfasst wird, ins ZMI zu wechseln, um eine neue Eigenschaft einzugeben. Außerdem benötigt der Autor auch Zugriff auf das ZMI, was nicht immer gewünscht

ist. Vorteilhaft ist jedoch, dass Eigenschaften über einen Mechanismus, der
Akquisition genannt wird, vererbt werden. Für dieses Beispiel soll diese Me-
thode ausreichen, für richtige Projekte wird ein Programmierer einen Con-
2.1 tent Type schaffen müssen, der die Auswahl eines Hintergrundbildes über die
Artikelverwaltung innerhalb von Plone zulässt. Die Ableitung von Content
Typen aus Standard-Artikeln wurde durch die Umstellung auf die Archetype-
Content-Types (ATCT) erleichtert. Wie das geht zeigt der Abschnitt 14.1 auf
Seite 247.

Eine neue Eigenschaft wird im ZMI im Reiter *Properties* eines Artikels gesetzt. Sie muss den Namen der Bilddatei tragen. Das Template ruft ein Skript auf, das diese Eigenschaft ausliest und schreibt den Wert dann in das Style-Attribut des Elements.

main_template.pt

```
<div id="visual-portal-wrapper"
 tal:attributes="style string:background-image:url(${here/getBackgroundImage})">
```

Skripte wie `getBackgroundImage` erhalten Sie normalerweise von Ihrem Programmierer. In diesem Fall bekommen Sie es von mir. Speichern Sie den folgenden Code im Verzeichnis *STScripts* unter dem Namen *getBackgroundImage.py*.

getBackgroundImage.py

```
## Script (Python) "getBackgroundImage"
## parameters=
## title=getBackgroundImage

if context.hasProperty('backgroundImage'):
    return context.getProperty('backgroundImage')

return "ochsefrei.gif"
```

10.3.6 Der Navigationsbaum

Zum jetzigen Zeitpunkt ist noch gar kein Navigationsbaum auf der Seite ent-
halten. Er soll sich später dort befinden, wo auf einer Standard-Plone-Site das
2.1 Suchfeld und die Site Actions untergebracht sind.

Der Code für den Navigationsbaum wurde in der Version 2.1 vollständig überarbeitet. Entstanden sind zwei Templates: *portal_skins → plone_portlets → portlet_navigation* und *portlet_navtree_macro*. Dabei wurde der eigentliche Baum aus dem Navigations-Portlet herausgelöst und in ein eigenes Template ausgegliedert. Das andere Template definiert den Standardrahmen eines Portlets und ruft das Makro des Navtree-Templates auf.

Der Vorgang bis zur funktionsfähigen Navigation gliedert sich in folgende Aufgaben:

- Anlegen eines neuen Templates für die Navigation.
- Aufrufen des Templates über das main_template.
- Anlegen der Inhalte-Struktur.
- Anpassen des Verhaltens über die Plone-Konfiguration.
- Anpassen des Aussehens über Templates und CSS.

Die Aufgabe ist nun, die relevanten Teile aus den Templates zu extrahieren und in ein neues Navigations-Template zu übertragen. Dieses Template ruft das zunächst unveränderte Navigations-Makro auf. Das Navigationstemplate muss dann vom main_template aufgerufen werden.

global_navigation.pt

Der schnelle Weg, das neue Template zu erstellen, besteht darin, die Datei *portlet_navigation.pt* unter dem neuen Namen *global_navigation.pt* im eigenen Template-Verzeichnis abzuspeichern und alles, was sich auf Portlets bezieht zu entfernen. Das sind in dem Fall alle Elemente der Definitionsliste. Also die Tags `<dl>`, `<dt>` und `<dd>`. Vergessen Sie nicht die schließenden Tags am Ende der Datei.

Natürlich muss noch das Makro umbenannt werden. Da es sich nicht mehr um ein Portlet handelt, sollte der Name *portlet* nicht mehr verwendet werden. Im Beispiel habe ich den Namen *navigation* verwendet. Der Vollständigkeit halber wird auch der Klassenname der umgebenden Liste in `globalNavigationTree` umbenannt.

global_navigation.pt

```
<div metal:define-macro="navigation"
       i18n:domain="plone"
       tal:omit-tag=""
       tal:define="data python:here.plone_utils. ↩
           createNavTree(here, sitemap=None);">

        <ul class="globalNavigationTree navTreeLevel0">
```

Ein ziemlich großer Abschnitt des Templates beschäftigt sich ausschließlich damit, die Startseite im Menü darzustellen. Da das später nicht gewünscht ist, könnte der erste Listenpunkt gelöscht werden. Im Sinne der Erweiterbarkeit bleibt er aber dort, wo er ist. Da das Verhalten in der Plone-Konfiguration eingestellt werden kann, wird der Punkt im fertigen Dokument nicht auftauchen.

Einige Änderungen sind dennoch notwendig. Später wird der Navigationsbaum keine Liste mehr sein. Deshalb müssen die Listenelemente `<ul>` und `<li>` in neutrale `<div>`-Tags umgeändert werden.

Änderungen am Main-Template

Um das neue Makro in die Seite einzubinden, muss vor dem Logo ein Blockelement eingefügt werden, in das das Navigations-Makro gerendert wird:

main_template.pt

```
<div metal:use-macro="here/global_navigation/macros/ ↩
    navigation">
Die Navigation
</div>
```

Die Namen des Makros und des Templates sind beliebig, aber ich habe mich an der Stelle an die Plone-Konventionen gehalten, globale Templates, also solche, die auf allen Seiten verwendet werden, auch so zu benennen. Wenn Sie jetzt die Seite aufrufen, dann erscheint der Baum bereits auf der Seite. Er belegt allerdings die ganze Breite und sitzt auf der linken Seite, so dass er das Logo verdrängt. Die Anpassungen können Sie über die CSS-Klasse `globalNavigationTree` vornehmen. Mehr zur Optik folgt im Abschnitt 10.3.6.

```
.globalNavigationTree{
     float:right;
     text-align:right;
}
```

Die Inhalte-Struktur

Um herauszufinden, ob sich die Navigation so verhält, wie sie soll, wird zunächst die Verzeichnisstruktur der Site angelegt. Um auch das Untermenü überprüfen zu können, müssen die Verzeichnisse der zweiten Ebene ebenfalls existieren.

Verwenden Sie Verzeichnisse und keine Dokumente. Dadurch, dass es sich um Verzeichnisse handelt, können unterhalb jedes Punktes weitere Seiten angelegt werden. Denken Sie immer an die Erweiterbarkeit. Geht das Stück einmal auf Tour, dann muss irgendwo eine Bühnenanweisung hinterlegt werden. Vielleicht soll das Presseecho einmal veröffentlicht werden...

Anschließend kann das Verhalten eingestellt werden.

Das Verhalten

Die nicht verwendeten Elemente (Members, News, Events) sollten Sie nicht löschen, sondern nur aus der Navigation ausblenden. Wird später doch eine der Funktionen gewünscht, kann sie schnell und einfach reaktiviert werden. Um einen Eintrag aus der Navigation auszuschließen, meldet man sich an der Seite an und wechselt auf die Ansicht *Eigenschaften*. In diesem Formular gibt es dann eine Checkbox *Von Navigation ausschließen*. Den Members-Ordner zu bearbeiten ist nicht ganz so einfach, weil für den Ordner ein Standarddokument eingestellt ist. Um den Ordner selbst zu bearbeiten muss er über *Startseite → Inhalte → Members* ausgewählt werden. Über die Inhalte-Ansicht erreicht man immer die Verzeichnisse, auch wenn ein Standard-Dokument vorhanden ist.

Anschließend werden zwei Ordner angelegt, die ebenfalls nicht in der Navigation erscheinen sollen: *downloads* und *bilder*. Der Ordner *downloads* beherbergt die Dateien zum Download. Das ist derzeit nur eine einzige, nämlich ein PDF unter *Presse → Texte*. Im Hinterkopf sollte man jedoch immer die Erweiterbarkeit haben, so dass es nicht schadet, vorbereitend ein Verzeichnis für dieses und alle kommenden Dateien anzulegen. Der Ordner *bilder* beherbergt die Bilder, die auf den Seiten eingefügt sind und nicht zum Layout gehören. Unter *Presse → Bilder* sind die meisten von ihnen verwendet. Man kann darüber streiten, ob die druckfähigen Bilddateien im Ordner *bilder* oder in *downloads* besser aufgehoben sind. Ich habe mich an dieser Stelle für die erste Möglichkeit entschieden. Die zweite wäre aber genauso logisch und richtig. Wichtig im Content Management ist nur ein durchgängiges Konzept.

Im ZMI sind unter *portal_properties → navtree_properties* weitere Einstellungen zu finden. Der Parameter `includeTop` bestimmt zum Beispiel, ob die Startseite in der Navigation angezeigt wird oder nicht. Eine Beschreibung aller Parameter des Navigationsbaums findet sich im Abschnitt 17.6 auf Seite 331.

Auch wenn der Baum am Ende dieser Arbeiten noch nicht so aussieht, wie er soll, zeigt er jedoch bereits die richtigen Elemente an. Die letzte Phase der Anpassungen beschäftigt sich mit dem Aussehen.

Aussehen

Zwar ist der Navigationsbaum entgegen den Anforderungen des Beispiels noch vertikal angeordnet, aber es gibt schon einige Details, die so sind, wie sie am Ende sein sollen. Ein Beispiel ist die Verwendung der gleichen Stile für den ausgewählten Menüpunkt und den, der gerade mit der Maus überfahren wird.

Die Umsetzung gestaltet sich dennoch nicht ganz einfach. Die Idee, einfach den Baum zu kippen scheitert daran, dass das Untermenü bisher sofort als untergeordnete Liste in das Dokument geschrieben wird. Jetzt muss das aktuelle Untermenü identifizert und gespeichert werden. Erst wenn das gesamte Hauptmenü dargestellt ist, kann dann mit der nächsten Ebene fortgefahren werden.

Im letzten Kapitel ging es um die Veränderung von CSS-Klassen, in diesem Kapitel wurden bisher bestehende Templates modifiziert. Jetzt muss ein neues Template entwickelt werden. Das wird immer dann der Fall sein, wenn es keine passende Vorlage gibt, und je besser Sie sich mit den Template-Sprachen auskennen, desto öfter werden Sie darauf zurückgreifen, weil sich ein Großteil dieser Arbeit grafisch erledigen lässt.

Erstellen Sie mit Ihrem Webeditor ein neues Dokument und speichern Sie es im Templates Verzeichnis unter dem Namen *global_navtree_macro* ab. Dann erzeugen Sie ein Menü, das so aussieht, wie es später auch dynamisch erzeugt werden soll.

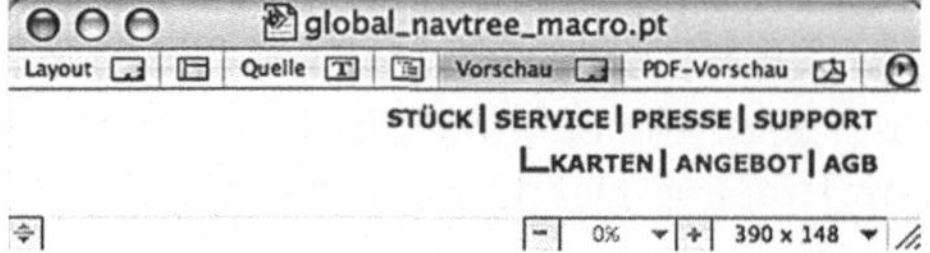

Abb. 10.6. Das spätere Aussehen wird im grafischen Editor bestimmt

Achten Sie darauf, dass alle Elemente nur über CSS-Attribute formatiert werden. Am Besten legen Sie gleich die notwendigen Klassen an. Wenn Sie im Dokumentkopf das Style Sheet *ploneCustom.css.dtml* mit dem Dokument verbinden, dann könnne Sie alle Vorlagen nutzen, die bereits bestehen und die neuen Stile direkt in dieser Datei entwerfen. Der Link zur CSS-Datei bereitet auch später keine Schwierigkeiten, weil er sich außerhalb der Makro-Definition befindet und deshalb bei der Ausgabe nicht sichtbar sein wird. Allerdings werden die DTML-Variablen nur dann expandiert, wenn die CSS-Datei vom Zope-Server geliefert wird. Also binden Sie sie über die Plone-Adresse ein:

global_navtree_macro.pt

```
<link href="http://localhost:8080/sommertheater/ ↩
   ploneCustom.css"
    rel="stylesheet" type="text/css" media="all">
```

Der Abschnitt, in dem die Menüeinträge definiert sind, sieht ungefähr so aus:

global_navtree_macro.pt

```
<div class="NTLevel">
    <span class="NTItem"><a href="#">St&uuml;ck</a>
        </span>
    <span class="NTItem"><a href="#">Service</a></span>
    <span class="NTItem"><a href="#">Presse</a></span>
    <span class="NTItem NTLast"><a href="#">Support
        </a></span>
</div>
<div class="NTLeven">
    <img src="../STImages/eck.gif" />
    <span class="NTItem"><a href="#">Karten</a></span>
    <span class="NTItem"><a href="#" class="NTCurrent">
        Angebot</a></span>
    <span class="NTItem NTLast"><a href="#">AGB</a>
        </span>
</div>
```

Die zugehörigen Stile zeigt das folgende Listing:

ploneCustom.css.dtml

```
.NTLevel {
    text-align: right;
    margin-top: 1ex }

.NTItem {
    font-weight: bold;
    text-transform: uppercase;
    padding-right: 3px;
    padding-left: 0;
    border: none;
    border-right: 2px solid black;}

.NTItem a {
    color: black;
    text-decoration: none }

.NTItem a:hover {
    color: #ab1730 }

.NTCurrent {
    color: #ab1730 !important;
    text-decoration: none !important; }

.NTLast {
    border-right: none }
```

Jede Menüebene wird von einem `<div>`-Bereich umschlossen. Er hat die Klasse `NTLevel`. Die Klasse sorgt für die rechtsbündige Ausrichtung und den Abstand zwischen den Menüebenen.

Die einzelnen Menüeinträge werden von der Klasse `NTItem` formatiert. Die Trennlinie ist ein 2 Pixel breiter Rahmen auf der rechten Seite. Verweise innerhalb eines Menüpunktes werden nicht unterstrichen und schwarz dargestellt, es sein denn, sie werden mit der Maus überfahren (`NTItem a:hover`) oder sind gerade ausgewählt (`NTCurrent`). Damit am Ende einer Zeile keine Trennlinie dargestellt wird, erhalten die letzten Einträge zusätzlich die Klasse `NTLast`.

Jetzt fehlt nur noch der Winkel, der die Ebenen miteinander verbindet. Die Grafik heißt `eck.gif` und muss im STImages-Verzeichnis liegen. Im statischen Entwurf ist es einfach, in einer Zeile den Winkel darzustellen, und in der nächsten nicht. Im Template aber wird die Funktion, die eine Menüebene erzeugt mehrfach aufgerufen. Ob das Winkelelement dargestellt werden soll, oder nicht, muss dann im Einzelfall geprüft werden.

Es ist an der Zeit, dem Template Leben einzuhauchen und dafür zu sorgen, dass die Elemente dynamisch generiert werden. Dabei werden Sie mit vielen Elementen von TAL konfrontiert. Da die Erstellung der TALES-Ausdrücke eine Entwickleraufgabe ist, werden sie nur kurz kommentiert. Wenn Sie auch für die Programmierung zuständig sind, dann können Sie sich im Abschnitt 13.1 auf Seite 213 über TALES informieren.

Als erstes wird der Bereich markiert, der später im aufrufenden Template dargestellt werden soll. Dazu werfen wir noch einen Blick in das aufrufende Template *global_navigation.pt.*

global_navigation.pt

```
<tal:navtree
    define="children python:data.get('children', []);
            level python:1;
            show_children python:True;
            isNaviTree python:True;">
    <metal:main metal:use-macro="here/ ↩
       portlet_navtree_macro/macros/nav_main" />
</tal:navtree>
```

Ändern Sie den Namen des Templates im Aufruf in *global_navtree_macro.* Sie sehen, dass ein Makro `nav_main` aufgerufen wird. Definieren Sie dieses Makro um den Darstellungsbereich einer Navigationsebene.

global_navtree_macro.pt

```
<metal:main define-macro="nav_main">
<div class="NTLevel">
    <span class="NTItem"><a href="#">St&uuml;ck</a>
        </span>
    <span class="NTItem"><a href="#">Service</a></span>
    <span class="NTItem"><a href="#">Presse</a></span>
    <span class="NTItem NTlast"><a href="#">Support
        </a></span>
</div>
</metal:main>
```

Dieses Makro muss nun für jede Menüebene einmal durchlaufen werden. Die Variable `children` enthält alle Menüeinträge der ersten Ebene. Sie müssen der Reihe nach ausgegeben werden. Dazu wird ein Menüpunkt von einer Schleife umgeben und die überflüssigen Dummies aus der Design-Phase werden gelöscht.

global_navtree_macro.pt

```
<metal:main define-macro="nav_main">
<div class="NTLevel">
    <tal:schleife repeat="item children">
    <span class="NTItem">
        <a href="#">St&uuml;ck</a>
    </span>
    </tal:schleife>
</div>
</metal:main>
```

Noch heißt jeder Menüpunkt *Stück*. Das soll sich jetzt ändern. Die Variable `item` repräsentiert in jedem Durchlauf der Schleife einen Menüpunkt. So kann man auf die Eigenschaften zugreifen.

global_navtree_macro.pt

```
<a href="#" tal:attributes="href item/getURL;"
            tal:content="item/Title">
    St&uuml;ck
</a>
```

Jetzt werden die Elemente der ersten Ebene vollständig angezeigt. Die Links sind auch funktionsfähig. Leider sind darunter auch die Elemente, die über das ZMI von der Navigation ausgeschlossen wurden. Die Information ist zwar bereits auf der Seite vorhanden, sie wird aber bisher noch nicht überprüft. Eine weitere Überprüfung ist notwendig, um dem aktuellen Menüpunkt die richtige Klasse zuzuweisen. Bisher sieht man dem Menü noch nicht an, welches Element ausgewählt ist.

global_navtree_macro.pt

```
<span class="NTItem" tal:condition="not: item/no_display">
    <a href="#" tal:condition="item/currentItem"
                tal:attributes="href item/getURL;
                                class string:NTCurrent"
                tal:content="item/Title">
        St&uuml;ck
    </a>

    <a href="#" tal:condition="not:item/currentItem"
                tal:attributes="href item/getURL;"
                tal:content="item/Title">
        St&uuml;ck
    </a>
</span>
```

Damit sieht die erste Ebene fast so aus, wie sie soll. Die senkrechte Linie bleibt einstweilen im Menü.

Möglicherweise fragen Sie sich, welche Variablen noch zur Verfügung stehen. Die folgende Liste enthält eine Übersicht:

Title: Eine Zeichenkette mit dem Titel des Eintrags.
Description: Eine Zeichenkette, mit der Beschreibung des Artikels.
review_state: Der momentane Status des Artikels.
creation_date: Eine Zeichenkette in der Form YYYY-MM-DD hh:mm:ss.
portal_type: Der Artikeltyp des Artikels.
path: Der Pfad relativ zum Portal-Objekt.
getURL: Der URL zum Artikel.
absolute_url: Der URL zum Artikel.

no_display: Der Wert kann *True* oder *False* sein. Er besagt, ob der Eintrag von der Navigation ausgeschlossen ist, oder nicht.
currentItem: *True* oder *False*, je nachdem, ob das Element der gerade aktive Menüpunkt ist.
show_children: Ein Flag, das besagt, ob die Kindelemente des Eintrags angezeigt werden oder nicht.
children: Eine Liste von Untermenüeinträgen. Jeder dieser Einträge hat alle hier beschriebenen Eigenschaften.

Es ist an der Zeit, sich Gedanken um die weitern Menüebene zu machen. Da die Tiefe der Menüstruktur nicht begrenzt ist[3], kann die Darstellung nicht einfach für die nächste Ebene kopiert werden. Statt dessen muss das Makro sich selbst wieder aufrufen. Die Frage ist nur, welche Werte die Parameter bekommen. Als Untermenü wird entweder das Untermenü des aktuellen Eintrags angezeigt, oder das Untermenü, in dem sich der aktuelle Eintrag befindet. Das bedeutet, dass bei jedem Schleifendurchlauf überprüft werden muss, ob das der Fall ist. Handelt es sich um das nächste Untermenü, dann muss das Objekt zwischengespeichert werden. Dazu wird im Kopf eine Variable eingetragen.

global_navtree_macro.pt

```
<tal:init define="global nextLevel nothing" />
```

Die Variable ist zwar initialisiert, aber sie hat noch keinen Wert. Den Wert bekommt sie in einem eigenen Bereich innerhalb des Schleifenkörpers.

global_navtree_macro.pt

```
<tal:nextLevel
    condition="python:(item['currentItem']
                    or item['show_children'])
                   and item['children']">
    <tal:defines define="global nextLevel item/children" />
</tal:nextLevel>
```

Zuletzt muss sich das Template selbst aufrufen. Es erwartet eine Variable `children`, die die Menüeinträge enthält. Deshalb wird der Inhalt von `nextLevel` der Variablen `children` zugewiesen.

global_navtree_macro.pt

```
<div tal:define="children nextLevel"
     tal:condition="children"
     tal:omit-tag="">
 <div metal:use-macro="here/global_navtree_macro/macros/ ↩
     nav_main"
     tal:omit-tag="" />
</div>
```

[3] Tatsächlich ist sie technisch auf eine Tiefe von 100 Ebenen begrenzt. Optisch bekommen Sie schon wesentlich früher Probleme.

Damit ist die Funktion fertiggestellt. Sie ist offen gehalten, was die Tiefe des Menüs angeht. Sie können eine dritte Ebene einführen und sie wird korrekt in der Navigation dargestellt werden.

Jetzt fehlen nur noch zwei kosmetische Korrekturen. Der Winkel am Anfang der unteren Ebenen und die senkrechte Linie am rechten Rand.

Um das Bild selektiv einzublenden, muss eine Variable verwendet werden, die darüber Auskunft gibt, ob man sich in der ersten oder einer tieferen Ebene befindet. Das Template *global_navigation.pt* definiert bereits eine solche Variable. Sie heißt `level`. Sie muss nur bei jedem Durchlauf des Makros aktualisiert werden. Oberhalb der Schleife wird dann das Bild eingesetzt.

global_navtree_macro.pt

```
<img src="eck.gif" tal:condition="python:level>1"/>
.
.
.
<div tal:define="children nextLevel;
                 level python:level+1"
```

Die Linie am Ende lässt sich entfernen, indem die Klasse `NTLast` dynamisch zugewiesen wird.

global_navtree_macro.pt

```
<span class="NTItem"
      tal:condition="not: item/no_display"
      tal:attributes="class python:test(repeat['item']. ↩
         end, 'NTItem NTLast', default)">
```

Das ist allerdings nur die halbe Wahrheit. Die Liste der Menüeinträge enthält ja auch die, die über die Eigenschaften ausgeblendet wurden. Es kann sein, dass ein ausgeblendetes Element weiter hinten in der Liste steht. Dann funktioniert die angegebene Lösung nicht mehr. Um sicher zu gehen kann man ein Skript schreiben, das das Menü zuerst „säubert“ bevor das Makro aufgerufen wird. Das heißt, dass vorab alle unsichtbaren Elemente aus der Datenstruktur entfernt werden.

Die Template-Technologie ist ein sehr mächtiges Werkzeug, es kann aber anfangs auch sehr verwirrend sein. Arbeiten Sie immer in kleinen Schritten und testen Sie diese, bevor Sie den nächsten Abschnitt beginnen. So verlieren Templates sehr schnell ihren Schrecken.

10.4 Die Inhalte

Inhalte in das System einzugeben ist nicht unbedingt das Kerngeschäft des Designers in Plone. In diesem Fall liegen aber die Inhalte bereits vor, so dass sie ja nur 1:1 in das neue System übernommen werden müssen. Es gibt zwei Möglichkeiten, wie das geschehen kann.

1. Bestehende HTML-Dateien werden in das System geladen.
2. Die Inhalte der bisherigen Seiten werden in Standardartikel kopiert.

Da das Layout der einzelnen Seiten sehr stark voneinander abweicht, fällt die Entscheidung zugunsten der ersten Möglichkeit aus. Problematisch ist vor allem die Darstellung der Inhalte in mehreren Spalten, die auch noch von Seite zu Seite in ihrer Breite variieren. Ein solch flexibles Layout in ein Template zu übersetzen ist grundsätzlich möglich, erfordert aber einige Programmierarbeit und ist im Ergebnis wahrscheinlich nicht besonders schnell.

Reicht das Standardtemplate nicht aus, dann besteht weiterhin die Möglichkeit, einzelne Seiten von Hand zu formatieren. Das bedeutet aber nicht, dass der Autor plötzlich HTML-Kenntnisse benötigt. Er kann wie üblich seine Inhalte erfassen und seine Layout-Vorstellungen mit dem Designer absprechen. Die Arbeitsteilung kann erhalten bleiben. Lediglich spätere Änderungen am Inhalt sollten dann vom Designer vorgenommen werden, damit gesichert ist, dass die HTML-Struktur intakt bleibt.

2.1 Eine weitere Möglichkeit ist die Formatierung mit Kupu, dem neuen WYSIWYG-Editor in Plone, der seit der Version 2.1 Verwendung findet. Kupu ist in der Grundeinstellung recht rigiros gegenüber HTML-Attributen. Viele von ihnen werden einfach gelöscht. Aber das ist reine Einstellungssache. Mehr zu Kupu im Abschnitt 17.13 auf Seite 376.

HTML-Dateien laden

Wird ein neuer Artikel angelegt, dann besteht die Möglichkeit, nicht die Formularfelder auszufüllen, sondern eine Datei hochzuladen. Bevor jedoch die alten Dateien dort angegeben werden, müssen sie erst auf den Inhaltsbereich reduziert werden. Also werden alle Elemente bis auf die den Inhalt umgebende Tabelle gelöscht. Die Datei wird neu abgespeichert und kann dann in das System geladen werden. Anschließend müssen Sie aber noch einige Angaben, wie die Tabellenbreite an das tatsächliche Format anpassen. Die Differenzen gegenüber dem Original ergeben sich durch die definierten Innenabstände.

Sind Bilder in dem alten Layout verknüpft, dann müssen diese Bilder natürlich im System vorliegen. Sie können einfach als Bild angelegt und hochgeladen werden. Verlinkt wird später einfach über die ID. Am schnellsten geht das blockweise Anlegen von Bildern über einen FTP-Client, der es erlaubt,

Dateien direkt vom eigenen Dateisystem aus in die Zope-Datenbank zu übertragen. Ihr Administrator weiß, ob ein solcher Zugang möglich ist und gibt Ihnen die Zugangsdaten.

Im Navigationsbaum sieht man nach dem Hochladen beispielsweise der Datei *stueck.htm* in das Verzeichnis *Stück* ein ungewolltes Verhalten.

STÜCK | SERVICE | PRESSE | SUPPORT | RÜCKBLICK | IMPRESSUM | GALERIE
L STUECK.HTM

Abb. 10.7. Die Datei muss dem Verzeichnis noch als Standardseite zugewiesen werden

Die eigentliche Seite wird als Unterobjekt des Stück-Ordners angezeigt. Am Beispiel des Members-Ordners war schon zu sehen, dass ein Verzeichnis mit einem Standarddokument verknüpft werden kann, so dass nicht der Ordnerinhalt angezeigt wird, sondern direkt die Standardseite. Genau diesen Mechanismus macht man sich hier zunutze. Über *Stück* → *Inhalte* erscheint die Liste mit den Unterobjekten. Markiert man die Datei *stueck.htm* und klickt auf *umbenennen*, erreicht man ein Formular, in dem der Titel und der Kurzname neu gesetzt werden können. Ändern Sie den Kurznamen in index_html und den Titel in Stück und speichern Sie die Änderung. Jetzt erscheint die Datei nicht mehr als Unterobjekt in der Navigation und ein Klick auf das Verzeichnis in der Navigation führt direkt zum Standarddokument.

Die Bildergalerie

Die Bildergalerie ist im Original in Form von einzelnen HTML-Seiten und dezidierten Vorschau- und Detailbildern ausgeführt. Dieses Konzept ist natürlich nicht sinnvoll, wenn man über die Möglichkeit der serverseitigen Programmierung verfügt. An dieser Stelle wird deshalb auch ein Produkt verwendet, dass im Kapitel 14.1.8 auf Seite 260 hergestellt wird. Wie man ein Design für solche Zusatzprodukte entwirft behandelt das Kapitel 11 auf Seite 187.

11

Design von Zusatzprodukten

Jede Funktionalität, die über Plones eingebaute Fähigkeiten hinaus geht, wird über Zusatzprodukte realisiert. Wo diese Produkte herkommen ist zweitrangig. Wichtig ist, dass sie als eigenständige Komponenten in eine System eingeführt werden. Und es ist wichtig, diese Eigenständigkeit auch zu bewahren.

In den letzten Kapiteln wurde gezeigt, dass Skins wie Drittanbieterprodukte installiert werden. Aus der Sicht der Designer ist der einzige Sinn dieser Produkte, das Aussehen der Site zu beeinflussen. Das muss nicht der einzige Sinn sein, aber im Grund kann man das so sehen. Andere Produkte haben den Zweck, die Funktionalität von Plone zu erweitern. Das können sie in Form von „unsichtbaren" Fähigkeiten erreichen, oder durch neue, sichtbare Inhaltstypen. Um das Design dieser neuen Inhaltstypen geht es hier.

Dabei muss man unterscheiden, ob es sich um ein Design handelt, das mit dem Produkt verteilt werden soll, oder ob die Darstellung der Artikel des Produkts dem Look der eigenen Site angeglichen werden soll.

11.1 Designanpassung fremder Produkte

Jedes Produkt wird normalerweise mit den nötigen Templates für die Darstellung geliefert. Auch wenn ein fremdes Produkt verwendet wird, soll doch die Gesamtanmutung einer Site über den gesamten Inhalt gleich bleiben. Deshalb werden auch die Templates der Drittanbieterprodukte, zumindest aber die Stile, angepasst.

Mit den Anpassungen, wird das Produkt-Design Teil des eigenen Skins. Dort werden die Dateien auch gespeichert und nicht innerhalb des Zusatzproduktes. Das hat im Wesentlichen zwei Gründe. Zum Einen ist bei Produkten mit Updates zu rechnen. Fehler werden behoben und neue Funktionen hinzugefügt. Ein Update lässt sich einfach installieren. Das alte Produkt wird gelöscht, das neue in das *Products*-Verzeichnis kopiert und Zope neu gestartet. Sind die Templates innerhalb des Produkteverzeichnisses gespeichert, dann muss man diese Dateien erst sichern, und sie nachher auch wieder zurück in den neuen Produktordner verschieben. Der zweite Grund ist die Transportabilität eines Skins. Wenn alle Templates, die zum Design einer Site gehören in einem Verzeichnis gespeichert sind, dann ist es einfach, auf einem anderen

Rechner dieselbe Site aufzusetzen, indem man den Skin auf die neue Instanz überträgt. Danach werden alle Zusatzprodukte installiert und zum Schluss die Datendatei der Objektdatenbank kopiert. Wurden Teile innerhalb eines Produkts geändert, dann ist es nicht mehr egal, ob man sich das Produkt aus dem Internet lädt, oder von der alten Installation nimmt. Problematisch ist, dass man es dem Produktverzeichnis nicht ansieht, ob sich die Dateien darin verändert haben.

Im Skin hat man die Möglichkeit, die Dateien auf die Verzeichnisse des Gesamtdesigns zu verteilen oder in einem eigenen Ordner zu sammeln. Ich empfehle an dieser Stelle aus Gründen der besseren Trennung die zweite Variante. Da es aber oft nur wenige Dateien sind, ist eine gesamte Verzeichnisstruktur, die in Skripte, Bilder, Stile und Templates aufteilt nicht angebracht. Sinnvoll ist in der Regel ein Verzeichnis, in dem alle Dateien gesammelt werden.

Um das Design des Zusatzproduktes vom Design der restlichen Site zu trennen, sollten auch die Stile in einer eigenen Datei gespeichert werden, die im Verzeichnis der geänderten Dateien des Zusatzprodukts liegt und über die CSS-Registry eingebunden wird.

Wenn Sie diese wenigen Regeln beherzigen, dann haben Sie immer eine optimale Trennung zwischen dem Produkt und Ihrem Design, aber auch zwischen dem Design der Site und den zusätzlichen Elementen für weitere Produkte.

11.2 Basisdesign eigener Produkte

Sollen Sie ein Basisdesign für ein Produkt entwerfen, dann sieht das Verfahren änlich aus, wie bei einem Skin für eine Website. Sie legen im Stammverzeichnis des Produkts einen Ordner *skins* an. Je nachdem, mit wie vielen Dateien zu rechnen ist, kann ein Layer ausreichen, es sind aber auch mehrere Verzeichnisse denkbar. Dabei ist wichtig, dass der Name eindeutig ist. Es ist schwer zu garantieren, dass kein anderer Entwickler auf die Idee kommt, einen Layer mit demselben Namen zu installieren. Aber ein sprechender Name mit Ihrem vorangestellten Firmenkürzel ist eine gute Basis.

Produkte sind in der Regel mehrsprachig ausgelegt. Auch wenn Sie keine Übersetzungen anbieten, sollten Sie Benutzern die Möglichkeit geben, die Texte des Produkts selbst zu übersetzen. Dieser Vorgang heißt Internationalisierung. Die Abkürzung hierfür ist *i18n*. Was Sie beachten müssen, um Ihre Produkte für den mehrsprachigen Gebrauch vorzubereiten zeigt der Abschnitt 11.3 auf der nächsten Seite.

Damit sind die Grundbestandteile eines Produkts komplett.

- PRODUKTVERZEICHNIS/
  - __init__.py
  - config.txt
  - content/

- doc/
- Extensions/
  - install.py
- i18n/
- interfaces/
- skins/
  - LAYERNAME

Hinzu kommen noch Python-Quelldateien mit den Klassen, Konfigurationsdateien und weitere Textdateien wie die Lizenzvereinbarung.

Auch hier kommen Sie nicht umhin, Änderungen am ZMI zu protokollieren. Allerdings haben Sie hier weniger Freiheiten. Sie können nicht davon ausgehen, dass jemand, der Ihr Produkt verwendet, globale Einstellungen an seiner Site vornimmt. Die Konfiguration beschränkt sich auf die Installation des oder der Subskins und die Registrierung der Stil- und Skriptdateien über die Plone Registries. Ein weiterer Unterschied ist, dass der Programmierer in diesem Fall zuständig für die programmatische Umsetzung der Konfigurationen zuständig ist und nicht der Administrator.

Es kann aber auch sein, und wenn Ihr Programmierer dieses Buch gelesen hat, dann ist es gar nicht so unwahrscheinlich, dass Sie mit dem neuen Produkt auch schon ein *skins*-Verzeichnis bekommen. Wenn das Produkt mit ArchGenXML[1] erzeugt wurde, dann werden automatisch zwei Subskins angelegt. Der eine heißt so, wie das Produkt, der andere hat die Form `[PRODUKTNAME]_public`. Letzteres erscheint in der Layerliste an einer höheren Position. Es wird vorgeschlagen, die eigenen Templates in das Verzeichnis ohne Zusatz und die abgeleiteten Templates in das *public*-Verzeichnis zu legen. Für überschaubare Projekte spricht aber nichts dagegen, wenn Sie alle Dateien im *public*-Ordner speichern. Im weiteren Verlauf dieses Kapitels gehe ich von der Struktur aus, die ArchGenXML erzeugt.

11.3 Internationalisierung – i18n

Im Dokumentationsbereich der Plone-Homepage existiert eine Anleitung zu diesem Thema mit dem Untertitel *A guide to cultural understanding (and avoiding invasion from those barbarian European hordes)*[2]. Ohne die Wahrscheinlichkeit, von Europäern oder anderen Völkern angegriffen zu werden, bewerten zu wollen, möchte ich Ihnen dennoch dieses Thema ans Herz legen. Das Internet lebt von seiner Grenzenlosigkeit. Mit der Unterstützung mehrerer Sprachen steigern Sie die Bekanntheit des Produkts und treiben die weitere

[1] Bei ArchGenXML handelt es sich um ein Programm, dass aus Diagrammen Quellcode – hier eben ein Produkt – generiert.

[2] Eine Anleitung für kulturelle Verständigung (und um die Invasion dieser barbarischen europäischen Horden zu vermeiden)[16]

Entwicklung des Produkts voran. Der Begriff Internationalisierung fasst dabei alle vorbereitenden Arbeiten zusammen, die die Infrastruktur für spätere Übersetzungen bereit stellen. Die eigentliche Übersetzungsarbeit nennt man Lokalisierung[15]. Sie ist im Abschnitt 11.4 beschrieben.

Diese Teilung macht es möglich, dass Sie nicht entscheiden müssen, in welche Sprachen das Produkt übersetzt werden soll. Sie müssen es auch nicht selber machen. Sie werden kaum die nötigen Sprachkenntnisse haben, Ihr Produkt in alle erdenklichen Sprachen zu übersetzen. Wenn Sie Ihre Produkte entwickeln, dann werden Sie sie sicher oft in deutscher Sprache benötigen. In diesem Fall ist es ratsam, dennoch auf Englisch zu entwickeln und eine deutsche Übersetzung beizulegen. Das erleichtert anderen Übersetzern den Einstieg. Dabei muss Ihr Englisch nicht perfekt sein. Denn auch eine englische „Übersetzung" des englischen Originals ist später möglich.

Die eigentliche Übersetzung geschieht dann wenn die Seite aufgerufen wird. Beim Start von Zope werden alle Übersetzungsdateien in Zopes *translation_service* registriert, um sie später bei Bedarf anzuwenden.

Doch der Reihe nach. Zuerst gestalten Sie Ihre Templates wie gewohnt. Als Beispiel dient hier das Template *simple_photo_base_view* im Produkt *dmoAlbumNG*, das Sie auf der Buch-CD finden können. Das Produkt selbst wurde mit ArchGenXML entwickelt. Bei dem Artikeltyp, den das Template darstellen soll, handelt es sich um eine einfache Erweiterung des eingebauten *Bild*-Typen. Hinzugekommen ist ein Feld für den Fotografen und eines für den alternativen Text. Die Darstellung der relevanten Teile – also das Bild und die Nennung des Fotografen – erstreckt sich auf wenige Zeilen.

```
<h3>Detailansicht eines Fotos</h3>
<img src="" alt=""
     title="Klicken Sie mit der rechten Maustaste auf ↩
         das Bild, um es zu speichern."
     tal:attributes="src string:${here/absolute_url}/ ↩
         image;
                     alt here/altText"/>
Dieses Bild wurde fotografiert von:
 <span tal:omit-tag=""
      tal:content="here/photographer" />
```

Zunächst wird das Bild eingefügt. Der alternative Text wird dynamisch über einen TALES-Ausdruck eingefügt. In der nächsten Zeile steht ein Text, an dessen Ende der Name des Fotografen ebenfalls dynamisch eingefügt wird.

Der Weg bis zum internationalisierten Template besteht aus den folgenden Teilen:

- Identifizieren der sprachabhängigen Bestandteile
- Markierung der sprachabhängigen Bestandteile
- Erzeugen eines Message-Katalogs – einer Liste der zu übersetzenden Zeichenketten in einem bestimmten Format

11.3.1 Identifizieren der sprachabhängigen Bestandteile

Es gibt vier Bestandteile, die in dem Ausschnitt vorhanden sind:

Die Überschrift: Die Überschrift ist Text und somit sprachabhängig. Sie muss bei Bedarf in eine andere Sprache übersetzt werden können.

Das Bild: Bilder sind sprachunabhängig. Sprachabhängigkeiten entstehen jedoch dann, wenn Schrift abgebildet wird. Für die Internationalisierung des Designs ist das Bild jedoch unerheblich. Denn das Bild ist Inhalt. Und sprachabhängige Inhalte werden im Zuge der Lokalisierung übersetzt. Die Lokalisierung von Inhalten ist im Abschnitt 5.3 auf Seite 62 beschrieben. Für Sie ist wichtig, dass Sie die Inhalte von den Designbestandteilen trennen können. Die grobe Faustregel lautet, dass alles, was dynamisch erzeugt wird Inhalt ist und alles, was statisch in ein Template geschrieben wird internationalisiert werden muss, wenn es sprachabhängig ist. Deshalb gehört die statische Überschrift zum Design (sie ist unabhängig vom einzelnen Foto), während wechselnde Bilder im Template dargestellt werden.

Der alternative Text: Auch der alternative Text ist Inhalt. Er ist im Gegensatz zum Bild sprachabhängig, aber ebenfalls das Problem der Inhaltsübersetzer.

Der Text des `title`-Attributs: Dieser Text steht statisch im Dokument und er ist – wie alle Texte – sprachabhängig. Deshalb muss er im Zuge der Internationalisierung behandelt werden.

Der Text: Der beschreibende Text zum Fotografen steht ebenfalls statisch im Dokument und muss bearbeitet werden.

Der Name des Fotografen: Namen sind sprachunabhängig. Die dynamische Generierung weist außerdem darauf hin, dass der Name des Fotografen zum Inhalt gehört.

Von den ohnehin wenigen Bestandteilen, die auf der Seite existieren, muss nur ein Bruchteil bei der Internationalisierung bedacht werden. Diese Gedanken sollte man dann aber sehr gründlich durchdenken.

11.3.2 Markierung der sprachabhängigen Bestandteile

Die Markierung erfolgt über zusätzliche Attribute im Quelltext. Genau wie bei TAL wird ein neuer XML-Namensraum angelegt. Das Vorzeichen hierfür ist *i18n:* Für jede Zeichenkette, die übersetzt werden soll, benötigt man zwei Informationen. Eine Domäne und eine Anweisung, wie die Übersetzung erfolgen soll.

Domäne

Die Domäne beinhaltet Informationen, wo der translation_service die Übersetzungen finden kann. Eine Domäne kann im `html`-Tag eines Dokuments für das gesamte Dokument gesetzt werden. Alle Plone-Templates, auch die, die Sie verändern, bekommen dort die Domäne *plone* zugewiesen:

```
<html xmlns="http://www.w3.org/1999/xhtml" xml:lang="en"
      lang="en"
      metal:use-macro="here/main_template/macros/master"
      i18n:domain="plone">
```

Wenn Teile des alten Templates übersetzt werden müssen, dann ist es auch notwendig, die alte Domänendeklaration im Dokument zu belassen. Statt dessen schreiben Sie in alle Tags, die übersetzt werden müssen, Ihre Domäne direkt hinein. Als Domänennamen wird normalerweise der Produktname verwendet. Zunächst muss also das h3-Tag mit einer Domäneninformation versehen werden.

```
<h3 i18n:domain="dmoAlbumNG">Detailansicht eines Fotos
    </h3>
```

Die Zuweisung einer Domäne gilt auch für die eingeschlossenen Elemente, so dass sie bei geschachtelten Strukturen nicht in jedem Tag neu angegeben werden muss.

Hinzukommt eine Übersetzungsanweisung. Sie hat die Form:

```
i18n:[TYP]="ID"
```

Jede Anweisung wird über das Vorzeichen *i18n:* eingeleitet. Danach folgt einer der Typen, die im Folgenden besprochen werden. Der Attributwert ist die sogenannte *Message ID*. Die Domäne erzeugt einen Namensraum, innerhalb derer die ID eindeutig sein muss. Es ist aber erlaubt, IDs zu verwenden, die auch in der Plone-Domäne oder einer anderen Domäne vorkommen.

translate

Der einfachste Typ ist translate. Die gesamte Zeichenkette wird übersetzt. Das ist der Fall, der für die Überschrift benötigt wird. Außerdem soll die Entwicklung in englischer Sprache erfolgen, weshalb auch der Text im Template gleich ins Englische übertragen wird. Wieso Sie die Texte in den Templates nicht auf Deutsch verfassen sollten, wird später deutlich werden. Damit ist der erste Teil fertig.

```
<h3 i18n:domain="dmoAlbumNG"
    i18n:translate="heading_detail">A photos's detail
        view.</h3>
```

Die Message-ID ist beliebig, sie muss aber innerhalb der Domäne eindeutig sein.

attributes

Über die attributes-Anweisung können Attribute markiert werden.

```
<img src="" alt=""
     title="Right click to save the image."
     i18n:domain="dmoAlbumNG"
     i18n:attributes="title"
     tal:attributes="src string:${here/absolute_url}/ ↩
        image;
                         alt here/altText"/>
```

Der Attributwert trägt im einfachsten Fall den Namen des zu übersetzenden Attributs. Mehrere Attribute können nacheinander durch Leerzeichen getrennt angegeben werden. Außerdem ist es möglich, eine Message ID zu vergeben. Dann hat der Befehl die folgende Form:

```
i18n:attributes="title animage_title; alt animage_alt;"
```

name

Der nächste Textabschnitt, der übersetzt werden muss, ist der einleitende Text vor dem Namen des Fotografen. Es liegt nahe, ihn einfach mit einer `translate`-Anweisung zu versehen:

```
<div i18n:domain="dmoAlbumNG"
     i18n:translate="text_photographer">
    Dieses Bild wurde fotografiert von:
</div>
```

Wenn man sich den Text durchliest, dann fällt auf, dass er nicht abgeschlossen ist. Es fehlt noch der Name des Fotografen. Mit der `translate`-Anweisung kann das nur funktionieren, wenn der Ausdruck immer am Schluss steht. Es ist aber nicht vorhersehbar, ob in jeder Sprache eine entsprechende Konstruktion mit dem nachgestellten Namen möglich ist. Als Faustregel gilt hier, dass immer vollständige Teile übersetzt werden müssen. Der Name gehört also zu diesem Satz dazu. Der dynamische Teil muss dann allerdings als dynamisch markiert werden. Diesen Zweck erfüllt die name-Markierung.

```
<div i18n:domain="dmoAlbumNG"
     i18n:translate="text_photographer">
   Dieses Bild wurde fotografiert von:
   <span i18n:name="photographer"
         tal:omit-tag=""
         tal:content="here/photographer" />
</div>
```

Der Übersetzer hat nachher die Möglichkeit, den dynamischen Block an eine beliebige Stelle innerhalb seines Übersetzungstextes einzufügen. Damit kann auch der deutsche Text etwas gefälliger gestaltet werden:

```
<div i18n:domain="dmoAlbumNG"
     i18n:translate="text_photographer">
   The picture was taken by
```

```
    <span i18n:name="photographer"
          tal:omit-tag=""
          tal:content="here/photographer" />
    aufgenommen.
</div>
```

Der Text muss jetzt aber noch ins Englische übersetzt werden, da dies die Basissprache des Templates ist.

```
<div i18n:domain="dmoAlbumNG"
     i18n:translate="text_photographer">
    This picture was taken by
    <span i18n:name="photographer"
          tal:omit-tag=""
          tal:content="here/photographer" />.
</div>
```

Kombinierte Anwendung

Die Angabe des Fotografen ist bei dem Artikeltyp kein Pflichtfeld. Das bedeutet, dass auch damit gerechnet werden muss, dass `here/photographer` kein Ergebnis liefert. Das würde aber einen unvollständigen Satz ergeben. Natürlich ließe sich der ganze Abschnitt in diesem Fall ausblenden, aber der Problemvermeidung soll hier die Problemlösung vorgezogen werden. Falls kein Fotograf bekannt ist, soll der Satz sinnvoll ergänzt werden.

```
<div i18n:domain="dmoAlbumNG"
     i18n:translate="text_prephotographer">
    This picture was taken by
    <span i18n:name="photographer"
          tal:omit-tag=""
          tal:content="python:test(len(here.photographer) ↩
              >0, here.photographer, default)">
       an unknown artist
    </span>.
</div>
```

Mit dieser Konstruktion wird der Fotograf eingesetzt, wenn er vorhanden ist, ansonsten wird der ursprüngliche Text angegeben. Dieser Standardtext ist sprachabhängig und statisch im Template verankert. Das bedeutet, dass auch er übersetzt werden muss. Statischer Text wird wie gehabt über die `translate`-Anweisung markiert.

```
<div i18n:translate="text_photographer"
     i18n:domain="dmoAlbumNG">This picture was taken by
     <span i18n:name="photographer"
           tal:content="python:test(len(here. ↩
               photographer)>0, here.photographer, ↩
               default)">
```

```
            <span i18n:translate="unknown_photographer"
                  tal:omit-tag="">an unknown artist
            </span>
        </span> .
</div>
```

Sie sehen, dass die Übersetzung selbst einfacher Zeichenketten ein methodisches Vorgehen verlangt. Markieren Sie alle statischen, sprachabhängigen Bestandteile mit `translate`. Vergeben Sie für alle dynamischen Elemente einen Namen mit der `name`-Anweisung und übersetzen Sie sprachabhängige semidynamische Elemente zusätzlich mit `translate`.

11.3.3 Den Message-Katalog erstellen

Ist das Template komplett bearbeitet, muss der Message-Katalog erzeugt werden. Dafür wird das Zusatzprogramm *i18ndude* benötigt. Die Installation ist im Abschnitt 16.4.4 auf Seite 312 beschrieben.

Um den Message-Katalog zu erstellen führen Sie auf Unix-Systemen folgenden Befehl in einem Terminal aus:

```
cd PFAD/ZUM/PRODUKT/
i18ndude rebuild-pot --pot i18n/dmoAlbumNG.pot --create ↩
    dmoAlbumNG skins/
```

Zuerst wechseln Sie mit `cd` in das Stammverzeichnis Ihres Produkts. Das ist notwendig, weil die angegebenen Pfade sonst nicht gefunden werden.

Dann rufen Sie das Programm i18ndude auf. Die Parameter bedeuten:

`rebuild-pot`: Erzeuge eine neue *pot*-Datei. Pot ist die Dateiendung der Message-Kataloge.

`--pot i18n/dmoAlbumNG.pot`: Die neue Datei soll im Verzeichnis *i18n* angelegt werden und den Namen *dmoAlbumNG.pot* bekommen.

`--create dmoAlbumNG`: Die Datei gilt für die i18n-Domäne *dmoAlbumNG*.

`skins/`: Analysiere alle Templates und Python Skripte im angegebenen Verzeichnis. Anstelle eines Verzeichnisses kann auch eine Liste der einzelnen Dateien angegeben werden, aber normalerweise reicht es aus, das *skins*-Verzeichnis anzugeben.

Tritt ein Fehler auf, dass der Befehl unbekannt ist, dann ist der Speicherort der Datei nicht im Anwendungspfad enthalten. Entweder geben Sie den ganzen Pfad an, oder Sie fragen Ihren Administrator um Rat.

War der Programmlauf erfolgreich, dann wechseln Sie in das Verzeichnis *i18n*. Dort sollte jetzt eine Datei mit dem angegebenen Namen existieren. Möglicherweise gibt es noch eine andere Datei. Bei Produkten, die mit ArchGenXML erzeugt wurden, heißt sie *generated.pot*, bei manuell programmierten Produkten oft *manual.pot*. Diese Dateien enthalten die sprachabhängigen Zeichenketten die im Python-Code verwendet werden. Der folgende Befehl importiert die Inhalte der Datei *generated.pot* in den eben erstellten Message-Katalog *dmoAlbumNG.pot.*

```
i18ndude merge --pot dmoAlbumNG.pot --merge generated.pot
```

Jetzt können Sie die Datei öffnen und Informationen im Dokumentkopf eintragen. Achten Sie darauf, dass die angegebene Domäne stimmt. Nach den Kopfinformationen kommt die Auflistung der Einträge. Sie haben immer dieselbe Form.

```
#. Default: "Right click to save the image."
#: skins/dmoAlbumNG_public/simple_photo_base_view.pt
msgid "Right click to save the image."
msgstr ""
```

`#. Default:` Die erste Zeile zeigt den Text an, der übersetzt werden muss.

`#:` Die nächste Zeile zeigt an, in welcher Datei dieser Text verwendet wird. Für jede Datei existiert eine solche Zeile.

`#, fuzzy` Jeder Eintrag kann als *fuzzy* gekennzeichnet werden. Das sollte immer dann gemacht werden, wenn man nicht sicher ist, ob die Übersetzung optimal ist. Das wird allerdings nicht in den *pot*-Dateien verwendet, sondern in den einzelnen Sprachdateien.

`msgid` Die ID, die in den `translate`- oder `name`-Anweisungen vergeben wurde.

`msgstr` Hier kommt die Übersetzung hin. Allerdings wird nicht die *pot*-Datei übersetzt. Wie man einzelne Sprachdateien anlegt wird anschließend erklärt.

11.4 Lokalisierung – i10n

Nachdem es bisher nur um vorbereitende Arbeiten ging, um Übersetzungen zu ermöglichen, werden jetzt die ersten zwei Sprachdateien, die mit dem Produkt ausgeliefert werden sollen, erzeugt. Die Dateien, in denen die Übersetzungen stehen, werden nach einem bestimmten Schema benannt:

```
DOMÄNENNAME-SPRACHCODE.po
```

Zunächst müssen die beiden Dateien erstellt werden. Dazu können Sie ein Terminal benutzen.

```
cd PFAD/ZUM/PRODUKT/i18n/
touch dmoAlbumNG-de.po
touch dmoAlbumNG-en.po
i18ndude sync --pot dmoAlbumNG.pot dmoAlbumNG-de.po ↩
    dmoAlbumNG-en.po
```

i18ndude gleicht die Inhalte der *po*-Dateien mit den Einträgen des Message-Katalogs ab. Das müssen Sie immer für alle Sprachdateien wiederholen, wenn sich sprachabhängige Elemente auf den Templates verändern.

Nachdem die Dateien erstellt sind, kann die Übersetzung beginnen. Zunächst muss die richtige Sprache im Dokumentkopf eingetragen werden.

```
"Language-Code: de\n"
"Language-Name: German\n"
```

Danach wird jeder einzelne Eintrag übersetzt.

```
#. Default: "Right click to save the image."
#: skins/dmoAlbumNG_public/simple_photo_base_view.pt
msgid "Right click to save the image."
msgstr "Rechts klicken um das Bild zu speichern."
```

Dynamische Bestandteile erscheinen als Variable `${VARIABLENNAME}`. Sie bleiben auch in der Übersetzung unverändert erhalten, können dort aber an einer beliebigen Stelle platziert werden.

Sind die dynamischen Bestandteile ebenfalls sprachabhängig, dann findet sich im Message-Katalog auch ein Eintrag für diese Übersetzung.

```
#. Default: "an unknown artist"
#: skins/dmoAlbumNG_public/simple_photo_base_view.pt
msgid "unknown_photographer"
msgstr "einem unbekannten K&uuml;nstler"
```

Die englische Übersetzung geht in diesem Fall noch einfacher. Dort kopieren Sie einfach die Default-Texte und markieren sie als fuzzy:

```
#. Default: "Right click to save the image."
#: skins/dmoAlbumNG_public/simple_photo_base_view.pt
#, fuzzy
msgid "Right click to save the image."
msgstr "Right click to save the image."
```

Wenn man sich die Dateien ansieht, dann wird deutlich, weshalb die ursprüngliche Sprache Englisch sein sollte. Der Übersetzer orientiert sich an den Originaltexten. Und vielfach wird es so sein, dass der Übersetzer zwar Englisch, nicht aber Deutsch kann.

Dieses Kapitel hat gezeigt, dass Templates mit relativ geringem Aufwand für die Mehrsprachigkeit ausgerüstet werden können. Die wenigen Prinzipien, die es dabei zu beachten gilt, werden sehr schnell verinnerlicht. Da der Quelltext aber ein bisschen unübersichtlich wird, ist es ratsam, zuerst die einsprachige Entwicklung abzuschließen und dann die Elemente nachzurüsten.

Teil III

Programmierung

12

Werkzeuge

Wer sich dafür entscheidet, seine Webanwendungen auf einem Applikationsserver zu entwickeln, der ist es Leid, dieselbe Infrastruktur immer wieder aufs Neue in seine Produkte zu integrieren, möchte das Rad nicht immer neu erfinden müssen. Zope stellt viele alltägliche Funktionen bereit, dazu Schnittstellen, die Erweiterungen unterstützen. Plone ist eine Implementierung für einen Anwendungsfall – ein Portal. Darauf lassen sich schnell neue Anwendungen aufbauen. Plone ist nicht nur das Rad, das später auf der Straße rollt. Es ist ein komplettes Fahrzeug, das richtig gefahren werden muss. Das hat Zope und Plone den Ruf eingebracht, schwer erlernbar zu sein. Es bietet aber einen großen Satz an modernen Entwicklungskonzepten und Methoden. Wie man lenkt, beschleunigt und schaltet erfahren Sie in den folgenden Kapiteln.

Gerade weil Plone eine so komplexe Anwendung ist, kommt man in den wenigsten Fällen mit einem einfachen Texteditor aus. Spezielle Werkzeuge sind hier vorzuziehen. Darüberhinaus muss man bestimmte Kenntnisse mitbringen, um die Möglichkeiten, die Plone bietet voll auszunutzen.

Die verwendete Programmiersprache ist Python. Sie sollten sich damit vertraut machen, bevor Sie anfangen für Zope und Plone zu programmieren. Ich persönlich teile die Auffassung vieler Python-Programmierer nicht, dass es sich um eine besonders einfache und intuitive Sprache handelt. Allein schon weil unsichtbare Zeichen wie Leerzeichen und Tabulatoren eine Bedeutung haben können. Und unsichtbare Fehler sind erfahrungsgemäß schwerer zu finden, als sichtbare. Weiter ist Python nur schwach typisiert und bietet keine Möglichkeiten der Kapselung. Deshalb empfehle ich Ihnen, falls Sie noch kein Python-Kenner sind, die Fallstricke zunächst in interaktiven Sessions oder in Standalone-Anwendungen kennen zu lernen.

Die Verwendung dieser Programmiersprache zu erklären, würde den Rahmen dieses Buches sprengen, so dass Kenntnisse in der Programmiersprache vorausgesetzt werden. Sie sollten sich auf der Plone-Oberfläche auskennen und wissen, wo Sie die Konfigurationsseiten von Plone und Zope finden. Begriffe wie *Portlet* oder *Content View* sollten Sie schon einmal gehört haben. Ansonsten ist der Abschnitt 2 auf Seite 9 hilfreich. UML-Grundkenntnisse sind von

Vorteil. Das nötige Vokabular wird aber auch noch im Abschnitt 12.2.1 auf Seite 204 eingeführt.

Um die Beispiele nachvollziehen zu können, benötigen Sie eine Plone-Installation mit Manager-Befugnissen. Für die Python-Programmierung empfiehlt sich eine integrierte Entwicklungsumgebung. Zwei dieser Produkte werden im Abschnitt 12.1 mit ihren spezifischen Vor- und Nachteilen kurz genannt. Stattdessen können Sie natürlich auch den Python Debugger *pdb* verwenden. Die Produktentwicklung wird mit Hilfe von UML-Diagrammen und dem Code-Generierungstool ArchGenXML beschrieben. Die Installation von ArchGenXML wird im Abschnitt 16.4.7 auf Seite 313 erklärt. Mehr zu der im Buch verwendeten UML-Software *Poseidon* steht im Abschnitt 12.2.2.

12.1 Python

Besonders wichtig für die komponentenorientierte Programmierung ist die Verwendung der objektorientierten Eigenschaften von Python. Python Code kann aber auch in Page Templates verwendet werden, den sogenannten TALES-Ausdrücken, die im Abschnitt 13.1 auf Seite 213 beschrieben werden. Für die schnelle Fehlersuche kann der Python Debugger *pdb* verwendet werden. Für die eigentliche Entwicklung, bei der man Programmcode schreiben muss, Aufrufe fremder Module verwendet und im Debugger einen schnellen Überblick über die wichtigen Parameter benötigt, empfiehlt sich eine integrierte Entwicklungsumgebung. Zwei Programme sind dabei für die Plone-Entwicklung besonders interessant, weil sie plattformunabhängig sind und über spezielle Funktionen für die Plone-Entwicklung verfügen.

12.1.1 WingIDE

WingIDE wird von der Firma Wingware (*wingware.com*) hergestellt und vertrieben. Angeboten wird das Programm in zwei Versionen mit unterschiedlichem Funktionsumfang. Entwickler nicht-kommerzieller Open Source Software erhalten gegen Nachweis eine kostenlose Version. Eine Testversion kann von der Seite des Herstellers heruntergeladen werden.

WingIDE verfügt über einen Quellcode-Editor mit automatischer Vervollständigung, Syntax Coloring und Fehleranzeige. Der Debugger der Professional-Version hat alle notwendigen Funktionen. Der Support von Wingware ist überdurchschnittlich gut. Die Plone- und Zope-Entwicklung wird über ein mitgeliefertes Zusatzprodukt unterstützt, über das der WingIDE-Debugger an den Zope-Server angekoppelt werden kann.

Für die Beispiele in diesem Buch wird WingIDE verwendet.

Allerdings lassen sich nicht alle Anwendungsfälle damit bearbeiten. So ist es nicht möglich, Page Templates zu debuggen. Nur Python-Dateien, die im Filesystem vorliegen werden vom Debugger erfasst. Insgesamt könnte das Programm – zumindest auf dem Mac – etwas flüssiger laufen.

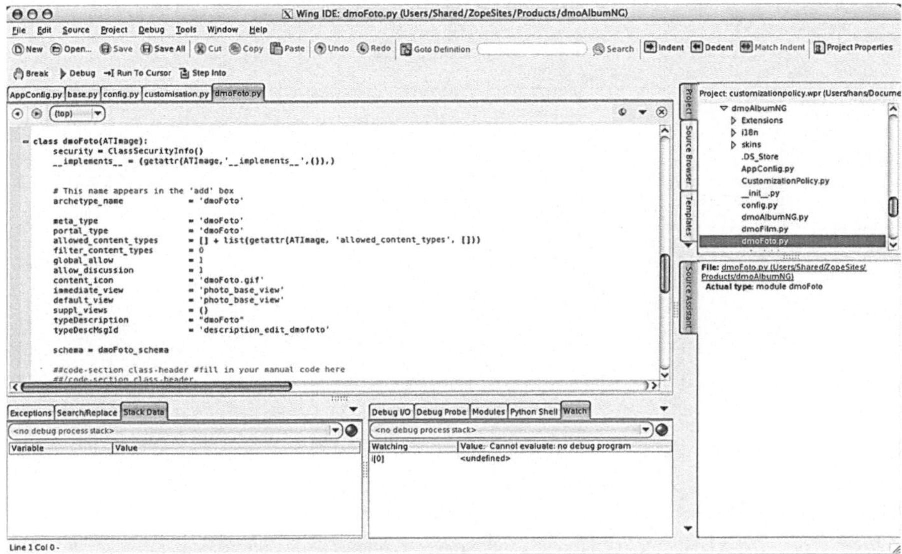

Abb. 12.1. WingIDE läuft auf MacOS X unter X11

12.1.2 Boa Constructor

Boa Constructor ist eine Open Source IDE, die derzeit in der Version 0.4.4 alpha vorliegt[1]. Der Link auf der Homepage[2] spricht zwar noch von der Version 0.2.3, verweist aber auf die neueste Version.

Boa bietet eine direkte Schnittstelle zum Zope-Server, über die Objekte innerhalb von Zope direkt angelegt werden können. Außerdem können Variablenwerte von Page Templates abgefragt werden. Die Versionsnummer lässt darauf schließen, dass die derzeitige Version noch nicht für den produktiven Betrieb empfohlen wird. Dennoch zeigt Boa Constructor einige interessante Ansätze. Es lohnt sich, die Entwicklung im Auge zu behalten.

12.2 UML

UML – die Unified Modelling Language – ist eine grafische Notation für objektorientierte Systeme. Das Besondere daran ist das sogenannte *Forward Engineering*, bei dem aus den UML-Diagrammen Programmcode in verschiedenen Sprachen erzeugt werden kann. Für verschiedene Beispiele wird zunächst ein UML-Modell erzeugt. Die Diagrammtypen, die für die Plone-Programmierung wichtig sind, beschreibt der folgende Abschnitt. Wenn Sie die UML bereits kennen, können Sie ihn getrost überspringen.

[1] Stand 18.01.2006

[2] *http://boa-constructor.sourceforge.net/*

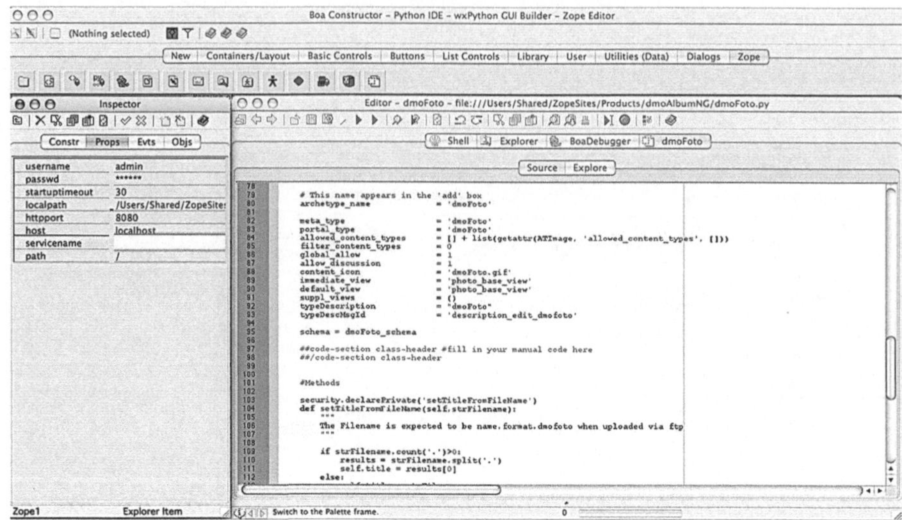

Abb. 12.2. Boa Constructor basiert auf wxPython

12.2.1 UML in zehn Minuten

Die Vorstellung ist verlockend. Man malt ein Bild, drückt auf einen Knopf und hinten kommt eine fertige Software heraus. Ganz so einfach ist es aber nicht. Und deshalb bitte ich auch darum, die Überschrift nicht allzu wörtlich zu nehmen.

Von den zahlreichen Diagrammtypen, die die UML kennt, sind für die automatische Code-Generierung nur zwei von Belang. Und nur diese zwei werde ich hier erklären. Die anderen Diagrammtypen haben zwar keinen Einfluss auf den entstehenden Programmcode, dennoch kann Ihre Software davon profitieren, wenn Sie sich mittels anderer Diagramme über weitere Aspekte Ihres Programms Gedanken machen. Wenn Sie mehr über die UML wissen wollen, dann finden Sie ein reiches Angebot an Fachliteratur dazu.

Die UML ist ein Werkzeug, das nicht in erster Linie das Ziel hat, dem Programmierer Tipparbeit zu sparen. Es ist eine Methode um Software zu entwerfen, die streng an den Prinzipien der Objektorientierung ausgerichtet ist. Da man gezwungen ist, die Objekte eindeutig zu identifizieren und sie gegenüber anderen Objekten abzugrenzen, entsteht Software, die modular aufgebaut ist, und deren Bestandteile sich für die Wiederverwendung eignen. Deshalb ist eine modellbasierte Entwicklung auch dann vorteilhaft, wenn kein Zeitvorteil durch die automatische Code-Generierung zu erwarten ist.

Die UML unterscheidet zwei grundsätzliche Arten von Diagrammen. Statische Diagramme beschreiben den Aufbau eines Systems auf einer beliebigen Abstraktionsebene. Dynamische Diagramme zeigen Abläufe und Vorgänge des laufenden Systems. Im Folgenden werden das statische Klassendiagramm und das dynamische Zustandsdiagramm erklärt. Klassendiagramme zeigen die

Komponentenstruktur des Programms, mit Zustandsdiagrammen modelliert man Workflows.

Klassendiagramm

Klassendiagramme beschreiben die Objekte und ihre Beziehungen zueinander. Sie werden in Plone für die Entwicklung von Inhalstypen verwendet.

Klasse

Eine Klasse wird durch ein Rechteck symbolisiert. Dieses Rechteck ist in drei Teile unterteilt.

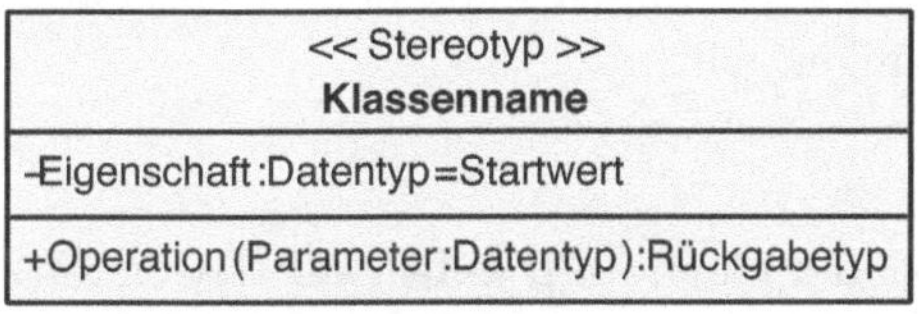

<< Stereotyp >> **Klassenname**
-Eigenschaft:Datentyp=Startwert
+Operation(Parameter:Datentyp):Rückgabetyp

Abb. 12.3. Darstellung einer Klasse mit ihren Standardelementen

Jede Klasse hat einen Namen. Ist der Name kursiv gesetzt, dann heißt das, dass von dieser Klasse keine Instanzen erzeugt werden können. Die Klasse ist *abstrakt.* Oberhalb des Klassennamens stehen optionale Stereotypen. Sie sind von doppelten, spitzen Klammern umschlossen. Ein Stereotyp beschreibt die Art der Klasse. Klassen können zum Beispiel als <<Singleton>> oder <<Facade>> gekennzeichnet werden, um das realisierte Entwurfsmuster zu spezifizieren. Der Stereotyp <<Table>> kann anzeigen, dass es sich um eine Datenbanktabelle handelt. Es lassen sich beliebige Stereotypen anlegen. Für Plone sind eigene Stereotypen definiert, die an den entsprechenden Stellen behandelt werden.

Im zweiten Bereich stehen die Eigenschaften der Klasse. Sie werden auch Attribute genannt. Attribute haben einen Namen, einen Datentyp, einen optionalen Startwert und eine Sichtbarkeit. Für die Plone-Entwicklung ist der Datentyp nachrangig, weil es sich bei Python um eine nicht typisierte Sprache handelt. Dennoch sollten Sie immer einen sinnvollen Wert angeben. Die Sichtbarkeit ist durch ein Symbol vor dem Attribut spezifiziert. Es gibt die Werte public (+), private (-), protected (#) und package (~). Wichtig für die Plone-Entwicklung sind public und private. Öffentliche Elemente sind zugänglich, auf private Elemente können nur die Methoden der Klasse selbst zugreifen.

Im dritten Bereich stehen die Methoden, auch Operationen genannt. Außer dem Namen enthält die Methodendeklaration für jeden Parameter den Namen und den Typ sowie den Datentyp des Rückgabewertes.

Die einzelnen Elemente einer Klasse können entweder im Diagramm selbst editiert werden, UML-Programme bieten aber immer auch eine Möglichkeit, die Werte über eine grafische Oberfläche einzustellen.

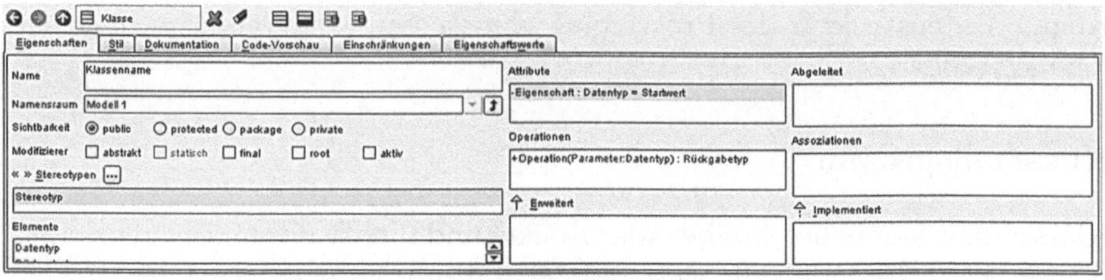

Abb. 12.4. Klasseneigenschaften in Poseidon for UML

Neben den Eigenschaften kann jedes Element auch dokumentiert werden. Das gilt für Klassen, aber auch ihre Attribute und Operationen. Ebenfalls sehr wichtig ist der Reiter Eigenschaftswerte. Im Englischen heißen sie *tagged values*. ArchGenXML definiert eine Vielzahl Plone-spezifischer Eigenschaftswerte, auf die später detailliert eingegangen wird.

Schnittstelle

Schnittstellen oder *Interfaces* symbolisieren einen nach außen sichtbaren Satz an Operationen. Wenn eine Klasse ein Interface *realisiert*, dann muss sie die Methoden der Schnittstelle implementieren.

Abb. 12.5. Eine Schnittstelle in der Klassennotation

Ein Interface sieht ähnlich aus wie eine Klasse, mit dem Unterschied, dass die Attribute fehlen. In der Klassennotation werden Interfaces mit dem Stereotypen `<<interface>>` markiert.

Paket

Pakete sind Organisationseinheiten, in denen Klassen zusammengefasst werden können. Klassen werden in Python zu Modulen und Pakete zu Packages. Auf diese Weise können Sie umfangreiche Projekte sinnvoll aufteilen.

Generalisierung

Die Ableitung von Eigenschaften und Methoden aus einer Elternklasse nennt man Vererbung. Dabei werden die abgeleiteten Klassen immer spezieller. Umgekehrt dagegen sind die Elternklassen allgemeiner oder genereller. Deshalb spricht man je nach Betrachtungsrichtung von Spezialisierung oder Generalisierung.

Beziehungen zwischen mehreren Elementen werden in der UML durch verschiedene Pfeilsymbole verdeutlicht. Die Generalisierung ist eine durchgezogene Linie mit einer geschlossenen, leeren Pfeilspitze.

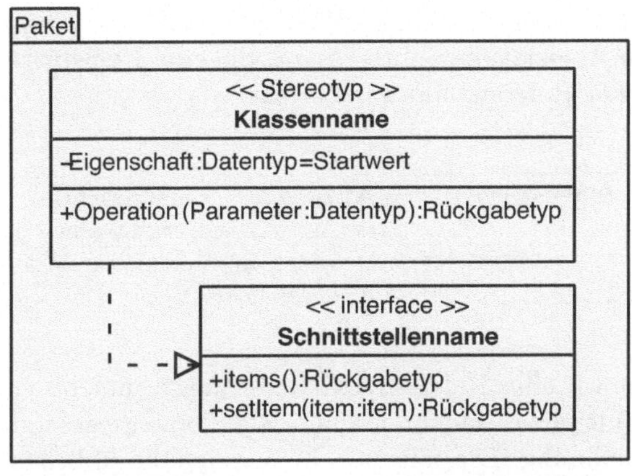

Abb. 12.6. Pakete fassen Klassen zusammen

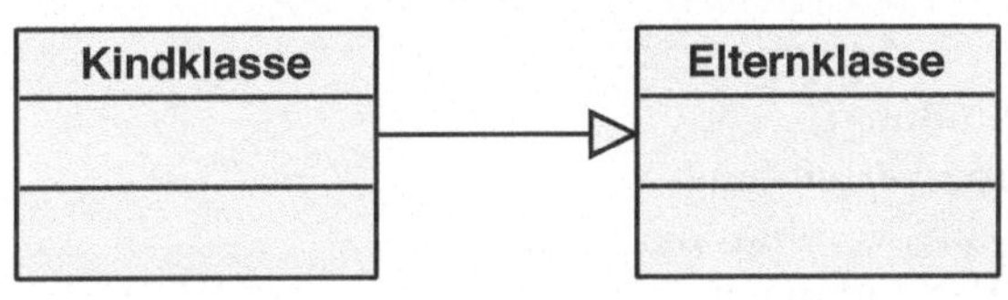

Abb. 12.7. Generalisierung: Der Pfeil zeigt zur Elternklasse

Realisierung

Implementiert eine Klasse die Methoden einer Schnittstelle, dann spricht man von einer Realisierung. Als Symbol kommt eine gestrichelte Linie mit einer geschlossenen, leeren Pfeilspitze zum Einsatz.

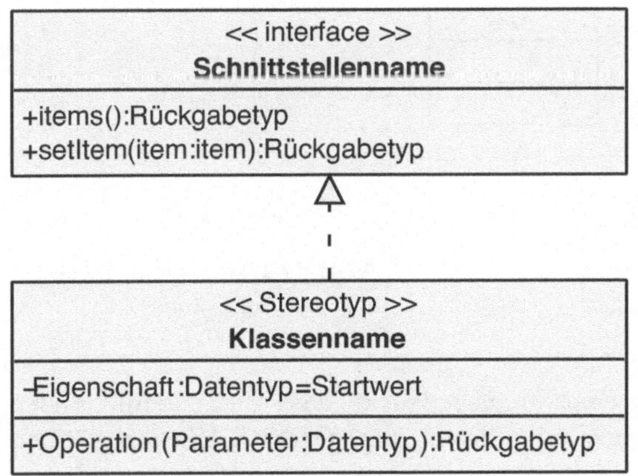

Abb. 12.8. Die Klasse realisiert die Schnittstelle

Assoziation

Eine Assoziation symbolisiert eine Beziehung zwischen zwei Elementen. Die Art dieser Beziehung kann näher bezeichnet werden. Eine Assoziation kann an keinem, einem oder an beiden Enden eine geöffnete Pfeilspitze aufweisen. Für die Plone-Entwicklung sind die Assoziationen interessant, die eine Pfeilspitze haben. Sie werden später zu einer Referenz auf das Objekt.

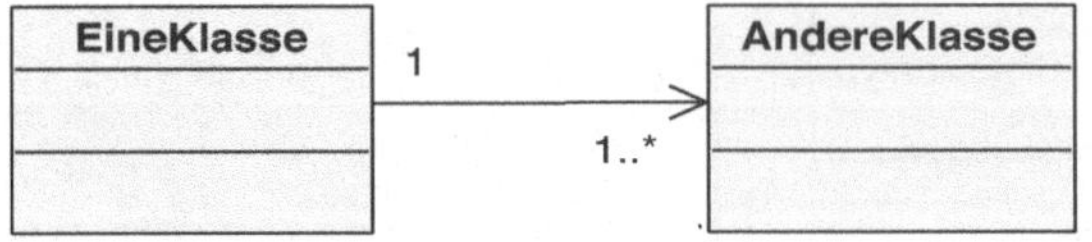

Abb. 12.9. Eine gerichtete Assoziation ergibt eine Referenz in EineKlasse zu AndereKlasse

Die Multiplizität bestimmt, ob eine Referenz existieren muss und ob es mehr als nur eine geben darf. Multiplizitäten können für viele Elemente gesetzt werden. Hier sind sie aber sehr häufig. Die folgende Liste zeigt die üblichen Werte:

`1`: Es existiert genau eine Verbindung.
`0..1`: Es existiert höchstens eine Verbindung.
`1..*`: Es existiert mindestens eine Verbindung.
`*`: Es existieren beliebig viele Verbindungen.

Aggregation

Bei einer Aggregation wird angezeigt, dass ein Ganzes aus mehreren Teilen besteht. Das Symbol ist eine leere Raute am Ende des Ganzen. Auch hier können Multiplizitäten angegeben werden.

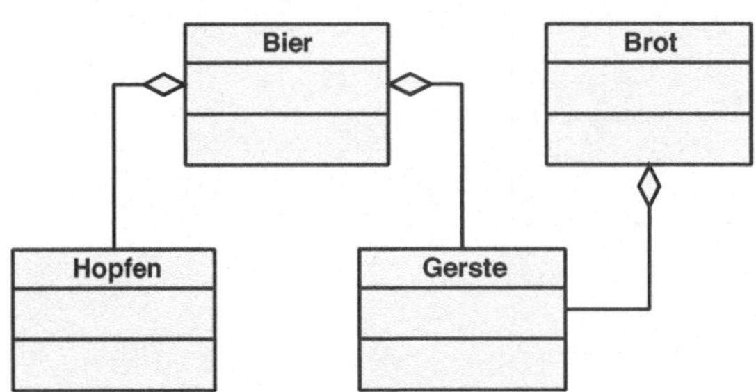

Abb. 12.10. Viele Teile ergeben ein Ganzes

In Plone wird mit einer Aggregation ausgedrückt, dass die Teile im Ganzen enthalten sein können. Das Ganze wird damit zum Ordner. Klassen können Teile beliebig vieler Aggregate sein.

Komposition

Eine Komposition ist ein Sonderfall einer Aggregation. Hier können die Teile nicht ohne das Ganze existieren. Das Symbol ist eine ausgefüllte Raute am Ende des Aggregats.

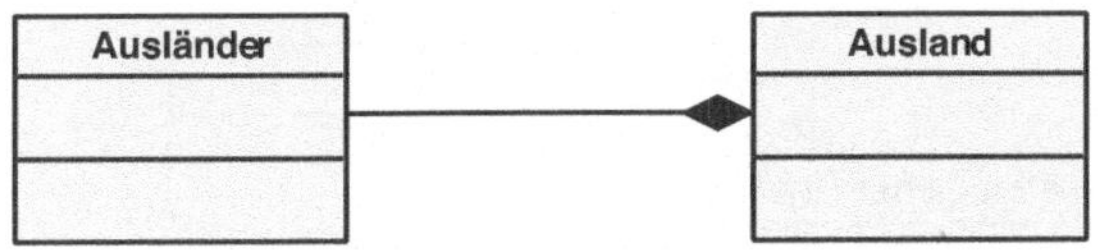

Abb. 12.11. Die einzelnen Teile können nicht außerhalb der Komposition existieren

Das sind bereits alle relevanten Elemente der Klassendiagramme. Diese Klassendiagramme werden verwendet, wenn es darum geht, Komponenten zu entwickeln.

Zustandsdiagramm

Zustandsdiagramme zeigen die verschiedenen Zustände, die ein System durchlaufen kann. In der Plone-Entwicklung werden mit Zustandsdiagrammen Workflows modelliert.

Zustand

Ein Zustand ist eine andauernde Situation, die sich erst durch ein Ereignis wieder ändert. Ein Ereignis führt zu einem Übergang, der in einen anderen Zustand mündet. Zustandsdiagramme können linear ablaufen, sich verzweigen oder kreisförmig verlaufen.

Das UML-Symbol für einen Zustand ist ein Rechteck mit abgerundeten Ecken. Der Ursprung eines Zustandsdiagramms ist immer ein Startzustand. Es gibt immer genau einen Startzustand. Das UML-Symbol für den Startzustand ist ein ausgefüllter Kreis. Im Gegensatz dazu kann es mehrere Endzustände geben. Endzustände werden durch einen ausgefüllten Kreis mit einem Rahmen dargestellt.

Abb. 12.12. Verschiedene Notationen für Zustände

Sie können einen Startzustand als Startzustand für Plone definieren. Das unterscheidet sich von der üblichen Verwendung der Startzustände als *Pseudozustand*, der durch einen Übergang sofort zum ersten richtigen Zustand überleitet. Ich empfehle Ihnen, auch für den Startzustand einen normalen Zustand zu verwenden. Endzustände werden für die Plone-Entwicklung nicht verwendet. Auch für die Endzustände werden normale Zustände verwendet.

Übergang

Zustände werden durch Übergänge miteinander verbunden. Übergänge werden als Pfeile dargestellt. Abbildung 12.13 zeigt den Plone-Workflow als Zustandsdiagramm.

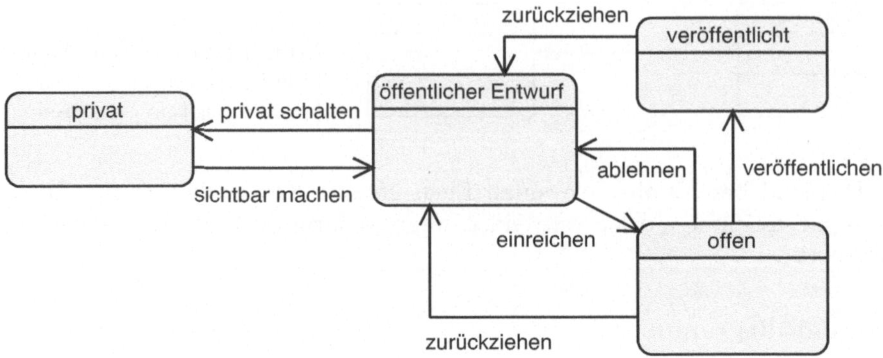

Abb. 12.13. Plones Standard-Workflow als Zustandsdiagramm

Ein Übergang darf mehrfach in einem Modell vorkommen. Es handelt sich dabei aber immer um denselben Übergang.

Auch die Elemente von Zustandsdiagrammen können mit Eigenschaftswerten versehen werden. Davon gibt es für die Plone-Entwicklung aber nicht so viele wie bei den Klassendiagrammen. Es gibt aber noch andere Eigenschaften, die einem Übergang zugewiesen werden können.

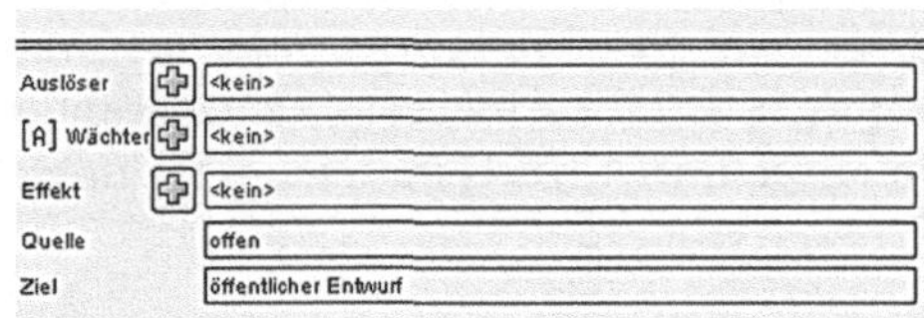

Abb. 12.14. Eigenschaften für Übergänge

Auslöser: Bezeichnet ein Ereignis, das den Übergang initiiert.

Wächter: Hier kann eine Bedingung eingefügt werden, die erfüllt sein muss, damit der Übergang statt finden kann.

Effekt: Sowohl vor, als auch nach einem Übergang kann eine Aktion ausgelöst werden. Die UML erlaubt auch die Definitionen von Eintritts- und Austrittsaktionen in Zuständen, aber für Plone hängen die Aktionen an den Übergängen. Das ist wichtig zu wissen, weil derselbe Übergang von mehreren Quellzuständen aus erfolgen kann.

12.2.2 Poseidon for UML

Es gibt zahlreiche UML-Tools für verschiedene Plattformen. Poseidon for UML vom Hamburger Hersteller Gentleware (*http://gentleware.com*) ist eine plattformunabhängige Java-basierte Lösung, die auch für Einsteiger schnell zu überblicken ist. Sie ist in mehreren Ausführungen erhältlich. Für nichtkommerzielle Anwendungen bietet Gentleware eine kostenlose Community-Edition an. Die Beispiele und Grafiken in diesem Buch wurden mit Poseidon for UML realisiert.

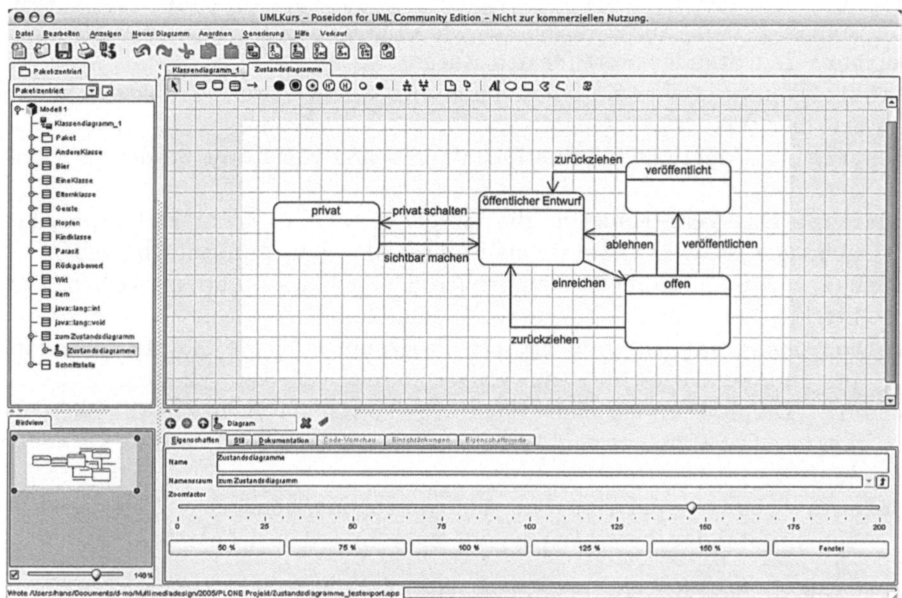

Abb. 12.15. Die Community-Edition von Poseidon for UML

12.2.3 ArchGenXML

Um aus einem UML-Modell Software für Plone zu generieren, benötigt man das Python-Tool ArchGenXML. Die Installation ist im Abschnitt 16.4.7 auf Seite 313 beschrieben. Eine Übersicht über die Kommandozeilenargumente können über `ArchGenXML.py --help` abgerufen werden. Diese Optionen können auch über eine Konfigurationsdatei gesetzt werden. Eine solche Konfigurationsdatei erstellen Sie am einfachsten, indem Sie ArchGenXML mit der Option `--sample-config` aufrufen und die Ausgabe in eine Datei, zum Beispiel agx.conf umleiten.

```
ArchGenXML.py --sample-config > agx.conf
```

Danach passen Sie die Optionen in der Konfigurationsdatei an und übergeben sie bei jedem weiteren Aufruf von ArchGenXML.

```
ArchGenXML.py --cfg=agx.conf <xmi-source-file> [output ↩
    directory]
```

Die Optionen können auch einzeln als Kommandozeilenargumente übergeben werden, aber gerade für gleichbleibende Werte ist die Konfigurationsdatei praktischer. Einen Überblick über die wichtigsten Optionen zeigt der folgende Abschnitt.

`strip-html: no` Wenn das Zusatzprodukt strip-o-gram installiert ist, dann können HTML-Anweisungen aus der Dokumentation entfernt werden.

`author:` Der Standardwert für den Autor.

`email:` Wenn Sie eine E-Mail-Adresse angeben möchten, dann können Sie das hier tun.

`copyright:` Copyright-Informationen abgesehen von Autor werden hier eingetragen.

`outfile:` Das Verzeichnis für die Ausgabe. Da dieser Parameter projektabhängig ist, wird er besser als Kommandozeilenargument übergeben.

`force: yes` Standardmäßig werden vorhandene Dateien überschrieben. Das betrifft alle automatisch generierten Dateien.

`method-preservation: yes` Eigener Programmcode wie die Methodenkörper und die als geschützt markierten Bereiche bleiben erhalten.

`prefix:` Damit kann ein einheitliches Prefix vor alle Klassennamen gesetzt werden. Der Hilfstext von ArchGenXML nennt diese Option *possible broken.*

`default-creation-permission: Add portal content` Der Wert bezeichnet die Standardberechtigung, die zum Erstellen der Artikel notwendig ist.

`detailed-created-permission: no` Wird dieser Schalter gesetzt, dann wird für jede Klasse eine eigene Add-Berechtigung erzeugt.

12.2.4 i18ndude

Um Ihre Produkte zu internationalisieren, verwendet ArchGenXML eine Software mit Namen *i18ndude.* Der Abschnitt 16.4.4 auf Seite 312 beschreibt die Installation. Alles Weitere übernimmt dann ArchGenXML. Wenn Sie zusätzlich auch für die Internationalisierung von Page Templates zuständig sind, dann erfahren Sie im Kapitel 11.3 auf Seite 189 wie das geht.

12.2.5 strip-o-gram

Ein weiteres Programm, das von ArchGenXML verwendet wird, ist *strip-o-gram.* Auch diese Software ist bereits installiert, wenn Sie der Installationsempfehlung im Kapitel 16.4 gefolgt sind. Sie müssen sich nicht um die Anwendung kümmern. ArchGenXML verwendet es automatisch, wenn es verfügbar ist.

13

Plone Konzepte

Der Applikationsserver Zope stellt eine Fülle von Funktionen bereit, die von seinen Anwendungen genutzt werden können. Und Plone ist eine dieser Anwendungen. Diese Möglichkeiten zu nutzen ist der Schlüssel zu komplexen Systemen. Auch wenn Plone einen Großteil der Komplexität vor dem Anwender und sogar vor dem Entwickler versteckt, sollte man die Grundzüge der wichtigsten Konzepte kennen.

Dieses Kapitel handelt von der unsichtbaren Infrastruktur, den unter der Fassade von Plone steckenden Technologien. Dazu gehören auch die Kernkonzepte von Zope als dem darunter liegenden Applikationsserver. Sie werden sehen, wie Sie Funktionalität in Page Templates unterbringen, ohne eine scharfe Trennung von Design und Logik aufzugeben. Sie werden erfahren, wie Sie den Katalog nutzen können, um die Anwendungen performant zu halten. Workflows und Berechtigungen werden als die Werkzeuge des Programmierers beschrieben, um Sicherheitskonzepte umzusetzen.

Man muss kein Zope und CMF-Experte sein, um mit Plone arbeiten zu können. Diese Aussage kann man sogar in den Plone-FAQ nachlesen[18]. Deshalb sind die Bestandteile, die Sie für die Arbeit mit Plone sofort benötigen ausführlicher erklärt, während andere Konzepte nur im Überblick besprochen werden.

13.1 TALES – Template Attribute Language Expression Syntax

TALES wird verwendet, um innerhalb von Page Templates auf Daten zuzugreifen. TALES-Ausdrücke sind dabei in TAL-Anweisungen eingebettet. Der Abschnitt 8.2.1 auf Seite 118 beschreibt die Attributsprache TAL. Sie sollten mit TAL soweit vertraut sein, dass Sie die Beispiele in diesem Kapitel selbst nachvollziehen können.

Grundsätzlich sieht eine TAL-Anweisung so aus:

```
tal:ANWEISUNG="TALES-AUSDRUCK"
```

Ein TALES-Ausdruck steht also innerhalb der Anführungzeichen einer TAL-Anweisung. Der Ausdruck beschreibt Daten. Der Begriff Daten ist hier absichtlich allgemein gehalten. Ein TALES-Ausdruck kann einen einfachen

Datentypen, zum Beispiel einen Wahrheitswert oder ein komplexes Objekt repräsentieren. Es gibt verschiedene Möglichkeiten, diese Daten zu ermitteln. Zope- oder Plone-Objekte können direkt über ihren Pfad angesprochen werden, andere Werte werden über einen Skriptaufruf oder eine Python-Anweisung berechnet.

Ein TALES-Ausdruck besteht aus einer optionalen Zugriffsmethode und einer zu evaluierenden Zeichenkette.

```
ZUGRIFFSMETHODE:ZEICHENKETTE
```

Innerhalb der Zeichenkette kann auf verschiedene Variablen zugegriffen werde, die innerhalb von TALES oder innerhalb von Zope definiert sind.

13.1.1 Zugriffsmethoden

Wie die auszuwertenden Zeichenketten aussehen können, hängt von der Zugriffsmethode ab. Wenn keine Zugriffsmethode angegeben wird, dann ist `path` der Standardwert.

path

```
path:VARIABLE/pfad/zu/den/daten | TALES-Ausdruck
```

```
VARIABLE/pfad/zu/den/daten | TALES-Ausdruck
```

Die beiden oben genannten Beispiele sind identisch. Die auszuwertende Zeichenkette beginnt immer mit einer geeigneten Variablen aus den Abschnitten 13.1.2 und 13.1.3, zum Beispiel `here` oder `repeat`. Danach folgen weitere Pfadbestandteile bis das gewünschte Objekt erreicht ist. Die Auswertung der Pfade erfolgt mit den für Zope üblichen Regeln.

Zurückgegeben wird das Objekt, das am Ende der Pfadkette steht. Ist es ein aufrufbares Objekt, dann wird es ausgeführt und das Ergebnis wird zurückgegeben.

Nach der senkrechten Linie kann ein alternativer Wert stehen. Er wird dann verwendet, wenn der Pfad kein Ergebnis liefert. Häufig verwendet man als alternativen Wert die Variable `default` oder `nothing`. Es ist aber auch möglich, einen anderen, beliebigen TALES-Ausdruck zu verwenden.

```
container/objectIds
user/getUserName | nothing
template/title | template/id | string:kein Titel
```

string

```
string:Zeichenketten als TALES-Ausdruck
```

Als Zeichenkette können beliebige Zeichen außer dem Dollarzeichen verwendet werden. Begrenzt wird diese Freiheit dadurch, dass die Zeichen nachher vom Browser richtig dargestellt werden sollen. Spitze Klammern und der Ampersand werden in ihre HTML-Entities übersetzt. Soll ein Dollarzeichen im Text vorkommen, dann muss es durch ein weiteres Dollarzeichen maskiert werden.

Das Dollarzeichen darf deswegen nicht verwendet werden, weil es einen Variablennamen markiert. In der fertigen Zeichenkette wird der Variablenname durch den Inhalt der Variablen ersetzt. Als Variable kommt entweder ein Variablenname in Frage oder ein Pfad. Pfade müssen von geschweiften Klammern umschlossen werden.

```
string:Der Name des Templates ist ${template/id}.
string:Der Wert der Variablen X ist $X.
```

python

Während die Pfadsyntax sehr nah am Zope-Konzept ist und alternative Werte ermöglicht und die Stringsyntax für einfache Zeichenketten sehr gut geeignet ist, zeigen Python-Ausdrücke ihre Stärke, wenn die Anforderungen komplizierter sind. Allerdings sollte man nicht versuchen, komplexe Probleme im Page Template zu lösen. Dafür sind externe Skripte besser geeignet.

Ein häufiger Anwendungsfall ist die Rückgabe eines Wertes in Abhängigkeit eines Parameters. Ein anderer Fall sind Wahrheitswerte, für die die anderen Schreibweisen keine echte Entsprechung bieten und Zahlen.

```
python:test(path('repeat/item/odd'),'odd','even')
python:0
```

exists

Oft ist das Ergebnis nicht das Entscheidende, sondern man möchte nur herausfinden, ob das angegebene Objekt existiert. Hierfür gibt es die Zugriffsmethode `exists`.

```
exists:container/Members/admin
```

nocall

Nocall-Aufrufe eignen sich dafür, Objekte für eine spätere Verwendung in einer Variablen zu speichern. Das Objekt wird dabei nicht gerendert.

```
ID: <span tal:content="container/Members/admin/id" />
Titel: <span tal:content="container/Members/admin/title" />
```

Um Tipparbeit zu sparen, könnte man das gewünschte Verzeichnis in einer Variablen speichern.

```
<div tal:define="ordner container/Members/admin">
ID: <span tal:content="ordner/id" /><br />
Titel: <span tal:content="ordner/title" />
</div>
```

Das funktioniert nicht, weil der TALES-Ausdruck container/Members/admin das gerenderte Objekt zuückliefert: die HTML-Seite der Ordneransicht. Gewünscht ist aber eine Referenz auf das Objekt. Das erreicht man mit `nocall`.

```
<div tal:define="ordner nocall:container/Members/admin">
ID: <span tal:content="ordner/id" /><br />
Titel: <span tal:content="ordner/title" />
</div>
```

not

Not ist keine eigenständige Zugriffsmethode. Es ist ein Modifizierer, der mit anderen Zugriffsmethoden kombiniert wird. Er ermittelt den Wahrheitswert des übergebenen Ausdrucks und negiert ihn.

```
not: python:0
not: here/getsomething | nothing
```

Als falsch gilt die Ziffer 0, eine leere Zeichenkette oder Liste und ein NULL-Wert wie *nothing*. Alle anderen Werte werden als wahr interpretiert.

13.1.2 TALES-Variablen

TALES definiert drei Variablen, in denen Werte des Templates gespeichert sind, einen NULL-Wert und eine Variable mit Informationen innerhalb von Schleifen. Hinzu kommt eine Variable über die auf die TALES-Variablen selbst zugegriffen werden kann.

attrs

Das Statement-Element, also das Tag, in dem die TALES-Anweisung formuliert wird, kann HTML-Attribute definieren. Über das Verzeichnisobjekt `attrs` können die Standardwerte des Attributs abgefragt werden.

```
<a href="http://plone.org" tal:content="attrs/href" />
```

Ist das Attribut nicht vorhanden, wird ein Fehler erzeugt.

default

Die `default`-Variable speichert den originalen Inhalt des Statement-Elements.

```
<p tal:content="here/getDynamicContent | default">
   Dynamischer Inhalt konnte nicht erzeugt werden.
</p>
```

Diese Anweisung wird häufig verwendet, um Meldungen auszugeben, wenn ein Skript keine Resultate liefern konnte. In dem Fall wird einfach der statische Text ausgegeben.

options

Wenn ein Template über ein Skript aufgerufen wird, dann können ihm Parameter übergeben werden. Diese Parameter werden im `options`-Verzeichnisobjekt gespeichert.

nothing

Der von TALES definierte NULL-Wert heißt `nothing`. Er kann dazu verwendet werden, um Fehler zu unterdrücken. Im Gegensatz zu `default` wird jedoch kein Standardtext ausgegeben.

```
<p tal:content="here/getDynamicContent | nothing">
   Nicht einmal das hier wird angezeigt.
</p>
```

repeat

Die `repeat`-Variable enthält viele Informationen zu dem Status einer Schleife. Eine Schleife wird in TAL initiiert, indem eine Schleifenvariable gesetzt wird, die in jedem Schleifendurchlauf einen anderen Wert zugewiesen bekommt.

```
<div tal:repeat="item python:range(10)"
     tal:content="item" />
```

Die Informationen zu der aktuellen Schleife stehen dann unter `repeat/SCHLEIFENVARIABLE`. Hier also `repeat/item`. Folgende Informationen stehen zur Verfügung:

index: Der Index beginnt bei 0. Er wird pro Schleifendurchlauf um eins erhöht.
number: Beginnend bei 1 zeigt die Nummer die tatsächliche Anzahl der bisherigen Schleifendurchläufe an.
even: Geradzahlige Indexpositionen geben für even den Wert `True` zurück.

odd: Ungeradzahlige Indexpositionen geben für odd den Wert True zurück. odd und even werden häufig verwendet, um Tabellenzeilen wechselweise mit verschiedenen Hintergrundfarben zu versehen. In den Portlets macht Plone Gebrauch davon.

start: Der Wert start ist während des ersten Schleifendurchlaufs wahr.

end: Der Wert end ist während des letzten Schleifendurchlaufs wahr.

length: Die Gesamtzahl der Schleifendurchläufe.

first: Der Wert ist für das erste Element einer Gruppe wahr. Dabei wird von einer sortierten Liste ausgegangen. Eine Gruppe besteht aus allen Listenelementen, die für den angegebenen Parameter denselben Wert haben.

last: Der Wert ist für das letzte Element einer Gruppe wahr.

letter: Der Wert für number kann auch als Buchstabenkombination ausgegeben werden. Der Wert läuft jeweils von *a* bis *z*, danach wird mit der nächsten Stelle fortgefahren. Denselben Wert bekommt man über Letter in Großbuchstaben.

roman: Die Nummer des Schleifendurchlaufs als römische Zahl. Der Wert Roman liefert die römische Zahl in Großbuchstaben.

Mit diesen Werten lassen sich komplexe Strukturen bilden, der Template-Code bleibt dabei sehr schlank.

```
<tal:defines define="global names python:(
        {'name':'Andreas', 'anfangsbuchstabe':'A', ↩
            'geschlecht':'m'},
        {'name':'Anja', 'anfangsbuchstabe':'A', ↩
            'geschlecht':'f'},
        {'name':'Bertram', 'anfangsbuchstabe':'B', ↩
            'geschlecht':'m'},
        {'name':'Charlotte', 'anfangsbuchstabe':'C', ↩
            'geschlecht':'f'},
        {'name':'Christine', 'anfangsbuchstabe':'C', ↩
            'geschlecht':'f'}, )" />

<style type="text/css">
.odd td,
.even td{text-align:center;}

.odd{background-color:#FFFFFF;}

.even{background-color:#CCCCCC;}

.header{
   color:white;
   background-color:#666666;
}
</style>
<table>
<div tal:omit-tag="" tal:repeat="item names">
```

```
<tr class='header'
    tal:condition="repeat/item/start">
    <th colspan='2'>
       <span tal:replace="repeat/item/length" />
          Eintr&auml;ge gefunden</th></tr>

<tr tal:condition="repeat/item/first/anfangsbuchstabe"
    class='header' >
    <th tal:content="item/anfangsbuchstabe" />
    <th>Name</th>
</tr>

<tr tal:attributes="class   ↩
   python:test(path('repeat/item/odd'),'odd','even')">
    <td tal:content="repeat/item/number" /><td   ↩
        tal:content="item/name" />
</tr>
</div>
</table>
```

Dieser Code-Ausschnitt führt zu der nachstehenden Ausgabe:

5 Einträge gefunden	
A	Name
1	Andreas
2	Anja
B	Name
3	Bertram
C	Name
4	Charlotte
5	Christine

Abb. 13.1. Die repeat-Variable im Einsatz

Der `defines`-Block stellt die Daten bereit. Normalerweise würde die Datenstruktur natürlich durch einen Skriptaufruf dynamisch ermittelt und nach einer Eigenschaft sortiert. Hier wurde nach Namen sortiert. Die Eigenschaft `anfangsbuchstabe` wurde eingeführt, damit die Gruppierung funktioniert. Die Gruppierung gilt für alle gleichen Werte. Hätte man sie auf den Namen angewendet, dann wäre jeder Name in einer anderen Gruppe gewesen.

Anschließend wurden einige Stile definiert, die die Tabelle formatieren. Normalerweise stünden die Formatanweisungen in einer separaten CSS-Datei.

Dann beginnt der eigentlich interessante Teil. Nach dem `table`-Tag wird die Schleife eingerichtet. Bei jedem Durchlauf erhält die Variable `item` ein neues Element aus dem Tuple `names` zugewiesen.

Die erste Zeile wird nur dann gerendert, wenn es sich um den allerersten Schleifendurchlauf handelt. Die Länge der Liste wird aus der repeat-Variablen ausgelesen.

Die nächste Zeile wiederholt den Header für jede neue Gruppe. Der Wert des Gruppenparameters wird dabei in der ersten Spalte angezeigt. Der Ausdruck repeat/item/first/anfangsbuchstabe bestimmt dabei, nach welcher Objekteigenschaft gruppiert werden soll. Hier zeigt sich, dass es notwendig ist, dass die übergebene Liste bereits nach dem Gruppenparameter sortiert ist. Wäre das nicht der Fall, dann würde bei jedem Wechsel des Wertes eine neue Gruppe erzeugt. Sie können das leicht ausprobieren, indem Sie den Ausdruck für die Gruppierung auf repeat/item/first/geschlecht setzen. Ändern Sie auch die Zeile <th tal:content="item/anfangsbuchstabe" /> in <th tal:content="item/geschlecht" />. So erkennen Sie die Arbeitsweise der Gruppenfunktion besser.

5 Einträge gefunden	
m	Name
1	Andreas
f	Name
2	Anja
m	Name
3	Bertram
f	Name
4	Charlotte
f	Name
5	Christine

Abb. 13.2. Unerwünschte Gruppierung bei unsortierten Listen

CONTEXTS

Die Variable CONTEXTS ermöglicht den Zugriff auf die eingebauten Variablen, wenn diese durch gleichnamige lokale Variablen maskiert sind.

```
<div tal:define="default string:lokaler default;
                           CONTEXTS string:das geht nicht ↩
                                 ">
default: <span tal:replace="default">
     globaler default</span><br />
CONTEXTS/default: <span tal:replace="CONTEXTS/default">
     globaler default</span>
</div>
```

Im Beispiel wird die TALES-Variable default mit einem neuen Wert belegt. Um dennoch die eingebaute default-Variable verwenden zu können, muss über CONTEXTS darauf zugegriffen werden. Die Variable CONTEXTS kann nicht überschrieben werden.

13.1.3 Zope-Variablen

Auch Zope selbst stellt den Zugriff auf einige Variablen bereit. Diese Variablen werden genauso verwendet wie die TALES-Variablen, sie sind aber nicht Teil der Spezifikation von TALES. In der täglichen Arbeit muss Sie das nicht kümmern. Der Hintergrund ist der, dass TALES auch außerhalb von Zope verwendet werden könnte. Dort stehen die Zope-Variablen nicht zur Verfügung.

root: Über die Variable `root` ist der Root-Folder des Zope Servers zugänglich.
here: Das ist der aktuelle Kontext. Also das Objekt, das aufgerufen wurde.
container: Die `container`-Variable verweist auf das Portal-Objekt.
template: Das Template, das für die Darstellung verwendet wird.
request: Über diese Variable kommt man an Informationen über den HTTP-Request, darunter die Browserdaten und die Serverinformationen.
user: Die Variable zeigt auf das Benutzerobjekt des aktuellen Benutzers.
modules: Die `modules`-Variable ist eine Sammlung der Python-Module, die innerhalb von Templates verwendet werden dürfen.

13.2 Datenquellen und Datensenken

Wenn Sie Plone installieren, dann wird automatisch eine Datenbank angelegt, in der alle Objekte gespeichert werden. Sie brauchen sich nicht darum zu kümmern, wenn Sie nicht möchten. Dennoch sollten Ihnen die wichtigen Unterschiede von Zopes Objektdatenbank zu anderen Datencontainern wie relationalen Datenbanken oder Verzeichnisdiensten bekannt sein. Sie sollten wissen, dass Plone auch andere Systeme verwenden kann, damit Sie die Anwendungsfälle erkennen, in denen das sinnvoll ist.

13.2.1 ZODB

Zopes Objektdatenbank ist – obwohl der Name das vermuten ließe – nicht von Zope abhängig. Sie kann auch für andere Anwendungen verwendet werden. Um die Funktionsweise kennen zu lernen, kann sie sogar in interaktiven Python-Sessions mit Daten gefüttert und abgefragt werden. Im Verbund mit Zope werden die Daten in eine Datei geschrieben, die standardmäßig *Data.fs* heißt und im Verzeichnis *%INSTANCE* → *var* liegt.

Die Objektdatenbank – und hier trügt der Schein nicht – arbeitet objektbasiert. Dabei wird die Objektstruktur in eine flache Datenstruktur überführt, die in eine Datei geschrieben werden kann. Zope nennt diesen Vorgang *to pickle*. Eine Fehlermeldung, die Ihnen möglicherweise hin und wieder über den Weg laufen wird, ist *unable to pickle*. Das sagt eben aus, dass das Marshaling fehl geschlagen ist. Der Vorteil gegenüber relationalen Datenbanken ist, dass der Vorgang für den Entwickler vollkommen transparent abläuft. Der Entwickler muss sich nicht darum kümmern, die Datenstruktur in eine bestimmte Form zu pressen und zu konvertieren, so wie es bei relationalen Datenbanken der Fall ist. Der Transformationsüberhang fällt als Entwicklungsaufgabe weg.

Die ZODB verwendet Transaktionen. Bei einer Transaktion werden viele Teilschritte als ein atomarer Vorgang gesehen. Sie kann nur in ihrer Gesamtheit erfolgreich sein. Sobald ein Fehler in einem Teilschritt auftritt, müssen alle anderen Teilschritte rückgängig gemacht werden und die Transaktion schlägt fehl.

Die Zwischenergebnisse auch großer Transaktionen müssen im Speicher vorgehalten werden, bis die Transaktion beendet ist. Das kann zu einem sehr großen Speicherverbrauch führen. Deshalb gibt es die Möglichkeit, die Transaktion in Unterbereiche – sogenannte *subtransactions* – zu unterteilen. Jede Untertransaktion wird nach ihrer Ausführung in die Datenbank geschrieben. Schlägt die Gesamt-Transaktion später fehl, dann werden auch alle Untertransaktionen wieder rückgängig gemacht. Der Begriff *subtransaction* begegnet Ihnen möglicherweise im ZMI, in der Katalogverwaltung.

Alle Arbeitsschritte können rückgängig gemacht werden. Das ist deshalb möglich, weil die Objekte nicht verändert werden, sondern bei jeder Änderung ein neues Objekt angehängt wird. Das bedeutet, dass die Objektdatenbank unter Umständen sehr stark anwachsen kann, auch wenn nur geringfügige Änderungen gemacht werden. Deshalb kann die Datenbankdatei *gepackt* werden. Dabei werden alle Objekte aus der Datei entfernt, die nicht mehr aktuell sind. Nach dem Packen können keine Änderungen mehr rückgängig gemacht werden. Deshalb wird man in der Regel nicht alle alten Objekte löschen, sondern nur die, die seit einer gewissen Zeit nicht mehr aktuell sind. Diesen Zeitraum kann man der Funktion `pack()` in Tagen übergeben.

Die ZODB bietet keine Funktionen, um nach Daten in den Objekten zu suchen. Das übernimmt in Zope der Katalog, der aber extra konfiguriert und verwaltet werden muss.

13.2.2 relationale Datenbanken

Bei einer relationalen Datenbank werden die Datenstrukturen in Tabellen organisiert, die miteinander in Verbindung stehen. Dieses Datenbankmodell ist Teil der Entwicklung einer Anwendung und von ihm hängt nachher die Flexibilität der Software ab, was spätere Änderungen angeht. Man muss also als Entwickler für Anwendungen, die auf einer relationalen Datenbank aufbauen, einen nicht unerheblichen Teil der Zeit auf das Verfahren verwenden, wie die Daten gespeichert werden.

Vorteilhaft ist allerdings die Geschwindigkeit und die Möglichkeit, direkt im Datenbestand zu suchen. Das bedeutet, dass eine Suche immer aktuell ist. Datenbankabfragen können mit einer standardisierten Sprache durchgeführt werden, die sehr komplexe Suchkriterien erlaubt.

Auch relationale Datenbanksysteme können Transaktionen unterstützen. Transaktionen drosseln zwar die Geschwindigkeit, sie sind aber für einen reibungsfreien Betrieb mit Zope empfehlenswert.

Zope kann mit Hilfe von Datenbankadaptern eine Verbindung zu einer relationalen Datenbank herstellen. Es gibt für viele unterschiedliche Datenbanken die zugehörigen Adapter. Im folgenden Beispiel wird MySQL verwendet. Darin wird eine leere Datenbank mit Namen *ZOPE* angelegt. Passwörter sind aus Gründen der Bequemlichkeit nicht gesetzt, was im produktiven Betrieb natürlich nicht empfehlenswert ist.

Installieren Sie zunächst den Datenbankadapter, den Sie auf der Zope-Homepage finden und das Python-Interface für MySQL.

```
setenv PATH /Pfad/zu/mysql_config:$PATH
cd %ZOPE/lib/python/Products/
wget http://www.zope.org/Members/adustman/Products/ ↩
    ZMySQLDA/2.0.8/ZMySQLDA-2.0.8.tar.gz
md5sum ZMySQLDA-2.0.8.tar.gz
tar -xvzf ZMySQLDA-2.0.8.tar.gz

wget http://www.zope.org/Members/adustman/Products/ ↩
    MySQLdb/1.2.0/MySQL-python-1.2.0.tar.gz
md5sum MySQL-python-1.2.0.tar.gz
tar -xvzf MySQL-python-1.2.0.tar.gz
cd MySQL-python-1.2.0
python setup.py build
python setup.py install
```

Danach können Sie im Wurzelverzeichnis der Zope-Management Oberfläche eine neue Datenbankverbindung (*Z MySQL Database Connections*) hinzufügen. Füllen Sie das Formular auf und aktivieren Sie *Connect immediately*, damit Sie gleich sehen, ob die Verbindung funktioniert. Anstelle von `root` müssen Sie Ihren Benutzernamen und Ihr Passwort angeben. Klicken Sie auf Add, um die Verbindung herzustellen.

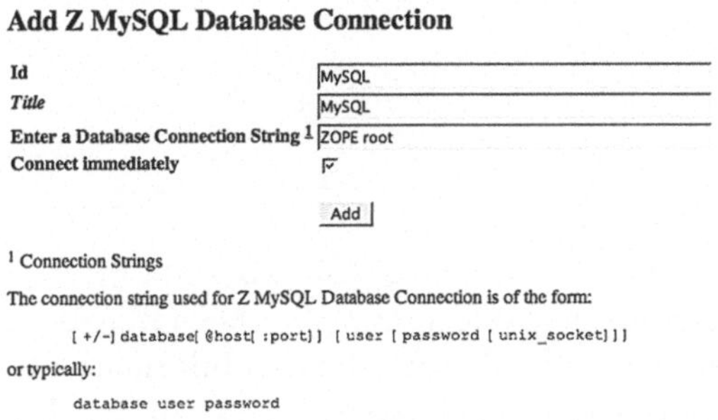

Abb. 13.3. Anlegen einer neuen Datenbankverbindung im ZMI

Da die Datenbank noch keine Tabellen hat, können Sie noch keine Daten abrufen. Ansonsten könnten Sie das Datenbankschema auf der Seite *Browse* abrufen und unter *Test* SQL-Abfragen durchführen.

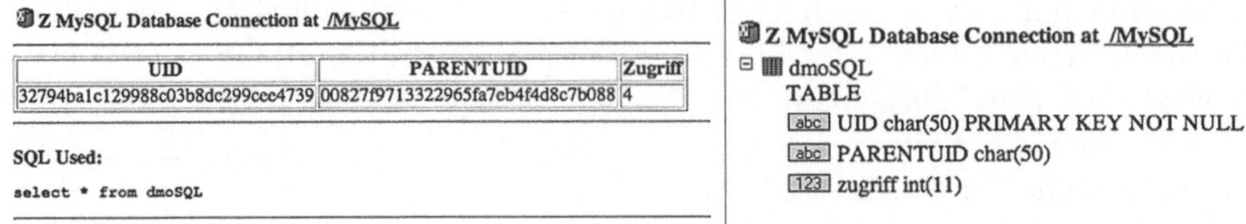

Abb. 13.4. Die Ansichten Test und Browse einer Datenbankverbindung

Es kann trotz des zusätzlichen Entwicklungsaufwands günstig sein, eine relationale Datenbank anstelle der Objektdatenbank von Zope zu verwenden.

- Die Datenbank, aus der die Daten bezogen werden sollen, existiert bereits.
- Die Daten werden von mehreren Anwendungen verwendet.

13.2.3 Verzeichnisdienste

Verzeichnisdienste wie LDAP sind Datencontainer mit einer Baumstruktur, die sehr schnell ausgelesen werden können. Sie sind auf Lesezugriffe optimiert.

Eine häufige Verwendung für Verzeichnisdienste sind Benutzerverzeichnisse. Solche Verbindungen werden über einen speziellen Benutzerordner realisiert. Auch Gruf, der Standardbenutzerordner von Plone unterstützt die Anbindung an LDAP-Verzeichnisse.

13.2.4 Speichern im Dateisystem

Dateien können auch im Dateisystem des Computers abgespeichert werden. Dateien, die zum Download angeboten werden, können so gespeichert werden. So ist es möglich, die Anfragen nach diesen Dateien von einem vorgeschalteten Apache-Server bearbeiten zu lassen, ohne dass Zope dadurch belastet wird. Alternativ gibt es Drittanbieterprodukte, um lokale Dateien in Plone zu integrieren, zum Beispiel *Plone LocalFolderNG*.

13.3 Der Katalog

Die Objektdatenbank von Zope ist nicht dafür ausgelegt, dass darin nach Objekten gesucht wird. Statt dessen werden Informationen über Objekte in Katalogen gespeichert. Kataloge verwalten die durchsuchbaren Informationen in Indizes. Eine Katalogabfrage liefert nicht das gefundene Objekt zurück. Die

Informationen, die der Katalog über das Objekt gespeichert hat, werden in einem Objekt zusammengefasst. Diese Informationsobjekte heißen *brains*. Was in solchen Brains gespeichert wird, sind die Metadatenfelder des Katalogs. Das bedeutet, es gibt eine Zweiteilung zwischen durchsuchbaren Informationen, und solchen, die nach der Suche zur Verfügung stehen.

Plone definiert standardmäßig drei Kataloge: den *portal_catalog*, den *uid_catalog* und den *reference_catalog*. Für die normale Suche nach Inhalten ist nur der erste von Belang. Die anderen beiden Kataloge verwalten die eindeutigen Bezeichner und die Referenzen der Archetypes-Objekte.

13.3.1 Katalogabfragen

Um den Katalog abzufragen wird immer die Methode `searchResults` auf dem Objekt aufgerufen. Als Parameter werden die gesuchten Werte für einzelne Indizes übergeben. Syntaktisch gibt es mehrere Versionen, wie das geschehen kann.

```
portal.portal_catalog.searchResults(Title="Ein Titel")
portal.portal_catalog(Title="Ein Titel")
portal.portal_catalog(Title={'query':'Ein Titel'})
```

Außerdem können die Suchparameter auch aus dem HTTP-Request stammen. Das ist notwendig, wenn die Parameter über ein Suchformular eingegeben werden können.

Die letzte Schreibweise erscheint auf den ersten Blick etwas umständlich, aber sie ist für Erweiterungen der Suchabfragen notwendig, wie die Beschreibung der verschiedenen Indizes zeigen wird.

13.3.2 Indizes

Für unterschiedliche Informationen stehen verschiedene Index-Typen zur Verfügung. Den optimalen Indextyp zu verwenden kann sehr große Auswirkungen 2.1
auf die Geschwindigkeit haben. Seit Plone 2.1 werden für Datumswerte Date- und DateRange-Indizes verwendet, was zu einer deutlichen Geschwindigkeitszunahme gegenüber den alten Feldindizes geführt hat.

DateIndex

Ein DateIndex nimmt einzelne Datumswerte auf. Dabei speichert er den Wert minutengenau als Ganzzahl. Das ermöglicht einfache Datumsarithmetik. Die Umrechnung geschieht aber intern. In den Metadaten wird der Zeitwert ohne Umrechnung gespeichert. Der Wert kann also direkt verwendet werden.

query: Übergeben wird eine Zeichenkette, die einen Datumswert nach ISO 8601 enthält, also in der Form YYYY-MM-DD, wobei der Bindestrich optional ist. Akzeptiert wird auch ein DateTime-Objekt. Alternativ kann eine Liste mit zwei Werten übergeben werden, um nach einer Zeitspanne zu suchen.

range: Zeitspannen werden entweder durch zwei übergebene Zeitpunkte und den Wert `range:minmax` oder einen einzelnen Datumswert und die Werte `min` oder `max` gekennzeichnet. `min` bedeutet, dass alle Elemente gefunden werden, bei denen der gesuchte Zeitpunkt – zum Beispiel das Erstellungsdatum – frühestens das angegebene Datum ist. Dementsprechend bedeutet `max`, dass der Zeitpunkt das späteste gesuchte Datum markiert.

```
portal.portal_catalog.addIndex('birthday', 'DateIndex')
portal.portal_catalog(birthday={'query':'2006-01-01', ↩
    'range':'min'})
```

DateRangeIndex

Einem DateIndex kann eine Zeitspanne übergeben werden und das Ergebnis sind alle Datensätze, bei denen die Werte des angegebenen Indizes in diesen Zeitraum fallen. Anders sieht es beim DateRangeIndex aus. Hier ist der Indexwert eine Zeitspanne und man kann überprüfen, ob ein Zeitpunkt innerhalb dieses Zeitraums liegt.

Der standardmäßig in Plone vorhandene Index *effectiveRange* setzt sich zusammen aus den Informationen aus den Indizes *effective* und *expires*. Übergibt man jetzt einen Datumswert, dann werden alle Objekte zurückgeliefert, die bereits sichtbar oder noch nicht abgelaufen sind und alle, die keine Werte dafür festlegen – kurz alle zum übergebenen Zeitpunkt gültigen Artikel.

query: Eine Zeichenkette mit einem Datumswert nach ISO 8601 oder ein DateTime-Objekt.

```
from ZPublisher.HTTPRequest import record
extra = record()
extra.since_field='created'
extra.until_field='modified'
portal.portal_catalog.addIndex('warranty', ' ↩
    DateRangeIndex', extra)
portal.portal_catalog.reindexIndex('warranty', None)
portal.portal_catalog(warranty={'query':'2006-01-01'})
```

FieldIndex

Feldindizes eignen sich für alle möglichen Werte. Bis zur Plone Version 2.1 wurde auch für Datumswerte ein Feldindex verwendet. Feldwerte werden nicht, wie beispielsweise in Textindizes in Wörter unterteilt. Der Wert bleibt genau so bestehen, wie er eingegeben wurde. Das bedeutet aber auch, dass die Abfrage genau den richtigen Wert enthalten muss, damit ein Treffer erzielt wird.

query: Eine Zeichenkette mit dem gesuchten Wert oder eine Liste mit möglichen Werten. Bei der Listenangabe handelt es sich um eine OR-Verknüpfung, da ein Feldindex pro Objekt nur einen Wert speichern kann.
range: Die drei Werte `min`, `max` und `minmax` stehen auch hier zur Verfügung und sind bei Zahlenwerten sinnvoll.

```
portal.portal_catalog(getObjPositionInParent={'query ↩
    ':[6,8], 'range':'minmax'})
```

KeywordIndex

Ein KeywordIndex speichert ebenfalls feststehende Werte. Allerdings kann jedes Objekt mehrere Werte für die Eigenschaft annehmen. Ein Beispiel in Plone sind die Stichwörter.

query: Eine Zeichenkette mit dem gesuchten Wert oder eine Liste mit möglichen Werten.
operator: Wenn mehrere Werte in einer Liste übergeben werden, dann genügt standardmäßig die Übereinstimmung mit einem der Suchbegriffe. Das Schlüsselwort and erzwingt, dass alle Begriffe im Objekt gesetzt sein müssen.

```
results = portal.portal_catalog
(allowedRolesAndUsers={'query':\
['Anonymous', 'user:admin'], 'operator':'and'})
```

ExtendedPathIndex

Der ExtendedPathIndex ist ein Zusatzprodukt, das jedoch standardmäßig ab Plone 2.1 mit ausgeliefert wird. Der bisherige PathIndex, der immer noch zur Installation von Plone gehört, hatte den gravierenden Nachteil, dass es nicht möglich war, einen Ordner zu durchsuchen, ohne die Unterverzeichnisse und deren Objekte zu finden. Dieses Manko gleicht der ExtendedPathIndex aus. Ein weiteres Feature ist die Möglichkeit, Verzeichnisstrukturen aus dem Katalog abzurufen um Navigationsbäume oder Sitemaps zu erzeugen. 2.1

query: Der Pfad, in dem Objekte gefunden werden sollen.
depth: Die Anzahl der Ebenen, die unterhalb des Pfades noch gefunden werden. Der Standardwert ist -1, was bedeutet, dass alle Ebenen unter dem angegebenen Pfad gefunden werden. Bei einem Wert von 0 wird nur das angegebene Element gefunden. In Verbindung mit dem Parameter `navtree` werden zum gefundenen Objekt nur die Elternelemente ausgegeben.

navtree: Wird der Wert auf 1 gesetzt, dann zeigt man damit an, dass die Abfrage zur Bildung eines Verzeichnisbaums gedacht ist. Es werden auch alle darüberliegenden Elemente ausgegeben.

navtree_start: Wenn nicht der gesamte Baum angezeigt werden soll, dann kann ein Teilbereich abgefragt werden. Der Parameter gibt an, ab der wievielten Ebene vom Wurzelverzeichnis aus der Baum beginnen soll. Elemente, die Teil des query-Parameters sind, werden auf jeden Fall angezeigt.

```
results = portal.portal_catalog(path={'query':\
    'clean/Members/admin', 'navtree':1, 'depth':0,})
```

Pfadindizes abzufragen ist die komplizierteste Aufgabe bei der Arbeit mit dem Katalog und erfordert etwas Übung. Weitere Beispiele stehen in der README-Datei des Produkts unter *Products* → *ExtendedPathIndex*.

ZCTextIndex

Für eine Volltextsuche benötigt man einen Textindex. Zwei davon stehen ab Plone 2.1 zur Auswahl, allerdings wird der ZCTextIndex den Vorgänger TextIndex in einer der kommenden Versionen ablösen.

Ein Textindex zerlegt einen Text so, dass er nur die relevanten Bestandteile speichert. Es ist ziemlich unwahrscheinlich, dass jemand nach dem Wort *der* sucht. Dazu ist es viel zu häufig. Solche Wörter nennt man Stoppwörter. Sie werden herausgefiltert. Vorher ist aber noch ein weiterer Schritt notwendig. Die einzelnen Wörter müssen getrennt werden. Dazu muss der Index wissen, welche Zeichen diesen Wortwechsel verursachen. Dazu gehören Satzzeichen und Leerzeichen, aber beispielsweise keine Bindestriche. Diese Information ist sprachabhängig.

Der ZCTextIndex arbeite mit Lexika, die diese Arbeit übernehmen. Sie kennen die Regeln der Sprache und normalisieren die Einträge, so dass beispielsweise unabhängig von Groß- und Kleinschreibung gesucht werden kann. Welche Operationen ein Lexikon durchführt erfährt man über das ZMI. Die Transformationen dieser Lexika können erweitert werden, indem man weitere Funktionen in die Bearbeitungskette einhängt. Lexika bewerten auch die Relevanz der Suchergebnisse.

Suchmuster

Suchworte lassen sich mit Platzhaltern ergänzen. Der Stern (`*`) steht für beliebig viele beliebige Zeichen, das Fragezeichen (`?`) für genau ein Zeichen[1]. Beide dürfen nicht am Anfang des Suchbegriffs stehen.

Verschiedene Suchbegriffe können miteinander verknüpft werden. Die Operatoren `or` und `and`, sowie `and not` stehen zur Verfügung. Außerdem können Teile einer Abfrage durch Klammern gruppiert werden.

[1] Man kennt das Fragezeichen als Symbol für keines oder ein Zeichen, aber hier steht es für genau ein Zeichen.

Zu viele Suchergebnisse können durch Phrasierungen ("") eingeschränkt, oder durch den Ausschluss von Wörtern mit Hilfe eines vorangestellten Minuszeichens verringert werden.

Index anlegen

Einen ZCTextIndex anzulegen ist unter Umständen recht aufwändig, da er immer mit einem Lexikon verknüpft sein muss. Ein vollständiges Beispiel für ein Lexikon, das Groß- und Kleinschreibung beachtet, zeigt das folgende Listing.

```
portal = getToolByName(self, 'portal_url'). ↩
    getPortalObject()
portal.manage_addProduct['ZCatalog']. ↩
    manage_addZCatalog(
    'test_catalog', 'Test Catalog')
test_catalog = getToolByName(self, 'test_catalog')

wordSplitter = record()
wordSplitter.group = 'Word Splitter'
wordSplitter.name = 'Whitespace splitter'

stopWords = record()
stopWords.group = 'Stop Words'
stopWords.name = 'Remove listed and single char ↩
    words'

lexicon_extra = []
lexicon_extra.append(wordSplitter)
#lexicon_extra.append(stopWords)

test_catalog.manage_addProduct[
    'ZCTextIndex'].manage_addLexicon(
        'case_sensitive', 'Case Sensitive Lexicon', ↩
            lexicon_extra)

index_extra = record()
index_extra.doc_attr = 'Description'
index_extra.index_type = 'Okapi BM25 Rank'
index_extra.lexicon_id = 'case_sensitive'
test_catalog.addIndex('Description', 'ZCTextIndex', ↩
    index_extra)
test_catalog.addColumn('Description')
portal_catalog = getToolByName(self, 'portal_catalog ↩
    ')
allItems = portal_catalog(SearchableText="")
for item in allItems:
    test_catalog.catalog_object(item.getObject())
```

Im ersten Schritt wird ein neuer Katalog angelegt. Wenn Sie einen bestehenden Katalog verwenden möchten, dann entfällt dieser Schritt.

Anschließend wird ein neues Lexikon erzeugt, sofern kein bestehendes verwendet werden soll. Das Lexikon muss existieren, bevor der Index erzeugt wird. Dem Lexikon werden Objekte übergeben, die die auf den Text anzuwendenden Operationen definieren. Die drei möglichen Gruppen sind:

`Word Splitter`: Ein Worttrenner ist obligatorisch. Vorhanden sind Trenner für unformatierten Text und HTML. Allerdings konvertiert der HTML-Splitter den Text bereits in Kleinbuchstaben, so dass er für dieses Beispiel nicht geeignet ist.

`Stop Words`: Stoppwörter sollen nicht in den Index aufgenommen werden, weil sie zu unspezifisch sind. Diese Wörter müssen in einer Datei vorliegen. Mitgeliefert wird nur eine englische Stoppwortliste. Für das Beispiel wird er deshalb weggelassen.

`Case Normalizer`: Der Case Normalizer sorgt für eine einheitliche Groß- und Kleinschreibung, indem er alle Texte in Kleinbuchstaben konvertiert. Da das Beispiel aber die Unterscheidung möchte, wird kein Objekt definiert.

Dann wird das Lexikon erzeugt. Das geschieht über das ZCTextIndex-Produkt.

Auch der Index selbst wird über ein Recordset mit Eigenschaftswerten versehen. Alternativ können die Werte dem Funktionsaufruf aber auch als benannte Parameter übergeben werden.

`doc_attr`: Über diesen Wert wird der Feldname übergeben, der indiziert werden soll. Als benannter Funktionsparameter heißt er `field_name`.

`index_type`: Die Suchergebnisse werden gewichtet. Zwei Algorithmen sind implementiert, die das übernehmen. `Okapi BM25 Rank` ist der Standardwert. Alternativ kann `Cosine Measure` gewählt werden.

`lexicon_id`: Damit wird das zu verwendende Lexikon angegeben.

Dann wird der Index dem Katalog hinzugefügt und eine Metadatenspalte zu dem Wert angelegt. Damit der Katalog auch Werte enthält, werden alle Objekte, die vom portal_catalog gefunden werden indiziert.

TopicIndex

Ein TopicIndex ist ein Index, der das Ergebnis einer bestimmten Suchabfrage zwischenspeichert. Anstatt in dem Moment, in dem die Ergebnisse benötigt werden, alle Objekte zu überprüfen, wird der Index jedes Mal, wenn sich ein Objekt ändert, aktualisiert. Die Suchabfrage liefert dann den gesamten Index zurück, was sehr schnell geht. Das hört sich gut an, allerdings eignet sich der Indextyp nicht für jede Situation.

- Die Parameter der Suchabfrage müssen bei der Indexerstellung bekannt sein.
- Der Geschwindigkeitsvorteil kommt nur bei einer großen Zahl von Objekten zum Tragen.

- Die Suchabfrage sollte häufiger ausgeführt werden, als sich die Objekte verändern.

Für häufige, gleichbleibende Suchabfragen sind sie jedoch gut geeignet. Dabei haben die Zope-Entwickler an die Themen gedacht, die ja dieselbe Suchabfrage immer wieder ausführen. Von dort bekam der Index seinen Namen.

Ein TopicIndex ist zunächst nur ein Container-Objekt. Die eigentliche Suchbedingung definiert ein sogenanntes *FilteredSet.* Ein FilteredSet bekommt eine ID, einen Typ und einen Ausdruck. Die ID ist eine beliebige Zeichenkette, die innerhalb des TopicIndizes eindeutig sein muss. Als Typ kommen alle Implementierungen in Frage, die in Zope installiert sind. Standardmäßig ist das *PythonFilteredSet* die einzige Option. Der Ausdruck ist dementsprechend ein Python-Ausdruck.

Ausdrücke

Der Suchausdruck ist keine Suchabfrage an den Katalog. Es werden direkt die Eigenschaften der Objekte abgefragt. Das Content-Objekt wird über die Variable `o` angesprochen. Um alle Nachrichtenobjekte einer Site herauszufinden wird dem FilteredSet der folgende Ausdruck zugewiesen:

```
o.portal_type=='News Item'
```

Da die Suche nicht live ausgeführt wird, sondern der Index nur aktualisiert wird, wenn ein Objekt angelegt, gelöscht oder verändert wird, muss der Index aktualisiert werden, damit bestehende Objekte erfasst werden.

Abfragen

Um die Indexinhalte abzufragen, wird dem TopicIndex das gewünschte FilteredSet als Parameter übergeben. Für einen TopicIndex *topic_type* und ein FilteredSet *news* sieht die Abfrage folgendermaßen aus:

```
portal.portal_catalog(topic_type="news")
```

API

```
portal.portal_catalog.addIndex('topic_type', 'TopicIndex ↩
    ')
portal.portal_catalog.Indexes['topic_type']. ↩
    addFilteredSet('news', 'PythonFilteredSet', "o. ↩
    portal_type=='News Item'")
portal.portal_catalog.reindexIndex('topic_type', None)
```

13.3.3 Suchergebnisse verwenden

Der Rückgabewert einer Katalogabfrage ist eine Liste mit Objekten, die die Katalog-Metadaten für die gefundenen Objekte enthält – die *Brains.* Einzelne Werte werden einfach als Eigenschaft des Brains abgerufen.

```
results = portal_catalog(Subject='Appointment')
ids     = []
for result in results:
    ids.append(result.getid)
return "\n".join(ids)
```

Außerdem stehen mehrere Funktionen zur Wahl, mit denen weitere Informationen abgerufen werden können.

`getPath()`: Der physikalische Pfad des Objekts.

`getURL()`: Der URL. Er kann verwendet werden, um Links auf das Objekt zu setzen.

`getObject()`: Die Funktion gibt das eigentliche Objekt zurück. Hier passiert ein Zugriff auf die Datenbank. Das bedeutet, dass der Aufruf relativ teuer ist. Deshalb sollte die Funktion nur dann verwendet werden, wenn das Objekt wirklich benötigt wird.

Wenn Sie feststellen, dass Sie sehr häufig auf die Objekte zugreifen müssen, dann sollten Sie erwägen, die benötigten Eigenschaften in die Katalog-Metadaten aufzunehmen.

```
portal_catalog.addColumn(name)
portal_catalog.refreshCatalog(clear=0, pghandler=None)
```

Der Katalog muss mit `refreshCatalog` neu augebaut werden, weil alle Objekte neu ausgelesen werden müssen, um die Ergebnisse in die neue Metadaten-Spalte einzutragen.

13.4 Akquisition

Die Akquisition beschreibt einen Vorgang, bei dem Eigenschaften oder Objekte an anderen Orten als dem aktuellen Objekt gesucht werden. Als Plone-Entwickler werden Sie sich normalerweise nur wenig Gedanken über Zope-Technologien machen müssen. Es ist aber wichtig zu verstehen, wie Zope seine Objekte findet und anwendet.

Akquisition ist das am kontroversesten diskutierte Paradigma von Zope. Die Möglichkeiten, die die Akquisition schaffen, sorgen für ein hohes Maß an Bequemlichkeit für den Entwickler. Probleme gibt es immer dann, wenn die Akquisition unerwünscht in Erscheinung tritt.

Im Zusammenhang mit der Akquisition fallen immer wieder drei Begriffe: *inheritance*, *containment* und *context*. Sie alle sind dafür verantwortlich, dass ein Objekt eine bestimmte Operation ausführen kann, ein bestimmtes Unterobjekt besitzt oder eine bestimmte Eigenschaft hat. Dennoch unterscheiden sie sich alle in ihrer Bedeutung.

13.4.1 Inheritance

Inheritance oder Vererbung hat nichts mit Akquisition zu tun. Die Definition einer Klasse enthält den Bauplan eines Objekts und definiert Eigenschaften und Methoden. Jede Instanz einer Klasse hat denselben Satz an vordefinierten Elementen.

13.4.2 Containment

Nicht nur der Bauplan einer Klasse ist entscheidend dafür, was ein Objekt kann, sondern auch der Datencontainer, in dem es enthalten ist. Objekte können auf Elemente zugreifen, die Zope im Objektpfad findet. Das ist der eigentliche Kern der Akquisition. Hat ein Objekt eine Eigenschaft nicht, dann wird im übergeordneten Verzeichnis danach gesucht. Ist die Suche auch hier nicht erfolgreich, dann geht Zope wieder ein Verzeichnis höher. Dieses Verfahren setzt sich so lange fort, bis die gesuchte Eigenschaft gefunden wird, oder die Suche endgültig fehl schlägt.

Zwei Klassen, ein Wurzelverzeichnis und ein Verzeichnis sollen ineinandergeschachtelt werden. Sie bekommen eine ID und eine Eigenschaft `isFolder` beziehungsweise `isRoot`.

```
>>> from Acquisition import Implicit
>>>
>>> class Folder(Implicit):
...     def __init__(self, id):
...         self.id        = id
...         self.isFolder  = True

>>> class Root(Implicit):
...     def __init__(self,):
...          self.id     = 'root'
...          self.isRoot = True

>>> rt = Root()
>>> rt.a1=Folder('a1')
>>> rt.a1.a2=Folder('a2')

>>> rt.a1.a2.isRoot
True
```

Wenn Sie dieses Beispiel im Python Interpreter ausprobieren, dann müssen Sie darauf achten, dass das Paket *Acquisition* im Verzeichnis *%ZOPE → lib → python* gefunden werden kann. Alle Klassen, die Akquisition nutzen sollen, müssen von einer der im Aquisition-Package definierten Klassen abgeleitet sein.

Die Abfrage der IDs funktioniert reibungslos. Aber sobald die Variable `isRoot` abgefragt wird, ist das Ergebnis immer `True`. Das zeigt einerseits, wie praktisch die Akquisition ist, weil auch die fremden Attribute einfach über ihren Namen erreicht werden können. Allerdings zeigt es auch die Gefahren. Versucht man über den Test `isRoot==True` das Wurzelverzeichnis zu ermitteln, fällt man der Akquisition zum Opfer.

13.4.3 Überquerung

Über die Akquisition lassen sich zwei Teilbäume an einem gemeinsamen Knoten verbinden. Der Wechsel von einem Teilbaum zum anderen heißt Überquerung.

```
>>> rt = Root()
>>> rt.a1=Folder('a1')
>>> rt.a1.a2=Folder('a2')
>>> rt.b1=Folder('b1')
>>> rt.b1.b2=Folder('b2')

>>> rt.b1.a1.a2.b2.id
'b2'
```

Der gemeinsame Knoten ist in diesem Fall das Wurzelobjekt *rt*.

13.4.4 Context

Context ist der Bezug, die Umgebung, auf der ein Objekt oder eine Methode aufgerufen wird. In der Struktur aus dem Beispiel wird `b2` im Kontext von `a2` aufgerufen. Durch die Überquerung können Objektverkettungen entstehen, die nicht dem Containment entsprechen. Allerdings wird Containment von der Aquisition gegenüber dem Context bevorzugt.

```
>>> rt = Root()
>>> rt.a1=Folder('a1')
>>> rt.a1.a2=Folder('a2')
>>> rt.b1=Folder('b1')
>>> rt.b1.b2=Folder('b2')

>>> rt.a1.isATree = True
>>> rt.b1.isATree = False

>>> rt.b1.a1.a2.b2.isATree
False
```

Im Beispiel wird `isATree` akquiriert, weil `b2` keine entsprechende Eigenschaft hat. In der Objektkette käme als nächstes `a2`, das über `a1` den Wert `True` akquirieren würde. Dennoch wird dem Containment der Vorzug gegeben und `False` zurückgeliefert.

13.4.5 Akquisition Wrapper

Akquisition funktioniert über Umhüllungsobjekte, sogenannte Wrapper, die den Zugriff auf das Objekt transparent steuern. Sie enthalten neben dem Objekt auch eine Referenz auf das Elternobjekt. Zunächst wird die geforderte Eigenschaft im Objekt selbst gesucht. Ist sie dort nicht zu finden, dann leitet der Wrapper die Anfrage an das Elternobjekt weiter. Auch die Elternobjekte können von Akquisitions-Wrappern umgeben sein.

Manchmal ist es jedoch notwendig, die Aquisition zu steuern oder ganz zu verhindern. Das wird durch verschiedene Methoden bewerkstelligt.

aq_base

Über `aq_base` kann man auf das Objekt selbst zugreifen. Das ist immer dann notwendig, wenn Akquisition ganz verhindert werden soll. Nur die Eigenschaften des Objekts selbst sind verfügbar.

```
>>> rt.b1.a1.a2.b2.aq_base.isATree
Traceback (most recent call last):
  File "<stdin>", line 1, in ?
AttributeError: isATree
```

Das Beispiel verursacht einen Attribut-Fehler, weil in `b2` keine Eigenschaft `isATree` definiert ist.

aq_parent

Die Eigenschaften des Elternobjekts können direkt über `aq_parent` angesprochen werden.

```
>>> rt.b1.a1.a2.b2.aq_parent.id
'a2'
```

Das Beispiel liefert `a2` als Ergebnis. Es entspricht damit der angegebenen Objektverkettung.

aq_inner

Über `aq_inner` wird die Akquisition auf das Containment beschränkt.

```
>>> rt.b1.a1.a2.b2.aq_inner.aq_parent.id
'b1'
```

Die Objektkette zeigt `a2` als Elternobjekt von `b2`. Im Hinblick auf den Kontext ist das richtig. Im Sinne des Containments ist `b2` aber in `b1` enthalten. Der Wrapper `aq_inner` wird häufig im Zusammenhang mit `aq_parent` verwendet, um das physikalische Elternelement zu bestimmen.

aq_self

Mit aq_self kann die Objektkette zurückverfolgt werden. Mit jedem Aufruf wird eine Wrapper-Schicht aufgelöst.

```
>>> rt.b1.a1.a2.b2.aq_self.aq_parent.id
'a1'
>>> rt.b1.a1.a2.b2.aq_self.aq_self.aq_parent.id
'b1'
```

aq_chain

```
>>> [object.id for object in rt.b1.a1.a2.b2.aq_chain]
['b2', 'a2', 'a1', 'b1', 'root']
>>> [object.id for object in rt.b1.a1.a2.b2.aq_inner. ↩
    aq_chain]
['b2', 'b1', 'root']
```

Der Wrapper aq_chain gibt immer die gesamte Objektkette zurück. Auch hier kann aq_inner verwendet werden, um den physikalischen Pfad zu ermitteln.

__of__

Bisher ergab sich der Kontext immer aus der Verkettung der Objekte. Man kann aber die Funktion __of__ verwenden, um ein Objekt in den Kontext eines anderen zu setzen.

```
>>> a=Folder('a')
>>> b=Folder('b')
>>> b.__of__(a).aq_parent.id
'a'
```

13.5 Sicherheit

Sicherheit in Zope ist ein arbeitsteiliger Vorgang. Die Aufgabe des Programmierers ist die Absicherung seiner Programme durch die Verwendung von Berechtigungen und der Administrator verknüpft diese Berechtigungen mit den Benutzern. Die Abbildung 13.5 zeigt eine Übersicht über die vorhandenen Akteure und ihre Interaktionen.

Die Aufgaben des Administrators werden im Abschnitt 17 auf Seite 317 beschrieben. Im Folgenden wird das Gesamtkonzept umrissen, und dann wird der Schwerpunkt auf die Aufgaben des Programmierers gelegt.

Zentrale Steuerung für die Berechtigungen ist die (lokale) Sicherheitsrichtlinie. Sie schreibt für jedes Objekt vor, welcher Benutzer welche Aktionen ausführen darf. Es gibt aber keine direkte Verbindung zwischen Aktion und Benutzer.

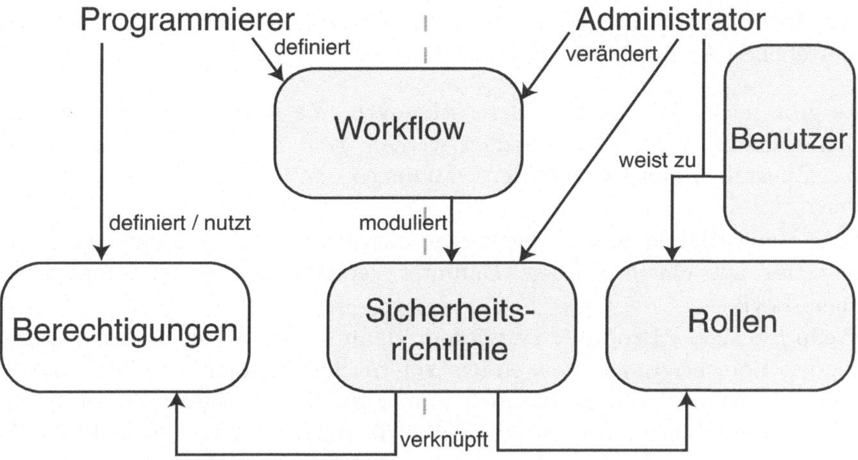

Abb. 13.5. Arbeitsteilung bei der Sicherheit

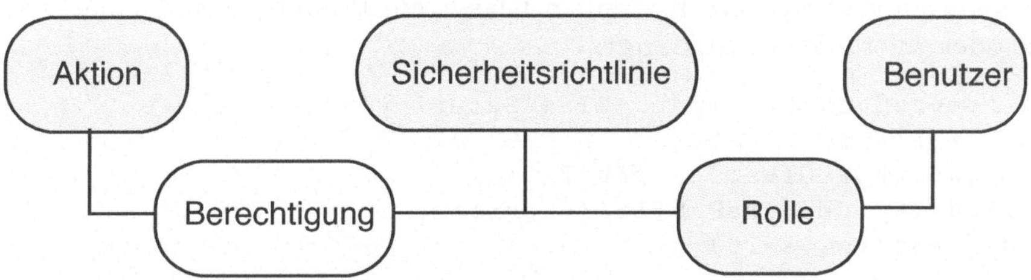

Abb. 13.6. Aktionen sind nur indirekt mit Benutzern verbunden

13.5.1 Berechtigungen

Eine Aktion wird durch eine Berechtigung geschützt. Plone definiert eine Reihe an Berechtigungen im Modul `Products.CMFCore.permissions`. Wichtig im Zusammenhang mit der Veröffentlichung von Inhalten sind die folgenden Berechtigungen.

AccessContentsInformation: Die Berechtigung regelt den Zugriff auf Informationen zu den einzelnen Artikeln. Der Zugriff auf den Artikel selbst bleibt davon unberührt.

View: Eine der wichtigsten Berechtigungen ist die *View*-Berechtigung. Nur Benutzer, die über dieses Recht verfügen, können einen Artikel ansehen.

ListFolderContents: Der Inhaber kann sich Listen mit den Ordnerinhalten ansehen.

AccessInactivePortalContent: Auch wenn Inhalte abgelaufen oder noch nicht aktiv sind, muss der Zugriff auf sie gewährleistet sein. Wer dazu berechtigt ist, regelt diese Berechtigung.

AddPortalContent: Nur wer über diese Berechtigung verfügt, kann neue Artikel anlegen.

ModifyPortalContent: Wenn diese Berechtigung vorhanden ist, können bestehende Artikel bearbeitet werden.

Es gibt noch viele weitere Berechtigungen, die aber nicht alle genannt werden können. Wofür sie verwendet werden, geht meist aus ihrem Namen hervor. Zusätzlich gibt es noch Berechtigungen, die für Workflows verwendet werden.

Eine Berechtigung ansich regelt den Zugriff auf die Aktionen nicht. Sie besteht nur aus einem Namen. Dahinter verbirgt sich keine komplizierte Business-Logik.

Wenn Sie eigene Produkte entwickeln, dann sollten Sie möglichst die existierenden Berechtigungen verwenden, sofern eine für den jeweiligen Zweck existiert. Allerdings sollten Sie auch immer dann eine eigene Berechtigung einführen, wenn es keine Berechtigung gibt, die für Ihren Zweck gedacht ist. So vermeiden Sie dem Administrator unnötige Arbeit, ohne ihn in seiner Freiheit einzuschränken, feine Abstufungen in der Sicherheitsrichtlinie vorzunehmen.

Berechtigungen werden über einen ClassSecurityManager mit einer Methode oder einer Aktion verknüpft.

```
from AccessControl import ClassSecurityInfo
class dmoAlbum:
    security = ClassSecurityInfo()
    security.declarePublic('entries')
    def entries(self):
    ...
```

Dabei stehen drei Methoden zur Auswahl:

`declarePublic('methodname')`: Auf die Funktion kann immer zugegriffen werden.

`declarePrivate('methodname')`: Die Funktion kann nur innerhalb der Klasse verwendet werden.

`declareProtected(permission, 'methodname')`: Die Funktion kann nur verwendet werden, wenn der aktuelle Benutzer die angegebene Berechtigung besitzt.

13.5.2 Sicherheitsrichtlinie

Die Sicherheitsrichtlinie verknüpft Berechtigungen mit Rollen. Welche Rolle gerade welche Berechtigung hat, hängt von verschiedenen Faktoren ab.

- Von den Berechtigungen im Akquisitionspfad sofern die Sicherheitseinstellungen akquiriert werden.
- Von den Berechtigungen, die im eigentlichen Objekt zugewiesen sind.
- Vom Workflow-Status sofern das Objekt durch einen Workflow überwacht wird.

Berechtigungen können akquiriert werden. Das bedeutet, dass nicht jedes Objekt eigene Sicherheitseinstellungen bekommen muss. Das wäre auch nicht zu überblicken. Im Normalfall werden im Wurzelverzeichnis die Berechtigungen eingestellt und dann nur in Einzelfällen bei anderen Objekten verändert.

Die Sicherheitsrichtlinie ist im ZMI über den Reiter Security zugänglich.

Als Programmierer verändern Sie nie die Sicherheitsrichtlinie für bestehende Berechtigungen. Das ist alleine die Aufgabe des Administrators. Sie definieren allerdings für die von Ihnen erzeugten Berechtigungen Standardrollen, die sie bekommen sollen.

```
import Products.CMFCore.permissions

aPermission = "A Permission"
permissions.setDefaultRoles(aPermission, ('Manager', ' ↩
    Owner'))
```

13.5.3 Rollen

Auch die Definition der Rolle fällt in das Aufgabengebiet des Administrators. Sie können sich nur auf die Existenz der Rollen verlassen, die in Zope definiert sind. Das sind die Rollen `Anonymous`, `Manager` und `Owner`.

Die Rolle, mit der ein Benutzer auf die Inhalte zugreifen kann, hängt von verschiedenen Faktoren ab.

- Von der Rolle, die dem Benutzer zugewiesen ist.
- Von lokalen Rollen, die für das aktuelle Verzeichnis gelten.
- Von Proxy-Rollen, die für die aktuelle Ressource gelten.

Jedem Benutzer können eine oder mehrere Rollen zugewiesen werden. Diese Rollen hat der Benutzer auf der gesamten Site. Benötigt er in einem bestimmten Bereich mehr Rechte, dann kann er diese über lokale Rollen erben. Die lokalen Rollen hängen am Objekt und nicht am Benutzer, sind aber mit einem Benutzer oder einer Gruppe verknüpft. Proxy-Rollen nehmen keine Rücksicht auf die Rechte des Benutzers. Ist ein Skript mit einer Proxy-Rolle verknüpft, dann werden die Skripte mit diesen Berechtigungen ausgeführt, unabhängig davon, ob der aktuelle Benutzer mehr oder weniger Rechte im aktuellen Verzeichnis hat.

13.5.4 Workflow

Ein Workflow, den Sie mit Ihrem Produkt ausliefern, ist ein Vorschlag an den Administrator, den Arbeitsablauf zu organisieren. Sie definieren den Workflow und verknüpfen die Berechtigungen mit den verschiednen Stati. Im Abschnitt 14.3 wird die Erstellung eines Workflows beschrieben, wie man als Administrator einen Workflow anpasst steht im Abschnitt 17.11 auf Seite 359.

Die vielen Einzelteile, aus denen sich die Zope-Sicherheit zusammensetzt, lassen sehr feine Abstimmungen auf verschiedenste Szenarien zu. Letztendlich entwickeln muss die Sicherheitsstrategie ein Administrator. Aber Sie als Entwickler müssen beim Design Ihrer Anwendung beachten, dass es vielfältige spätere Einsatzmöglichkeiten gibt. Einige Regeln sollten Sie dabei immer beachten:

- Schützen Sie alle Methoden durch eine Berechtigung.
- Verwenden Sie falls möglich die existierenden Standardberechtigungen.
- Nutzen Sie eigene Berechtigungen, falls die bestehenden Ihren Anwendungsfall nicht abdecken.
- Gehen Sie nicht davon aus, dass andere, als die Standardrollen von Zope existieren.
- Greifen Sie nicht in den Arbeitsbereich des Administrators ein, definieren Sie zum Beispiel keine eigenen Rollen.
- Testen Sie in Ihrem Programmcode nie auf die Zugehörigkeit zu einer bestimmten Rolle, sondern überprüfen Sie falls nötig nur die bestehenden Berechtigungen.

13.6 Properties – Objekteigenschaften

Zu den meisten Objekten können Eigenschaften verwaltet werden. Der Titel ist eine solche Eigenschaft. Damit das funktioniert, muss das Objekt von der Klasse PropertyManager abgeleitet sein. Das ist bei allen Standardobjekten der Fall.

Außer der Möglichkeit, Eigenschaften im Objekt zu speichern, können eigene PropertySheets angelegt werden. Die einzige Aufgabe dieser Objekte ist das Beinhalten von Eigenschaften. Grundsätzlich sollten Eigenschaften innerhalb der Objekte verwaltet werden. Bei Objekten mit sehr vielen Eigenschaften, lässt sich über PropertySheets die Übersichtlichkeit verbessern. Plone nutzt PropertySheets für die *navtree_properties* und die *site_properties*. Da das Site-Objekt selbst auch über Eigenschaften verfügt, muss man anfangs häufig nachschauen, wo die gewünschte Eigenschaft untergebracht ist.

Hinzugefügt oder geändert werden Eigenschaften entweder über das ZMI, jeweils auf der Registerkarte *Properties* oder skriptgesteuert.

```
siteProperties=getToolByName(portal, ' ↩
    portal_properties').site_properties
safeEditProperty(portal, 'title', 'Content ↩
    Management mit Plone', 'string')
```

13.7 Internationalisierung

Internationalisierung ist ein Thema, dass sich durch alle Bereiche der Entwicklung von Content-Management-Systemen zieht. Zu übersetzende Elemente sind:

- Inhalt
- Oberfläche
- Programmcode

Die Internationalisierung von Inhalten ist die Aufgabe des Autors beziehungsweise des Übersetzers und im Abschnitt 5.3 auf Seite 62 beschrieben. Die Oberfläche von Plone ist zu einem großen Teil internationalisiert, muss aber natürlich angepasst werden, wenn Sie an der einen oder anderen Stelle verändert wird. Um die Präsentation kümmert sich der Designer. Wie das funktioniert beschreibt der Abschnitt 11.3 auf Seite 189. Dort ist auch erklärt, wie internationalisierter Programmcode verarbeitet wird. Five führt eine eigene Kennzeichnung übersetzungspflichtiger Zeichenketten ein. Diese und die Internationalisierung von ZCML beschreibt das Kapitel 15.1.6 auf Seite 293.

Was bleibt ist die Kennzeichnung von sprachabhängigen Zeichenketten im Python-Code. Im günstigsten Fall wird Programmcode nur verwendet, um Business-Logik zu definieren. Alles, was der Benutzer zu sehen bekommt, sollte in Page Templates ausgelagert werden. Die Trennung von Präsentation und Logik ist aber nicht immer vollständig möglich.

- Titel und Beschriftungen von Widgets für Datenfelder eines Schemas stehen innerhalb der Schema-Definition.
- Funktionen können sprachabhängige Ergebnisse liefern.

Der zweite Fall ist allerdings fast immer zu vermeiden. Dort ist es meist möglich, die Übersetzung in ein Page Template auszulagern. Die sprachabhängigen Eigenschaften der Widgets müssen allerdings in der Klasse definiert werden.

```
ReferenceField('dmofotos',
    widget=ReferenceWidget(
        label='Dmofotos',
        label_msgid='dmoAlbumNG_label_dmofotos',
        description_msgid='dmoAlbumNG_help_dmofotos',
        i18n_domain='dmoAlbumNG',
    ),
```

Bei der Internationalisierung eines Schemas werden neben dem Label und der Beschreibung auch Message-IDs für beide Felder angelegt. Bei der Entwicklung mit ArchgenXML, die in diesem Buch beschrieben wird, werden die Message-IDs automatisch angelegt und in einen Message-Katalog übernommen.

Bei der Übersetzung sonstiger Meldungen muss die Zeichenkette explizit über `translate` übersetzt werden.

```
self.translate('MESSAGE-ID', domain='DOMÄNE', mapping=' ↩
    VARIABLEN')
```

Das Mapping-Objekt ist ein optionales Verzeichnis mit eventuellen Variablen, die in den übersetzten Text eingefügt werden.

13.8 Unit-Tests in zehn Minuten

Man kann eine Anwendung testen, indem man sie verwendet, nachdem sie fertig gestellt ist. Möglicherweise findet man dabei Fehler, vielleicht aber auch nicht. Wenn man einen Fehler findet, dann muss man herausfinden, wo er verursacht wurde. Das kann in komplexen Systemen sehr schwierig sein. Noch schwieriger ist die Sachlage, wenn keine Fehler auftreten. Gibt es keine Fehler im Programm oder wurden einfach nicht alle Möglichkeiten durchgespielt?

Unit-Tests sollen diesen Problemen begegnen. Das Konzept der Unit-Tests ist in der Programmierung weit verbreitet. Es gibt entsprechende Implementierungen für verschiedene Programmiersprachen. Unit-Tests sind jedoch nicht die einzige Möglichkeit, Software zu testen. Ebenfalls sehr interessant sind Doctests, die die Dokumentation und die Tests kombinieren. Im Rahmen dieses Buches kann jedoch nur eine Technik besprochen werden.

Unit-Tests spalten eine Anwendung in kleine Teile auf, so dass jeder Teil für sich getestet werden kann. Für jede Funktion werden Testfunktionen geschrieben, die alle im späteren Programmlauf möglichen Fälle simulieren sollen. So sollen sie sicher stellen, dass die Funktionen zu jeder Zeit das richtige Verhalten zeigen. An diese Testfunktionen werden bestimmte Anforderungen gestellt:

- Um zuverlässige Aussagen zu treffen, müssen sie möglichst vollständig sein.
- Sie müssen ablaufen, ohne dass der Benutzer eingreifen muss.
- Zeigt eine Funktion ein korrektes Verhalten, muss der Test positiv verlaufen.
- Zeigt eine Funktion ein falsches Verhalten, muss der Test fehl schlagen.

Unit-Tests bleiben nicht beim Programmierer. Sie werden mit der Software ausgeliefert. Der Grund dafür liegt in der Art der möglichen Fehler.

- Eine Funktion wird neu entwickelt. Dabei treten Fehler auf.
- Eine funktionierende Funktion wird verändert. Dabei kommt es zu einem Fehlverhalten bereits bestehender Bestandteile.
- Die Funktion funktioniert zwar scheinbar korrekt, aber in anderen Programmteilen kommt es zu Fehlern.

Eine Sammlung von Unit-Tests ist ein Nachweis der Funktionalität, die bereits erfolgreich getestet wurde. Wird später die Funktion verändert, lässt sich schnell erkennen, dass dadurch in bestehenden Teilen Fehler erzeugt wurden. Noch tückischer ist es, wenn andere Programmbestandteile durch die

Änderungen beeinflusst werden. Das lässt sich nur herausfinden, wenn auch die Unit-Tests dieser Module vorliegen. Sind die Tests der eigenen Funktion erfolgreich, dann werden danach alle Tests des Gesamtsystems durchgeführt, um solche Fehler zu finden.

Die Tests werden geschrieben, bevor die Methoden implementiert werden. Dieser Ansatz wirkt anfangs vielleicht befremdlich, er hat aber durchaus seinen Grund. Um einen Test für eine Funktion zu schreiben, muss man genau wissen, welches Verhalten man von ihr erwartet. Dadurch wird die Zielsetzung der Implementierung klar definiert. Manchmal wird auch davon gesprochen, dass Unit-Tests davor schützen, die Implementierung in die Länge zu ziehen. Die Software sei fertig, wenn alle Tests erfolgreich verlaufen. Einerseits ist das richtig. Andererseits existieren Abhängigkeiten von der Vollständigkeit und der Qualität der Tests, andererseits gibt es immer auch Optimierungspotential, das von den Tests nicht abgebildet wird. Der letzte Grund, weshalb Unit-Tests vor der Implementierung geschrieben werden ist, um zu sehen, ob auch alle Tests zunächst fehl schlagen.

13.8.1 Aufbau

Unit-Tests haben eine bestimmte Struktur, damit die Tests automatisch ablaufen können.

Test

Ein einzelner Test ist eine parameterlose Funktion, die eine bestimmte Funktion der Anwendung testet. Dabei wird die zu testende Funktion mit verschiedenen gültigen und ungültigen Parametern beliefert und geprüft, ob das Verhalten der Funktion mit der Spezifikation übereinstimmt. Eine Testfunktion bekommt immer das Prefix *test*, so dass die Test-Runner erkennen können, bei welchen Funktionen es sich um Tests handelt.

Testcase

Mehrere Tests können in einem Testcase gruppiert werden. Dabei steht ein Testcase für ein Szenario, das allen im Testcase enthaltenen Tests zu Grunde liegt. Ein Testcase definiert die Umgebung eines Tests, indem Variablen vorbelegt oder Objekte erzeugt werden. Diese Umgebung nennt man auch *fixture*. Implementiert sind Testcases als Klassen. Die einzelnen Tests sind Methoden dieser Klasse.

Zwei weitere Methoden eines Testcases sorgen dafür, dass die Testumgebung korrekt auf- und wieder abgebaut wird. Sie werden vor beziehungsweise nach jeder Testmethode gerufen.

```
def setUp(self,):
def tearDown(self,):
```

Innerhalb von setUp können Objekte erzeugt werden, die für alle Testmethoden identisch vorhanden sein müssen.

Testsuite

Alle Testcases werden in einer Testsuite zusammengefasst. Dabei handelt es sich in erster Linie um eine Organisationseinheit, die als Startpunkt für den Test-Runner dient. Implementiert ist eine Testsuite als Funktion auf Modulebene.

Erzeugen einer Testsuite

```
def test_suite():
    from unittest import TestSuite, makeSuite
    suite = TestSuite()
    suite.addTest(makeSuite(TESTCASE))
    return suite
```

Der Aufruf `addTest` wird für jeden Testcase wiederholt.

13.8.2 Tests schreiben

Ein einzelner Test kann entweder erfolgreich verlaufen oder aber fehl schlagen. Ein Test verläuft erfolgreich, es sei denn, er wird explizit mit einer Fehlermeldung abgebrochen. Für die Überprüfung der Ergebnisse innerhalb eines Tests, stehen verschiedene Funktionen bereit, die verwendet werden können. Die wichtigsten sind in der folgenden Übersicht zusammengestellt.

`self.assertEqual(Objekt1, Objekt2)`: Überprüft, ob zwei Objekte gleich sind.

`self.assertRaises(Ausnahme, Funktion, ... )`: Der Test ist erfolgreich, wenn es im Programmlauf zu einer Ausnahme kommt. Die Parameter des Funktionsaufrufs werden an `assertRaises` übergeben.

`self.failUnless(Ausdruck)`: Der Test ist erfolgreich, wenn der gegebene Ausdruck wahr ist.

`self.failIf(Ausdruck)`: Das ist die Umkehrfunktion zu `failUnless`. Sie ist also erfolgreich, wenn der angegebene Ausdruck falsch ist.

`self.fail()`: Der Test schlägt fehl, ohne dass weitere Bedingungen geprüft werden.

Als optionaler Parameter kann jeder Funktion eine Zeichenkette übergeben werden, die im Fehlerfall ausgegeben wird.

13.8.3 Unit-Tests in Plone

Die Basisklasse der Python-Testcases ist `unittest.testcase`. Damit lassen sich Funktionen testen, die keine spezielle Umgebung benötigen. Für die

Zope- und Plone-Entwicklung ist aber eine entsprechende Umgebung erforderlich. Dazu gehört ein Zope-Server, eine ZODB, installierte Produkte, Benutzer... Deshalb gibt es für Plone und Zope eigene Testcase-Basisklassen:

```
from Testing import ZopeTestCase
from Products.PloneTestCase import PloneTestCase
```

Testcases, die von dieser Klasse abgeleitet werden, verfügen über die folgende Umgebung:

`self.app`: Das Application-Objekt.
`self.app.REQUEST`: Ein Request.
`self.portal`: Eine Plone Site. Der Name der Site ist in der Variablen `PloneTestCase.portal_name` gespeichert.
`self.folder`: Der Benutzerordner des angemeldeten Benutzers.

Standardmäßig ist man als Benutzer angemeldet. Es stehen verschiedene Funktionen zur Verfügung, mit denen man sich abmelden kann, um als anonymer Benutzer auf das System zuzugreifen, Funktionen, mit denen man sich anmelden kann oder mit denen die Rollen des angemeldeten Benutzers verändert werden können.

```
self.logout()
self.login(PloneTestCase.default_user)
self.setRoles(['Manager', ])
```

Die Methoden `setUp` und `tearDown` dürfen für Plone Testcases nicht verwendet werden. Statt dessen existieren die Einsprungpunkte `afterSetUp` beziehungsweise `beforeTearDown`.

13.8.4 Tests ausführen

Sind die Tests geschrieben, dann müssen sie nur noch mit einem geeigneten Test-Runner ausgeführt werden. Mit Zope mitgeliefert wird ein Modul *test.py* im bin-Verzeichnis der Zope-Installation. Der Befehl `test.py --help` gibt eine Beschreibung der zahlreichen Optionen aus. Zumindest eine Konfigurationsdatei für den Zope-Server und das zu testende Produkt muss angegeben werden.

```
cd $INSTANCE
$ZOPE/bin/test.py
    --config-file ./etc/zope.conf
    --libdir ./Products/
```

Der Abschnitt 14.1.8 auf Seite 267 zeigt anhand eines konkreten Beispiels, wie mit Hilfe der UML und ArchGenXML Testcases modelliert werden können.

14

Plone-Komponenten

Sind die Grundkonzepte bekannt, dann ist es höchste Zeit, sich um die Schaffung neuer Komponenten für eine Plone Site zu kümmern. Für Content-Management-Systeme am Wichtigsten sind die Content-Typen. Sie werden benötigt, um bestimmte Inhalte optimal zu erfassen und zu präsentieren. Deshalb behandelt dieses Kapitel zunächst diese Aufgabe.

Die Komponenten, die in Plone verwendet werden, lassen sich in drei Grundtypen einteilen. Die größte Gruppe ist die der Content-Typen. Diese werden in Form von Plone-Produkten hergestellt und verteilt. Die zweite Gruppe sind Bibliotheken, die die Funktionalität einer Plone-Site erweitern. Eine solche Bibliothek wird in Plone als Tool realisiert. Formulare liefern die letzte Kernkomponente, um die sich ein Programmierer kümmern muss. Formulareingaben müssen überprüft und weiterverarbeitet werden. Zunächst wird der Entwurf von Content-Typen anhand eine Beispiels – einer Bildergalerie – beschrieben.

14.1 Content-Typen

Content-Typen sind Schablonen, die die Daten bestimmter Inhalte vollständig erfassen und möglichst optimal präsentieren. Die anfallenden Daten müssen in passenden Datenfeldern gespeichert werden.

Die Content-Typen der ersten Generationen von Plone wurden aus dem Content Management Framework von Zope übernommen. Nachteilig war der Aufwand aus ihnen neue Content-Typen abzuleiten. Viel gravierender noch war das Problem, dass Artikel in Plone (wie alle Zope-Objekte) keinen eindeutigen Bezeichner hatten. Ihre ID musste nur innerhalb des eigenen Verzeichnisses eindeutig sein und konnte sogar geändert werden. Wenn ein Objekt aber verschoben wurde, dann wurden dadurch die Verweise auf das Objekt ungültig.

14.1.1 Archetypes

Mit Archetypes wurden eindeutige Bezeichner in Plone eingeführt. Jetzt sind Referenzen auf andere Objekte möglich, die ihre Gültigkeit behalten, solange

2.1 das referenzierte Objekt existiert. Schon mit der Plone-Version 2.0 wurden neue Content-Typen vorwiegend mit Hilfe von Archetypes erzeugt. Mit Plone 2.1 wurden die Standard-Artikeltypen auf eine Archetypes-Version umgestellt – die Archetypes Content Types, kurz ATCT.

Das Verfahren, das in diesem Buch besprochen wird, verwendet *Archetypes* beziehungsweise *ATContentTypes* als Basis. Das ist das schnellste Verfahren, um Content-Typen zu erzeugen. Es ermöglicht außerdem die Modellierung der Typen in UML, was sich günstig auf die Architektur auswirkt. *ArchGenXML* schließlich erzeugt aus UML-Modellen den Programmcode.

Archetypes definiert einen Basissatz an Eigenschaften für Inhalte und Inhaltscontainer (Ordner). Die möglichen Datenfelder Archetypes-basierter Inhaltstypen sind ebenfalls vordefiniert und können einfach in einer Liste innerhalb der Klasse gespeichert werden. Diese Liste ist das *Schema* der Klasse. Die einzelnen Datenfelder heißen *Fields*. Archetypes-basierte Content-Typen nutzen automatisch generierte Templates für die Erfassung und Darstellung der Felder, die bei Bedarf ersetzt werden können. Für jedes Feld wird ein Standardformularelement dargestellt. Diese Formularfelder werden *Widgets* genannt und können ebenfalls überschrieben werden. Content-Typen, die auf Archetypes basieren, können einfach erweitert werden, indem der neue Artikeltyp das bisherige Schema übernimmt und weitere Felder definiert.

14.1.2 ATContentTypes

Die Entwicklung von Content-Typen mittels Archetypes beschleunigte die Produktentwicklung immens. Oft wollte man aber nur einen bereits bestehenden Artikeltyp um ein oder zwei Datenfelder erweitern. Das war aber nicht so
2.1 einfach möglich, da Plones Standard-Artikeltypen die Archtypes-Technologie nicht nutzten. Dieses Problem ist in Plone 2.1 gelöst. Die Artikeltypen wurden durch Archetypes-basierte Typen ersetzt, die im Produkt *ATContentTypes* (ATCT) definiert sind.

14.1.3 ArchGenXML

Kein Plone-Produkt, sondern ein Kommandozeilen-Tool ist ArchGenXML. Es ermöglicht die Verwendung von UML-Software zur Erzeugung von Archetypes-basierten Content-Typen. Damit stehen dem Plone-Entwickler modernste Entwicklungsmöglichkeiten offen. Die Software interpretiert Klassen- und Zustandsdiagramme im XMI-Format und erzeugt daraus Workflows, Artikeltypen und Tools. Wie das genau passiert wird in den Beispielen in diesem Kapitel ausführlich demonstriert. Bisher unterstützt ArchGenXML noch kein Roundtrip- oder Reverse Engineering, aber bestehende Funktionskörper bleiben bei der Ausführung von ArchGenXML erhalten.

14.1.4 Basisklassen

Artikeltypen lassen sich in zwei Grundarten einteilen. Dokumenttypen und Ordnertypen. Sollen neue Typen geschaffen werden, ohne bereits bestehende zu erweitern, dann werden diese Basisklassen verwendet. Das ist einmal *BaseContent* für Dokumenttypen und *BaseFolder*, beziehungsweise *BaseBTreeFolder* für Ordnertypen. ATCT erweitert diese Basisklassen. Die Basisklassen von ATCT sind im Modul *Products* → *ATContentTypes* → *base.py* definiert. ArchGenXML leitet den neuen Content-Typen standardmäßig von den Archetypes-Klassen ab. Dieses Verhalten lässt sich aber durch Generalisierungsbeziehungen und die Angabe des Eigenschaftswertes `base_class` verändern. In den folgenden Beispielen sollen die Klassen von ATContentTypes verwendet werden.

14.1.5 Fields

Die standardmäßig vorhandenen Felder sind in der Datei *Products* → *Archetypes* → *Field.py* definiert. Die Basisklassen *Field* und *ObjectField* ermöglichen die Ableitung neuer Feldtypen für Standarddatenfelder und Objektdatenfelder. Die Klassen definieren einen Standardsatz an Eigenschaften und Methoden, die allen Feldern zur Verfügung stehen.

`old_field_name`: Sollen Felder umbenannt werden, dann kann dieser Wert auf den alten Feldnamen gesetzt werden. So bleiben die Daten erhalten. Es ist aber besser, sich von Anfang an Gedanken über den Namen eines Feldes zu machen. Die Variable ist standardmäßig nicht gesetzt.

`required`: Pflichtfelder erhalten den Wert `True`. Der Standard ist `False`.

`default`: Für jedes Feld kann ein Standardwert gesetzt werden. Standardmäßig ist das nicht der Fall.

`default_method`: Anstelle eines festen Standardwertes kann eine Methode angegeben werden, die den Standardwert für das jeweilige Objekt berechnet.

`vocabulary`: Das Vokabular ist eine Liste mit Werten, die das Feld annehmen kann. Standardmäßig ist die Liste leer. Interessant im Zusammenhang mit Vokabularien ist das Zusatzprodukt ATVocabularyManager, das dynamische Vokabularien ermöglicht.

`enforceVocabulary`: Auch wenn ein Vokabular angegeben wird, dann handelt es sich zunächst nur um Wertevorschläge. Neue Werte sind möglich. Ist dagegen diese Variable gesetzt, dann muss das Feld einen der Werte des zugehörigen Vokabulars verwenden.

`multiValued`: Normalerweise kann ein Feld nur einen Wert annehmen. Der Parameter `multiValued=True` ermöglicht eine Mehrfachauswahl. Das wirkt sich auch auf die Darstellung in den Formularen aus, zum Beispiel werden bei der Mehrfachauswahl Checkboxen statt Radio-Buttons verwendet.

searchable: Hat die Variable den Wert True, dann kann über die Textsuche nach dem Inhalt des Feldes gesucht werden, auch dann, wenn der Feldwert nicht in einem eigenen Index gespeichert wird.

isMetadata: Metadaten-Felder werden auf den automatisch generierten Ansichten nicht angezeigt. Sie sind dazu gedacht, um unsichtbare Informationen zu speichern. Wird der Schalter gesetzt, dann wird damit festgelegt, dass es sich bei dem Feld um Meta-Informationen handelt. Es kommt immer wieder zu Verwechslungen zwischen den Katalogmetadaten und den Metadatenfeldern des Inhalts. Ein Feld wird über die Eigenschaft index in den Metadatensatz des Katalogs übernommen. Wie das geht steht in dieser Liste weiter unten.

accessor: Die Zugriffsmethode mit der der Feldinhalt zur Ansicht abgefragt werden soll. Der Standard ist None.

edit_accessor: Die Zugriffsmethode, die den Feldinhalt für die Bearbeitung liefert. Der Standard ist None.

mutator: Dabei handelt es sich um die Methode, um den Feldinhalt zu verändern. Standardmäßig ist der Wert None.

mode: Der Mode gibt an, ob der Wert gelesen (r) und/oder verändert (w) werden kann. Der Standardwert ist rw.

read_permission: Die Berechtigung, die benötigt wird, um den Feldwert auszulesen. Standardmäßig wird CMFCorePermissions.View[1] vewendet.

write_permission: Die Berechtigung, die benötigt wird, um den Feldwert zu verändern, normalerweise CMFCorePermissions.ModifyPortalContent.

storage: Normalerweise werden Feldwerte als Objektattribute gespeichert (AttributeStorage()). Es ist aber auch möglich, sie in einer relationalen Datenbank abzulegen.

type: Gibt den Datentyp an, der in dem Feld gespeichert ist.

widget: Das Widget bestimmt, wie das Feld im Änderungsformular dargestellt wird. Die verschiedenen Widget-Typen werden später in diesem Kapitel beschrieben.

validators: Eine standardmäßig leere Liste mit Funktionsnamen, die die Gültigkeit des Feldwertes überprüfen. Validators müssen als solche registriert sein, damit sie funktionieren können.

index: Die Aufnahme in den Katalog steuert der Parameter index. Normalerweise wird der Feldwert nicht in einem Index gespeichert. Der Wert ist der Name eines Indextyps, gefolgt von dem optionalen Zusatz :brains, der dafür sorgt, dass der Feldwert auch in den Katalogmetadaten gespeichert wird. Welche Indextypen zur Auswahl stehen, beschreibt der Abschnitt 13.3.2 auf Seite 225. Was im Index gespeichert hängt damit zusammen, welche Methode die Informationen für den Index bereitstellt.

[1] Die eingebauten Berechtigungen sind im Modul CMFCore.permissions definiert. Dieses Modul hieß früher CMFCore.CMFCorePermissions. Diese Schreibweise ist allerdings als deprecated markiert und sollte nicht mehr verwendet werden.

`index_method`: Normalerweise werden die Informationen an den Katalog übertragen, die auch der Benutzer zu sehen bekommt, wenn er das Objekt aufruft. Eine Änderung des Parameters ist nur sehr selten notwendig.

`schemata`: Standardmäßig werden Felder im `default`-Schema angelegt. Dieses Schema enthält die selbst definierten Datenfelder eines Content-Typs. Es können aber beliebige weitere Schemata angelegt werden, indem der Variablen einfach der Name des Schemas zugewiesen wird. Felder, die denselben Wert von `schemata` haben, werden auf derselben Seite angezeigt. Bereits definiert ist der Wert `metadata`. Hier handelt es sich um das Eigenschaften-Formular. Sinnvoll ist die Zuweisung an `metadata` für Felder, bei denen es sich um Metadaten handelt (`isMetadata=1`). Abbildung 14.1 zeigt die Links zu den eigenen Schemata-Formularen.

`languageindependent`: Der Schalter legt fest, ob das Feld internationalisiert werden muss. Allerdings besagt der Wert die Sprachunabhängigkeit. Der Standardwert `False` besagt also, dass das Feld sprachabhängig ist und internationalisiert werden muss.

`primary`: Diese Feldeigenschaft wird nicht in der Basisklasse definiert. Dennoch nenne ich sie an dieser Stelle, weil es für die meisten Felder in Frage kommt. Ein Feld eines Schemas kann für `primary` den Wert `True` annehmen. Damit ist der Inhalt des Feldes das was übertragen wird, wenn das Objekt über FTP oder WebDAV angefordert wird.

Die einzelnen Feldtypen definieren zum Teil andere Vorgabewerte und ergänzen weitere Eigenschaften.

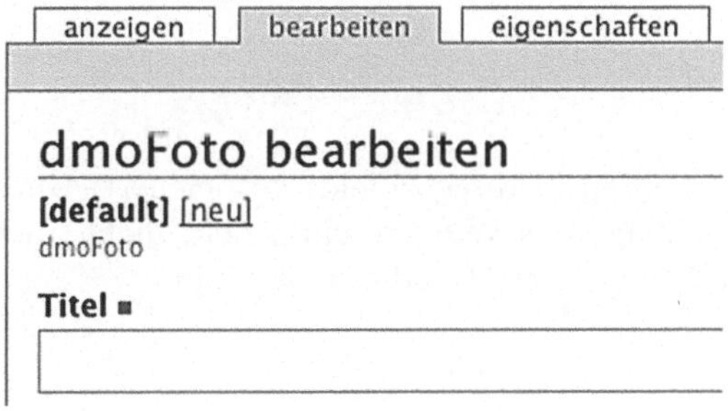

Abb. 14.1. Die selbst definierten Schemata sind über Links im Änderungsformular erreichbar

StringField

Datentyp	string
Standard-Widget	StringWidget

Ein StringField speichert einfache Zeichenketten. Es geht hier nicht um HTML oder sonstige formatierte Texte. Die Klasse StringField setzt den `default_content_type` auf `text/plain`. Das Standard-Widget ist ein StringWidget.

TextField

Datentyp	text
Standard-Widget	TextAreaWidget
Weitere Widgets	RichWidget

Auch in Text-Feldern werden Zeichenketten gespeichert. Im Gegensatz zu String-Feldern können aber verschiedene Ein- und Ausgabeformate definiert werden.

`default_output_type`: Damit wird das Standausgabeformat angezeigt. Der Standard ist `text/plain`.

`allowable_content_types`: Eine Liste der MIME-Typen, die in das Feld geladen werden können.

BooleanField

Datentyp	boolean
Standard-Widget	BooleanWidget
Weitere Widgets	LabelWidget

Um Wahrheitswerte zu speichern wird ein BooleanField verwendet. Das Standardwidget ist ein BooleanWidget.

IntegerField

Datentyp	integer
Standard-Widget	IntegerWidget
Weitere Widgets	LabelWidget

Ganzzahlige numerische Werte werden in IntegerFields gespeichert. Über den Parameter `size` lässt sich die Länge des Widgets einstellen, nicht aber die Größe der Zahl begrenzen. Dafür würde ein Validator benötigt.

FloatField

Datentyp	float
Standard-Widget	StringWidget

Fließkommazahlen sind in einem FloatField gut aufgehoben.

FixedPointField

Datentyp	fixedpoint
Standard-Widget	DecimalWidget
Weitere Widgets	LabelWidget

Fließkommawerte mit fester Präzision können in FixedPoint-Feldern gespeichert werden. Die Präzision (`precision`) ist standardmäßig mit 2 Nachkommastellen angegeben.

DateTimeField

Datentyp	datetime
Standard-Widget	CalendarWidget
Weitere Widgets	LabelWidget

Das DateTimeField ist für die Speicherung von Zeit- und Datumswerten geeignet.

LinesField

Datentyp	lines
Standard-Widget	LinesWidget
Weitere Widgets	KeywordWidget, LabelWidget, MultiselectionWidget, SelectionWidget, PicklistWidget, InAndOutWidget

In Lines-Feldern können Listen beliebiger Datentypen gespeichert werden. In ein LinesWidget wird pro Zeile ein Wert eingetragen.

ReferenceField

Datentyp	reference
Standard-Widget	ReferenceWidget
Weitere Widgets	LabelWidget, InAndOutWidget, ReferenceBrowserWidget

Als Widget kommt ein Widget zum Einsatz, dessen HTML-Entsprechung sich nach der Anzahl der Elemente richtet. Sehr intuitiv zu bedienen ist der ReferenceBrowserWidget, bei dem die zu referenzierenden Objekte in einer Objekthierarchie in der Art eines Dateibrowsers ausgesucht werden können. In die Felddefinition muss unter dem Parameter `relationship` eine Zeichenkette aufgenommen werden, die die Art der Beziehung beschreibt. Über `allowed_types` kann die Auswahl an Content-Typen, die referenziert werden können, eingeschränkt werden. Alternativ speichert `allowed_types_method` einen Funktionsnamen, der die Auswahl dynamisch generiert. Die Variable `vocabulary_display_path_bound` legt die Anzahl der Objekte fest, die für die Referenz in Frage kommen, ab der nicht nur der Titel, sondern auch der Pfad angezeigt wird. Das hilft, falls mehrere Objekte denselben Titel haben. Standardmäßig ist das ab 5 Objekten der Fall.

ComputedField

Datentyp	computed
Standard-Widget	ComputedWidget
Weitere Widgets	LabelWidget

Werte, die nicht über ein Formular gesetzt werden können, sondern automatisch berechnet und nur angezeigt werden sollen, sind in einem ComputedField vor manuellen Veränderungen geschützt. Der `mode` ist bereits auf `r` reduziert. Außerdem verändert die `set`-Methode der Klasse den Feldinhalt nicht. Statt dessen kann in der Variablen `expression` ein Methodenaufruf oder eine Anweisung stehen, die die Berechnung übernimmt.

FileField

Datentyp	file
Standard-Widget	FileWidget
Weitere Widgets	LabelWidget

Dateien können in File-Felder geladen werden. Sie werden als Binärdateien behandelt. Das FileWidget ist der Standard-Dateiauswahldialog des Betriebssystems.

ImageField

Datentyp	image
Standard-Widget	ImageWidget
Weitere Widgets	LabelWidget

Bilder sind zwar Dateien, aber ihr Inhalt soll auch auf der Seite erscheinen. Deshalb wird die Bilddatei in ein Bildobjekt eingebettet. Auf die Bilddaten kann über die Variable `image` zugegriffen werden. Für die Verwendung auf der Seite gibt es verschiedene Vorschaugrößen. Standardmäßig ist nur eine Vorschaugröße mit einer Kantenlänge von maximal 80 Pixeln unter dem Namen *thumb* definiert. Die Skalierung der Bilder benötigt eine funktionierende PIL-Installation.

`original_size=(600,600):` Auch wenn das Originalbild sehr groß war, wird nur eine Bildversion gespeichert, die die maximale Kantenlänge für die Breite und die Höhe nicht übersteigt. Die Bilder werden immer proportional skaliert. Die größere Bildseite wird auf den angegebenen Wert reduziert. In Page Templates kann man dann über `objekt/image` auf das Bild zugreifen. Standardmäßig ist kein Wert gesetzt.

`sizes='thumb':(80,80),:` In dem Verzeichnisobjekt können beliebig viele Skalierungen definiert werden. Verwendet werden die Vorschaubilder dann über `object/image_thumb`. Sowohl die Originalgröße, als auch die Vorschauansichten können direkt als HTML-Tag angefordert werden: `python:object.getField('image').tag(obj, scale='thumb')`.

`pil_quality=88`: Die Bildqualität der skalierten Bilder kann hier angegeben werden.

`pil_resize_algo=PIL_ALGO`: Der Reduktionsalgorithmus für die Skalierungen.

`allowable_content_types`: Die Bildformate, die für das Feld zulässig sind, werden in einem Tuple angegeben. Damit PIL jpeg-Bilder verarbeiten kann, muss es mit jpeg Support kompiliert worden sein. Standardmäßig sind gif-, png- und jpeg-Dateien erlaubt.

Es existiert auch ein PhotoField, das Bildinhalte speichert. Es sind bereits einige Vorschaugrößen definiert. In der Regel werden die Bildgrößen individuell für jedes Design festgelegt, so dass die vordefinierten Größen häufig nicht verwendet werden.

14.1.6 Widgets

Widgets sind dafür zuständig, Feldinhalte zu erfassen und auf dem Bildschirm darzustellen. Sie bestehen aus einem Makro, Eigenschaften und Methoden. Die Klassen sind in der Datei *Products → Archetypes → Widget.py* definiert. Die Page Templates, in denen die Makros definiert sind, liegen im *widgets* Ordner des *archetypes*-Subskins. Insgesamt können drei Makros für ein Feld vorhanden sein. Eines für die Edit-Ansicht, eines für die View-Ansicht und eines, bei der der Inhalt des Feldes als verstecktes Formularelement ausgegeben wird.

Die Basisklasse der Standard-Widgets ist `TypesWidget`. Sie definiert einige Klasseneigenschaften.

`modes=('view', 'edit')`: Die Modi, in denen das Widget angezeigt werden kann.

`visible='view':'visible','edit':'visible'`: Wo die Widgets angezeigt werden können, hängt vom `modes`-Parameter ab. Wie sie angezeigt werden wird über den `visible`-Parameter festgelegt. Drei Werte stehen zur Auswahl: `visible` bedeutet, das Widget wird angezeigt. `invisible` bedeutet, dass das Widget nicht angezeigt wird. Die dritte Möglichkeit ist `hidden`. Dabei wird der Feldwert in ein verborgenes Formularfeld geschrieben.

`populate=True`: Das Feld wird angezeigt.

`postback=True`: Wenn ein Formular abgeschickt wird und die Validierung fehlschlägt, wird das Formular erneut angezeigt. Der `postback`-Parameter bestimmt, ob die alten Werte erneut in die Formularfelder eingetragen werden sollen oder nicht. Bei den meisten Feldern ist das komfortabel, bei Passwortfeldern sollte man allerdings davon absehen.

`helper_js=()`: JavaScript-Dateien, die für die Verwendung des Widgets notwendig sind, können hier angegeben werden. Sie werden über die Basistemplates eingebunden.

`helper_css`: Auch CSS-Dateien können für ein Widget angegeben werden.

Die wichtigsten Merkmale der Standard-Widgets werden in den folgenden Abschnitten beschrieben. Die vollständige Liste der Optionen geht aus dem Python-Modul *Widget.py* hervor. Wem die angebotenen Widgets nicht ausreichen, der kann eigene Widgets programmieren.

StringWidget

Das Standard-Widget. Im HTML-Formular erscheint es als Texteingabefeld. Über das Widget können die beiden HTML-Attribute `size` und `maxlength` gesetzt werden.

TextAreaWidget

Ein TextareaWidget entspricht einer HTML-Textarea. Die HTML-Attribute `rows` und `cols` können gesetzt werden. Ein spezieller Modus wird durch `append_only` aktiviert. Damit können nur neue Texte angehängt werden, die durch einen `divider` getrennt werden.

RichWidget

Ein RichWidget ist ein Textfeld mit den zusätzlichen Möglichkeiten, ein Format auszuwählen oder eine Datei hochzuladen. Die HTML-Attribute `rows` und `cols` können gesetzt werden. Der Upload wird mit `allow_file_upload` aktiviert.

IntegerWidget

Bei einem IntegerWidget handelt es sich ebenfalls um ein normales Textfeld. Werte für die Attribute `size` und `maxlength` können angegeben werden.

DecimalWidget

Fließkommawerte werden in einem DecimalWidget dargestellt. Als Dezimaltrennzeichen wird nur der Punkt akzeptiert. Neben den HTML-Attributen `size` und `maxlength` sind verschiedene Formatoptionen wählbar.

`thousands_commas=False`: Hiermit werden Kommas als Tausendertrennzeichen verwendet.

`whole_dollars=False`: Rundet den Betrag auf die nächste Ganzzahl ab.

`dollars_and_cents=False`: Der Wert wird kaufmännisch auf zwei Nachkommastellen gerundet. Der Variablenname `dollar` darf übrigens wörtlich genommen werden, weil dem Wert im Basistemplate das Dollarzeichen vorangestellt wird.

BooleanWidget

Wahrheitswerte erscheinen im HTML-Formular als einzelne Checkbox.

ReferenceWidget

Referenzen können über das bereits erwähnte ReferenzBrowserWidget oder über die Standardversion, das ReferenceWidget bearbeitet werden. Das ReferenceWidget wechselt seine Darstellung in Abhängigkeit des Feld-Parameters `multiValued` und des Parameters `checkbox_bound`. Existieren weniger potenzielle Referenzziele als in `checkbox_bound` angegeben, dann werden sie als Radiobuttons oder Checkboxen dargestellt, ansonsten als Auswahlliste oder Mehrfachauswahlliste.

PasswordWidget

Ein Passwortfeld ist nur im Änderungsformular verfügbar. Angezeigt wird ein HTML-Passwortfeld.

CalendarWidget

Um Datums- und Zeitinformationen einzugeben gibt es das CalendarWidget, das Auswahllisten für das Jahr, den Monat, den Tag, die Stunde und die Minuten angibt. Der Parameter `format` stellt die Anzeige ein.

ComputedWidget

Das ist das Standard-Widget für berechnete Werte.

LinesWidget

In ein LinesWidget wird eine Werteliste eingetragen. Jeder Wert wird in eine neue Zeile geschrieben. Die HTML-Attribute `rows` und `cols` können angegeben werden.

SelectionWidget

Ein Selectionwidget stellt in Abhängigkeit des Parameters `format` entweder Radiobuttons oder ein HTML-Select-Element zur Auswahl bereit. Der voreingestellte Wert `flex` sorgt dafür, dass bis zu drei Elementen Radiobuttons und danach eine Auswahlliste angezeigt werden.

MultiSelectionWidget

Bei einem MultiSelectionWidget können mehrere Werte ausgewählt werden. Dementsprechend erfolgt die Anzeige in Form von Checkboxen (`format='checkbox'`) oder einer Auswahlliste (`format='select'`). Die Option `flex` gibt es hier nicht.

KeywordWidget

Um Begriffe aus einer Liste auszuwählen kann ein KeywordWidget verwendet werden. Ob man neue Begriffe hinzufügen kann, hängt davon ab, ob für die eigene Rolle der Parameter `roleBasedAdd` gesetzt ist. Über `vocab_source` lässt sich eine Datenquelle angeben in der nach möglichen Werten gesucht werden soll.

InAndOutWidget

Bei einem InAndOutWidget lässt sich eine Ergebnismenge in zwei Teile aufteilen. Dazu werden zwei Textfelder angezeigt. Ein Wert kann sich nur in einem der Felder befinden.

PickListWidget

Im Gegensatz zum InAndOutWidget bleiben auch die ausgewählten Elemente in der Liste der Optionen.

ImageWidget

Ein ImageWidget ermöglicht die Auswahl eines Bildes im lokalen Dateisystem. Nach dem Upload werden die Bilddaten angezeigt. Die maximale Dateigröße bis zu der ein Bild angezeigt wird, kann über den Parameter `display_threshold` angegeben werden. Der Standardwert sind 102400 Bytes. Übersteigt das Bild diese Größe, wird nur ein Link angezeigt.

FileWidget

Im Gegensatz zu Bildern sind andere Dateien meist nicht direkt im Browser darstellbar, sondern für den Download bestimmt. Hierfür wird ein FileWidget verwendet.

LabelWidget

Jeder Datentyp kann auch mit einem LabelWidget angezeigt werden. Dabei handelt es sich einfach um die unveränderbare Darstellung des Feldwertes als Text.

14.1.7 Validators

Widgets definieren nicht nur das Formularelement, mit dem ein Feldwert ein- und dargestellt wird. Es kann auch testen, ob der gegebene Feldwert gültig ist. Dazu muss nur ein Validator mit dem Widget verknüpft werden.

Im Package *$INSTANCE → Products → validation → validators* sind bereits einige Validator-Typen definiert. Die Datei *BaseValidators.py* erzeugt eine Reihe von Validators, die sofort mit Widgets verknüpft werden können.

Um einen eigenen Validator zu erzeugen kann entweder eine Instanz eines existierenden Typs mit den entsprechenden Parametern erzeugt werden, bei Bedarf kann aber auch ein völlig neuer Typ entworfen werden.

Für die meisten Anwendungen eignet sich der RegexValidator. Er testet den Wert auf die Übereinstimmung mit einem regulären Ausdruck. Fast alle vordefinierten Validators verwenden den RegexValidator-Typ. Tabelle 14.1 gibt einen Überblick über die existierenden Validator-Typen.

Tabelle 14.1. Eingebaute Validator-Typen

Typ	Beschreibung
EmptyValidator	Überprüft auf einen leeren Feldwert.
ExpressionValidator	Überprüft TALES-Ausdrücke.
IDValidator	Überprüft, ob eine angegebene ID gültig ist. Sie muss syntaktisch richtig sein und darf außerdem im Parent-Objekt noch nicht vergeben sein.
RangeValidator	Überprüft, ob der Wert innerhalb eines gegebenen Zahlenbereichs liegt. Dabei wird der Wert in eine Fließkommazahl umgewandelt, sofern das möglich ist. Der Test schlägt fehl, wenn der Wert nicht numerisch interpretiert werden kann, oder der Wert nicht innerhalb der gegebenen Grenzen liegt. Die untere Grenze gehört zum gültigen Wertebereich, die obere Grenze nicht.
RegexValidator	Testet den Wert gegen einen regulären Ausdruck.
MaxSizeValidator	Überprüft, ob die Objektgröße einen bestimmten Wert überschreitet.
DateValidator	Das Ergebnis ist ungültig, wenn der Wert nicht in ein Datum umgewandelt werden kann.

Eigene Validator-Typen müssen das IValidator-Interface implementieren.

```
class IValidator(Interface):

    name = Attribute("name of the validator")
    title = Attribute("title or name of the validator")
    description = Attribute("description of the ↩
        validator")
```

```
    def __call__(value, *args, **kwargs):
        """return True if valid, error string if not"""
```

Nachdem Sie die wichtigsten Standardelemente des Archetypes-Produkts kennen gelernt haben, ist es an der Zeit, den ersten Artikeltyp zu entwerfen.

14.1.8 Eine Bildergalerie

Eine Bildergalerie soll Vorschau- und Detailansichten für Fotosammlungen bereit stellen. In der Übersicht sollen der Titel und der Fotograf angezeigt werden. Der erste Typ, der dafür benötigt wird, ist das einzelne Bild. Die Einzelbilder müssen in einem Container gesammelt werden. Der letzte Typ ist das eigentliche Album. Es wird vom Datencontainer getrennt, damit die Fotos an mehreren Stellen der Site veröffentlicht werden können. Das ist vergleichbar mit der analogen Fotografie. Die Originalbilder sind auf einem Filmstreifen gespeichert. Man kann von diesen Bildern beliebig viele Abzüge machen, die dann in unterschiedliche Alben eingeklebt werden können. Für das Projekt werden also drei Artikeltypen benötigt: das Foto, der Film und das Album.

Die Dateien des Projektes finden Sie auf der Buch-CD, über das Dateisystem im Verzeichnis *$INSTANCE → Products → dmoAlbumNG*.

Zunächst werden die Artikeltypen definiert.

Dokumenttypen – dmoFoto

Plone kennt bereits einen Bildtypen, der viele der benötigten Eigenschaften aufweist. Wesentlich für kurze Produktionszyklen und ein Kernkonzept der objektorientierten Programmierung ist die Wiederverwendung von Code. Deshalb wird als Basisklasse *ATImage* verwendet. Abbildung 14.2 zeigt den ersten Entwurf des Modells.

Basisklassen

Vererbung wird in der UML mit einer Generalisierungsbeziehung dargestellt. ArchGenXML interpretiert diese Angabe und leitet die neue Klasse korrekt von der angegebenen ab.

ATImage ist eine bestehende Klasse, die von ArchGenXML nicht erzeugt werden soll. Deshalb bekommt sie den Stereotyp `<<stub>>` zugewiesen[2]. Damit die Klasse später richtig importiert wird, wird in der Klasse ATImage noch der Eigenschaftswert `import_from` gesetzt.

```
import_from : Products.ATContentTypes.content.image
```

[2] Der Stereotyp ist eventuell nicht vordefiniert und muss im UML-Tool erst angelegt werden.

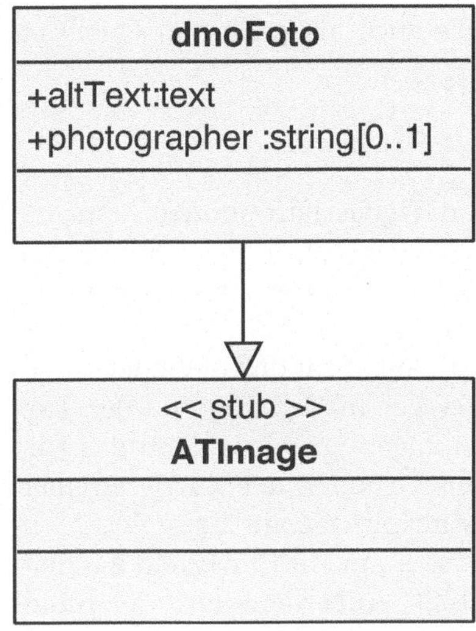

Abb. 14.2. Der neue Typ dmoFoto wird von ATImage abgeleitet

ATImage genügt als Basisklasse, so dass ArchGenXML keine weiteren Basisklassen mehr definieren muss. Standardmäßig würde BaseContent noch automatisch eingetragen. Das lässt sich in der Klasse dmoFoto mit dem Eigenschaftswert `base_class` unterdrücken.

```
base_class : 0
```

Instanziierung

Wenn man in einer Plone Site einen neuen Artikel hinzufügt, dann wird er zunächst erzeugt und erst danach wird das Formular angezeigt, in das man die Werte wie den Titel eintragen kann. Bricht man die Aktion ab, dann bleibt das Objekt unvollständig zurück. Um das zu vermeiden gibt es die *portal_factory*. Sie erstellt die Artikel zunächst in einem temporären Ordner und verschiebt sie erst dann an den richtigen Ort, wenn der Artikel das erste Mal gespeichert wird. Damit die *portal_factory* die Objekte erzeugen kann, muss der neue Typ dort registriert werden. Dafür ist ein weiterer Eigenschaftswert notwendig. Mittlerweile ist es üblich, dass die ID eines Plone-Artikels aus dem Titel generiert wird. Das wird durch den Eigenschaftswert `rename_afer_creation` angezeigt.

```
use_portal_factory        : True
rename_after_creation     : True
```

Bei manchen Feldern erwartet ArchGenXML eine Zeichenkette und setzt den Inhalt des Eigenschaftswertes in Anführungszeichen in den Python-Code ein. In einem solchen Fall muss vor einem Python-Ausdruck der Vorsatz `python:` stehen. Dort wo Wahrheitswerte erwartet werden, reicht aber in der Regel der Wert selbst. Am Anfang empfiehlt sich deshalb immer auch ein

Blick in den Python Code, ob Wahrheitswerte auch als solche im Quelltext stehen.

Eigenschaften

In die Klasse dmoFoto werden die zusätzlichen Eigenschaften oder Attribute eingetragen. Im Beispiel werden zwei zusätzliche Eigenschaften definiert. Ein Feld für den Namen des Fotografen und eines für den alternativen Text zum Bild.

Der alternative Text bekommt den Feldtyp `text`. Standard-Widget ist somit ein TextareaWidget. Das ist für unsere Zwecke in Ordnung, da der Text nich formatiert werden soll, sondern nur dann angezeigt wird, wenn das Bild nicht verfügbar ist. Das `alt`-Attribut sollte aus Gründen der Barrierefreiheit auf jeden Fall gesetzt sein. Deshalb wird die Multiplizität auf `1` gesetzt. ArchGenXML leitet daraus bisher nicht ab, dass es sich um ein Pflichtfeld handelt. Das wird über einen Eigenschaftswert eingestellt. Außerdem wird der Inhalt des Feldes durchsuchbar gemacht. Durchsuchbar bedeutet, dass in der Volltextsuche nach Begriffen gesucht werden kann, die in dem Text vorkommen.

```
required    : True
searchable  : True
```

Der Fotograf ist kein Pflichtfeld. Er muss nicht immer bekannt sein. Zunächst wird er als normale Zeichenkette in einem Textfeld erfasst. Für den Typ `string` ist ein StringField das Standard-Widget. Der Fotograf soll in einem Index gespeichert werden und in den Katalogergebnissen enthalten sein.

```
index   : FieldIndex:brains
```

Der Variablen `index` wird der Indextyp übergeben der verwendet werden soll. Der Anhang `:brains` sorgt für die Übernahme in die Metadaten des Katalogs. Anstatt `:brains` kann auch `:schema` verwendet werden. Da ein Ergebnisobjekt des Katalogs aber *brain* genannt wird, finde ich den Begriff *brains* günstiger. Der Name `:schema` ist davon abgeleitet, wie die Metadaten intern gespeichert werden.

Damit ist das Modell des ersten Artikeltyps bereits fertiggestellt. Wenn sie möchten, dann können Sie ArchGenXML verwenden, um das Produkt zu testen. Führen Sie dazu die folgenden Befehle in einem Terminal aus.

```
cd /Pfad/zum/Modell
ArchGenXML.py dmoAlbumNG.zuml /Pfad/zu/Plone/Products/ ↩
    dmoAlbumNG/
```

Starten Sie Zope neu und installieren Sie das neue Produkt über die Plone-Konfiguration. Danach können Sie neue Objekte vom Typ dmoFoto anlegen und bearbeiten.

Der Abschnitt 14.1.8 auf Seite 268 beschreibt ausführlich, wie Sie aus dem Modell ein Produkt erstellen. Hier geht es erst einmal mit den anderen Artikeltypen weiter.

Ordnertypen – dmoFilm

Bisher ist erst ein Artikeltyp für einzelne Bilder vorhanden. Diese sollen aber nicht lose auf der Seite angelegt werden, sondern nur innerhalb von speziellen Ordnern. Benötigt wird also ein Datencontainer. Dieser wird im UML-Modell ergänzt.

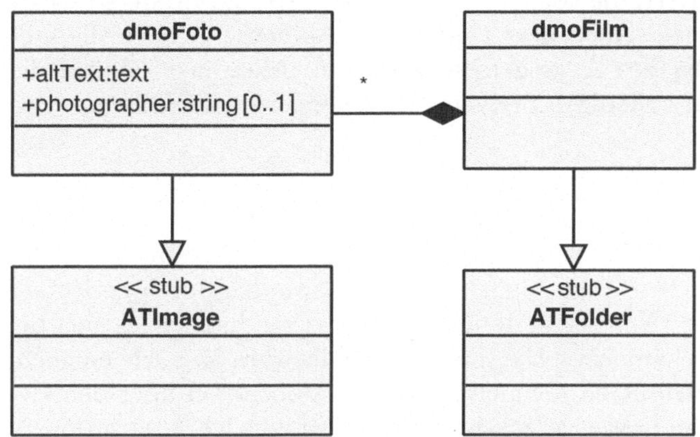

Abb. 14.3. Der Container für die Fotos

Auch dieser Typ wird von einer ATCT-Klasse abgeleitet. In diesem Fall ist es ATFolder. Vergessen sie nicht den Stereotyp `<<stub>>` und den Eigenschaftswert `import_from`. Um anzuzeigen, dass es sich um einen Ordner handelt, kann der Klasse der Stereotyp `<<folder>>` oder `<<large>>` zugewiesen werden. Dadurch wird von den Klassen BaseFolder beziehungsweise BaseBTreeFolder geerbt. Für das Beispiel ist das aber nicht von Belang, weil die einzige Klasse, von der geerbt werden soll ja ATFolder ist.

Containment durch Komposition

Eine Komposition verbindet den Film mit den Fotos. Das bedeutet, dass ein Film beliebig viele Fotos enthalten kann. Fotos können aber nur innerhalb von Filmen existieren. Wenn Sie das Produkt erzeugen, dann stellen Sie fest, dass Fotos nur noch innerhalb von Filmen angelegt werden können. auf der Python-Ebene werden dafür mehrere Klasseneigenschaften gesetzt.

dmoFilm:

`filter_content_types`: Ist der Schalter gesetzt, dann dürfen nur noch ausdrücklich erlaubte Artikeltypen hinzugefügt werden.

`allowed_content_types`: Wenn `filter_content_types` gesetzt ist, dann bestimmt dieser Parameter, welche Artikeltypen erlaubt sind.

dmoFoto:

`global_allow`: Der Schalter entscheidet darüber, ob der Typ überall hinzugefügt werden darf.

Eine Komposition bewirkt zum Einen, dass die Teil-Elemente – hier vom Typ dmoFoto – nur noch in Containertypen angelegt werden dürfen, die das ausdrücklich erlauben. Zum Zweiten sorgt es dafür, dass auch der Container nur noch Artikel akzeptiert, die vom entsprechenden Typ sind. Anders verhält es sich bei Aggregationen. Auch dort kann der Container nur noch die Objekte enthalten, die Teil des Aggregats sein können. Allerdings können die Einzelteile weiterhin an beliebigen Stellen der Site angelegt werden.

dmoAlbum

Der letzte Typ ist das Album selbst. Es ist ein einfacher Dokumenttyp, der Referenzen auf verschiedene Bilder hält. Referenzen werden durch gerichtete Assoziationen angezeigt. Auf der Seite des Content-Typs handelt es sich bei den Referenzen um ein einfaches Datenfeld. Deshalb wäre es auch möglich, das Feld als Klassenattribut zu definieren. Da die Assoziation aber den Bezug zu anderen Objekten besser veranschaulicht, bevorzuge ich Assoziationen. Abbildung 14.4 zeigt das neue Modell.

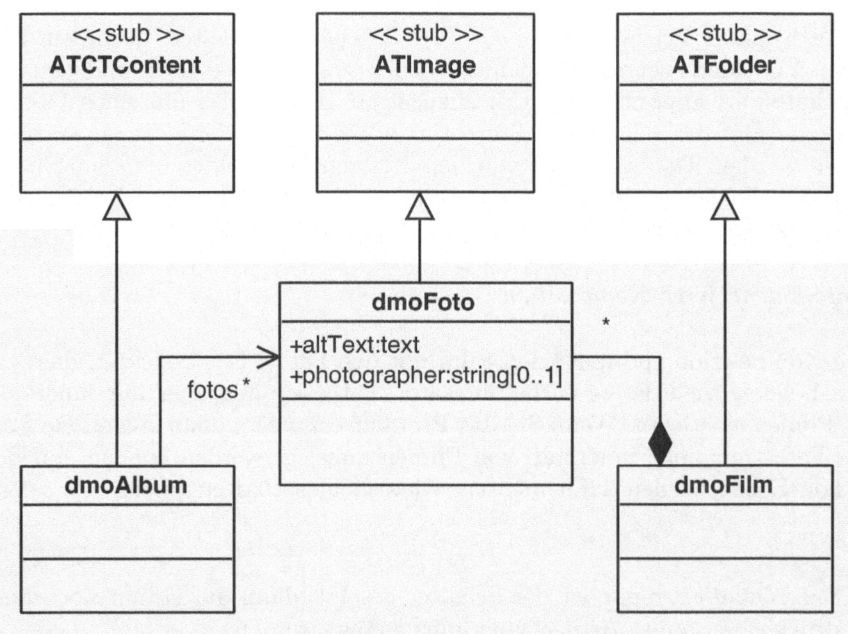

Abb. 14.4. Alben übernehmen die Darstellung der Fotos

Verschiedene Parameter werden aus der Assoziation abgeleitet. Die Multiplizität entscheidet darüber, ob mehrere Referenzen erlaubt sind, oder nur eine. Die Art der Beziehung wird nach der Assoziation benannt und die erlaubten Zieltypen der Referenz ergeben sich aus dem Ziel der Assoziation.

Daneben gibt es aber auch die bekannte Möglichkeit, Eigenschaftswerte zu definieren. Der Wichtigste dürfte der Parameter `widget` sein. Im Beispiel wird ein ReferenceBrowserWidget verwendet. Der Eigenschaftswert `imports` sorgt dafür, dass das Widget der Klasse dmoAlbum bekannt ist.

Die Eigenschaftswerte werden nicht der Assoziation zugewiesen, sondern dem Assoziationsende. Der resultierende Abschnitt des Schemas sieht folgendermaßen aus:

dmoAlbum.py

```
from Products.ATReferenceBrowserWidget. ↩
    ATReferenceBrowserWidget import ↩
    ReferenceBrowserWidget
...
  ReferenceField('dmofotos',
    widget=ReferenceBrowserWidget(
      label='Dmofotos',
      label_msgid='dmoAlbumNG_label_dmofotos',
      description_msgid='dmoAlbumNG_help_dmofotos',
      i18n_domain='dmoAlbumNG',
    ),
    allowed_types=('dmoFoto',),
    multiValued=1,
    relationship='fotos'
```

Es gibt zahlreiche weitere Eigenschaftswerte, die in der ArchGenXML-Dokumentation[3] zu finden sind.

Schnittstellen

Alben sollen eine Sammlung von Bildern sein, während Filme die Container für die Bilder sind. Dem Konzept nach wäre es notwendig, ein Album anzulegen, um die Inhalte eines Films anzusehen. Um diesen Umstand zu beseitigen, sollen sowohl Filme, als auch Alben die Bilder anzeigen können. Damit dies auf eine einheitliche Weise passiert, wird eine Schnittstelle definiert, die von beiden Typen implementiert wird. So ist sichergestellt, dass dieselben Aufrufe das gleiche Ergebnis liefern. Egal ob es sich um tatächliche oder virtuelle Bildersammlungen handelt.

Schnittstellen werden in Plone-Produkten in einem Package *interfaces* abgelegt. Deshalb wird auch diese Schnittstelle in einem solchen Package erzeugt.

Zunächst werden drei Methoden definiert.

---

[3] http://plone.org/documentation/tutorial/archgenxml-getting-started/tagged-value-overview

`entries`: Gibt eine Liste der enthaltenen Fotos zurück.
`previousURL`: Gibt den URL des vorhergehenden Fotos im jeweiligen Album oder Film zurück.
`nextURL`: Gibt den den URL des nachfolgenden Fotos im jeweiligen Album oder Film zurück.

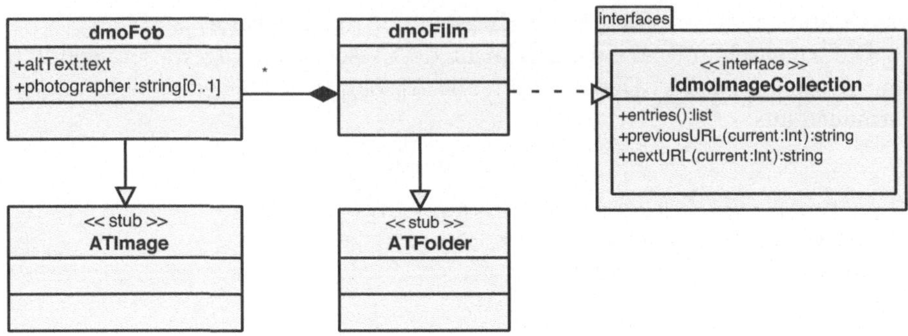

Abb. 14.5. Ein dmoFilm realisiert die Schnittstelle

Genauso wie Schnittstellen in einem Paket gesammelt werden, können auch die Klassendefinitionen der Content-Typen in einem eigenen Paket angelegt werden. Dieses Paket heißt üblicherweise *content*. Damit ist die Modellierung der Content-Typen abgeschlossen. Abb. 14.6 zeigt das fertige Modell.

Sie können das Produkt installieren, Sie können Elemente des jeweiligen Typs anlegen und mit Eigenschaften versehen, Sie können die Bilder transformieren und einiges mehr, ohne eine einzige Zeile Code geschrieben zu haben. Einige manuelle Änderungen sind jedoch notwendig um das Produkt an die Archetypes-Konventionen anzupassen. Danach können die Methoden implementiert werden. Davon gibt es lediglich drei, nämlich die der Schnittstelle. Alle weiteren Funktionen erben die neuen Content-Typen bereits von ihren Elternklassen. Eine Ergänzung des Installationsskripts soll außerdem die Unterstützung für FTP-Uploads verbessern.

Dokumentation

Bevor Sie aber Hand an den Quelltext anlegen, ist es ein guter Zeitpunkt, um über zwei Dinge nachzudenken. Dokumentation und Unit-Tests. UML-Tools bieten die Möglichkeit, jedes einzelne Element mit einem erklärenden Text zu versehen. Es ist sicher nicht erforderlich, jede Kleinigkeit mit Kommentaren zu erklären, aber zumindest die Methoden der Schnittstellen sollten ausführlich dokumentiert werden. Die Dokumentation von Schnittstellen gehört zum Schnittstellenkonzept dazu und ist deshalb obligatorisch.

ArchGenXML unterstützt Kommentare sowohl über die vorgesehenen Felder in den UML-Tools, als auch über den Eigenschaftswert `documentation`.

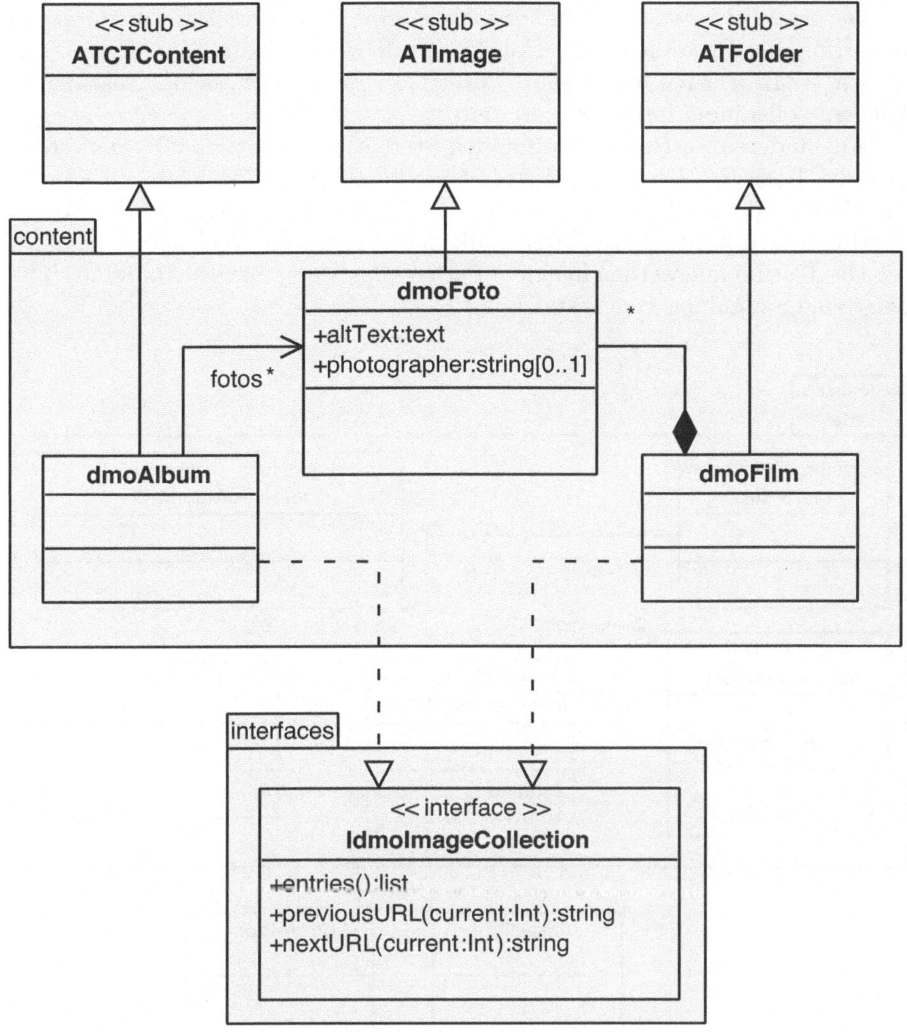

Abb. 14.6. Das Modell der Content-Typen

Unit-Tests für ArchGenXML

Im Abschnitt 13.8 auf Seite 242 wurden die Grundzüge der Unit-Tests beschrieben. ArchGenXML unterstützt die Modellierung von Testsuiten durch entsprechende Stereotypen.

Grundsätzlich ist es möglich, mehrere Testcases innerhalb eines Moduls zu definieren. ArchGenXML erzeugt jedoch ein Modul pro Klasse. Um die Testumgebung einzurichten wird deshalb ein Modul als Basisklasse für alle anderen Testcases definiert. Dieses Modul wird mit dem Stereotyp `<<plone_testcase>>` versehen.

Der Stereotyp `<<setup_testcase>>` ist eine Arbeitserleichterung, mit der der Erfolg der Produkt-Installation überprüft werden kann.

Ein `<<interface_testcase>>` prüft, ob die Interfaces der realisierten Klassen vollständig implementiert sind.

Alle anderen Testcases erhalten den Stereotyp `<<testcase>>`. Sie werden von der Basis-Testklasse abgeleitet. Über Realisierungsbeziehungen können die Klassen definiert werden, die von der Testklasse getestet werden sollen. Testmethoden werden automatisch mit dem Prefix *test_* versehen.

Die Testmodule werden in einem Package *tests* gesammelt. Abbildung 14.7 zeigt eine Sammlung von Testklassen.

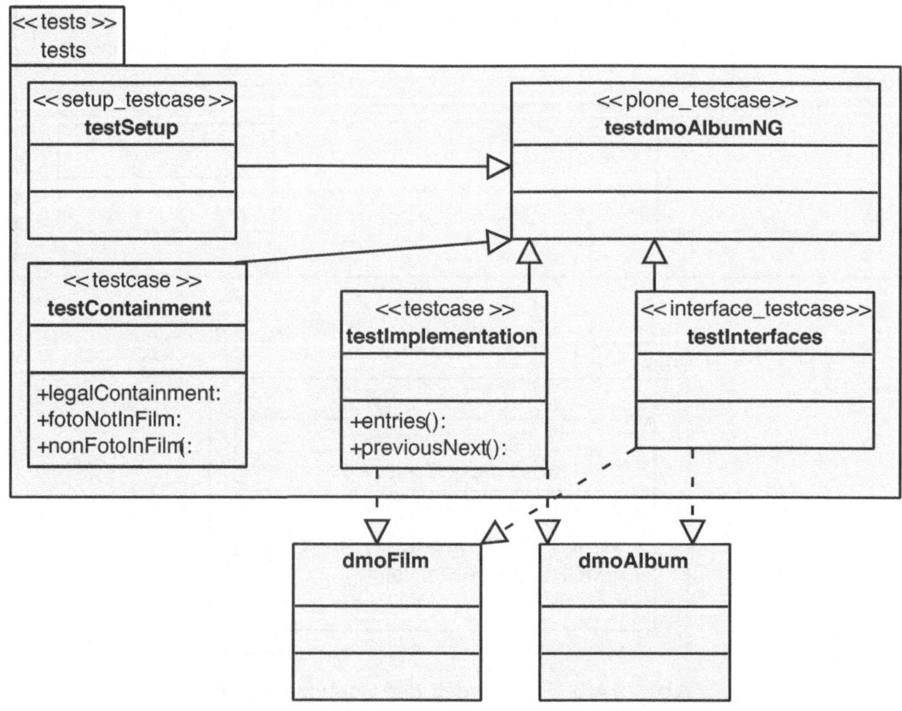

Abb. 14.7. Die Definition der Testklassen wird über Stereotypen gesteuert

Produktgenerierung mit ArchGenXML

ArchGenXML wird jetzt aus dem fertigen Modell ein Plone-Produkt erstellen. Dazu öffnen Sie ein Terminal und wechseln in das Verzeichnis mit dem UML-Modell. Anschließend rufen Sie ArchGenXML auf und übergeben ihm den Namen der UML-Datei und einen Ausgabepfad.

```
cd /Pfad/zum/Modell
ArchGenXML.py dmoAlbumNG.zuml ↩
    /Pfad/zu/Plone/Products/dmoAlbumNG/
```

Sollten dabei Fehler auftreten, dann überprüfen Sie die Installation von ArchGenXML und dass Sie Schreibrechte im Zielverzeichnis haben. Nach einem Neustart von Zope können Sie das neue Produkt über die Plone-Konfiguration installieren.

Klassendefinitionen

Es ist an der Zeit, einen Blick in die Dateien zu werfen, die ArchGenXML erzeugt hat. Die Klassendefinitionen der Content-Typen liegen im Unterverzeichnis *content* des Projekts.

Suchen Sie in *dmoFoto.py* die Definition der Variablen `dmoFoto_schema`:

```
dmoFoto_schema = BaseSchema + \
    getattr(ATImage,'schema',Schema(())) + \
    schema
```

Das Ziel von ATContentTypes ist nicht nur, die Ableitung von den Standard-Artikeltypen zu vereinfachen. Es werden auch verschiedene Elemente standardisiert. Dazu gehört unter anderem die Anordnung der Standard-Felder im Schema. So werden die Diskussion und die Referenzen immer am unteren Ende angeordnet. Diese Sortierung übernimmt die Funktion `finalizeATCTSchema`, die im Modul `schemata` definiert ist. Um sie zu verwenden fehlen noch drei Dinge.

Das Modul muss importiert werden. Das wird im UML-Modell erledigt, indem der Klasse dmoFoto ein Eigenschaftswert `imports` zugewiesen wird.

```
imports : from Products.ATContentTypes.content import ↩
    schemata
```

Anschließend wird die Definition des Schemas verändert. Damit sich die Änderungen nicht auf das Original-Schema von ATImage auswirken, wird das Schema kopiert. Würde man den automatisch generierten Code verändern, dann würden die Änderungen beim nächsten Durchlauf von ArchGenXML wieder überschrieben. Für manuelle Änderungen gibt es markierte Blöcke. Unterhalb der generierten Zuweisung an `dmoFoto_schema` wird die manuelle Änderung vorgenommen und die Sortierfunktion aufgerufen.

```
##code-section after-schema #fill in your manual code here
dmoFoto_schema = ATImage.schema.copy() + \
    schema

schemata.finalizeATCTSchema(dmoFoto_schema)
##/code-section after-schema
```

Passen Sie auf die gleiche Weise die Schema-Definition der anderen beiden Typen an.

Wenn das erledigt ist, dann können Sie die Methoden der Schnittstelle implementieren. Leere Funktionsrümpfe wurden von ArchGenXML bereits angelegt. Im Beispielprodukt werden Objekte verarbeitet. Bei großen Mengen von Objekten oder einer sehr stark frequentierten Site ist das nicht empfehlenswert. Dort ist eine Verwendung des Katalogs anzuraten. Mit dem Katalog beschäftigt sich der Abschnitt 13.3 auf Seite 224. Nach der Programmierung der Methoden werden die Tests ausgeführt, um zu sehen, ob sie erfolgreich verlaufen.

Konfigurationsdateien

Automatisch generiert wird die Datei *config.py*. In dieser Datei werden globale Konstanten definiert.

Diese Werte können nicht in der Datei *config.py* verändert werden. Beim nächsten Lauf von ArchGenXML werden manuelle Änderungen wieder überschrieben. Statt dessen kann eine eigene Konfigurationsdatei angelegt werden. Sie muss *AppConfig.py* heißen und im selben Verzeichnis liegen wie *config.py*. Sie wird am Ende der automatisch generierten Konfigurationsdatei importiert, so dass Werte, die dort definiert sind, die ursprünglichen Werte überschreiben.

Die Sammlungen STYLESHEETS und JAVASCRIPTS enthalten Dateien, die der Designer dem Produkt hinzufügt. Damit die Dateien später auch zur Verfügung stehen, müssen Sie sie in die Listen eintragen.

Installationsdateien

Während der Administrator mit einer CustomizationPolicy eine für seine Zwecke angepasste Installation steuern kann, ist die Aufgabe des Programmierers, das Produkt funktionsfähig zu installieren und auf Wunsch auch wieder vollständig zu entfernen. Dazu dienen die Funktionen `install` und `uninstall` in der Datei *Extensions* → *install.py*. Auch diese Datei kann nicht von Hand verändert werden. Statt dessen kann im selben Verzeichnis eine Datei *AppInstall.py* angelegt werden, die eigene Funktionen `install` und `uninstall` definieren. Diese Funktionen ersetzen die originären Funktionen nicht. Sie werden am Ende in die automatisch generierte `install-` / `uninstall`-Funktion integriert.

Im Beispiel haben wir es mit Bildersammlungen zu tun und sehr wahrscheinlich sollen häufig viele Bilder auf einmal in das System geladen werden. Am einfachsten lässt sich das per FTP erledigen. Allerdings muss Plone noch beigebracht werden, dass die Bilder in dmoFoto-Objekte verwandelt werden sollen. Würde man das nicht tun, dann könnte man außerhalb von Filmen die normalen Plone-eigenen Bildobjekte erzeugen, innerhalb eines Films könnte jedoch kein Bild erzeugt werden. Das liegt daran, dass nur dmoFotos innerhalb von Filmen erlaubt sind.

Die Lösung besteht darin, einen zusätzlichen Eintrag in der Content Type Registry vorzunehmen, der die Bilder nach gewissen Kriterien dem Artikeltyp

„dmoFoto“ zuordnet. Wie die Content Type Registry genau funktioniert steht im Abschnitt 17.2.4 auf Seite 322.

AppInstall.py

```
ContentTypeRegistry=getToolByName(self, ' ↩
    content_type_registry')
try:
    ContentTypeRegistry.addPredicate('dmofoto', ' ↩
        extension')

except:
    return "could not add predicate 'dmofoto'"

for predicate in ContentTypeRegistry.listPredicates():
    if predicate[0]=='dmofoto':

        predicate = record()
        predicate.id = 'dmofoto'
        predicate.extensions = ['dmofoto',]

        ContentTypeRegistry.updatePredicate('dmofoto', ↩
            predicate, 'dmoFoto')
        predicates = ContentTypeRegistry.listPredicates ↩
            ()

        index=0
        for i in predicates:
            if i[0]=='image':
                ContentTypeRegistry.reorderPredicate(' ↩
                    dmofoto', index)
                break
            index += 1

        return "predicate added and reordered"

return "it seems that there's no predicate to be updated ↩
    ."
```

Der Content Type Registry wird ein neues Prädikat hinzugefügt. Anschließend wird es parametrisiert und an die richtige Stelle verschoben. Jetzt landen alle Dateien, deren Dateiendung §.dmofoto§ ist, als dmoFoto-Objekte im gewünschten Filmobjekt.

Es ist wichtig, das Prädikat in der Funktion `uninstall` zu entfernen, wenn das Produkt wieder deinstalliert wird.

AppInstall.py

```
ContentTypeRegistry.removePredicate('dmofoto')
```

Internationalisierung

Es ist eine gute Idee, die Produkte international zu konzipieren. ArchGenXML unterstützt Sie dabei, indem automatisch Labels und Message-IDs zu den Widgets erzeugt werden. Zuständig dafür ist die ArchGenXML-Option `widget-enhancement`. Dabei entsteht die Datei *generated.pot*. Im Abschnitt 11.3 auf Seite 189 wird beschrieben, wie der Designer weiter verfahren muss, um eine mehrsprachiges Produkt daraus zu machen.

Skins

Die Templates liegen in den Unterverzeichnissen des *skins*-Ordners. Standardmäßig werden zwei Unterverzeichnisse angelegt: *[PROJECTNAME]* und *[PROJECTNAME]_public*. Beide werden automatisch installiert.

Sonstige

Natürlich enthält jedes Verzeichnis eine Datei *__init__.py* um sie zu einem Python-Package zu machen. Die Initialisierungsdatei im Stammverzeichnis des Produkts enthält den Code, um das Produkt bei Zope zu registrieren. Die Datei *version.txt* enthält die Versionsnummer. Der Build wird bei jedem Lauf von ArchGenXML hochgezählt. Die leere Datei refresh.txt ist eine Standarddatei, die es ermöglicht, aktualisierten Python-Code zu verwenden auch ohne den Zope Server neu zu starten. Im ZMI finden Sie unter *Control_Panel* → *Products* → *dmoAlbumNG* → *Refresh* können Sie dann das Produkt von Hand oder auch in regelmäßigen Abständen automatisch aktualisieren lassen.

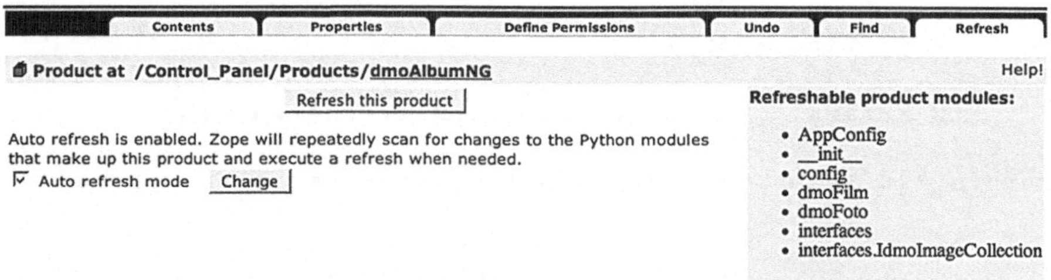

Abb. 14.8. Python-Module können aktualisiert werden ohne Zope neu zu starten

An dieser Stelle können sie sich mit der Python-Syntax eines Schemas vertraut machen und mit der gesamten Ordnerstruktur eines Produkts, wie es von ArchGenXML erzeugt wird. Ergänzen Sie dann im UML-Modell Eigenschaftswerte, die das Produkt verbessern. Das kann ein Content-Icon sein, oder eigene Templates, falls Sie auch für das Design zuständig sind. Ansonsten sollten Sie Labels und Hilfstexte für die Widgets setzen. Einen guten Überblick gibt die ArchGenXML-Dokumentation auf der Plone-Homepage. Dort finden Sie eine Kurzübersicht über alle möglichen Eigenschaftswerte. Finden Sie heraus, welche zusätzlich sinnvoll sind und erweitern Sie das Beispiel. Verändern Sie die Schnittstelle, so dass nicht mehr Objekte zurückgegeben werden, sondern Katalogdaten und passen Sie die Implementierung, sowie die Tests an. Bis auf die Methode `entries` sind die Implementierungen der Methoden von *dmoFilm* und *dmoAlbum* identisch. Sie können eine abstrakte Klasse definieren, die eine Beispielimplementierung der Schnittstelle bereit stellt. Diese könnte als Mixin-Klasse in die beiden Artikeltypen eingebunden werden...

14.2 Tools

Tools sind Funktionsbibliotheken, die entweder generelle Funktionen für eine Site bereitstellen oder aber Zusatzfunktionen für einzelne Produkte übernehmen.

Ein Tool ist ein Singleton-Objekt. Es bekommt einen Namen, der nicht geändert werden kann. Das Objekt lässt sich auch nicht verschieben. So können Tools immer über ihren Namen angesprochen werden.

Das Tool in diesem Beispiel soll ein Portlet mit einem Foto beliefern. Dabei sind zwei Versionen möglich. Entweder wird aus allen Fotos der Site zufällig eines ausgewählt oder es wird jeweils das Neueste angezeigt. Das UML-Modell sieht folgendermaßen aus:

<< tool >>
Album_tool

-random :boolean

+getRandomPhoto ():dmoFoto
+getMostRecentPhoto ():dmoFoto
+getPhoto ():dmoFoto
<< portlet >>+portlet_preview ():

Abb. 14.9. Ein Tool ist eine einfache Klasse mit dem Stereotyp *<< tool >>*

Tools werden mit dem Stereotypen <<tool>> gekennzeichnet. Die Konfigurationsoptionen werden wie die Datenfelder eines Content-Typen in einem Schema gespeichert. Auch die automatische Generierung der Templates funktioniert analog. Angezeigt wird das Ganze allerdings nicht im Inhaltsbereich der Site, sondern als sogenanntes *Configlet* in der Plone-Konfiguration.

Damit das Configlet angelegt wird, muss der Eigenschaftswert `configlet` in der Tool-Klasse auf `True` gesetzt werden. Das Configlet lässt sich noch weiter steuern. Zum Beispiel kann über `configlet:section` eingestellt werden, in welchem Abschnitt der Konfiguration das Configlet erscheinen soll.

Standardmäßig erscheint es in der Sektion Products. Der Bereich darüber ist für Standard-Plone-Produkte reserviert. Diese Position nennt sich Plone. Der dritte mögliche Wert ist Members.

Die Beispiel-Implementierung fragt den Katalog ab und liefert je nach Einstellung des Schalters random ein zufälliges oder das zuletzt bearbeitete Bild zurück. Die Funktion, die vom Portlet gerufen wird, ist nur ein Dispatcher, der die Anfrage gemäß dem Schalter weiterleitet. Die Funktionen selbst können auch manuell gerufen werden, unabhängig davon, wie der random-Schalter steht.

Album_tool.py

```
security.declarePublic('getRandomPhoto')
def getRandomPhoto(self,):

    catalog = getToolByName(self, 'portal_catalog')
    if catalog:
        photos = catalog.searchResults(portal_type=" ↩
            dmoFoto")
        if photos:
            photo = random.choice(photos)
            return photo.getObject()

    return None

security.declarePublic('getMostRecentPhoto')
def getMostRecentPhoto(self,):

    catalog = getToolByName(self, 'portal_catalog')
    if catalog:
        photos = catalog.searchResults(
                        portal_type="dmoFoto",
                        sort_on='modified',
                        sort_order='reverse')[:1]
        if photos:
            return photos[0].getObject()

    return None

security.declarePublic('getPhoto')
def getPhoto(self,):

    if self.getRandom():
        return self.getRandomPhoto()
    else:
        return self.getMostRecentPhoto()
```

Das Tool wird bei der Installation des Produkts automatisch installiert. Verantwortlich dafür ist der Eigenschaftswert autoinstall.

Das Skelett des Portlets kann ebenfalls automatisch erzeugt werden. Dazu legt man eine Methode an, die den Stereotyp `<<portlet>>` bekommt. Dort muss nur noch das Tool angesprochen werden und das Ergebnis eingefügt.

portlet_preview.pt

```
<div class="portletBody"
    tal:define="
        albumtool nocall:portal/portal_album_tool;
        photo albumtool/getPhoto">

    <img src="" alt=""
         tal:replace="structure photo/image_mini" />
    <div class="portletDetails">
         <a href="#"
            tal:attributes="
                href string:${photo/absolute_url}/ ↩
                    photo_base_view">
                Zum Foto</a>
    </div>
```

Mit dem Eigenschaftswert `autoinstall` kann ein Portlet bei der Installation einem der beiden Slots zugewiesen werden. Der Wert ist entweder `left` oder `right`. Im Gegensatz zum Tool, wo die automatische Installation fast immer richtig ist, greift die Installation des Portlets in die Entscheidungskompetenz des Administrators ein. Außerdem lässt sich bei der Produktentwicklung nicht vorhersehen, ob das Design einer Site, auf der das Produkt eingesetzt werden soll, den entsprechenden Slot nutzt.

14.3 Workflow

Auch Workflows werden mit Hilfe von UML-Diagrammen entworfen. Verwendet werden Zustandsdiagramme. ArchGenXML generiert daraus die nötigen Dateien.

Exemplarisch soll für den Typ dmoFoto ein Workflow entwickelt werden, der die besondere Verwendung der Fotos ausschließlich innerhalb von Alben und Filmen berücksichtigt.

Alben und Filme zeigen die Ihnen zugeordneten, beziehungsweise die in Ihnen enthaltenen Bilder an. Es ist wichtig, eine Möglichkeit zu schaffen, einzelne Bilder aus der Ansicht zu entfernen, ohne sie zu löschen. Da die Fotos nie als eigenständige Artikel verwendet werden, müssen sie nicht veröffentlicht werden. Bilder sind also entweder sichtbar oder unsichtbar.

Der Workflow soll sicher stellen, dass nur solche Bilder in veröffentlichten Alben und Filmen zu sehen sind, die der Redakteur nicht abgelehnt hat. Hingegen überwacht der Ansatz nicht, ob Bilder ausgeblendet werden, die in Alben verwendet werden.

Ausgangsbasis sind die zwei Zustände *visible* und *invisible*. Standardmäßig sind alle Bilder sichtbar. In Umgebungen, die nicht vertrauenswürdig sind, muss möglicherweise ein restriktiverer Ansatz her. Zwischen den beiden Zuständen wird mit den Übergängen *show* und *hide* umgeschaltet. Allerdings bleibt die Aktivierung eines Bildes dem Redakteur vorbehalten. Deshalb wird ein dritter Zustand *Pending* eingeführt, in den eingereichte Bilder überführt werden, damit der Redakteur sie schließlich akzeptieren oder ablehnen kann. Die Abbildung 14.10 zeigt den resultierenden Workflow.

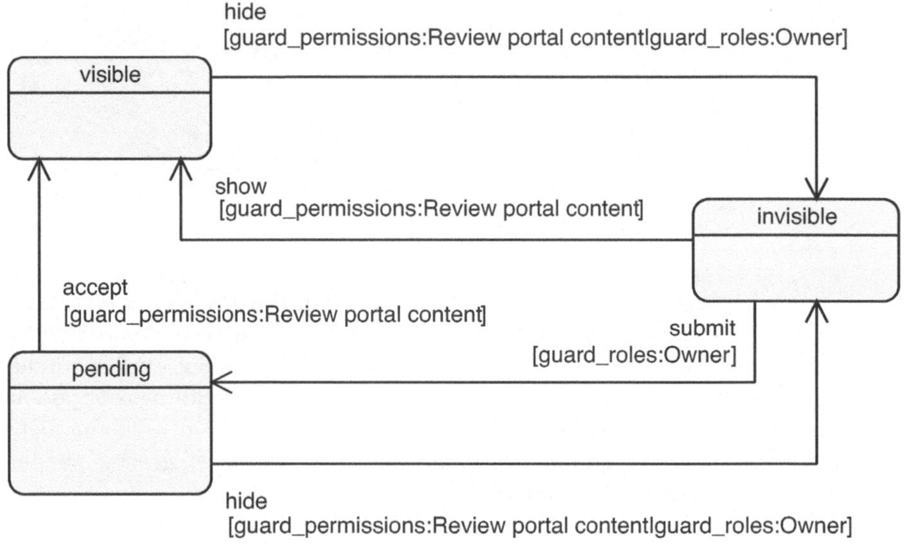

Abb. 14.10. Der Workflow für dmoFotos

Ein Zustandsdiagramm ist immer mit einer Klasse verknüpft. Das bedeutet, dass ein Workflow immer nur für einen Artikeltyp verwendet werden kann. Es kann aber sein, dass ein Workflow für mehrere Artikeltypen gelten soll. Das kann über den Eigenschaftswert *use_workflow* bewerkstelligt werden.

Einen allgemeinen Workflow, der für viele Artikeltypen gelten soll, muss man nicht an eine reale Klasse binden. Statt dessen kann eine beliebige Klasse mit dem Stereotyp `<<stub>>` angelegt werden, der das Zustandsdiagramm zugeordnet wird.

Über den Eigenschaftswert *label* kann der Name, der für einen Zustand oder einen Übergang angezeigt wird, verändert werden.

14.3.1 Zustand

Ein Workflow moduliert die Berechtigungen, die für Aktionen eines Objekts notwendig sind. Der Satz an Berechtigungen, der vom Workflow gesteuert wird, ist beliebig. Angegeben werden die Berechtigungen als Eigenschaftswerte. Die Rollen, denen das entsprechende Recht eingeräumt werden soll, werden als Wert eingetragen. Für einige Berechtigungen sind Kurznamen definiert.

Tabelle 14.2. Kurznamen für Berechtigungen

Berechtigung	Kurzname
Access contents information	access
view	View
modify	Modify portal content
list	List folder contents

Ein Zustand kann über den Eigenschaftswert *worklist* zu einer Worklist hinzugefügt werden. Ein Zustand kann nur einer Worklist zugeordnet werden. Die Worklist selbst ist durch eine Wächterbedingung geschützt. Standardmäßig ist die Berechtigung *Review portal content* erforderlich. Über den Eigenschaftswert *worklist:permission* kann ein anderer Wert gesetzt werden.

14.3.2 Übergang

Übergänge sind durch Wächterbedingungen geschützt. Diese Bedingungen werden in das Feld *[A] Wächter* eingetragen. Möglich ist die Angabe von Rollen, Berechtigungen oder eines TALES-Ausdrucks. Alle drei Angaben sind gleichzeitig möglich. Sie müssen dann durch einen senkrechten Strich voneinander getrennt werden. Sobald eine der Wächterbedingungen erfüllt ist, wird der Übergang erlaubt.

guard_roles: Eine Liste von Rollen, die berechtigt werden sollen, eine Aktion auszuführen. Beschränken Sie sich auf die standardmäßig in Plone vorhandenen Rollen. Die Definition von Rollen ist die Aufgabe des Administrators. Deshalb können Sie nicht davon ausgehen, dass außergewöhnliche Rollen existieren. Mehrere Werte müssen durch ein Semikolon voneinander getrennt werden.

guard_permissions: Hier können einzelne Berechtigungen angegeben werden. Auch hier sollten nur die Standardberechtigungen verwendet werden und solche, die von dem Produkt selbst definiert wurden.

guard_expr: Ein beliebiger TALES-Ausdruck.

Vor und nach einem Übergang kann ein Skript ausgeführt werden. Implementiert wird diese Aktion in Form einer externen Methode im Modul [WORKFLOWNAME]_scripts.py. Eingetragen wird das Skript in das *Effekt*-Feld des Übergangs. Skripte werden normalerweise nach dem Übergang ausgeführt. Man kann aber auch ein Skript vor dem Übergang ausführen lassen, wenn man ein Semikolon an den Skriptaufruf anhängt. Werden zwei Aufrufe durch ein Semikolon voneinander getrennt, dann wird das erste Skript vor und das zweite nach dem Übergang ausgeführt.

Auch für die anderen beiden Artikeltypen dmoFilm und dmoAlbum sind eigene Workflows denkbar. Derzeit kann ein Autor zwar keine bestehenden Bilder sichtbar machen, er kann aber neue Bilder anlegen, die automatisch zunächst sichtbar sind. Eine Möglichkeit, dieses Problem zu lösen wäre, alle Bilder zunächst unsichtbar anzulegen. Das würde aber bedeuten, dass jedes einzelne Bild geladen und freigegeben werden müsste. Diesen Aufwand sollte man sich sparen. Statt dessen kann die Berechtigung in einem Film ein Bild anzulegen über den Ordner-Workflow gesteuert werden. Versuchen Sie, einen Workflow zu entwerfen, der diesem Problem begegnet.

14.4 Formulare

Will man Daten vom Benutzer abfragen, dann geschieht das über ein Formular. Zopes Content Management Framework stellt ein Produkt zur Verfügung, mit dem Formulare standardisiert bereitgestellt, und die Daten verarbeitet werden. Das Produkt ist *CMFFormController*.

Der Ablauf sieht immer gleich aus.

1. Der Besucher ruft in seinem Browser die Seite mit dem Formular auf.
2. In das Formular trägt er die Daten ein und schickt das Formular ab.
3. Die Eingaben werden auf Vollständigkeit, Plausibilität und Gültigkeit geprüft. Tritt dabei ein Fehler auf, dann wird dem Besucher das Formular zusammen mit einer Fehlermeldung erneut angezeigt. Die Schritte 2 und 3 können sich mehrfach wiederholen.
4. Sind die Daten in Ordnung, dann werden die Daten verarbeitet. Kontaktdaten werden gespeichert, Kreditkarten belastet, Mails verschickt...
5. Dem Benutzer wird angezeigt, ob die Aktion erfolgreich war oder nicht.

Um diesen Ablauf zu verdeutlichen, soll in einem Beispiel dem Benutzer ein Formular angezeigt werden, in das er sein Geburtsjahr einträgt. Diese Angabe wird dann überprüft. Ist die Überprüfung erfolgreich, wird das Alter des Benutzers berechnet und angezeigt.

14.4.1 Das Formular

Das Formular ist ein Controller Page Template. Die Dateiendung dafür ist *.cpt*. Der Inhalt unterscheidet sich nicht von einem normalen Page Template. Die Unterscheidung ist jedoch wichtig für das FormController-Produkt.

Um das Formular in die Plone Site zu integrieren, wird das Formular, so wie jedes Dokument, nur den *main*-Slot füllen. Sie können also als Basis das Template *document_view* verwenden.

Um die Content Views auszublenden wird eine entsprechende Variable in den Request eingefügt:

birthday_form.cpt

```
<metal:block fill-slot="head_slot"
    tal:define="dummy python:request.set('disable_border ↩
        ', 1)" />
```

Diese Anweisung hat nichts mit Formularen oder CMFFormController zu tun. Sie können das überall dort anwenden, wo die Content Views nicht sinnvoll sind.

Das eigentliche Formular besteht aus zwei Feldern, die für die Berechnung benötigt werden, einem verborgenen Feld, das CMFFormController braucht und einer Schaltfläche zum abschicken.

birthday_form.cpt

```
<form name="age" action='#'>
    <label for="yob">Geburtsjahr: </label>
    <input name="yob" size="4"/>

    <label for="thisyear">
        Ich hatte dieses Jahr bereits Geburtstag: 
    </label>
    <input name="thisyear" type="checkbox" />

    <input type="hidden" value="1"
           name="form.submitted" />
    <input type="submit"/>
</form>
```

Die Formulare müssen immer an sich selbst geschickt werden. Deshalb muss beim Aufruf des Formulars unterschieden werden können, ob die Daten bereits eingegeben wurden, oder nicht. Das erledigt das verborgene Formularfeld `form.submitted`.

Plone-Formulare zeigen an, welche Felder Pflichtfelder sind. Wenn ein Fehler auftritt, wird außerdem eine Fehlermeldung erzeugt, die als Status-Meldung eingeblendet wird und das betreffende Feld oder die betreffenden Felder werden farblich hervorgehoben. Ferner sind die Formulare internationalisiert. Im nachfolgenden Codeausschnitt sind diese Fähigkeiten ergänzt. Die Internationalisierung ist allerdings nicht Bestandteil dieses Beispiel, so dass sie hier nur angedeutet wird. Mehr zur Internationalisierung steht im Abschnitt 11.3 auf Seite 189.

birthday_form.cpt

```
<form name="age" action='#' method="post"
     tal:attributes="action template/id"
     tal:define="errors options/state/getErrors">

<div class="field"
     tal:define="error errors/yob | nothing;
                 yob request/yob | nothing;"
```

```
      tal:attributes="class python:test(error, 'field ↩
         error', 'field')">

      <label i18n:translate="label_yob">
        Geburtsjahr
      </label>

      <span class="fieldRequired" title="Required"
            i18n:attributes="title title_required;"
            i18n:translate="label_required">
        (Required)
      </span>

      <div tal:content="error">
        Validation error output
      </div>

      <input type="text"
             name="yob"
             size="4"
             tal:attributes="value yob;
                             tabindex tabindex/next;"/>
</div>
```

Was es mit der Variablen `errors` auf sich hat, das erklärt der nächste Abschnitt.

14.4.2 Die Validierung

Die Eingaben müssen validiert werden, bevor sie verarbeitet werden können. Während es bei der einzelnen Checkbox immer einen Zustand – also einen Wert – gibt, sind bei dem Textfeld für die Jahreszahl verschiedene Falscheingaben denkbar. Deshalb müssen verschiedene Aspekte einer Prüfung unterzogen werden.

Vollständigkeit: Das Feld ist ein Pflichtfeld. Der Benutzer muss einen Wert angeben.
Gültigkeit: In das Feld dürfen nur positive Ganzzahlen eingetragen werden.
Plausibilität: Der Wert kann nicht in der Zukunft liegen und die Lebensdauer eines Menschen ist begrenzt. In diesem Beispiel soll die biblische Grenze von 120 Jahren herhalten.

Validierungsskripte – oder *Validators*, wie sie im Original heißen – bekommen die Dateiendung *.vpy*. Im Grunde handelt es sich bei Ihnen um Python-Skripte mit einer zusätzlichen Variablen *state*.

Man könnte alle Validierungen innerhalb eines Skriptes abarbeiten, was angesichts des geringen Aufwands auch zu empfehlen wäre. Um zu zeigen, dass auch mehrere Skripte hintereinander verwendet werden können, werden die Validierungen auf drei Skripte aufgeteilt.

Zugewiesen werden Validierungsskripte über die Metadata-Datei des Controller Page Templates. Sie werden der Reihe nach ausgeführt.

birthday_form.cpt.metadata

```
[validators]
validators=check_required, check_valid, check_sanity
```

Exemplarisch soll ein Validierungsskript besprochen werden. Die anderen können Sie dann nach diesem Vorbild selbst erstellen. Das Skript überprüft, ob ein Wert für das Pflichtfeld angegeben wurde.

check_required.vpy

```
yob = context.REQUEST.get('yob', None)

if not yob:
  state.setError('yob', 'Bitte geben Sie Ihr Geburtsjahr ↩
      an.')

if state.getErrors():
  state.setStatus('failure')
  return state.set(portal_status_message='Bitte ↩
     korrigieren Sie die Fehler.')

return state
```

Zunächst wird die Variable aus dem REQUEST extrahiert. Jeder Feldwert lässt sich mit seinen Namen über das REQUEST-Objekt ansprechen. Ist kein Wert vorhanden, dann wird die Methode `setError` des state-Objekts aufgerufen. Der erste Parameter ist das Formularfeld und der zweite ist eine Fehlermeldung. Das Objekt kann beliebig viele Fehler speichern. Sind in einem Formular mehrere Werte falsch, so werden gleich alle Fehler angezeigt. Da jeder Fehler mit einer eigenen Fehlermeldung verknüpft ist, wird es für den Benutzer einfach, den Fehler zu beheben. Sobald ein Fehler aufgetreten ist, wird der Gesamtstatus auf `failure` gesetzt. Der Standardwert ist `success`. Eine Statusmeldung zeigt dem Benutzer an, dass ein Fehler aufgetreten ist. In jedem Fall wird die `status`-Variable zurückgegeben.

Der Gesamtstatus bestimmt auch, was nach der Validierung passieren soll. Festgelegt werden die Aktionen im `[actions]`-Bereich der Metadata-Datei des Formulars.

14.4.3 Die Aktionen

Wenn die Validierung fehl schlägt, dann ist es wahrscheinlich am Besten, den Besucher auf das Formular zurückzuleiten, damit er den Fehler korrigieren kann. Das ist auch die Aktion, die im Fehlerfall standardmäßig ausgeführt wird. Sie können ausprobieren, ob falsche Angaben schon richtig behandelt werden.

Wenn ein Benutzer eine Zahl eingibt, die die Validierung erfolgreich durchläuft, dann muss ein Skript aufgerufen werden, das die Daten verarbeitet. Im Beispiel bedeutet das lediglich, das Alter auszurechnen und den Wert auszugeben.

birthday_form.cpt.metadata

```
[actions]
action.success=traverse_to:string:getAge
```

Zur Auswahl stehen die Anweisungen `redirect_to` und `traverse_to`. Während ein Redirect einen neuen Request erzeugt und die Formulardaten verloren sind, gibt `traverse_to` die Daten an die neue Adresse weiter.

Diese Skripte haben auch einen eigenen Datentyp. Sie heißen Controller Python Scripts und haben die Dateiendung *.cpy*.

getAge.cpy

```
yob        = int(context.REQUEST.get('yob', None))
thisyear   = context.REQUEST.get('thisyear', None)
year       = DateTime().year()

age=year-yob
if not thisyear:
    age-=1

state.set(portal_status_message='Alter: ' + str(age))
return state
```

Nachdem auf bekannte Weise die Werte der Formularfelder und das aktuelle Jahr in Variablen zwischengespeichert wurden, geschieht die eigentliche Berechnung. Am Ende wird wieder die Statusvariable verwendet, um den Ergebniswert zu speichern. Der Einfachheit halber habe ich das Standard-Nachrichtenfeld von Plone verwendet. Man könnte aber jede beliebige Variable setzen und im Page Template darauf zugreifen.

Was jetzt noch fehlt ist das Ziel der Aktion. Das kann entweder ein eigenes Page Template sein, erneut das Formular wie in diesem Fall oder ein weiteres Skript. Festgelegt werden die Aktionen in der Metadata-Datei *getAge.cpy.metadata*.

getAge.cpy.metadata

```
[actions]
action.success = redirect_to:string:birthday_form
```

In diesem Fall wird ein Redirect verwendet, damit das Formular leer ist, wenn die Seite aufgerufen wird.

Auch für Controller Python Scripts können Validierungsskripte definiert werden. Das ist notwendig, weil das Skript ja auch über seinen URL aufgerufen werden kann. Überprüft werden die Eingaben nur wenn das Formular verwendet wird. Deshalb werden dieselben Validierungsskripte eingetragen und eine Aktion, falls die Validierung fehl schlägt.

getAge.cpy.metadata

```
[actions]
action.success = redirect_to:string:birthday_form
action.failure = redirect_to:string:birthday_form

[validators]
validators=check_required,check_valid,check_sanity
```

14.4.4 Sonderfälle

Aktionen und Validierungen lassen sich weiter spezialisieren. Zum einen nach dem Dokumenttyp. Handelt es sich bei dem Formular um eines, das Artikel manipuliert, dann kann es sein, dass bestimmte Validierungen nur für bestimmte Typen anzuwenden sind. Ebenso können andere Aktionen notwendig sein. Zum anderen nach der Schaltfläche, die betätigt wurde, um das Formular abzuschicken. Das nächste Listing zeigt einige Beispiele.

```
[actions]
action.success.Document = redirect_to:string: ↩
    document_view
action.success..button2 = redirect_to:string: ↩
    success_from_b2
action.failure.Document.button3 = traverse_to:string: ↩
    failure_form
```

15

Five

Nach den großen Veränderungen, die Plone 2.1 mit sich brachte, werden nicht einmal ein Jahr später die Weichen neu gestellt. Die Fahrtrichtung heißt Zope 3. Der Umstieg auf den neuen Zope Server wird nur allmählich erfolgen, mittelfristig ist aber damit zu rechnen, dass Plone auf die neue Plattform portiert wird. Bis dahin ermöglicht das Drittanbieterprodukt „Five" die Verwendung von Zope-3-Komponenten mit Zope 2. Ihnen als Programmierer bleibt es überlassen, die Handreichung der Zope-Entwickler zu erwidern: Gib mir Fünf.

2.5

Es mutet auf den ersten Blick etwas seltsam an, ein Zusatzprodukt zu entwickeln, das lediglich Backports von Zope 3 auf den Zope-Server ab 2.8 bereit stellt. Tatsächlich handelt es sich aber um einen wichtigen Bestandteil der Upgrade-Strategie von Zope.

Zope 3 ist nicht einfach eine Weiterentwicklung des bisherigen Zope-Servers. Es handelt sich dabei um eine komplette Neuentwicklung. Damit sind die Produkte, die für Zope 2 entwickelt wurden, nicht mehr kompatibel mit Zope 3. Mit Five können jetzt neue Produkte – genauer gesagt Komponenten, da Zope 3 das bisherige Produktkonzept nicht mehr unterstützt – mit den Zope-3-Methoden entwickelt werden, die auf Zope 2 lauffähig sind. So fällt später der Umstieg auf Zope 3 leichter. Denn erstens kennen die Entwickler die Technologie bis dahin und zum anderen erfolgt der Umstieg erst, wenn alle Komponenten neu entwickelt wurden.

15.1 Zope 3 in zehn Minuten

Zope 3 verfolgt mehrere Ziele. Einmal soll durch die konsequente Anwendung des Modell-View-Controller-Paradigmas (MVC) die Trennung von Daten, Präsentation und Logik verbessert werden. Die Konfiguration erfolgt nicht mehr über das ZMI oder über Skripte, sondern über Konfigurationsdateien, die dem Administrator umfassende Kenntnisse der Programmiersprache Python ersparen. Allein diese beiden Ansätze führen zu einer komplett veränderten Architektur. Neben diesen Änderungen am Gesamtsystem, gibt es auch einige Details, die eine große Wirkung entfalten.

Unicode: Texte werden standardmäßig als Unicode-Zeichenketten erwartet. Für herkömmliche Zeichensatzcodierungen müssen spezielle Datentypen verwendet werden.
Berechtigungen: Alles, was nicht explizit erlaubt wird, ist verboten. Bisher wurde nur geschützt, was ausdrücklich im Zugriff eingeschränkt wurde.
i18n: Zope 3 verwendet Message-Objekte, die von sogenannten Message Factories verarbeitet werden. Eine Komponente, das das nutzt, wird im Abschnitt 15.2.2 besprochen.

15.1.1 MVC

Das Model-View-Controller-Paradigma trennt die Daten von der Präsentation und von der Logik. Das ist etwas, was bereits mehrfach in diesem Buch als Kernkonzept von Plone angeführt wurde. Auf dem Abstraktionsniveau der Anwendung in Plone ist das auch richtig. Die Inhalte werden unabhängig von den Templates verwaltet, benötigte Logik wird in Python-Skripte ausgelagert. Dennoch gibt es zahlreiche Abhängigkeiten.

- Einzelne Views werden in der Python-Klasse eines Content-Types mit der Klasse verknüpft.
- Template-Verzeichnisse müssen über den Installationscode eines Produkts registriert werden.
- Die Produkte hängen von der Plone-Umgebung ab.

Das Datenmodell ist aber grundsätzlich unabhängig von der verwendeten Umgebung. Nimmt man die Datenstruktur eines Adressbuch-Eintrags. Darin stehen immer Namen, Adressen und Telefonnummern, ungeachtet der späteren Präsentation und unabhängig von dem verarbeitenden Programm. Die Umsetzung des MVC-Paradigmas bedeutet also, dass es Komponenten gibt, die nur die Datenstruktur beschreiben. Genauso verhält es sich mit den Komponenten zur Darstellung. Sie werden *Views* genannt. Auch sie können gleichartige Datenstrukturen aus verschiedenen Quellen abbilden, solange sie keine systemabhängigen Funktionen verwenden.

Verbunden werden die beiden Komponenten über sogenannte Adapter. Funktionieren kann das, weil jede Komponente durch ein Interface ein bestimmtes Verhalten und eine bestimmte Struktur zusichert.

15.1.2 Interfaces

Bei der Entwicklung der Bildergalerie wurde bereits ein Interface verwendet. Auch dort handelt es sich um eine Zusicherung an die verwendende Umgebung, einen bestimmten Satz an Funktionen bereit zu stellen. In Zope 3 geht das Prinzip aber deutlich weiter. Interfaces werden überall verwendet, um Komponenten zu beschreiben. Das macht sie unabhängig von einer einzelnen Implementierung. Denn die verwendenden Komponenten verlassen sich nur darauf, dass die Implementierung über die zugesicherten Eigenschaften verfügt.

Interfaces werden wie Klassen definiert und von *zope.interface.Interface* abgeleitet.

```
from zope.interface import Interface

class IAddress(Interface):
    '''Holds Address Information
    '''
```

15.1.3 Datenkomponenten

Interfaces sind als Sammlungen von Funktionen bekannt. Zope-3-Interfaces werden aber auch verwendet, um Datenstrukturen abzubilden. In Python ist es üblich, direkt auf Klassenvariablen zuzugreifen. Deshalb können Interfaces nicht nur Methoden, sondern auch Eigenschaften definieren. Wie bei Archetypes wird das mittels eines Schemas erledigt. Die Schemata sind allerdings nicht identisch.

Die Feldtypen des Schemas sind in *zope.schema* definiert.

```
from zope.interface import Interface
from zope.schema import Text, Int

class IAddress(Interface):
    '''Holds Address Information
    '''

    lastName    = Text(
                    title=u"Last Name",
                    description=u"Last Name.",
                    required=True)

    firstName   = Text(
                    title=u"First Name",
                    description=u"First Name.",
                    required=False)

    zip         = Int(
                    title=u"zip code",
                    description=u"zip code.",
                    required=False)
```

Feldtypen sind für alle eingebauten Datentypen in Python definiert. Dazu kommen spezielle Felder, zum Beispiel für Datumswerte und Passwörter.

Alle Felder haben zusätzliche Eigenschaften, darunter einen Namen, eine Beschreibung oder erlaubte Wertebereiche. Die Eigenschaften sind in verschiedenen Interfaces definiert. Tabelle 15.1 auf der nächsten Seite gibt einen Überblick über die Attribute.

Tabelle 15.1. Abstrakte Interfaces und ihre Attribute

Interface weitere Parameter	Beschreibung
IField	Das Standardinterface, das als Basis für alle Felder dient.
`title`	Eine einzeilige Unicode Zeichenkette nach der das Feld benannt wird.
`description`	Die Beschreibung des Feldes. Sie kann mehrere Zeilen Text umfassen.
`required`	Ein Wahrheitswert, der festlegt, ob das Feld angegeben werden muss, oder nicht.
`readonly`	Werte von Feldern, bei denen dieser Schalter gesetzt ist, können nicht verändert werden.
`default`	Ein Standardwert, der verwendet wird, wenn der Eigenschaft kein Wert zugewiesen wird.
`missing_value`	Wird einem Feld kein Wert zugewiesen, und ist kein Standardwert definiert, dann erhält das Feld den angegebenen Null-Wert. Das kann eine leere Zeichenkette sein, der Wert `None` oder ein sonstiger beliebiger Wert, der später als Null-Wert interpretiert wird.
IMinMax	Für Feldtypen, die einen Minimal und/ oder einen Maximalwert haben können. Standardmäßig sind beide Werte nicht gesetzt.
`min`	Der Minimalwert, den der Feldwert annehmen kann. Der Typ des Wertes ist abhängig vom Feldtyp.
`max`	Der Maximalwert, den der Feldwert annehmen kann. Der Typ des Wertes ist abhängig vom Feldtyp.
IMinMaxLen	Von diesem Interface sind Typen abgeleitet, deren Werte eine Länge haben. Also Listentypen und Zeichenketten.
`min_length`	Eine ganze Zahl, die die Mindestlänge definiert.
`max_length`	Eine ganze Zahl, die die maximale Länge definiert.
ICollection	Von diesem Interface sind Listen-Typen abgeleitet.
`value_type`	Der Feldtyp, dem die einzelnen Elemente der Liste entsprechen müssen.
`unique`	Ein Wahrheitswert, der bestimmt, ob die einzelnen Werte eindeutig sein müssen. Standardmäßig ist das nicht der Fall.
ISequence	Marker-Interface, das geordnete Listen ausweist. Eine Erweiterung von `ICollection`.
IUnorderedCollection	Marker-Interface, das ungeordnete Listen ausweist. Eine Erweiterung von `ICollection`.

Zusätzlich gibt es eine große Zahl an Marker-Interfaces. Marker-Interfaces zeigen an, dass von einem Feld ein bestimmtes Verhalten zu erwarten ist, ohne dass zusätzliche Felder oder eigene Funktionen im Interface definiert werden. Das Modul ist sehr gut dokumentiert – eine der Vorteile von Interfaces – so dass Sie einen Blick in die Datei *zope → interfaces → interfaces.py* werfen sollten. Die wichtigsten Feldtypen und ihre Basisinterfaces zeigt die Tabelle 15.2 auf der nächsten Seite.

15.1.4 Views

Views sind die Komponenten, mit denen die Inhalte dargestellt werden. Das sagt noch nichts über die Art der Präsentation aus. Es kann sich um ein Page Template handeln, das die Daten in einem Web-Browser darstellt oder um eine Komponente, die einen Artikel in eine Datei schreibt.

Für die Entwicklung von Komponenten für die Web-Darstellung werden dieselben Techniken eingesetzt wie für herkömmliche Plone-Produkte. Zope Page Templates verwenden METAL, TAL und TALES, um HTML mit dynamischen Inhalten zu versehen und an einen Browser zu schicken. Der Unterschied liegt jedoch darin, dass diese Templates unabhängig vom verwendeten System erstellt werden sollten, damit sie für andere Plattformen wiederverwendet werden können. Die Konsequenz ist, möglichst wenig Logik innerhalb der Templates zu halten, sondern sie auszugliedern. Bisher geschah das mit Hilfe von Python Skripts. Zope 3 verwendet Ergänzungs-Klassen, die als Bindeglied zwischen der Anwendung und dem View fungieren.

Die automatische Generierung von Formularen zum erfassen und ändern von Objekteigenschaften ist in Zope 3 ebenso wie in Archetypes-basierten Artikeltypen möglich. Genausogut können aber auch eigene Formulare entwickelt werden.

Widgets

Felder eines Schemas werden durch Widgets dargestellt. Da die Komponentenarchitektur die Trennung der Daten von der Präsentation vorsieht, ist die Definition der Widgets – anders als bei Archetypes-Schemata – nicht Bestandteil des Schemas selbst, sondern Teil der Konfiguration eines Views.

Die Widgets werden erst in der Konfigurationsdatei mit den Datenfeldern verbunden. Dadurch kann der Administrator entscheiden, welches Widget seiner Meinung nach das Richtige für den Anwendungsfall ist. Mehr noch, er kann später, wenn ein Drittanbieter ein neues Widget für einen bestimmten Datentyp anbietet, das neue Element durch eine kleine Änderung in der Konfigurationsdatei einbinden.

Die Standard-Widgets sind in der nachfolgenden Liste aufgeführt.

TextWidget: Ein einfaches Textfeld, in das eine Zeile Text eingegeben werden kann. Als Texte werden standardmäßig Unicode-Zeichenketten

Tabelle 15.2. Standard-Feldtypen

Feldtyp Interface	Beschreibung weitere Parameter
`Bytes`, `BytesLine`	Felder für ein- und mehrzeiligen Text in einer Ein-Byte-Zeichencodierung.
`IBytes(IMinMaxLen, IIterable, IField)` `IBytesLine(IBytes)`	

`Text`, `TextLine`
`IText(IMinMaxLen, IIterable, IField)`
`ITextLine(IText)`
	Ein- und mehrzeilige Unicode-Textfelder.

`Password` `IPassword(ITextLine)`	Ein Feld für Passwörter.
`Bool`	Feldtyp für einen Wahrheitswert.
`Int`, `Float`	Felder für Ganz- und Fließkommazahlen
`IInt(IMinMax, IField)`	Der Minimalwert bezeichnet die kleinste gültige Zahl, der Maximalwert die kleinste nicht mehr gültige Ganzzahl.
`IFloat(IMinMax, IField)`	Für Fließkommawerte gilt das Gleiche. Allerdings werden als `min`- und `max`-Werte jeweils Fließkommawerte angegeben.
`Datetime`	Datetime-Felder speichern Datumswerte.
`IDateTime(IMinMax, IField)`	Minimal- und Maximalwerte müssen vom Typ Datetime sein.
`IDate(IMinMax, IField)`	Minimal- und Maximalwerte müssen vom Typ Datetime sein.
`Tuple` `ITuple(ISequence)`	Ein Tuple-Feld steht für den Python-Typ *tuple*.
`List` `IList(ISequence)`	Ein List-Feld steht für den Python-Typ *list*.
`Set` `ISet(IUnorderedCollection) unique=True`	Ein Set-Feld steht für den Typ *sets.Set*.
`Object`	Der Feldwert ist ein Objekt, dem ein bestimmtes Schema zugrunde liegt.
`IObject(IField)`	Mit dem Parameter `schema` wird festgelegt, welche Objekttypen als Feldwert gültig sind.
`Choice`	Diesem Feldwert liegt ein Vokabular zugrunde.
`IChoice(IField)`	Es kann ein Vokabular oder der Name eines Vokabulars als Parameter `vocabulary` beziehungsweise `vocabularyName` übergeben werden.

erwartet. Nicht Unicode-Zeichenkodierungen werden über ein BytesWidget dargestellt.

BytesWidget: Ein einfaches Textfeld, in das eine Zeile Text einer nicht-Unicode-Zeichencodierung eingegeben werden kann.

TextAreaWidget, BytesAreaWidget: Für mehrzeiligen Text gibt es die entsprechende Widgets.

IntWidget: Ein Textfeld, dessen Inhalt eine Ganzzahl sein muss. Die Validierung ist die Sache des Widgets.

FloatWidget: Fließkommawerte werden in einem FloatWidget dargestellt. Unterschied zu den Textfeldern ist auch hier nur die Validierung.

CheckBoxWidget: Um Wahrheitswerte einzugeben gibt es Widgets mit oder ohne Standardwert. Die Darstellung als einzelne Checkbox hat immer einen Wert.

BooleanRadioWidget: Die Darstellung durch zwei Radio-Buttons erlaubt die Initialisierung ohne Wert. Das ist dann sinnvoll, wenn eine Auswahl vom Benutzer erzwungen werden soll. Nach der erstmaligen Auswahl einer Option lässt sich der wertfreie Zustand nicht mehr herstellen.

DropdownWidget: Für die Auswahl aus mehreren Optionen gibt es verschiedene Widgets. Manche von Ihnen, wie das DropdownWidget können nur einen Wert annehmen. Weitere Vertreter dieser Gattung sind das *SelectWidget* und das *RadioWidget*. Gemeinsam ist ihnen, dass sie ein Vokabular darstellen, das die Auswahl der Optionen festlegt.

MultiSelectWidget: Wenn aus einem Vokabular mehrere Optionen ausgewählt werden können, dann stehen Widgets zur Verfügung, die Checkboxen oder Mehrfachauswahllisten als Formularelement verwenden.

Zu den genannten Widgets kommen noch andere für spezielle Objekte, für Datumswerte oder Passwörter.

15.1.5 ZCML

Zope 3 definiert eine XML-Syntax für die Konfiguration: die Zope Configuration Markup Language. Die Entscheidung zu Gunsten von XML und zu Lasten von Python hat mehrere Gründe. Zunächst sollte eine leicht zu lesende Sprache verwendet werden. Denn nicht nur Programmierer, sondern vor allem Administratoren müssen einzelne Komponenten zu einem großen Ganzen verbinden. Außerdem ist XML rein beschreibend, ohne Logik bereitzustellen.[42]

Dateien

Konfigurationsdateien können in jedem Paket abgelegt werden. Der Standardname für diese Dateien ist *configure.zcml*. Direktiven können auch überschreiben werden. Allerdings muss man das explizit angeben

Namensräume

Zope 3 definiert fünf Namensräume, denen die Direktiven zugeordnet sind.

browser: Alle Einstellungen, die die Browseranzeige beeinflussen, werden mit Hilfe der Direktiven des *browser*-Namensraums vorgenommen. Dazu gehört die Zuordnung von Page Templates zu Skins und Layern, sowie die Registrierung von Templates für bestimmte Interfaces. Auch die Widgets, die für einzelne Felder verwendet werden sollen, werden innerhalb von Direktiven definiert, die dem *browser*-Namensraum zugeordnet sind.

i18n: Dieser Namensraum wird dazu verwendet, Übersetzungsdateien zu registrieren.

mail: Direktiven, die mit dem Verschicken von Mails zu tun haben, sind dem *mail*-Namensraum zugeordnet.

xmlrpc: Views für den Zugriff über XML-RPC werden über diesen Namensraum registriert.

zope: Das ist der Standardnamensraum, so dass in den Konfigurationsdateien der Vorsatz `zope:` nicht explizit stehen muss. Die meisten Direktiven gehören zum *zope*-Namensraum. Hier werden Interfaces mit Adaptern und Views verknüpft, so dass aus den einzelnen Komponenten eine konkrete Anwendung entsteht.

Direktiven

Die einzelnen Direktiven zu besprechen würde den Rahmen dieses Buches sprengen. Ich empfehle Ihnen dazu ein spezielles Buch zu Zope 3, wie zum Beispiel *Web Component Development with Zope 3* von Philipp von Weitershausen. Dennoch sollen drei Direktiven hier genannt werden.

include: Zope sucht nach der zentralen Konfigurationsdatei *configure.zcml*, die im Basisverzeichnis der Instanz unter *etc* abgelegt ist. Die verschiedenen Komponenten können aber überall verteilt abgelegt sein. Ein zentrales Verzeichnis wie bei Zope 2 gibt es nicht mehr. Die `include`-Direktive sorgt dafür, dass weitere Elemente eingebunden werden.

includeOverrides: Während eines der Kernkonzepte in der Zope-Philosophie die Bequemlichkeit war, setzt Zope 3 stärker auf explizite Willensäußerungen. Bei einer Konfiguration kann es leicht passieren, dass eine übergeordnete Anweisung unwissentlich überschrieben wird. Deshalb ist eine Neudefinition bestehender Anweisungen in der Standardkonfigurationsdatei nicht erlaubt. Mit der `includeOverrides`-Direktive kann eine weitere Konfigurationsdatei eingebunden werden, in denen die Neudefinitionen stehen.

configure: Das Wurzelelement einer Konfigurationsdatei.

15.1.6 Internationalisierung

Mit ZCML ist eine neue Dokumentart aufgetaucht, die internationalisierte Elemente haben kann. Außerdem hat sich das generelle Verfahren, Zeichenketten für die Übersetzungsroutine zu markieren verändert. Gleich geblieben jedoch ist die Internationalisierung von Page Templates, die im Abschnitt 11.3 auf Seite 189 beschrieben ist.

Messages

Sprachabhängige Zeichenketten werden *Messages* genannt. Eine Message wird einer Übersetzungsdomäne zugeordnet und durch eine ID innerhalb der Domäne eindeutig benannt.

Message-IDs

Die Message-ID ist der Bestandteil, der anstelle der eigentlichen Zeichenkette im Dokument verwendet wird. In der Regel wird aber der Text als Message-ID vewendet werden. Das ist umso wahrscheinlicher, je länger der Text ist. Um die Message-ID zu erzeugen, wird sie einer *MessageIDFactory* übergeben. Diese Factory wird standardmäßig _ genannt. Das ist zum Einen kurz genug, um den Quellcode nicht zu überfrachten, zum Anderen können Tools automatisch nach so formatierten Message-IDs suchen. Der MessageIDFactory wird bei der Erzeugung die Übersetzungsdomäne übergeben, der die ID zugeordnet werden soll.

```
form zope.i18nmessageid import MessageIDFactory
_ = MessageIDFactory('DOMÄNE')
```

Anschließend werden an den Stellen, an denen Übersetzungen erwartet werden neue Message-IDs angelegt, zum Beispiel in einem Schema.

```
class ILoginInformation(Interface):
    '''Holds Login Information
    '''

    password    = Text(
        title=_(u"Password"),
        description=_(u"The password has to be at least ↩
            five characters long."),
        required=True)
```

Auch wenn es so aussieht, als handle es sich um den zu übersetzenden Text, sind es nur Bezeichner. Mit welchem Text sie verknüpft wird, entscheidet sich erst im Message-Katalog.

ZCML

ZCML-Felder sind fest definiert, so dass nicht explizit angegeben werden muss, welche Felder sprachabhängig sind und welche nicht. Daher ist nur die Domäne interessant, der die Zeichenketten zugeordnet werden sollen und eventuell abweichende Message-IDs.

Die Domäne wird im Kopf der Konfigurationsdatei angegeben. Sie gilt auch für Dateien, die darin eingebunden werden.

```
<configure xmlns="http://namespaces.zope.org/zope"
           xmlns="http://namespaces.zope.org/i18n"
           i18n_domain="DOMÄNE">
    <i18n:registerTranslations directory="locales" />
```

In ZCML wird standardmäßig der Attributwert als Message-ID verwendet. Soll eine andere ID gesetzt werden, dann wird die ID in eckige Klammern davor geschrieben. Attributwerte, die mit einer eckigen Klammer beginnen, müssen die Message-ID explizit angeben.

```
<browser:addform label="add">
<browser:addform label="[add_form] add">
<browser:addform label="[][add]">
```

Im ersten Beispiel ist die Message-ID gleich dem Text. Er ist aber mit *add* sehr unspezifisch. Es könnte sich dabei auch um den Inhalt einer Schaltfläche handeln, der möglicherweise anders übersetzt werden soll, als wenn der Text als Überschrift eines Formulars verwendet wird. Deshalb setzt das zweite Beispiel eine explizite Message-ID. Im letzten Fall enthält der Text eckige Klammern. Deshalb muss eine Message-ID angegeben werden.

15.2 Five verwenden

Zope 3 und Five sind nicht identisch. Welche Unterschiede es gibt, und wie Komponenten in Five aufgebaut und „verdrahtet“ sind, zeigt dieser Abschnitt.

15.2.1 Unterschiede zu Zope 3

Five kann für jede Plone Site ab der Plone-Version 2.1.1 und Zope 2.8 installiert werden.

In Zope 3 ist nicht vorgeschrieben, dass die Komponenten in einem bestimmten Verzeichnis liegen müssen. Deshalb gibt es eine zentrale Konfigurationsdatei, in die jede weitere zu verwendende Konfigurationsdatei eingebunden wird. Da in Plone alle Produkte traditionell im Verzeichnis *Products* abgelegt werden, lädt Five alle Pakete, die im Products-Verzeichnis liegen und eine Datei *configure.zcml* enthalten.

Interfaces in Zope 2 und Zope 3 sind nicht kompatibel. Zope-3-Interfaces können aber über eine Brücke in Zope 2 verwendet werden.

```
from Interface.bridge import fromZ3Interface
IAZope2Interface = fromZ3Interface(IAZope3Interface)
```

15.2.2 Statusmessages

Das erste „Standard-Plone-Produkt“ das auf Zope 3 basiert, ist die Neuimplementierung der Portal Status Messages. Sie basieren jetzt auf der Übersetzungsmaschinerie, die Five bereit stellt. Um zu sehen, wie das „Produkt“[1] aufgebaut ist, soll zunächst die Konfigurationsdatei *$INSTANCE → Products → statusmessages → configure.zcml* unter die Lupe genommen werden.

konfiguration

```
<configure xmlns="http://namespaces.zope.org/zope">

  <utility
      provides=".interfaces.IStatusMessageUtility"
      component=".utility.utility"
      />

  <content class=".message.Message">
    <allow
        interface=".interfaces.IMessage"
        />
  </content>

</configure>
```

Die `configure`-Direktive definiert den `zope`-Namensraum als Standard. Alle enthaltenen Direktiven können also auf den Vorsatz `zope:` verzichten.

Utility

In Plone 2 würden die Komponenten, die mit der `utility`-Direktive deklariert werden, Tool genannt. Der Unterschied zwischen den Tools und den Utilities liegt darin, dass man sich in Zope 2 allein an den Namen hält. Das Tool wird über die Funktion `getToolByName` angesprochen. Utilities werden nach ihrer Funktionalität ausgesucht. Es ist nicht einmal notwendig, ihnen einen Namen zu geben, so wie es im Beispiel gezeigt wird.

`provides`: Das Interface und damit die Funktionalität, die man von dem Utility erwarten kann.
`component`: Eine Komponente, die das Interface implementiert.

[1] Eigentlich ist der Begriff Produkt für Komponenten der Zope-3-Welt unangebracht, aber um bei der gewohnten Plone-Terminologie zu bleiben, werde ich ihn weiter verwenden.

Content

Bei den Objekten handelt es sich um Inhalte, nach dem Schema einer Content-Komponente. Die entsprechende Klasse wird über die `content`- oder `class`-Direktive angegeben. Die `allow`-Direktive gibt das angegebene Interface für den Zugriff frei.

Interfaces

Der nächste Schritt ist die Inspizierung der Interfaces. So lässt sich ein Überblick über die Funktionalität gewinnen, ohne sich mit den Details der Implementierung belasten zu müssen.

IMessage

Dateien werden über die Punktsyntax angegeben, so dass sie von Python gefunden werden können. Der vorangestellte Punkt dient dabei als Abkürzung für das aktuelle Verzeichnis. Die Definition von `IMessage` befindet sich also im aktuellen Verzeichnis im Modul *interfaces.py*.

```
class IMessage(Interface):
    """A single status message."""

    message = Attribute('The text of this message. ↩
       Usally a Message object.')

    type = Attribute('The type of this message.')
```

Das Interface ansich ist äußerst einfach gehalten. Lediglich die Nachricht selbst, und ein Nachrichtentyp, also ob es sich um einen Hinweis, eine Warnung oder einen Fehler handelt wird im Objekt gespeichert.

Da es sich um eine Content-Komponente handelt, die lediglich für die Definition der Datenstruktur verantwortlich ist, verfügt sie über keine Logik zur Manipulation der Daten.

IStatusMessageUtility

Die Logik wird vom Utility bereit gestellt. Zwei Methoden reichen aus, um die Funktionalität zu erreichen. Man kann eine Status-Meldung hinzufügen und sie anzeigen.

```
class IStatusMessageUtility(Interface):
    """A utility for handling status messages."""

    def addStatusMessage(context, text, type=''):
        """Add a status message."""
```

```
    def showStatusMessage(context):
        """Removes all status messages and returns them ↩
           for display.
        """
```

Hier zeigt sich ein zentraler Unterschied zum bisherigen Verfahren. Seither drang nur die letzte Status-Meldung zum Benutzer vor. Alle anderen Hinweise wurden von ihren Nachfolgern überschrieben. Jetzt können beliebig viele Meldungen auf einmal ausgegeben werden.

Als nächstes sollen die Klassen betrachtet werden, die die Interfaces implementieren.

Klassen

Die Klasse, die das IMessage-Interface implementiert, heißt message und ist im Modul *message.py* definiert.

Message

Als erstes fällt der lange Kommentar am Anfang auf. Dabei handelt es sich um einen Doctest. Das ist ein Verfahren, das Dokumentation und Test verbindet. Für den Entwickler ist das sehr praktisch, weil er im Quelltext der Klasse bereits Beispiele für deren Verwendung findet. Einer dieser Tests prüft die Klasse dahingehend, ob sie tatsächlich das geforderte Interface implementiert. Im Unterschied zu Programmiersprachen wie Java, wird das durch Python nicht automatisch sicher gestellt. Mehr zu Testverfahren steht im Abschnitt 13.8 auf Seite 242.

Der Rest der Klasse besteht lediglich aus einem Konstruktor, der die Parameter den Instanzvariablen zuweist und der Registrierung des implementierten Interfaces.

```
from zope.interface import implements
from Products.statusmessages.interfaces import IMessage

class Message:
 implements(IMessage)

 def __init__(self, message, type=''):
    self.message = message
    self.type = type
```

StatusMessageUtility

Die Implementierung der Logik ist komplizierter als die reine Datenmodellierung. Dennoch handelt es sich um Standard-Python-Code, der nicht groß erklärt werden muss.

Das globale Objekt _messages ist ein nicht persistentes Objekt, das alle Statusmeldungen des Systems speichert. Zur Identifizierung des Clients wird die Browser-ID verwendet. Zu jeder ID wird eine Liste mit allen Meldungen gespeichert.

Die Meldungen werden aus dem _messages-Objekt entfernt, sobald sie angezeigt wurden, so dass sie nur einmal erscheinen.

Die Neuimplementierung hat gegenüber der bisherigen mehrere Vorteile.

- Eine Meldung wird nur einmal angezeigt, auch wenn die Seite neu geladen wird.
- Durch die Verwendung eines Objekts anstelle einer einfachen Zeichenkette ist die Angabe weiterer Informationen – wie die des Typs – problemlos möglich.
- Statusmeldungen können einfach internationalisiert werden.
- Durch die Komponentenstruktur ist die Implementierung sehr übersichtlich.

Vergleichen Sie einmal einen Plone-Inhaltstyp mit einer Komponente in Zope 3. Sie werden den Unterschied schnell feststellen. Der Overhead zur Registrierung der Inhaltstypen und zur Initialisierung eines Typs ist deutlich geringer geworden.

Einer Internationalisierung der Status-Meldungen steht nichts im Weg. Im Docstring der Message-Klasse ist beschrieben, wie Message-ID-Factories mit Statusmeldungen verwendet werden.

15.2.3 Fazit

Sie haben einen Einblick in die Veränderungen bekommen, die Zope 3, beziehungsweise Five mit sich bringen. Sie kennen die grundsätzlichen Elemente der neuen Komponenten und haben ein erstes kleines Beispiel analysiert. Sicher ist Ihnen dabei die Eleganz einiger der neuen Konzepte aufgefallen. Sie als Entwickler stehen jetzt vor der Entscheidung, ob Sie die komfortablen existierenden Entwicklungsmöglichkeiten, die auch in diesem Buch verwendet wurden weiter verwenden, oder ob Sie zu der neuen Architektur wechseln. In der Zope-Welt fällt diese Entscheidung sicher einfacher, weil dort die neuen, automatisch generierten Formulare eine große Arbeitserleichterung bedeuten, die in Plone bei der Archetype-basierten Entwicklung nicht zum Tragen kommt. Aber auch die Plone-Welt wird sich den neuen Technologien öffnen. Mit ArchGenXML können mittlerweile bereits Schnittstellen für Zope 2 und Zope 3 erstellt werden. Sie sollten sich auf jeden Fall mit den neuen Möglichkeiten vertraut machen, um fundiert entscheiden zu können und für die Zukunft gerüstet zu sein.

Teil IV

Administration

16

Installation

Wenn Sie dieses Buch lesen, ist die Entscheidung zugunsten von Plone wahrscheinlich bereits gefallen. Die Vorteile von Plone sind auch ausreichend beschrieben. Wer aber nach einer passenden Möglichkeit sucht, seine Plone Site auf einem Server unterzubringen, der wird sich einige Male ein so reiches Angebot wünschen, wie es für LAMP-Systeme zur Verfügung steht. Dennoch lassen sich für alle Anwendungsfälle passende Pakete schnüren.

Dieses Kapitel beschreibt die Installation für Linux, Mac OS X und Windows. Meistens gibt es neben der Source-Installation auch noch einen bequemeren Weg über ein Installationsprogramm oder rpm. Allerdings stehen die Installer immer mit einer zeitlichen Verzögerung und auch nur für die Releases zur Verfügung. Wer keine besondere Verzeichnisstruktur benötigt, der kann die Installer durchaus verwenden. Für alle anderen wird auch die manuelle Installation hier erklärt.

16.1 Plattformüberlegungen

Plone ist als System für alle wichtigen Plattformen verfügbar. Linux und Unix werden ebenso unterstützt wie Mac OS X und Windows. Auf welcher Plattform die eigene Plone Site am besten aufgehoben ist, soll der nächste Abschnitt klären.

16.1.1 Linux

Linux ist als freies Betriebssystem die Heimatplattform der freien Software, zu der Zope und Plone ja ebenfalls gehören. Linux wird für Plone empfohlen. Die große Linux-Entwicklergemeinde kümmert sich um ständige Verbesserungen und schnelle Sicherheitsreparaturen. Die Zeiten sind vorbei in denen man sich als Linux-Benutzer immer ein bisschen als Pionier fühlte – in einem Abenteuer mit ungewissem Ausgang. Längst bieten Linux-Systemhäuser auch großen Unternehmen robuste Lösungen an. Das zeigt sich auch am Umstieg einiger Stadtverwaltungen auf Linux.

Über Kostenvorteile lässt sich viel spekulieren. Natürlich fallen die Lizenzkosten weg, aber ein Support-Vertrag für das gesparte Geld ist häufig gut angelegt. Der Kostenaspekt kommt eher bei vielen Workstations zum Tragen. Hier geht es aber zunächst nur um einen Webserver.

Was viele nach wie vor als größte Einschränkung von Linux und den anderen Unixen sehen, ist die nach wie vor stark konsolenorientierte Bedienung. Kryptische Befehle in die Kommandozeile einzugeben scheint manch einem nicht mehr zeitgemäß, auch wenn es manche Vorteile bietet. Der Rechner wird nicht durch das Rechnen einer grafische Oberfläche belastet, geübte Anwender können Administrationsaufgaben sehr schnell und auch skriptgesteuert erledigen, der Kontakt zum Server funktioniert auch über eine langsame Netzverbindung gut...

Zuletzt ist die Verfügbarkeit von Linux bei den Hosting-Anbietern sehr groß. Die Angebote sind auch meist etwas günstiger.

16.1.2 Windows

Windows wird wegen seiner grafischen Benutzeroberfläche auch als Serverbetriebssystem oft nachgefragt. Die Anwender sind mit der Bedienung eines Windows-Rechners vertraut. Auch Plone wird für Windows mit einem grafischen Administrations-Tool ausgeliefert. Damit empfiehlt sich Windows vor allem für eine lokale Testinstallation. Insbesondere dann, wenn die Workstation bereits unter Windows läuft.

16.1.3 Mac OS X

Mac OS X ist auch ein Unix-System. Seine Besonderheit liegt darin, dass es versucht, die Funktionalität von Unix über eine grafische Oberfläche bedienbar zu machen. Macintosh-Rechner sind in der Agenturwelt weit verbreitet, so dass sich eine Testinstallation dort auch realisieren lässt. Als Produktivserver kann sich der Benutzer überlegen, ob er grafisch auf den Rechner zugreift, oder über eine Textkonsole.

Es gibt aber auch eine Schattenseite. Das Betriebssystem ist relativ wenig verbreitet. Damit wird es schwierig, qualifizierte Administratoren zu finden. Auch Hostingangebote sind nicht sehr üppig gesät.

16.1.4 Browserbasierte Administration

Eine Entwicklung, die zu beobachten ist, ist, dass Administrationsaufgaben über eine Web-Oberfläche erledigt werden können. Gerade auf einem Webserver ist das natürlich eine gute Lösung. Besonders beachtet werden muss dabei die Sicherheit und natürlich funktioniert die Methode nur, so lange auch der Webserver funktioniert. Know-How, das darüber hinausgeht ist deshalb unerlässlich. Dann aber bietet die webbasierte Konfiguration grafisch orientierte Administration auf einem beliebigen Client-System.

Nach der Entscheidung, welches Betriebssystem verwendet werden soll, muss ein geeigneter Anschluss ans Internet gefunden werden. Neben der eigenen Standleitung gibt es eine Vielzahl von Lösungen externer Anbieter.

16.2 Hosting, Housing oder das eigene Rechenzentrum

Hosting bezeichnet die Miete von Hard- und Software in einem Rechenzentrum. Housing beschreibt die Platzierung eines eigenen Servers in einem fremden Rechenzentrum. Das eigene Rechenzentrum bezeichnet den Betrieb der eigenen Hardware. Welche Form man wählen sollte sollen die folgenden Abschnitte erhellen.

16.2.1 Plone-, Zope- und Server-Hosting

Bei den Einsteiger-Angeboten teilt man sich einen Server mit weiteren Kunden, größere Pakete beinhalten auch die Miete eines eigenen Servers. Dazwischen liegen virtuelle Server. Auch hier nutzen mehrere Kunden eine Server-Hardware. Auf diesem läuft jedoch eine Software, die dem Kunden für seinen Bereich weitgehende Administrationsrechte bietet.

Plone-Hosting-Angebote beginnen mit einem einzelnen Verzeichnis. Innerhalb dieses Verzeichnisses können dann Inhalte abgelegt werden. Einen weiter gehenden Zugriff, zum Beispiel auf die Konfiguration des Servers hat man aber nicht. Schließlich nutzen auch andere Kunden denselben Zope-Server. Für ernst gemeinte Projekte ist diese Form des Hostings deshalb nicht geeignet. Interessanter sind da schon die Plone-Sites, die eigene Einstellungen erlauben. Oft ist auch die Installation weiterer Produkte durch den Hosting-Anbieter möglich. Wem diese Konfigurationsmöglichkeiten nicht ausreichen, der kann eine eigene Zope-Instanz mieten. Hier hat der Kunde oft Zugriff auf das ZMI, wodurch er Zope-Einstellungen vornehmen kann. Weiter gehende Anforderungen an die Server-Konfiguration sind nur noch mit einem eigenen Webserver zu realisieren.

Der eigene Webserver kann ein Standardprodukt eine Server-Hosters eigens zusammen gestellte Hardware oder ein virtueller Server sein. Virtuelle Server eignen sich vor allem für kleinere Anwendungen, die nicht sehr viel Rechenleistung benötigen. Auf einem physikalischen Server laufen in der Regel etwa 100 virtuelle Server. Zwar kann der virtuelle Server bei schwach ausgelasteter Hardware mehr als das rechnerische eine Prozent der Serverleistung nutzen, aber als Mieter eines virtuellen Servers hat man weder Einblick noch Einfluss auf den Ressourcenhunger der Nachbarn.

Wenn die Anwendung eine hohe Rechenleistung erfordert oder immer eine vorhersehbare Leistung notwendig ist, dann kommt man um den eigenen physikalischen Server nicht herum. Die Angebote der Hoster lassen fast keine Wünsche offen. Nur selten installiert ist jedoch ein Zope-Server. Man muss deshalb unbedingt darauf achten, dass man auch volle Administrationsrechte auf dem Server bekommt. Das ist allerdings der Regelfall.

Die Webserver-Pakete der Webhoster sind für gängige Anforderungen dimensioniert und auf das Veröffentlichen von Dokumenten abgestimmt. Wenn Sie dennoch andere Hardwareanforderungen haben, dann gibt es Housing-Angebote für fremde Hardware.

16.2.2 Housing

Housing-Anbieter stellen fremde Hardware in einem Rechenzentrum auf. Diese Rechenzentrum verfügen über technische Einrichtungen, die einen sicheren Betrieb gewährleisten. Dazu gehört eine unterbreichungsfreie Stromversorgung, redundante Anbindung an das Internet, qualifiziertes Personal... Neben einzelnen Einschüben lassen sich auch ganze Racks mieten, in denen ein Server-Cluster untergebracht werden kann.

16.2.3 Das eigene Rechenzentrum

Wer seinen Server in den Räumen des Unternehmens aufstellen will, der verzichtet auf eine Reihe von Vorteilen professioneller Rechenzentren. Die Anbindung ist schlechter, der Server ist nachts nicht überwacht, ein Stromausfall führt zu einem Serverausfall... Es muss gut überlegt werden, ob der Server in den eigenen Räumen gut untergebracht ist. Zumindest das Personal muss vorhanden sein, sowie eine Rechnerinfrastruktur, die bereits über die wichtigsten Sicherheitseinrichtungen verfügt. Ein Vorteil ist, dass die Hardware jederzeit erreichbar ist. So können Backups auf CD gebrannt werden oder Software installiert, ohne Netzverkehr zu verursachen.

Abschließend sollte man nicht vergessen, dass Plone eine sehr rechenintensive Anwendung ist, deren Ressourcenhunger nicht gerade gering ist. So verlockend die günstigsten Angebote auch klingen, die beste Leistung ist tatsächlich mit der besten Hardware zu erreichen.

16.3 Die Plone-Installation

Ist der passende Platz für die Plone Site gefunden, dann geht es an die Installation. Beschrieben wird die Installation von Plone 2.1. Genaue Informationen über die Voraussetzungen und den Installationsprozess einer jeden Version findet sich in der Datei INSTALL.txt im Verzeichnis CMFPlone. Um an dieses Verzeichnis heranzukommen, muss Plone erst einmal herunter geladen werden. Der Downloadbereich auf plone.org ist natürlich die erste Anlaufstelle, wenn Plone installiert werden soll. Der schnellste Weg führt über den Link *Download Plone!* auf der Startseite. Das aktuelle Release wird direkt vorgeschlagen, über *Show all releases...* erreicht man auch andere Versionen. Hier steht der Windows Installer und der Tarball für alle anderen Betriebssysteme zum Download bereit.

Für die Quellcode-Installation muss auf dem System ein C++-Compiler installiert sein. Das ist auf Linux und Unix-Systemen üblich, auf Windows-Rechnern dagegen eher selten. Deshalb steht für Windows immer auch eine vorkompilierte Version bereit.

Plone basiert auf dem Applikationsserver Zope, und das wiederum auf der Programmiersprache Python. Beide müssen in den korrekten Versionen installiert sein, damit Plone funktionieren kann. Außerdem benötigt Plone die „Python Imaging Library", kurz PIL, die nicht im Umfang der Plone-Distribution enthalten ist. Die benötigten Versionen im Einzelnen:

- Zope 2.7.7 oder 2.8.1
- Python 2.3.5
- Python Imaging Library 1.1.5

16.3.1 Quellcode-Installation

Die Prozedur der Quellcode-Installation ist für Linux, Unix und Mac OS X prinzipiell identisch. Deswegen gilt dieser Abschnitt auch für alle entsprechenden Systeme. Auf Besonderheiten wird später eingegangen.

Die Installation beinhaltet folgende Schritte:

1. Download der benötigten Dateien
2. Installation von Python
3. Installation der PIL
4. Installation von Zope
5. Installation von Plone
6. Einrichten einer Plone Site

Möglicherweise wurden einige der benötigten Komponenten bereits mit der Linux-Distribution ausgeliefert. Um bei späteren Systemupdates Probleme mit Abhängigkeiten zu vermeiden, sollte Plone aber eine eigene Python-Installation bekommen.

Download

Folgende Dateien werden für die Installation benötigt:

- *http://python.org/ftp/python/2.3.5/Python-2.3.5.tgz*
- *http://effbot.org/downloads/Imaging-1.1.5.tar.gz*
- *http://www.zope.org/Products/Zope/2.8.1/Zope-2.8.1-final.tgz*
- *http://prdownloads.sourceforge.net/plone/Plone-2.1.tar.gz?download*

Wo vorhanden sollten die Prüfsummen mit den angegebenen Werten verglichen werden:

```
md5sum [Dateiname]
```

Python installieren

Auf den meisten Systemen ist Python bereits installiert. Ob das der Fall ist und um welche Version es sich handelt, lässt sich mit folgendem Befehl herausfinden:

```
python -V
```

Handelt es sich um die richtige Version, muss Python nicht unbedingt noch einmal installiert werden. Sie müssen aber bei einem Update daran denken, dass Plone ausdrücklich Python 2.4 ausschließt. Technisch sollte es zwar funktionieren, aber es wurden keine Sicherheitstests mit Zope und Python 2.4 durchgeführt. Für ein Testsystem ist das zwar nicht so wichtig, aber die Testumgebung sollte dem Produktivsystem möglichst ähnlich sein. Und auf einem Produktivsystem sollte nur empfohlene Software installiert werden.

Um das Python-Archiv zu entpacken wird in das Download-Verzeichnis gewechselt. Der Befehl zum entpacken der Datei lautet:

```
tar -xvzf Python-2.3.5.tgz
```

Nach einem Wechsel in das Verzeichnis Python-2.3.5 erfolgt die Installation mittels der üblichen drei Schritte:

```
./configure
make
make install
```

Die Standardinstallation erfolgt im Verzeichnis */usr/local/bin*. Der Befehl `which python` sollte also auf dieses Verzeichnis zeigen.

PIL installieren

Als nächstes folgt die Installation der Python Imaging Library, das für die Bearbeitung verschiedener Medientypen notwendig ist. Um Jpeg-Dateien zu unterstützen, muss libjpeg in der Version 6a oder 6b auf dem System installiert sein. Sie können versuchen, die Installation von Hand durchzuführen, aber es gibt viele Postings in den einschlägigen Mailing-Listen, bei denen von Problemen berichtet wird. Eine Lösung findet sich dort allerdings nicht. Deshalb empfehle ich, wenn solche Fehler auftreten, die Installation über einen Package Manager. Der Vollständigkeit halber aber dennoch der Vorgang für die Quellinstallation.

```
wget http://www.ijg.org/files/jpegsrc.v6b.tar.gz
tar -xvzf jpegsrc.v6b.tar.gz
cd jpegsrc.v6b
./configure
make
make install-lib
```

Danach wechseln Sie wieder in das Verzeichnis, in dem die anfangs heruntergeladenen Dateien liegen.

```
tar -xvzf Imaging-1.1.5.tar.gz
cd Imaging-1.1.5
python setup.py build_ext -i
python selftest.py
```

Läuft der Test durch, dann war die Installation erfolgreich. Sollte ein Test scheitern, dann gibt die Fehlermeldung möglicherweise Auskunft darüber, was nicht funktioniert hat. Häufig hängt es mit den externen Bibliotheken zusammen. Das Setup-Skript sucht danach an üblichen Orten. Sie können aber auch das Skript editieren und direkt den Pfad zu den entsprechenden Dateien angeben.

Die Alternative ist eben die Installation über einen Package Manager, bei Fedora zum Beispiel über yum:

```
yum install python-imaging
```

Ist diese Hürde genommen, dann folgt die Installation des Zope-Servers nach dem bekannten Schema.

Zope installieren

```
tar -xvzf Zope-2.8.1-final.tgz
cd Zope-2.8.1-final
./configure
make
make install
./bin/mkzopeinstance.py
```

Die Installation fragt noch nach verschiedenen Daten, einem Verzeichnis für die Konfigurationsdateien und die Daten und nach Benutzerdaten für den ersten Benutzer. Dieser bekommt Administrationsrechte über den Zope-Server. Die Software wird standardmäßig unter */opt/Zope-2.8* installiert, den Speicherort für die Daten der Instanz können Sie frei wählen.

Bevor der Zope-Server gestartet werden kann, muss noch sichergestellt sein, dass der Benutzer, unter dem der Zope-Server läuft, Schreibrechte auf die Daten-Verzeichnisse hat. Am Besten legen Sie einen eigenen Benutzer für den Zope-Server an, der möglichst wenig Rechte hat.

Soll Zope keine privilegierten Ports binden, dann ist es nicht notwendig, ihn als root zu starten. Wollen Sie das trotzdem machen, dann müssen Sie in der Konfiguration einen Benutzer angeben, dem der Prozess übergeben werden soll, nachdem die Ports gebunden wurden. Dazu öffnen sie die Konfigurationsdatei der Instanz unter *etc/zope.conf*. Setzen Sie einen Wert für `effective-user`.

Plone installieren

Um Plone zu installieren, muss nur der gesamte Inhalt des Archivs in das Produkte-Verzeichnis der Zope-Instanz kopiert werden:

```
tar -xvzf Plone-2.1.tar.gz
mv Plone-2.1/* --target-directory /var/zope/Products/
```

Jetzt kann der Zope-Server gestartet werden.

```
/var/zope/bin/runzope
```

Der Befehl `runzope` hat gegenüber `zopectl` beim Testen den Vorteil, dass Fehler direkt auf der Konsole ausgegeben werden. Ist der Startvorgang beendet, kann über einen Browser die Management-Oberfläche des Zope Servers aufgerufen werden. Der Standardport ist 8080.

```
localhost:8080/manage
```

Wenn Sie sich mit Ihren Benutzerdaten angemeldet haben, dann können Sie im Root Folder der Zope-Instanz eine Plone Site anlegen. Nach einiger Zeit sollten Sie dann von Plones Startseite begrüßt werden.

16.3.2 Mac OS X

Releases werden für Mac OS X als Installationsprogramm angeboten. Dabei wird ein Ordner Plone im Verzeichnis Programme angelegt. Dieser enthält alle Bestandteile für die Plone-Installation. Grundsätzlich ist gegen diesen Weg nichts einzuwenden, wenn auch der Umstand, dass auch die Daten- und Konfigurationsdateien im Programme-Ordner abgelegt werden, gegen den Gedanken verstößt, die Daten von den Programmen zu trennen. Für eine Entwicklungsinstallation ist es aber ein sehr schneller Weg, zu einer funktionierenden Installation zu kommen.

Für alle, denen der Unix-Weg lieber ist oder die eine Version installieren wollen, die nicht als fertiges Paket angeboten wird, steht der Source-Tarball zur Verfügung. Die Quellinstallation funktioniert genauso wie bei Linux.

16.3.3 Windows

Die Plone-Installation wird über ein grafisches Installationsprogramm durchgeführt. Die Datei kann unter *http://prdownloads.sourceforge.net/plone/↩ Plone.2.1.1.exe?download* heruntergeladen werden. Mit einem Doppelklick wird die Installation begonnen.

Abb. 16.1. Der Begrüßungsbildschirm des Setup-Programms

Auf den folgenden Bildschirmen müssen Sie die Lizenzvereinbarung akzeptieren, eine Pfad für die Installation auswählen und die Benutzerdaten für den ersten Benutzer angeben. Dieser erhält Administratorrechte für den Zope Server.

Nachdem die Installation abgeschlossen ist, kann der Plone Controller über das Startmenü geöffnet werden. Der Plone Controller ist eine grafische Oberfläche, über die Plone gestartet und angehalten werden kann. Außerdem kann hier direkt die Plone Site und das ZMI geöffnet werden.

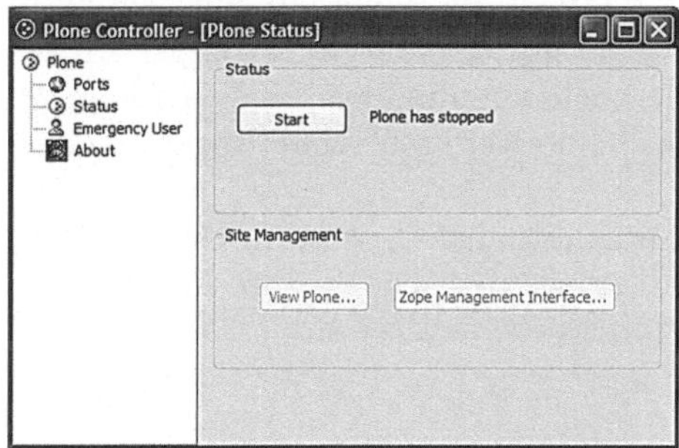

Abb. 16.2. Grafische Verwaltung über den Plone Controller

Über den Plone Controller kann auch der Notfallbenutzer aktiviert werden. Mehr zum Notfallbenutzer steht im Abschnitt 17.10.6 auf Seite 343.

16.3.4 Updates und Upgrades

Grundsätzlich läuft der Upgrade-Vorgang von einer Plone-Version auf die nächste immer gleich ab. Zuständig für den Versionswechsel ist das Migration-Tool.

Das Migration-Tool

Zunächst wird ein Backup der gesamten Plone-Installation angefertigt. Dazu gehört zumindest das *Products*-Verzeichnis und das Datenverzeichnis *var*. Anschließend werden die neuen Produkte nach *Products* kopiert. Bisherige Verzeichnisse werden ersetzt.

Nach einem Neustart des Zope Servers meldet sich ein Administrator am ZMI an. Es kann sein, dass durch das Upgrade die Plone-Seiten nicht dargestellt werden können. In diesem Fall gelangt man nicht über die Plone-Konfiguration zum ZMI, sondern über den direkten Aufruf des Management Screens, zum Beispiel über *localhost:8080/manage*. Von dort wechselt man in das Stammverzeichnis der Plone Site, die auf die neue Version umgestellt werden soll und klickt dort auf das Tool *portal_migration*. Dass ein Upgrade notwendig ist, sieht man an dem roten Ausrufungszeichen vor dem Tool Icon.

Für Upgrades zuständig ist die Registerkarte *Migrate*. Dort werden die alte und die neue Plone-Version angezeigt. Wenn sie übereinstimmen, dann kann der Migrationsvorgang über *Upgrade* gestartet werden. Je nach Versionssprung kann das einige Zeit in Anspruch nehmen. Wenn die angegebene bisherige Plone-Version nicht mit Ihrer Installation übereinstimmt, dann können Sie die Ausgangsversion auch von Hand einstellen und ein Upgrade von der eingestellten Version erzwingen. Bisher habe ich aber noch von keinem Fall gehört, in dem das notwendig war.

Nach dem Upgrade gibt Zope ein Protokoll aus, was alles aktualisiert wurde. Wenn keine Fehler aufgetreten sind, dann ist die Plone-Site auf dem aktuellen Stand und die Datenbank passt wieder zur Version im Dateisystem. Bei Updates von einer Unterversion auf die nächste, zum Beispiel von Plone 2.0 auf Plone 2.0.5 erfordert normalerweise keine weiteren Änderungen. Anders ist das aber bei einem Major Upgrade.

Es kann sein, dass auch Plone-Produkte aktualisiert wurden. Diese müssen über die Plone-Konfiguration neu installiert werden. Die entsprechenden Produkte sind mit einer Meldung markiert, dass sie veraltet sind.

Upgrade von Plone 2.0 zu 2.1

Der Versionssprung von 2.0.5 zu 2.1 sieht harmloser aus, als er ist. Vor allem durch die Umstellung der Standardtypen auf die neuen Archetype-Content-Types ist der Wechsel von Plone 2.0 und seiner Minor-Updates auf Plone 2.1 recht groß. Die technischen Änderungen wurden aber über den automatischen Migrationsprozess sehr gut aufgefangen. Dennoch werden Sie wahrscheinlich Ihre Site anpassen müssen, damit sie mit der neuen Version zurecht kommt. Das betrifft vor allem Änderungen an den Templates. Teilweise haben sich Funktionsaufrufe verändert. Zum Beispiel die Ermittlung der Breadcrumbs erfolgt jetzt über den Aufruf `putils.createBreadCrumbs(here)`. Vorher lautete er `portal.breadcrumbs(here)`. Am leichtesten kommen Sie dem Fehler auf die Spur, wenn Sie aus der Fehlermeldung auf der Seite ermitteln, welcher Funktionsaufruf falsch ist und dann im neuen Standard-Template den neuen Aufruf nachschlagen.

Andere Fehler sind nicht ganz so einfach zu finden. Wenn Sie die Funktion `CMFPlone.PloneUtilities.localized_time` suchen, dann erfahren Sie, dass das Modul veraltet ist und statt dessen aus `CMFPlone.utils` importiert werden soll. Dort existiert die Funktion `localized_time` aber nicht mehr.

Statt dessen existiert jetzt im Modul `CMFPlone.TranslationServiceTool` eine Funktion `ulocalized_time`. Fragen Sie bei Bedarf einen Programmierer. Die Änderungen müssen eventuell auch in ein Versionskontrollsystem übernommen werden.

Sobald alle Fehler eliminiert sind, werden die Plone-Seiten wieder richtig angezeigt. Vermutlich entsprechen sie aber nicht vollständig dem alten Aussehen. Denn auch in der Design-Architektur gab es Änderungen. Neu hinzugekommen sind die JavaScript- und die CSS-Registry. Die frühere globale Stilvorlagendatei *plone.css* wurde durch mehrere spezielle Dateien ersetzt. Außerdem hat sich der Aufbau der Portlets verändert. Es ist die Aufgabe des Designers, die Änderungen anzupassen. Mehr zum CSS-Konzept von Plone steht im Abschnitt 9.2.1 auf Seite 136.

Der letzte Punkt, der bei diesem, aber auch allen anderen Upgrades beachtet werden muss, ist die Verfügbarkeit der verwendeten Drittanbieterprodukte für die neue Plone-Version. Genau wie die eigene Plone Site muss die Aktualisierung für jedes Produkt vorgenommen werden. Es kann sein, dass Produkte nicht sofort mit einem neuen Plone Release in einer kompatiblen Version verfügbar sind.

16.4 Zusatzprodukte

Die Grundfunktionen von Plone sind bereits sehr umfangreich. Jede Anwendung hat aber andere Anforderungen, die erfüllt werden müssen. Die Erweiterbarkeit von Plone – streng genommen hat Plone sie zu einem großen Teil von Zope geerbt – ist eine seiner großen Stärken. Die Erweiterungen heißen Produkte und sind in einer großen Zahl auf der Plone-Website verfügbar.

Eine detaillierte Beschreibung der Produkt-Maschinerie finden Sie im Abschnitt 17.2. An dieser Stelle geht es speziell um die Installation der Produkte, die in diesem Buch von Bedeutung sind. Diese Produkte finden Sie auf der Homepage von Plone oder auf der Buch-CD.

16.4.1 DCWorkflowDump

Datei: http://plone.org/products/dcworkflowdump/releases/1.0/↩
DCWorkflowDump-1.0.tgz

Dieses Produkt ermöglicht es, Workflows, die über die Weboberfläche erzeugt wurden, im Dateisystem zu speichern. So werden sie transportabel und können in ein Versionskontrollsystem eingepflegt werden.

Hierbei handelt es sich um ein Zope-Produkt. Das bedeutet, dass der entpackte Ordner nur in das *Products*-Verzeichnis der Instanz gelegt werden muss. Nach einem Zope-Neustart ist das Produkt verfügbar.

16.4.2 Call Profiler

Datei: http://plone.org/products/callprofiler/releases/1.4-fixed/↩
CallProfiler-1.4-fixed.tar.gz

Dieses Zope-Produkt wird für die Leistungsmessung benötigt. Es ist nicht, wie im Internet häufig zu lesen ist, in Zope bereits integriert. Um es zu verwenden müssen Sie es herunterladen, entpacken und in das *Products*-Verzeichnis kopieren. Verwenden Sie nicht das Originalprodukt der Zope Homepage, sondern wie angegeben die gefixte Version, die auf der Plone Homepage heruntergeladen werden kann.

16.4.3 PageTemplate Profiler

Datei: http://www.zope.org/Members/guido_w/PTProfiler/0.2/↩ PTProfiler-0.2.tar.gz

Auch der PageTemplate Profiler ist ein Werkzeug für die Leistungsmessung, allerdings mit einem anderen Fokus.

16.4.4 i18ndude

Datei: http://plone.org/products/i18ndude/releases/2.0/↩ i18ndude-2.0.tar.gz

i18ndude ist ein Tool, mit dem Text-Kataloge, die für die Lokalisierung benötigt werden, erzeugt und verarbeitet werden können. Diese Software ist deshalb auch nur auf den Entwicklungsrechnern nötig. Die Produktivumgebung benötigt später nur die Dateien, die das Programm erzeugt.

Die zu installierende Version hängt ab von der ArchGenXML-Version ab. Für ArchGenXML 1.4 und höher ist das Release 2 richtig. Darunter muss eine ältere Version installiert werden.

Die Installation erfolgt über ein mitgeliefertes Installationsskript.

```
python setup.py install
```

16.4.5 LinguaPlone

Datei: http://plone.org/products/linguaplone/releases/0.9-beta/↩ LinguaPlone-0.9.0-beta.tar.gz

LinguaPlone ist ein Produkt, mit dem mehrsprachige Inhalte verwaltet werden können. Dieses Plone-Produkt hängt vom PloneLanguageTool ab, das aber bei der Installation von LinguaPlone automatisch mitinstalliert wird.

Wie alle Plone-Produkte muss auch LinguaPlone über den Quickinstaller für alle Plone Sites aktiviert werden, auf denen es verwendet werden soll. Mehr zum Quickinstaller steht im Abschnitt 17.2 auf Seite 319.

16.4.6 PloneErrorReporting

Dieses Plone-Produkt gibt ausführliche Fehlermeldungen aus und ist daher gerade im Entwicklungsprozess eine große Hilfe.

PloneErrorReporting ist bereits im Lieferumfang von Plone enthalten, muss aber bei Bedarf über Plones Produktverwaltung aktiviert werden.

16.4.7 ArchGenXML

Datei: http://plone.org/products/archgenxml/releases/1.4.0/↩ ArchGenXML-1.4.0-final.tgz

ArchGenXML ist ein Code-Genarator. Mit ihm kann Programmcode aus UML-Diagrammen erzeugt werden. ArchGenXML ist kein Produkt, das in Plone selbst arbeitet. Aber um die Dinge beisammen zu halten, empfehle ich dennoch die Installation im *Products*-Verzeichnis.

16.4.8 strip-o-gram

Datei: http://prdownloads.sourceforge.net/squishdot/↩ stripogram-1-4.tgz?download

Das Programm wird von ArchGenXML dazu verwendet, HTML-Elemente aus den Hilfstexten der UML-Modelle zu entfernen.

Installiert wird das Programm dann mit dem üblichen Befehl.

```
tar -xvzf stripogram-1-4.tgz
cd stripogram
python setup.py install
```

16.4.9 Site-Produkte

Eine Plone Site setzt sich zusammen aus den Daten, dem Design, der Business-Logik und der Konfiguration. Die Daten werden in der ZODB gespeichert, die automatisch installiert wird. Sie kommen auch erst nach und nach hinzu, nachdem die Site eingerichtet wurde. Die Business-Logig steckt zu einem großen Teil in Drittanbieterprodukten, die wie alle Zope- oder Plone-Produkte im Products-Verzeichnis abgelegt und bei Bedarf über den Quickinstaller installiert werden. Das Design kann ebenfalls in der Objektdatenbank gespeichert werden, besser ist allerdings die Entwicklung im Dateisystem. Die Konfigurationsoptionen bestehen aus Installationsanweisungen für das Design und sonstigen Konfigurationsanpassungen, die in der Plone-Konfiguration oder im ZMI vorgenommen werden können. Auch diese Konfiguration kann in das Dateisystem ausgelagert werden, in einer CustomizationPolicy.

Die Struktur der Dateisystemkomponenten einer Site, also das Design und das Konfigurationsskript werden in Form eines Produkts erstellt, das in das Products-Verzeichnis gelegt wird. Danach wird der Zope Server neu gestartet.

Die Installation des Designs und der CustomizationPolicy geschieht in der Funktion `initialize`, in der Datei *__init__.py* im Verzeichnis des Produkts. Dadurch kann nach dem Neustart von Zope das neu installierte Design verwendet werden und neue Sites können auf der Basis der installierten Konfigurationsanweisungen erstellt werden.

Die Erstellung eines Skins im Dateisystem beschreibt das Kapitel 9.3.2 auf Seite 143. Wie eine CustomizationPolicy erstellt wird, ist in Abschnitten 17.1 und 17.14 erklärt.

16.5 Anpassungen

Bei Ihrer eigenen Plone Site werden Sie jetzt anfangen, das System an Ihre Anforderungen anzupassen. Welche Möglichkeiten Sie dazu haben, ist im Kapitel 17 auf Seite 317 beschrieben. Die hier aufgeführten Änderungen der Grundkonfiguration sind nur für die Beispiele in diesem Buch notwendig und deshalb hier beschrieben.

16.5.1 Workflow

Der neue Navigationsbaum zeigt alle Artikel an, die der Benutzer sehen darf ohne Rücksicht darauf, ob er veröffentlicht ist oder nicht. Bisher wurde immer auch der Revisionsstatus berücksichtigt. Das ist ansich konsequent, hat aber einige Nachteile.

- Neu angelegte Artikel sind sofort für alle Besucher sichtbar.
- Elemente, die nur innerhalb anderer Artikel verwendet werden sollen, werden in der Navigation angezeigt.

Deshalb soll der Status *öffentlicher Entwurf* nur noch für angemeldete Benutzer sichtbar sein. Dazu werden im ZMI unter *portal_workflow → plone_workflow → states → visible → Permissions* die Einstellungen gemäß der Abbildung 16.3 geändert[1].

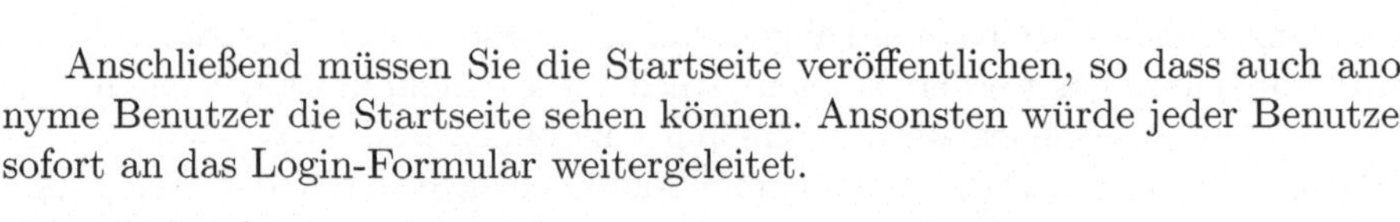

	Permission	Roles					
Acquire permission settings?		Anonymous	Authenticated	Manager	Member	Owner	Reviewer
☐	Access contents information	☐	☑	☑	☐	☐	☑
☐	Change portal events	☐	☐	☑	☐	☑	☐
☐	Modify portal content	☐	☐	☑	☐	☑	☐
☐	View	☐	☑	☑	☐	☐	☑

Save Changes

Abb. 16.3. Die geänderte Sicherheitsrichtlinie für den Plone Workflow

Anschließend müssen Sie die Startseite veröffentlichen, so dass auch anonyme Benutzer die Startseite sehen können. Ansonsten würde jeder Benutzer sofort an das Login-Formular weitergeleitet.

16.5.2 Redakteursrechte

Redakteure haben verhältnismäßig wenig Rechte. In diesem Buch soll aber der Administrator von der inhaltlichen Arbeit weitgehend verschont werden. Deshalb bekommt der Redakteur mehr Rechte. Er soll lokale Rollen vergeben

[1] Um die Änderung gering zu halten, habe ich an dieser Stelle den Original-Workflow verändert. Im „richtigen Leben" rate ich ausdrücklich davon ab. Einen besseren Weg, den Workflow anzupassen, können Sie im Abschnitt 17.11 auf Seite 359 nachlesen.

können, weil er für die Zugriffsrechte auf bestimmte Teile der Site verantwortlich ist und er soll an jeder Stelle der Site auch Inhalte anlegen können. Deshalb wird die globale Gruppe Reviewers lokal für die Plone Site als Owner eingetragen.

Das Site-Objekt ist über die Startseite erreichbar. Dort erscheint eine Meldung, dass die Rechte für eine Datei gesetzt würden. Folgen Sie dem Link zum Verzeichnis. Das umgebende Verzeichnis der Startseite ist die Plone Site. Erteilen Sie dort der Gruppe *Reviewers* die Eigentümer-Vollmacht.

Achtung! Sie setzen die Zugriffsrechte für ein Seite. Wenn Sie die Zugriffsrechte für den Ordner setzen wollen, klicken Sie hier.

Abb. 16.4. Hinweis, welche Rechte verändert werden

Eigentümer sind berechtigt, Konfigurationsseiten im ZMI zu sehen. Das soll künftig dem Administrator vorbehalten bleiben. Deshalb wird in den Sicherheitseinstellungen der Plone Site dem Owner das Recht *View management screens* entzogen.

17

Plone Konfiguration

Der Zope-Server läuft – Plone ist installiert. Jetzt könnte es los gehen. Am Anfang wird der Administrator viel damit beschäftigt sein, das Verhalten der Plone Site anzupassen. An einigen Stellen müssen die Vorgabewerte verändert werden, Benutzer müssen angelegt werden, die später die Inhalte in das System einstellen und Workflows sollen später einmal die Arbeitsabläufe des Unternehmens abbilden. An vielen Stellen dieses Buches erzähle ich den Autoren, den Designern und den Programmierern, was der Administrator für sie tun kann. Jetzt erzähle ich Ihnen, wie die Administration funktioniert.

Das Verhalten von Plone lässt sich in weiten Bereichen über die Konfiguration steuern, ohne dass ein Programmierer die bestehende Anwendung ändern muss. Voraussetzung dafür ist, dass der Administrator alle Konfigurationsmöglichkeiten kennt und sie für den jeweiligen Anwendungsfall sinnvoll kombinieren kann.

Dieses Kapitel beschäftigt sich mit diesen Möglichkeiten. Für jede Aufgabe gibt es mehrere Schichten der Problemlösung. Oft reicht die Konfiguration von Plone, oft muss man aber auch tiefer graben, um die richtigen Einstellungen zu erreichen.

Tools sind Werkzeugkästen, die über die Zope Management Oberfläche erreichbar sind. Dort zeigen sie aber oft nur einen kleinen Teil ihres Könnens. Neben dem ZMI lassen sich Tools auch über Skripte steuern. Dieses Verfahren wird sehr häufig für die Grundkonfiguration angwendet. Ein Installationsskript übernimmt dann die gesamte Konfiguration. Das ist zum Beispiel für den Umzug einer Site auf einen anderen Server wichtig.

Soll ein Tool skriptgesteuert verwendet werden, muss man die Funktionsaufrufe kennen. Am schnellsten bekommt man einen Überblick, wenn man die Quellcode-Dateien öffnet. Dort sind die Funktionen meist durch Kommentare dokumentiert. Die Funktionen, die für den Administrator bei der Einrichtung und Konfiguration der Site wichtig sind, werden zusammen mit dem jeweiligen Tool besprochen.

Konfigurationsoptionen bauen oft auf den Angaben in der zentralen Kofigurationsdatei auf. Die entsprechenden Direktiven werden an den passenden Stellen behandelt. Sie bilden den Abschluss der Tauchfahrt in die Tiefen der Konfigurationsmöglichkeiten einer Plone Site.

Um die Beispiele in diesem Kapitel nachvollziehen zu können benötigen Sie Grundkenntnisse der Programmiersprache Python. Sie brauchen Manager-Befugnisse für die gesamte Plone Site. Für Änderungen an der Konfigurationsdatei von Zope ist der Zugriff auf das Dateisystem notwendig. Wenn Sie Ihre Plone Site bei einem Fremdanbieter beziehen, dann hängen Ihre Möglichkeiten vom Paket des Hosters ab. Nur selten haben Sie Zugriff auf die Konfigurationsdatei, und den Zope-Server können Sie auch nur dann umkonfigurieren, wenn Ihr Vertrag einen eigenen Zope-Server beinhaltet. Ansonsten ist die Plone-Konfiguration und die Zope-Management-Ansicht der Plone Site Endstation. Im Folgenden wird aber davon ausgegangen, dass Sie Vollzugriff auf eine Zope-Installation haben.

17.1 Customization Policy – eine Einführung

In den kommenden Abschnitten wird eine große Zahl von Einstellungen beschrieben. Das Verhalten der Site ergibt sich aus der Summe aller dieser Parameter.

Es gibt zwei Wege, die Grundeinstellungen vorzunehmen: als Skript im Dateisystem und über die Zope Management Oberfläche (ZMI). Der Weg über das ZMI ist sehr schnell und intuitiv. Man navigiert an die Stelle, an der etwas geändert werden soll, und nimmt die Veränderungen direkt an Ort und Stelle vor. Aber wie werden die Änderungen dokumentiert? Was war der Grund dafür, die Einstellung so und nicht anders vorzunehmen? Immer wenn die Site umzieht, müssten alle Veränderungen an der Grundkonfiguration erneut von Hand eingestellt werden. Das ist fehleranfällig und zeitaufwändig.

Liegt die Konfiguration als Datei vor, dann können die Anweisungen um Kommentare ergänzt werden, die nach langer Zeit noch nachvollziehen lassen, aus welchen Gründen eine Einstellung gemacht wurde. Außerdem kann die Datei selbst mit den üblichen Entwicklungswerkzeugen zur Versionskontrolle verwaltet werden. Ein anderer Aspekt ist die Möglichkeit, eine Datei beliebig zu verteilen. Sie kann in jeder Plone Site installiert und ausgeführt werden. Damit ist es beispielsweise möglich, eine Grundkonfiguration zu erstellen, die auf alle Sites erst einmal angewendet wird, bevor weitere, für diese Site spezielle, Einstellungen vorgenommen werden. Das ist auch das Verfahren, mit dem Sie arbeiten, wenn Sie eine Plone Site neu anlegen. Die Grundkonfiguration kommt aus der Customization Policy von Plone. Alle Änderungen, die Sie vornehmen überlagern diese Einstellung.

In den folgenden Abschnitten werden Anweisungen, die Sie verwenden können, beschrieben. Außerdem finden Sie auch die entsprechenden Dateinamen, der zuständigen Module. Dort können Sie weitere Funktionen nachschlagen. Am Ende des Kapitels wird dann erklärt, wie eine Customization Policy erstellt, installiert und verwendet wird.

17.2 Produkte hinzufügen / entfernen

Produkte sind Erweiterungen, die neue Inhaltstypen bereit stellen, weitere Aktionen oder sonstige Funktionalitäten. Neu zu installierende Produkte – egal ob es sich um Eigenentwicklungen oder um Drittanbieter-Produkte handelt – müssen in das Produkte-Verzeichnis von Plone kopiert werden. Welches das richtige Produkte-Verzeichnis ist, steht in der Datei *zope.conf*. Sie liegt normalerweise im Verzeichnis *etc* Ihrer Plone-Installation. Einfach zu finden ist sie über die Suchfunktion des Dateibrowsers. Wenn Sie auf diese Datei nicht zugreifen können, dann kann es sein, dass Sie selber keine Produkte installieren können. In der Dokumentation Ihres Webhosters finden Sie weitere Informationen.

17.2.1 Einstellungen in der Konfigurationsdatei

```
%define INSTANCE /Users/Shared/ZopeSites
%define ZOPE /Users/hans/applications/Zope
```

Am Anfang der Datei sind zwei Variablen definiert. Unterschieden wird zwischen der Zope-Installation (ZOPE) und der Plone-Installation (INSTANCE). Eigene Produkte sollten nicht im Produkte-Verzeichnis der Zope-Installation abgelegt werden. Dieses Verzeichnis wird bei späteren Updates möglicherweise verändert. Statt dessen werden die Produkte in den Produkte-Verzeichnissen der `products`-Direktive abgelegt. `$INSTANCE/Products` ist der Standardpfad.

Es können beliebig viele andere Pfade definiert werden. Sie werden in der Reihenfolge abgearbeitet, in der sie in der Konfigurationsdatei notiert sind. Wenn es zwei Produkte mit demselben Namen gibt, dann wird nur das erste importiert.

Neben der Definition des Pfades muss auch der Schalter `enable-product-installation` aktiviert sein. Das ist die Standardeinstellung des Parameters. Wenn Sie ihn nicht von Hand deaktiviert haben, dann sollte er korrekt eingestellt sein.

Bis eine Plone Site online geht, ist es oft hilfreich, sie im Debug-Modus zu betreiben. Dadurch werden Templates bei jedem Zugriff neu eingelesen, so dass sich Änderungen sofort auswirken. Das bremst allerdings den Server aus, so dass das Produktivsystem nicht im Debug-Modus laufen sollte. Um ihn zu aktivieren setzen Sie die Option `debug-mode on`.

Nach allen Änderungen an der Konfigurationsdatei muss Zope neu gestartet werden.

17.2.2 Installation von Produkten über die Plone-Konfiguration

Um ein Zope-Produkt zu installieren, legt man es in das Produkte-Verzeichnis und startet den Zope Server neu. Anders sieht es bei den Plone-Produkten aus. Sie müssen außer in Zope noch in der Plone Site registriert werden. Dafür zuständig ist die Option *Produkte hinzufügen / entfernen* in der Plone-Konfiguration.

In der Plone-Konfiguration sind alle Produkte aufgelistet, die entweder installiert sind, oder installiert werden können. Um die jeweilige Aktion auszuführen, muss die Checkbox vor dem entsprechenden Produkt angeklickt werden und die Schaltfläche *installieren* oder *deinstallieren* betätigt werden.

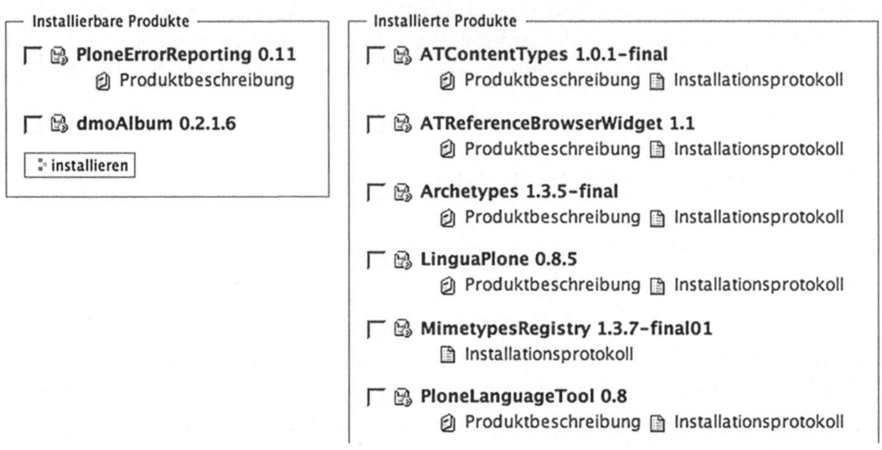

Abb. 17.1. Produkte installieren und deinstallieren

Neben dem Produktnamen ist auch die Version angegeben, in der das Produkt vorliegt. Wird die Version auf der Festplatte aktualisiert, dann erhält der Benutzer eine Meldung, dass das Produkt neu installiert werden muss. Treten bei der Installation Fehler auf, dann wird das auch angezeigt. Produktentwickler können eine Produktbeschreibung beilegen, die ebenfalls über dieses Formular erreichbar ist. Nach der ersten Installation kann außerdem das Installationsprotokoll eingesehen werden.

17.2.3 Der Quickinstaller

Datei: *$INSTANCE → Products → CMFQuickInstallerTool → QuickInstallerTool.py*

Verantwortlich für die Installation ist das Quickinstaller-Tool. Im Quickinstaller-Tool sind Informationen über die installierten Produkte gespeichert. Sie erreichen es über *ZMI → portal_quickinstaller*:

Types: Die Artikeltypen, die das Produkt definiert. Sie werden über das Tool *portal_types* registriert.

Skins: Skins einzelner Produkte werden als Subskins in den *portal_skins* eingefügt.

Portal Actions: Wenn ein Produkt Aktionen definiert, dann werden diese hier aufgelistet.

Portal Objects: Eine Liste der Objekte – meistens handelt es sich dabei um Tools – die bei der Installation angelegt wurden.

Workflows: Produkte können mit eigenen Workflows ausgeliefert werden. Diese werden der Plone Site über das *portal_workflow*-Tool hinzugefügt.

Leftslots, Rightslots: Diese Plone-Site-Eigenschaft enthält die darzustellenden Portlets links und rechts vom Inhalt. Definiert sind sie unter *[Portalname] → Properties*.

Content Type Registry Entries: Die Content Type Registry weist Dateiformate bestimmten Inhaltstypen zu.

JavaScripts, CSS: Über die Resource-Registry können Skript- und Stildateien im System registriert werden. Die zuständigen Tools sind *portal_javascripts* und *portal_css*.

Die wichtigsten Funktionen zum installieren eines Produkts, sollen im Folgenden beschrieben werden.

installProduct

```
from Products.CMFCore.utils import getToolByName
qi = getToolByName(self, 'portal_quickinstaller')
qi.installProduct(p, locked=0, hidden=0, ↩
    swallowExceptions=0)
```

Die Verwendung eines Tools läuft immer gleich ab. Zuerst wird die Funktion `getToolByName` importiert, um sie einfach verwenden zu können:

Danach wird eine Referenz auf das Tool in einer Variablen gespeichert. Auch das dient der Bequemlichkeit, da Tools oft mehrfach verwendet werden. So entfällt bei weiteren Aufrufen die Suche nach dem Tool. Ein Tool ist durch seinen Namen immer eindeutig identifiziert. Der Name ist im Programmcode des Tools festgelegt und kann vom Benutzer nicht verändert werden.

```
qi = getToolByName(self, 'portal_quickinstaller')
```

Im Kontext des Tools wird dann die benötigte Funktion aufgerufen. Bei allen weiteren Funktionsaufrufen an dasselbe Tool entfallen die ersten beiden Schritte:

```
qi.installProduct(p, locked=0, hidden=0, ↩
    swallowExceptions=0)
```

Die Funktion `installProduct` nimmt verschiedene Parameter entgegen:

p: Der Produktname als Zeichenkette.

locked=0: Der Wert gibt an, ob das Produkt deinstalliert werden darf oder nicht. Normalerweise ist das erlaubt. Installiert aber ein Produkt weitere Produkte, von dem es abhängt, sollen diese Produkte natürlich nicht deinstalliert werden.

hidden=0: Dieser Parameter legt fest, ob ein Produkt in der Liste der installierten Produkte erscheint.

swallowExceptions=0: Wenn bei der Installation Fehler auftreten, so führt das normalerweise direkt zu einer Fehlermeldung und damit zum Abbruch der Installation. Bei der skriptgesteuerten Installation ist das aber nicht gewünscht. Hier kann der Wert auf 1 gesetzt werden, so dass die Fehler in das Installationsprotokoll geschrieben werden.

installProducts

```
installProducts(self, products=[], stoponerror=0, ↩
    REQUEST=None)
```

Wenn die Vorgabewerte der `install`-Funktion akzeptabel sind, dann können mehrere Produkte auf einmal installiert werden.

uninstallProducts

```
uninstallProducts(self, products, cascade=['types',' ↩
    skins','actions',
'portalobjects','workflows','slots','registrypredicates ↩
    '],REQUEST=None)
```

Produkte werden deinstalliert, indem neben einer Liste der Produkte auch die Objektkategorien angegeben werden, die deinstalliert werden sollen. Standardmäßig werden mit dem Produkt auch alle Unterobjekte deinstalliert.

17.2.4 Content Type Registry

Datei: *$INSTANCE → Products → CMFCore → ContentTypeRegistry.py*

Die Content Type Registry stellt eine Verbindung zwischen den Dateiformaten außerhalb von Plone mit den Inhaltstypen von Plone her. Der Hintergrund ist beispielsweise der FTP-Upload von Artikeln, die in Plone automatisch als Content angelegt werden sollen. Wird ein Bild hochgeladen, dann benötigt Plone die Information, dass das Bild in ein Bildobjekt geladen werden soll. Das scheint dem Menschen logisch, muss dem Computer aber gesagt werden. Schon schwieriger ist die Zuordnung einer Textdatei in eines der zahlreichen Textformate in Plone. Handelt es sich dabei um eine Nachricht, eine Seite oder gar um eine Datei...

Damit eine Zuordnung möglich ist, müssen die hochgeladenen Dateien an bestimmten Attributen erkannt werden. Plone bietet hier mehrere Möglichkeiten:

Die Dateiendung: Eine oder mehrere Dateiendungen können durch Leerzeichen getrennt angegeben werden.

Der MIME[1]Type: Es gibt zwei Möglichkeiten, den MIME Type als Entscheidungshilfe heranzuziehen. Die Option *major_minor* bietet zwei Textfelder, in die jeweils der Major- oder Minor-Part des MIME Types eingetragen werden kann. Zope spricht hier von Content Type aber damit es keine Verwechslungen mit den Content Types in Plone gibt, verwende ich hier den Begriff MIME Type. Angenommen, es sind drei Content-Typen verfügbar: Foto, Zeichnung und Bild, dann können drei Einträge vorgenommen werden: *Image/jpeg → Foto*, *Image/gif → Zeichnung* und *Image/ → Bild*. Hier fungiert die letzte Angabe als sogenannter Fallback. Alle Bilder, die nicht in eine der Kategorien Foto oder Zeichnung passen, werden in den Inhaltstyp *Bild* importiert.
Die andere Möglichkeit ist ein regulärer Ausdruck, der auf den MIME Type passt.

Der Dateiname: Hier wird ein regulärer Ausdruck eingetragen, der auf den Dateinamen passt. Das funktioniert gut mit einem Namens-Prefix.

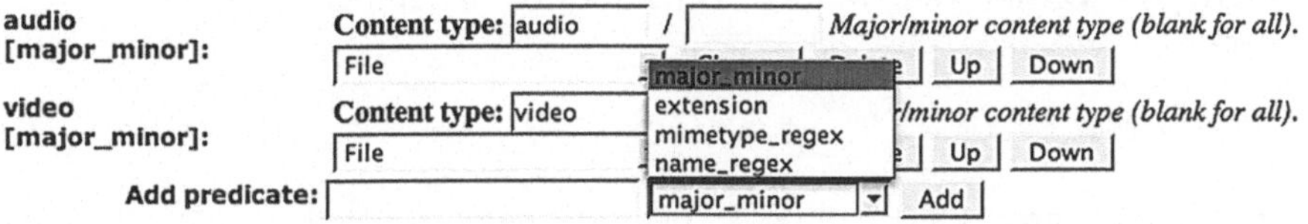

Abb. 17.2. Verknüpfungen zwischen realen Dateiformaten und Inhaltstypen in Plone

Als Administrator müssen Sie solche Verknüpfungen einrichten oder ändern, wenn zusätzliche Content-Typen installiert sind, die Inhalte über FTP empfangen sollen. Entscheidend ist dabei auch die Reihenfolge, in der die Einträge aufgeführt sind. Der erste passende wird verwendet. Das bedeutet, dass speziellere Einträge immer weiter oben stehen müssen, als die Fallback-Lösungen. Das ist auch der Grund, weshalb es schwierig ist, die Registrierung neuer Regeln skriptgesteuert zu erledigen. Man kann zwar neue Regeln hinzufügen, aber damit ist noch nicht gesagt, dass die Regel auch zur Anwendung kommt, so etwa, wenn eine weniger spezifische, aber genauso passende Regel weiter oben steht. Eine Lösung, die sicher funktioniert ist, die selbst angelegte Regel ganz nach oben zu verschieben. Das rettet Sie aber nicht vor Konflikten, dass Sie selbst ungewollt andere Regeln damit überlagern.

addPredicate

Die Erstellung einer neuen Regel erfolgt in zwei Schritten. Zuerst muss ein neues Regelobjekt angelegt werden. Anschließend kann die Regel selbst eingetragen werden:

[1] Multipurpose Internet Mail Extension

```
addPredicate(self, predicate_id, predicate_type)
```

predicate_id: Eine eindeutige Bezeichnung für die Regel.
predicate_type: Kann einen der folgenden Werte annehmen: *major_minor*, *extension*, *mimetype_regex*, *name_regex*.

updatePredicate

```
updatePredicate(self, predicate_id, predicate, ↩
    typeObjectName)
```

Mit dieser Funktion werden die Parameter für die neue Regel gesetzt oder auch für eine bestehende Regel verändert.
predicate_id: Der Bezeichner der Regel, die verändert werden soll.
predicate: Ein Record-Objekt mit den Parameterwerten. Diese ändern sich je nach Typ der Regel. Mit dem Objekt, das übergeben werden muss, beschäftigt sich der folgende Absatz.
typeObjectName: Der Content Type auf den der Inhalt abgebildet werden soll.

Record-Objekte

```
from ZPublisher.HTTPRequest import record

predicate = record()
predicate.id = 'predicate_id'
predicate.extensions = ['Endung 1', 'Endung 2', 'Endung n']
```

Das Beispiel zeigt die Erzeugung eines Record-Objects für eine Regel, die die Dateiendungen filtert. Zunächst wird das benötigte Modul importiert. Anschließend kann ein Objekt erzeugt werden. Die Werte, die übergeben werden müssen sind abhängig vom Regeltyp.

Tabelle 17.1. Regeltypen und Record-Parameter

Regeltyp	Parameter	Datentyp
extension	id	Zeichenkette
	extensions	Liste von Zeichenketten
major_minor	id	Zeichenkette
	major	Zeichenkette
	minor	Zeichenkette
mimetype_regex	id	Zeichenkette
	pattern	regulären Ausdruck als Zeichenkette
name_regex	id	Zeichenkette
	pattern	regulären Ausdruck als Zeichenkette

typeObjectName

Der Parameter `typeObjectName` nimmt die IDs der Inhaltstypen entgegen, nicht ihre Titel. Soll eine Datei auf eine Seite verweisen, dann ist der richtige Wert nicht *Page* sondern *Document*. Auskunft über die richtigen Werte gibt die nachfolgende Tabelle oder das Portal-Types-Tool im ZMI:

Tabelle 17.2. mögliche Werte für typeObjectName

Inhaltstyp	typeObjectName	Inhaltstyp	typeObjectName
Kommentar	Discussion Item	TempFolder	TempFolder
Plone Site	PloneSite	Bild	Image
Thema	Topic	Large Folder	Large Plone Folder
Seite	Document	Termin	Event
Ordner	Folder	Link	Link
Nachricht	News Item	Datei	File

17.2.5 Portal-Types-Tool

Datei: *$INSTANCE → Products → CMFCore → TypesTool.py*

Das Types-Tool stellt die Factory-based Type Information – kurz FTI – dar. Sie sind für den Administrator in der Regel nicht von Bedeutung. Sie spielen eine Rolle für Produktentwickler. Auf die Eigenschaften wird zugegriffen, wenn für einen Artikeltyp die Diskussion grundsätzlich aktiviert sein soll, für andere aber nicht. Außerdem lässt sich beschränken, welche Artikel einem Ordnertypen zugeordnet werden dürfen. Beachten Sie, dass das die Voreinstellung für alle Objekte des Typs ist. Soll nur ein einzelnes Verzeichnis verändert werden – was die Regel ist – dann muss die Änderung auf das Objekt angewendet werden, nicht über das Types-Tool auf den Content Type.

```
pt = getToolByName(self, 'portal_types')
if pt.getTypeInfo('Document').allowDiscussion():
    pt.getTypeInfo('Document').allow_discussion=0
```

17.3 Allgemeine Einstellungen

Die allgemeinen Einstellungen (*Website allgemein*) gelten für die gesamte Site. Sie werden nicht über ein Tool eingestellt. Statt dessen handelt es sich um Eigenschaften. Über das ZMI stehen diese unter der Registerkarte *Properties* des Portal-Objekts. Teilweise befinden sich die Einstellungen aber auch in einem Property Sheet, das unter *portal_properties/site_properties* zu finden ist.

```
from Products.CMFCore.utils import getToolByName
from Products.CMFPlone.migrations.migration_util import ↩
    safeEditProperty

portal=getToolByName(self, 'portal_url').getPortalObject()
cleanProperties=getToolByName(portal, 'clean')

siteProperties=getToolByName(portal, ↩
    'portal_properties').site_properties
```

17.3.1 Titel der Website

Der Titel wird in der Titelzeile des Browsers zusätzlich zum Seitentitel angezeigt. Ein kurzer aber prägnanter Name ist hier angebracht.

```
safeEditProperty(cleanProperties, 'title', 'Clean Plone ↩
    Site', 'string')
```

Welches Feld welchen Dateityp hat, lässt sich leicht über das ZMI herausfinden. Dort steht am Ende der Zeile einer jeden Eigenschaft der zugehörige Datentyp.

17.3.2 Beschreibung der Website

Der Hilfstext mahnt auch hier zur Kürze, aber ein bisschen mehr Text darf es schon sein.

```
safeEditProperty(cleanProperties, 'description', \
    'Ein Portal für dieses und jenes', 'string')
```

17.3.3 Absendername der Website

Automatisch generierte Mails, die das System verschickt, bekommen diesen Absender eingetragen. Wählen Sie eine Bezeichnung, die durchblicken lässt, dass es sich nicht um eine Person handelt, die schreibt.

```
safeEditProperty(cleanProperties, 'email_from_address', \
    'Post Office', 'string')
```

17.3.4 Absenderadresse der Website

Die sichtbare Absenderadresse ist auch die, an die der Empfänger in der Regel antworten wird. Trotz aller Beschwörungen im Text, man möge doch die Antwort an eine andere Adresse schicken. Deshalb ist es wichtig, dass es eine gültige Adresse ist, und dass die ankommende Post auch immer von jemandem gelesen wird. Funktionsadressen sind persönlichen Adressen hier vorzuziehen, damit die Nachrichten auch dann gelesen werden, wenn der zuständige Mitarbeiter im Urlaub ist.

```
safeEditProperty(cleanProperties, 'title', \
    'Postman@d-mo.de', 'string')
```

17.3.5 Voreingestellte Sprache

Hier wird die Basissprache der Website eingestellt.

```
safeEditProperty(siteProperties, 'default_language', \
    'de', 'string')
```

17.3.6 Passwortrichtlinie

Zwei Möglichkeiten stehen zur Auswahl, wie neue Mitglieder aufgenommen werden können. Wenn das Passwort per Mail verschickt wird, dann erfordert das natürlich einen funktionierenden Mailserver. Der sollte auf jeden Fall vorhanden sein, damit das System Mails verschicken kann. Ein nicht vorhandener Mailserver ist auch fast der einzige Grund, den ich mir vorstellen kann, weshalb der Benutzer sein erstes Passwort selbst wählen können sollte.

Bei offenen Websites ist immer eine Gefahr, dass es Spaßanmeldungen mit falschen E-Mail-Adressen gibt. Um sicher zu stellen, dass bei der Anmeldung eine gültige Adresse angegeben wird, sollte unbedingt das Passwort an die angegebene Adresse verschickt werden. Natürlich ist es denkbar, dass jemand absichtlich eine falsche, aber existierende E-Mail-Adresse angibt, um dem anderen ein bisschen unliebsame Post zu bescheren. Das könnte er aber auf die andere Art auch, indem er sich für einen Newsletter anmeldet oder weil Sie an Ihre Mitglieder regelmäßig Rundschreiben verschicken. Schicken Sie den neuen Mitgliedern ihr erstes Passwort per Mail und Ihre Mitgliederdatenbank wird deutlich weniger anfällig für Spaßregistrierungen.

Geschlossene Systeme profitieren auch von der Option. Sie können als Administrator neue Benutzer von Hand oder Skriptgesteuert erzeugen, und die neuen Mitglieder erhalten eine Mail mit ihren Zugangsdaten per Mail. So müssen Sie sich nicht selbst mit jedem neuen Benutzer in Verbindung setzen und die Daten durchgeben.

```
safeEditProperty(siteProperties, 'verify_login_name', \
    1, 'boolean')
```

17.3.7 Externen Editor erlauben

External Editor ist ein Zusatzprodukt, mit dem Artikel auf den heimischen Computer herunter geladen werden können, um sie dort mit den gewohnten Programmen zu bearbeiten. Gerade für Bilder ist das sehr sinnvoll, da Plone nur rudimentäre Werkzeuge zum Bearbeiten von Bildern bereit stellt. Die Aktivierung des externen Editors in der Plone-Konfiguration ist eine Voraussetzung dafür.

Das Besondere am Externen Editor ist, dass auch auf den Clients eine Software installiert werden muss, damit es funktioniert. Die komplette Installation ist im Abschnitt 17.12 beschrieben.

```
safeEditProperty(siteProperties, 'ext_editor', 1, '↩
    boolean')
```

17.3.8 Kurznamen der Artikel anzeigen

Der Kurzname ist die ID eines Artikels und Teil des URLs. Das bedeutet, dass eine Änderung des Kurznamens auch dazu führt, dass über einen neuen URL auf den Artikel zugegriffen werden muss. Bestehende Bookmarks und Links funktionieren nicht mehr und müssen angepasst werden. Auch wenn seit der Plone-Version 2.1 über Referenzen verlinkt werden kann, empfehle ich nicht, Kurznamen zu ändern.

```
safeEditProperty(siteProperties, 'visible_ids', 0, '↩
    boolean')
```

Innerhalb von Plone wird nur auf einen kleinen Teil der Einstellungen zugegriffen, die in Zope möglich sind. Einige Einstellungen wurden hier erklärt, andere werden an anderer Stelle noch folgen. Durchforsten Sie die beiden Eigenschaftensammlungen nach für Sie interessanten Einstellungen und probieren Sie aus, was sie tun. Die Namen der meisten Optionen sind selbsterklärend.

17.4 Language Settings – Spracheinstellungen

Die Spracheinstellungen sind nur verfügbar, wenn das PloneLanguageTool installiert ist. Bei der Installation von LinguaPlone wird es automatisch mitinstalliert. Wenn Sie die Zusatzprodukte installiert haben, die im Abschnitt über die Installation besprochen wurden, dann sollte das PloneLanguageTool bereits installiert sein.

17.4.1 PloneLanguageTool

Datei: *$INSTANCE → Products → PloneLanguageTool → LanguageTool.py*

Das PloneLanguageTool eröffnet dem Benutzer eine Schnittstelle, mit der er die Sprache einstellen kann, die angezeigt werden soll.

Nach der Installation ist nur Englisch aktiv. Deshalb erscheint auch die Plone-Oberfläche plötzlich in englischer Sprache. Unter *allowed languages* müssen die Sprachen ausgewählt werden, die für die Site relevant sind. Diese Einstellung beeinflusst auch die Optionen in LinguaPlone. Ein Artikel kann nicht in eine Sprache übersetzt werden, die hier nicht freigegeben ist. Nachdem das Formular gespeichert wurde, kann die *voreingestellte Sprache* im obersten Feld des Formulars eingestellt werden. Doch auch ohne diese Einstellung hat sich die Sprache der Oberfläche bereits wieder auf deutsch umgestellt. Das hängt mit dem *Verhandlungsschema* zusammen.

Der Fachbegriff für das Verhandlungsschema lautet „Language Negotiation". Hier kann eingestellt werden, welche Informationen herangezogen werden, um die richtige Sprache zu ermitteln.

Benutze Sprachcodes in der URL für manuelle Übersteuerung: Je nach Sprache des Inhalts, wird der URL variiert. Zum Beispiel indem der jeweilige Sprachcode angehängt wird.

Benutze Cookie für manuelle Übersteuerung: Das heißt, dass ein Cookie auf dem Rechner des Benutzers gespeichert wird, in dem die gewünschte Sprache vermerkt ist.

Benutze Aushandlung der Sprache durch den Browser: In den Browser-Einstellungen kann ein Benutzer mehrere Sprachen angeben, in denen er eine Seite angezeigt bekommen möchte. Die Reihenfolge ist dabei entscheidend.

Voreingestellte Ausweichsprache: Die Ausweichsprache ist die, die unter *voreingestellte Sprache* ausgewählt ist.

Die beste Lösung ist, alle Möglichkeiten auszuschöpfen. Es sei denn es sprechen gewichtige Gründe dagegen.

Die Spracheinstellungen entsprechen den Optionen, die das Tool *portal_languages* bereit stellt. In einem Skript wird es wie gehabt über die Funktion `getToolByName` gesucht. Die wichtigsten Funktionen des Tools für Administratoren:

```
setDefaultLanguage(self, langCode)
```

Die Funktion setzt die Standardsprache der Site in den *site_properties* und damit auch in den Eigenschaften des Plone-Site-Objekts.

```
addLanguage(self, langCode, langDescription)
```

Falls eine benötigte Sprache noch nicht in der Auswahl vorhanden ist, dann kann sie über diese Funktion hinzugefügt werden. Das sollte normalerweise nicht nötig sein.

```
addSupportedLanguage(self, langCode)
```

Diese Funktion fügt die angegebene Sprache zu den erlaubten Sprachen hinzu.

```
removeSupportedLanguage(self, langCode)
```

Die angegebene Sprache wird aus der Liste der erlaubten Sprachen entfernt.

17.4.2 PlacelessTranslationService

Beim PlacelessTranslationService handelt es sich um einen Mechanismus, mit dem eine Software in verschiedene Sprachen übersetzt werden kann. Produktentwickler können Übersetzungen für die Labels ihrer Templates in einem speziellen Verzeichnis ausliefern. Für jede Sprache existiert dann eine Datei mit den Übersetzungen. Der PTS sorgt für die Auslieferung der passenden Übersetzung. Wie solche Übersetzungen angefertigt werden, erklärt der Abschnitt 11.3.

PlacelessTranslationService gehört zum Lieferumfang von Plone, da auch die Plone-Oberfläche mit Hilfe dieser Technologie übersetzt wird. Deshalb ist keine manuelle Installation notwendig.

17.4.3 LinguaPlone

Als letztes der Produkte zur Sprachenverwaltung ist LinguaPlone für die Übersetzung der Inhalte verantwortlich. Das Produkt arbeitet vollständig transparent, so dass außer der Installation keine weiteren Anpassungen vorgenommen werden müssen.

Wie man mit LinguaPlone Inhalte übersetzt, beschreibt der Abschnitt 5.3 auf Seite 62.

17.5 E-Mail-Einstellungen

Damit Plone E-Mails verschicken kann, muss eine Verbindung zu einem Mail-Server aufgebaut werden können.

SMTP-Server: Der Name oder die Adresse des Mail-Servers.

SMTP-Server-Port: Die Portnummer auf der der Mail-Server auf Anfragen hört. Der Standardwert für SMTP ist bereits voreingestellt.

ESMTP-Benutzername: Erfordert der SMTP-Server eine Authentifizierung, dann wird der Benutzername in dieses Feld eingetragen.

ESMTP-Passwort: Das passende Passwort zum angegebenen Benutzernamen.

Die E-Mail-Unterstützung wird durch das Product *SecureMailHost* bereit gestellt, das gegenüber dem früheren Mailhost die ESMTP-Authentifizierung unterstützt. Außerdem gibt es eine Methode `secureSend`, die separate Felder für die Empfänger hat und sie nicht mehr aus dem Text der Nachricht generiert.

Skriptgesteuert lassen sich die Einstellungen über die folgende Funktion ändern:

```
mh=getToolByName(self, 'MailHost')
mh.manage_makeChanges(title, smtp_host, \
    smtp_port, smtp_userid, smtp_pass, REQUEST=None)
```

Den Mailhost sollten Sie möglichst früh konfigurieren, weil andere Funktionen eventuell darauf zugreifen, wenn Sie zum Beispiel Benutzer automatisch anlegen und das Passwort per Mail verschickt werden soll.

17.6 Navigation

Das Navigationsportlet wurde in der Plone-Version 2.1 durch eine neue Im- 2.1
plementierung ersetzt. Neu ist, dass alle Artikel angezeigt werden, die der angemeldete Benutzer sehen darf. Einschränkungen, was in der Navigation nicht gezeigt werden soll, lassen sich im Formular der Plone-Konfiguration definieren.

Erzeuge globale Reiter automatisch: Normalerweise wird ein Reiter in den Portal Tabs erzeugt, sobald ein Ordner im Stammverzeichnis von Plone angelegt wird. Mit dieser Checkbox lässt sich das Verhalten ändern.

Erscheinende Artikeltypen: Nicht alle Artikeltypen eignen sich dazu, in der Navigation angezeigt zu werden. Die Kriterien der Smart Folder sind standardmäßig deaktiviert, weil sie ja nur dazu da sind, die Suchergebnisse eines Themas einzugrenzen. Aber auch Typen, von denen sehr viele innerhalb eines Verzeichnisses zu erwarten sind, könnten die Navigation leicht unübersichtlich machen. Eine andere Möglichkeit wäre, Nachrichten aus der Navigation auszublenden, weil ja spezielle Navigationshilfen, wie das Nachrichten-Portlet und das Nachrichten-Thema existieren.

Filtere nach Veröffentlichungsstatus: Wenn diese Checkbox angekreuzt wird, dann werden nur die Artikel angezeigt, deren Status angekreuzt ist. Diese Einschränkung gilt dann für alle Benutzer, auch Manager.

Die Einstellungen in der Plone-Konfiguration sind aber nicht die einzige Möglichkeit, die Navigation zu beeinflussen. Im ZMI gibt es unter *portal_properties → navtree_properties* noch verschiedene Einstellungen, von denen die relevanten hier kurz beschrieben sind:

sortAttribute: Der Parameter gibt an, wie die Navigation sortiert sein soll. Standardmäßig wird die Position im übergeordneten Verzeichnis verwendet. Das ist auch in den meisten Fällen die beste Lösung, weil so die Reihenfolge der Einträge beliebig verändert werden kann.

sortOrder: In der Standardeinstellung *asc* wird aufsteigend sortiert. Umkehren lässt sich das Ergebnis mit dem Wert *descending.*

sitemapDepth: Eine ganze Zahl, die angibt, wie viele Ebenen die Website-Übersicht anzeigen soll. Der Standardwert ist 3. Der Wert -1 führt zur Anzeige aller Ebenen.

includeTop: Wenn dieses Feld angewählt ist, dann wird in der Navigation ein Link zur Startseite angezeigt.

idsNotToList: Pro Zeile kann eine ID eingetragen werden, die in der Navigation nicht angezeigt werden soll. Damit lassen sich Dateien wie die *robots.txt* aus der Navigation ausblenden. Sollen in jedem Verzeichnis der Site, oder zumindest in mehreren, zusätzliche Dateien abgelegt werden, die in der Navigation nicht zu sehen sein sollen, dann kann diesen Dateien jeweils dieselbe ID gegeben werden. Dafür ist der globale Ausschluss der ID eine geeignete Lösung. Für einzelne Plone-Elemente empfehle ich jedoch den Schalter *Von Navigation ausschließen* in der Content-Ansicht *eigenschaften.*

parentMetaTypesNotToQuery: Mit diesem Parameter kann die Anzeige der Ordnerinhalte der angegebenen Typen unterdrückt werden. In der Standardeinstellung ist zum Beispiel der *Large Plone Folder* in dieser Liste. Das ist der Grund, weshalb man die Bentzerverzeichnisse nicht sieht, wenn man in das Member-Verzeichnis wechselt. Sinnvoll ist der Ausschluss vor allem bei Typen, bei denen eine große Menge an Inhalt zu erwarten ist, da diese sonst die Navigation „überschwemmen" würden. Der *Large Plone Folder* ist dafür optimiert, eine große Menge an Elementen zu enthalten, deshalb ist der Ausschluss auch sinnvoll. Wenn Sie allerdings keinen offenen Benutzerkreis haben, sondern eine überschaubare Anzahl an Mitgliedern, dann kann der Zugriff auf einzelne Benutzerverzeichnisse erleichtert werden, wenn die Einschränkung wegfällt.

metaTypesNotToList: Das ist das ZMI-Äquivalent zur Option *Erscheinende Artikeltypen* in der Plone-Konfiguration.

enable_wf_state_filtering: Die Eigenschaft repräsentiert den Schalter *Filtere nach Veröffentlichungsstatus* der Plone-Konfiguration.

wf_states_to_show: Die Liste, welcher Status angezeigt werden soll. Diese Einstellung sollte besser über die Plone-Konfiguration erfolgen.

```
navtreeProperties=getToolByName(portal, 'portal_properties').navtree_properties'

safeEditProperty(navtreeProperties, 'enable_wf_state_filtering', 0, 'boolean')
```

17.7 Suchfunktionen – Der Katalog

Der Katalog indiziert alle Objekte und alle Inhalte. Damit stehen auf jeder Plone Site mächtige Suchmöglichkeiten zur Verfügung. Die Einstellungen der Plone-Konfiguration wirken da sehr spartanisch. Die folgenden Abschnitte riskieren aber auch einen Blick hinter die Plone-Fassade.

17.7.1 Sucheinstellungen in Plone

2.1 Ein neues Feature von Plone 2.1 ist die Live-Suche. JavaScript-fähige Browser zeigen schon während der Eingabe die Treffer an. Diese Funktion kann über den Schalter *LiveSearch erlauben* aktiviert und deaktiviert werden.

In der Plone-Konfiguration zeigt der untere Bereich der Seite eine Liste der in Plone registrierten Inhaltstypen. Nicht alle werden in den Suchergebnissen angezeigt. Vor allem die Suchkriterien der intelligenten Ordner haben meist keinen inhaltlichen Bezug zur Seite, sondern beschreiben lediglich Suchabfragen. Deshalb ist es richtig, sie von der Suche auszuschließen. Neue Content-Typen werden standardmäßig für die Suche freigegeben, sofern es nicht ausdrücklich ausgeschlossen wurde.

Beide Konfigurationsparameter befinden sich unter *portal_properties* → *site_properties*.

```
siteProperties=getToolByName(portal, ↩
    'portal_properties').site_properties

safeEditProperty(siteProperties, 'enable_livesearch', 1, ↩
     'boolean')
safeEditProperty(siteProperties, 'types_not_searched', ↩
    [ATBooleanCriterion, ATDateCriteria, ↩
    ATSortCriterion], 'lines')
```

Achten Sie darauf, dass in der Plone-Konfiguration die Typen angekreuzt werden müssen, nach denen gesucht werden kann, während der Parameter der Site Properties eine Liste der Typen erwartet, die von der Suche ausgeschlossen sind.

17.7.2 Das Portal-Catalog-Tool

Das Tool, mit dem die Suchfunktionen und der Katalog gesteuert werden, heißt *portal_catalog*.

```
from Products.CMFCore.utils import getToolByName
from Products.ZCatalog.ProgressHandler import ↩
    StdoutHandler

pc = getToolByName(self, 'portal_catalog')
```

Der Katalog arbeitet ständig im Hintergrund und indiziert alle Objekte, die neu angelegt oder verändert werden, sofern der Inhaltstyp vom Entwickler für die Zusammenarbeit mit dem Katalog vorbereitet wurde. Diese Form der Indizierung läuft automatisch ab, so dass der Administrator dort normalerweise nicht eingreifen muss. Es gibt aber auch die Möglichkeit, den Katalog explizit neu aufzubauen.

Catalog Maintenance

Die Funktionen, mit denen der Katalog insgesamt bearbeitet werden kann, befinden sich auf der Registerkarte *advanced*:

Update Catalog: Alle Objekte werden aus dem Katalog entfernt. Anschließend wird die gesamte Site neu indiziert. Dieser Vorgang benötigt sehr viel Speicher, so dass der Befehl nicht allzu oft oder gar ohne Grund verwendet werden sollte.

Clear Catalog: Damit werden alle Objekte aus dem Katalog entfernt. Das ist nur sinnvoll, wenn der Satz an Objekten, der in dem Katalog erfasst werden soll verkleinert wird. Nur dann wird der Katalog vollständig geleert. Anschließend wird über den Reiter *find* festgelegt, welche Objekte indiziert werden sollen.

Progress Log: Während des Updates können in regelmäßigen Abständen Statusmeldungen angefordert werden. Die Zahl gibt an, nach wie vielen abgearbeiteten Objekten jeweils eine Meldung erfolgen soll. Ein Wert von 0 deaktiviert diese Funktion. Sie sollte, wenn überhaupt mit Werten eingesetzt werden, die im Verhältnis zur Gesamtzahl der Objekte der Site nicht zu klein gewählt ist. Ansonsten sinkt die Leistung der Site, die durch die Katalogoperation ohnehin stark ausgelastet ist, weiter ab. Außerdem wachsen die Protokolldateien schneller als nötig an.

Subtransactions

Eine Transaktion ist nur dann erfolgreich, wenn alle Einzelschritte erfolgreich sind. Das bedeutet, dass während einer Transaktion der Stand in der Datenbank nicht verändert wird. Der Aufwand, die Transaktionsdaten zu verwalten, wirkt sich auf den Speicherverbrauch aus. Damit dieser nicht zu weit ansteigt, gibt es die Möglichkeit, Teile der Transaktion schon vorher zu bestätigen und in die Datenbank zu schreiben. Das verringert den Speicherverbrauch, macht die Aktualisierung des Katalogs aber auch langsamer. Insbesondere bei großen Sites sollte der Wert gesetzt sein.

Indizes

Für jedes Datenfeld, das durchsuchbar sein soll, wird ein Index angelegt. Dieser Index hat einen bestimmten Typ. Die Typen werden im Einzelnen im Abschnitt 13.3.2 auf Seite 225 erläutert. Wird ein neuer Index erzeugt, dann werden die bestehenden Objekte nicht automatisch indiziert. Deshalb darf man den entsprechenden Funktionsaufruf zum Aufbau des Indexes nicht vergessen:

```
pc.addIndex(name, type, extra=None)
pc.reindexIndex(name, REQUEST, pghandler=None)
```

Der Indexname ist eine Zeichenkette, die so heißt, wie die Eigenschaft, die in diesem Index gespeichert werden soll. Der Parameter `extra` ist ein *record*-Objekt, das je nach Indextyp weitere Informationen enthalten kann.

Der `REQUEST`-Parameter wird für die Anwendung im Skript auf `None` gesetzt. Bei dieser Funktion ist er nicht mit einem Vorgabewert belegt und muss deshalb angegeben werden. Der `pghandler` ist ein Objekt vom Typ Progresshandler. ZCatalog definiert einige dieser Handler, zum Beispiel den `StdoutHandler`. Er schreibt nach jeweils einer festgelegten Anzahl an bearbeiteten Einträgen eine Meldung auf die Standardausgabe. Der Standardwert für die Anzahl der Einträge liegt bei 100. Der ZLogHandler ist vom Stdout-Handler abgeleitet und schreibt die Einträge an Stelle der Standardausgabe in das Logfile.

Metadaten

Der Katalog speichert Datenfelder eines Objekts, auf die nach einer Suche zugegriffen werden kann. Die Metadaten müssen selbst nicht in einem Index gespeichert sein. Die Unterscheidung zwischen durchsuchbaren Feldern und abrufbaren Metadaten ist wichtig. Alles, wonach gesucht werden soll, muss in einem Index gespeichert sein. Alle Informationen, über ein Objekt, die an den Ergebnissen interessant sind, müssen als Metadatenfelder definiert sein. Der Hintergrund ist, dass die Ergebnisliste des Katalogs nicht die gefundenen Objekte selbst enthält, sondern eine Sammlung der vom Objekt gespeicherten Informationen. So lange nur die gespeicherten Metafelder auf der Seite dargestellt werden, muss das Objekt nicht in den Speicher geladen werden. Und das bringt einen sehr großen Geschwindigkeitsvorteil, vor allem bei langen Ergebnislisten. Es kann sich also durchaus lohnen, die Suchabfragen daraufhin zu untersuchen, ob das Objekt geladen werden muss und ob es sich durch zusätzliche Metadatenfelder vermeiden ließe. Damit die Werte des neuen Feldes gespeichert werden können, muss der Katalog neu aufgebaut werden.

```
pc.addColumn(name)
pc.refreshCatalog(clear=0, pghandler=None)
```

Der Parameter `clear` bestimmmt, ob der Katalog gelöscht wird, bevor er neu aufgebaut wird. Der Progresshandler hat die gleiche Funktion wie bei den Indizes.

17.8 Themen

Unter *indices für intelligente Ordner* befindet sich ein Formular, in dem eingestellt werden kann, auf welche Indizes mit einem Kriterium zugegriffen werden kann, und welche Kriterien dafür in Frage kommen. Normalerweise werden nur die aktuellen Indizes gelistet. Sollen neue hinzugefügt werden, dann erreicht man die komplette Liste über den Link *Alle Felder.*

Die verfügbaren Metadaten in den Ergebnislisten intelligenter Ordner werden auf der Registerkarte *metadaten für intelligente Ordner* eingestellt. Auch hier werden standardmäßig nur die aktiven Datenfelder dargestellt. Die anderen erreicht man über den Link *Alle Felder.*

17.9 Aussehen

Das Aussehen einer Plone Site ist abhängig vom installierten und ausgewählten Skin. Es können beliebig viele Skins installiert sein, die entsprechend den Einstellungen für den einen oder anderen Benutzer sichtbar sein können.

17.9.1 Design-Einstellungen in Plone

Einstellungen zum Erscheinungsbild einer Plone Site werden in der Plone-Konfiguration unter dem Punkt *Aussehen* verwaltet. Die Einstellungsmöglichkeiten sind überschaubar:

Voreingestelltes Aussehen: Plone kommt mit zwei Designs, genannt Skins. Normalerweise wird aber der Designer einen eigenen Skin entwickeln und ihn dem Administrator zur Installation übergeben. Skins werden zur Installation einfach in das Produkte-Verzeichnis der Plone Site gelegt. Genaueres zur Installation von Skins steht im Abschnitt 16.4.9. Wenn ein Skin richtig installiert wurde, dann erscheint er in der Auswahlliste zusätzlich zu den beiden Plone-Designs.

Erlaube Benutzern, das Aussehen einzustellen: Hinter diesem Parameter verbirgt sich die Möglichkeit, das Aussehen zu personalisieren. Im Normalfall kann man aber davon ausgehen, dass eine Unternehmenswebsite nur ein Design nach außen bereit stellt, dass im CD des Unternehmens gehalten ist. Mehrere Layouts zur Auswahl kommen eher für Community-Seiten in Frage. Wird die Umstellung durch den Benutzer zugelassen, dann finden angemeldete Benutzer diese Einstellung unter *meine Einstellungen → Benutzereinstellungen → Aussehen.*

Wirkungsdauer des Cookies für das Aussehen: Die Information, welches Design der Benutzer ausgewählt hat, wird in ein Cookie geschrieben, das auf dem Rechner des Benutzers gespeichert wird. Dieses Cookie kann auf die Dauer der Session beschränkt sein, oder dauerhaft gespeichert bleiben. Bei der Standardeinstellung muss der Besucher jedes Mal sein bevorzugtes Aussehen einstellen, bleibt das Cookie auch nach der Sitzung des Benutzers bestehen, dann wirkt es auch für andere Benutzer des selben Rechners. Hier muss von Fall zu Fall enschieden werden, welcher Effekt gewünscht ist.

17.9.2 Das Portal-Skins-Tool

Datei: *$INSTANCE → Products → CMFCore → SkinsTool.py*

Über das ZMI findet man das Tool *portal_skins* wie üblich im Wurzelverzeichnis der Plone Site.

Contents

Die Registerkarte *Contents* zeigt die installierten Subskins. Subskins können Teile des globalen Designs sein, wie das Verzeichnis *plone_images* zum Beispiel, es kann sich aber auch um das Layout eines Drittanbieterproduktes handeln. Der Ordner *kupu* ist hierfür ein Beispiel. Die Icons der meisten Ordner zeigen ein Schloss in der Mitte. Hierbei handelt es sich um *File System Directory View* – kurz FSDV. Das bedeutet, dass es sich um die Ansicht eines Verzeichnisses im Dateisystem handelt, das über die Weboberfläche nicht verändert werden kann. Im Lieferzustand gibt es lediglich einen Ordner *custom*, in dem über die Weboberfläche veränderte Templates gespeichert werden können. Mehr zu Templates und Skins im Kapitel 9 auf Seite 133.

Properties

Die Registerkarte *Properties* beherbergt die Skin-Verwaltung. Hier entscheidet sich, ob und wann die Subskins tatsächlich im Layout Anwendung finden.

Im Formular am unteren Ende der Seite erkennt man die Parameter, die über die Plone-Konfiguration eingestellt werden können. Dazu kommt die REQUEST-Variable, deren Namen man normalerweise nicht ändern muss.

Darüber liegt die Organisation der Skins. Ein Skin wird als Eigenschaft angelegt, dessen Wert eine Liste von Subskins ist. Diese Subskins innerhalb eines Skins heißen Layer. Jeder Subskin kann in beliebigen Skins als Layer verwendet werden. Die Reihenfolge der Layer bestimmt ihre Priorität. Eine hohe Priorität überschreibt die Werte eines darunter liegenden Layers. So ist es möglich, im eigenen Skin einzelne Templates des Original-Layouts zu verändern und andere unverändert weiter zu verwenden.

```
ps = getToolByName(self, 'portal_skins')
path = ps.getSkinPath('Plone Default')
ps.addSkinSelection(skinname='test', skinpath=path, test ↩
    =0, make_default=1)
```

Der Skinname kann frei gewählt werden, darf aber keine Umlaute und Leerzeichen enthalten. Als `skinpath` muss eine durch Kommata getrennte Liste der gewünschten Layer angegeben werden. Der Parameter `test` sorgt dafür, dass überprüft wird, ob ein Subskin mit dem angegebenen Namen existiert. Ansonsten bricht die Installation ab. Für eine skriptgesteuerte Installation ist es sinnvoller, den Test selbst vorzunehmen und fehlende Layer auszulassen und zu protokollieren. Mit `make_default` schließlich lässt sich das voreingestellte Aussehen auf den neu installierten Skin umschalten. Normalerweise ist der Wert 0, aber in der Regel wird der neu installierte Skin auch die Standardansicht sein.

Nachdem auf die bekannte Weise der Zugriff auf das Tool ermöglicht wurde, lässt sich ein neuer Skin anlegen, indem die Layer des bisherigen Standard-Skins in einen neuen Skin kopiert werden. Genausogut kann man natürlich die

Liste der gewünschten Layer als Komma-separierte Liste angeben. Am wahrscheinlichsten ist wohl eine Mischung aus beidem. Schließlich möchte man in der Regel nicht alle Templates überschreiben, auf der anderen Seite aber auch nicht einfach nur einen bestehenden Skin kopieren.

```
directories = ('STdmoalbum', 'STImages',
    'STScripts', 'STStyles', 'STTemplates')

def setupSommertheaterSkin(self, portal):
    skinstool = getToolByName(portal, 'portal_skins')

    subskins=skinstool.getSkinPath('Plone Default'). ↩
        split(',')
    path=[subskin.strip() for subskin in subskins]

    for directory in directories:
        if directory not in path:
            try:
                path.insert(path.index('custom')+1, ↩
                    directory)
            except ValueError:
                path.append(directory)

    path=','.join(path)
    skinstool.addSkinSelection('Sommertheater', path)

    DirectoryView.addDirectoryViews(skinstool, '../skins ↩
        ', globals())
```

Hier werden alle neuen Verzeichnisse in die Layerliste von Plones Default-Layout eingefügt. Dabei werden sie oben eingefügt, damit ihre Änderungen auch eine hohe Priorität haben. Lediglich das *custom*-Verzeichnis ist darüber angeordnet, so dass über die Weboberfläche schnelle Änderungen möglich sind.

17.10 Benutzer und Gruppenverwaltung

Benutzer sind die Akteure in Plone. Ganz gleich ob es ein Besucher ist, der die Seiten ansieht, oder ein Administrator, der sie verwaltet. Benutzer können in Gruppen zusammengefasst werden, was die Organisation erleichtert.

Viele Aktionen in Plone, beginnend mit dem Betrachten einer Seite, über das Schreiben von Kommentaren oder gar eigenen Artikeln bis hin zur Freigabe von Inhalten oder der Veränderung der Plone-Konfiguration, sind über ein fein abgestuftes Rechtesystem gesichert. Soll ein Benutzer eine Aktion ausführen können, dann muss ihm das notwendige Recht dazu eingeräumt werden.

In der Praxis werden die Rechte aber nicht einzeln an jeden Benutzer vergeben. Statt dessen werden aus den Anwendungsfällen sogenannte Rollen abgeleitet, denen ein für diese Aufgabe maßgeschneidertes Bündel an Rechten zugeteilt wird. In Plone eingebaute Rollen sind zum Beispiel der *Reviewer* und der *Manager*.

Oft sind die Benutzer aber nicht für die gesamte Website zuständig, sondern nur für bestimmte Bereiche. Deshalb lässt sich die Berechtigung mit sogenannten „lokalen Rollen“ auf eine Teilstruktur der Website beschränken.

Der letzte große Bereich der Benutzerverwaltung ist die Steuerung der Zugriffsrechte auf Inhalte im Laufe ihrer Lebensdauer. Dazu werden Arbeitsabläufe modelliert, die die tatsächlichen Abläufe im Unternehmen abbilden und jedem Benutzer zum richtigen Zeitpunkt den Zugriff erlauben oder verweigern.

Alle Elemente der Benutzer- und Rechteverwaltung werden in enger Abstimmung mit dem Content Manager entworfen und implementiert. Der Content Manager ist zuständig für die Struktur der Seite und damit auch für die Rechte einzelner Benutzer in den verschiedenen Bereichen einer Site. Wie ein Benutzerkonzept entworfen werden kann, ist im Abschnitt 4.6 auf Seite 36 beschrieben. Dieses Konzept wird im Laufe dieses Kapitels implementiert.

17.10.1 Überblick

Abbildung 17.3 zeigt das Zusammenspiel der unterschiedlichen Bestandteile der Autorisierungsmaschinerie in Plone.

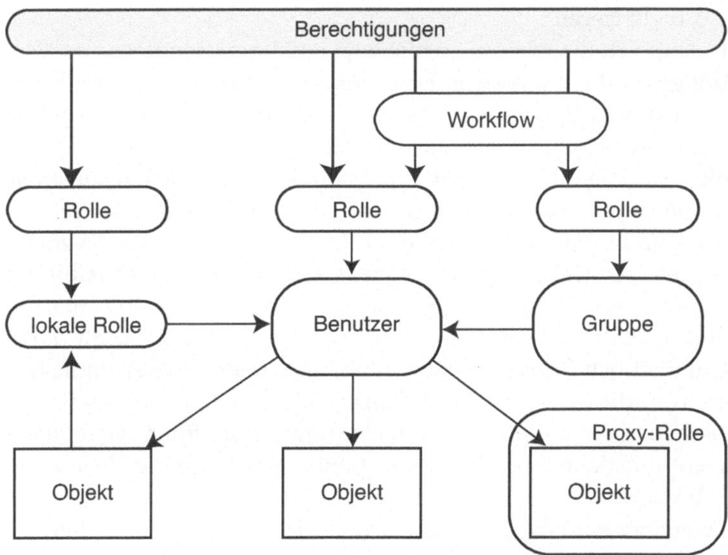

Abb. 17.3. Autorisierung in Plone

Benutzer möchten mit Objekten interagieren. Die Objekte wiederum beschränken ihre Verwendung, indem sie für verschiedene Aktionen unterschiedliche Berechtigungen verlangen. Rollen sind Sammlungen von Berechtigungen, die entweder ganz, teilweise oder gar nicht von Workflows moduliert werden. Gruppen verbinden Benutzer mit Rollen. Rollen können aber auch Benutzern direkt zugewiesen werden. Die Verknüpfung von Rollen mit einem Benutzer kann abhängig vom Objekt sein. Ein Objekt kann auch von einer Proxy-Rolle umgeben sein, die alle Zugriffe ohne Rücksicht auf den tatsächlichen Benutzer mit einem bestimmten Satz von Berechtigungen durchführt. Die folgenden Abschnitte erklären die Bestandteile des Systems im Einzelnen.

17.10.2 Rollen

Rollen verknüpfen Berechtigungen mit Benutzern oder Benutzergruppen. Dabei definiert eine Rolle den Satz an Berechtigungen, der für eine bestimmte Aufgabe notwendig ist. Ein Manager bekommt alle Rechte, die er braucht, um die Plone Site zu verwalten. Redakteure haben nur das Recht, Inhalte freizugeben und zu sperren. Neben den definierten Rollen können weitere Rollen angelegt werden. Einem einzelnen Benutzer oder einer Gruppe können beliebig viele Rollen zugewiesen werden. Die in Plone definierten Rollen werden im Folgenden erklärt.

anonymous: Das ist die Rolle, die alle anonymen Besucher zugewiesen bekommen. Da die Rechtevergabe über Rollen funktioniert, muss eine Rolle für anonyme Besucher existieren. Denn auch sie benötigen Rechte: das Recht, Seiten anzusehen, das Kontaktformular auszufüllen oder auch das Recht, sich zu registrieren.

authenticated: Diese Rolle bekommen alle angemeldeten Benutzer zugewiesen, unabhängig von ihrer sonstigen Funktion. Alle Rechte, die für alle angemeldeten – also dem System im Moment bekannten – Benutzer gelten sollen, können dieser Rolle zugewiesen werden.

owner: Die Rolle des Eigentümers hat eine sehr spezielle Bedeutung. Die Rechte des Eigentümers bestimmen mit, ob die Inhalte von anderen Benutzern angesehen, beziehungsweise ausgeführt werden dürfen, oder nicht. Angenommen, ein Angreifer legt ein Python-Skript an, das schädlichen Code enthält, das zum Beispiel Artikel löscht. Wenn er selbst keine Berechtigung hat, Inhalte zu löschen, dann könnte er dieses Skript nicht ausführen. Um dennoch Schaden anzurichten, könnte er einen Administrator dazu verleiten, dieses Skript auszuführen. Manager haben das Recht, Inhalte zu löschen. Damit dieser Trick nicht zum Erfolg führt, werden die Berechtigungen, mit denen das Skript ausgeführt wird, auf die Rechte des Eigentümers beschränkt.

manager: Die Manager sind die Administratoren des Systems. Sie haben die meisten Rechte. Ein Manager kann auch auf das ZMI zugreifen. Sind sie nur innerhalb der Plone Site gültig, dann können sie allerdings den Zope

Server nicht steuern. Das können nur Manager, die auf der obersten Ebene des Zope Servers selbst eingerichtet wurden.

member: Die bisherigen Rollen sind notwendig für das Rechtekonzept von Zope und sind deshalb dort eingebaut. Jetzt kommen die eigentlichen Funktionen in Plone zum Zug. Sie sind auch nicht auf der Zope-Ebene verfügbar. Ein Mitglied ist ein angemeldeter Benutzer, der in Plone das Recht hat, in seinem Benutzerverzeichnis Artikel anzulegen und zur Veröffentlichung einzureichen. Er hat eigene Einstellungen, mit denen er die Site an seine persönlichen Bedürfnisse anpassen kann.

reviewer: Die Hauptaufgabe des Redakteurs liegt in der Freigabe und der Organisation der Inhalte.

Der Name einer Rolle sollte sorgfältig ausgewählt werden und die Aufgabe, die mit dem Satz an Berechtigungen ausgeführt werden soll, möglichst präzise beschreiben. Das bedeutet aber auch, dass nicht mehr Berechtigungen in einer Rolle erteilt werden sollen, als für die eine Aufgabe auch wirklich notwendig sind. Stark unterschiedliche Aufgaben, wie das Schreiben von Artikeln und das Anlegen von Benutzern, sollten auf unterschiedliche Rollen verteilt werden.

17.10.3 Lokale Rollen

Lokale Rollen werden immer dann benötigt, wenn ein Benutzer bestimmte Rechte nur in einem Teil der Plone Site bekommen soll. Dann wird ihm diese Rolle nicht global zugewiesen, sondern erst in dem Objekt, ab dem die Berechtigungen gelten sollen. Sie gelten dann für das Objekt und alle darin enthaltenen Objekte und Unterobjekte.

Lokale Rollen werden häufig benötigt, aber sie erschweren den Überblick über die Berechtigungen einzelner Mitglieder.

17.10.4 Proxy-Rollen

Im Gegensatz zu lokalen Rollen werden Proxy-Rollen nicht mit einzelnen Benutzern verknüpft. Jeder Benutzer führt die Aktionen auf diesem Objekt mit der angegebenen Proxy-Rolle aus. Verwendet wird das für Skripte, die weitreichende Berechtigungen benötigen. Um nicht jedem Benutzer diese Rechte einräumen zu müssen, wird das Objekt dann mit einer Proxy-Rolle versehen.

Eingerichtet werden Proxy-Rollen über innerhalb der Metadata-Datei des Skripts.

```
[default]
proxy=Manager
```

17.10.5 Berechtigungen

Berechtigungen beschränken den Zugriff auf ein Objekt. Die Berechtigungen, die für die einzelnen Aktionen notwendig sind, definiert der Programmierer in seinen Produkten oder Skripten. Wer diese Berechtigung erhalten soll, entscheidet der Administrator.

Die Berechtigungen werden nicht direkt einem Benutzer zugeordnet, sondern einer Rolle. Die Sicherheitsrichtlinie in Zope, die sich unter dem Reiter *Security* verbirgt, ist deshalb eine Matrix, die die Berechtigungen mit den Rollen verknüpft:

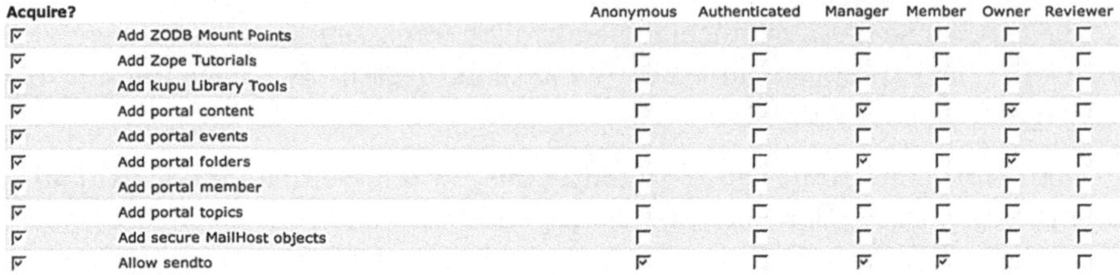

Acquire?		Anonymous	Authenticated	Manager	Member	Owner	Reviewer
☑	Add ZODB Mount Points	☐	☐	☐	☐	☐	☐
☑	Add Zope Tutorials	☐	☐	☐	☐	☐	☐
☑	Add kupu Library Tools	☐	☐	☐	☐	☐	☐
☑	Add portal content	☐	☐	☑	☐	☑	☐
☑	Add portal events	☐	☐	☐	☐	☐	☐
☑	Add portal folders	☐	☐	☑	☐	☑	☐
☑	Add portal member	☐	☐	☐	☐	☐	☐
☑	Add portal topics	☐	☐	☐	☐	☐	☐
☑	Add secure MailHost objects	☐	☐	☐	☐	☐	☐
☑	Allow sendto	☑	☐	☑	☑	☐	☐

Abb. 17.4. Rollen erhalten ihre Rechte über Zopes Security-Einstellungen

Jedes Objekt erbt normalerweise die Sicherheitseinstellungen des übergeordneten Objekts. Das bedeutet, dass alle Einstellungen, die im Wurzelobjekt der Plone Site vorgenommen werden, zunächst für alle Objekte der Site gelten. Jedes Objekt kann aber gleichzeitig diese Sicherheitseinstellungen überschreiben. Je mehr dieser Änderungen vorgenommen werden, desto schwieriger ist die Lage noch zu überblicken und desto größer ist die Wahrscheinlichkeit, dass das Sicherheitskonzept Fehler aufweist. Ich empfehle, die Zuordnung der Berechtigungen zu den Rollen im Site-Objekt vorzunehmen und wirklich nur dort zu ändern, wo die anderen in diesem Kapitel beschriebenen Möglichkeiten nicht ausreichen.

Beim Zugriff auf Inhalte werden die Berechtigungen zusätzlich über den Workflow gesteuert. Workflows verändern Berechtigungen in Abhängigkeit vom Dokumentstatus. Mit Workflows beschäftigt sich das Kapitel 17.11.

17.10.6 Benutzer

Den Benutzer als Akteur zu begreifen ist wichtig, um zu verstehen, wie Plone die Rechte verwaltet. Die Benutzerkonfiguration versteht unter einem Benutzer allerdings eine dem System bekannte Entität. Also einen, der sich gegenüber dem System mit einem Benutzernamen und einem Passwort ausweisen kann. Diese bekannten Benutzer müssen im System als Objekte angelegt werden, bevor ihnen Rechte zugeteilt werden können.

Anonyme Benutzer

Für anonyme Benutzer gibt es ein eingebautes Benutzerkonto. Anonyme Besucher haben keine eigenen Einstellungen und kein Benutzerverzeichnis. Denn eine Änderung einer Einstellung würde sich auf alle anonymen Besucher der Site auswirken.

Im Lieferzustand kann jeder Mitglied einer Plone Site werden. Dazu muss der Besucher den Link *benutzer erstellen* in den Personal Tools anklicken, das folgende Formular ausfüllen und abschicken. Die Passwortrichtlinie in den allgemeinen Website-Einstellungen der Plone-Konfiguration beeinflusst diesen Prozess. Wenn Benutzer ihr erstes Passwort selbst wählen können, dann können sie es sich zusätzlich per Mail zuschicken lassen. Andernfalls entfällt diese Option genauso wie die Felder zur Passworteingabe.

Nicht immer ist es erwünscht, dass sich anonyme Besucher selbst im System registrieren können. Unternehmenswebsites haben normalerweise einen geschlossenen Benutzerkreis, möglicherweise ergänzt um eine Mitgliedschaft für Pressevertreter oder Kunden. Wie die anonyme Registrierung deaktiviert werden kann, ist Bestandteil des Fallbeispiels am Ende dieses Abschnitts.

Wenn anonyme Benutzer nicht das Recht haben, sich zu registrieren, dann muss diese Arbeit von einem Administrator übernommen werden. Bewerkstelligt wird das in der Plone-Konfiguration unter *Benutzer- und Gruppenverwaltung → neuen benutzer hinzufügen*. Wenn Sie das Passwort für den Benutzer selbst vergeben, dann ist die Möglichkeit, es dem neuen Benutzer zuzuschicken eine sehr praktische Lösung. Über das Suchformular können Benutzer auch ausgewählt werden, um sie zu löschen oder das Passwort zurückzusetzen.

Mitglieder

Der normale Benutzertyp ist das Mitglied. Er hat sich registriert und kann sich dann mit seinem Benutzernamen und seinem Kennwort anmelden. Damit ist er dem System bekannt und profitiert von den Möglichkeiten der Personalisierung. Er erhält seine eigenen Einstellungen und, falls es so eingestellt ist, auch ein eigenes Benutzerverzeichnis.

Geschlossene Benutzerkreise sollten ein einheitliches Namensschema für den Anmeldenamen verwenden. Also etwa der Anfangsbuchstabe des Vornamens, gefolgt vom Nachnamen. So bleiben die Benutzer auch in einer größeren Anzahl übersichtlich. Bei offenen Systemen, bei denen sich die Mitglieder ihren Benutzernamen selbst aussuchen, sollte solche Namen herausgefiltert werden, die den Anschein erwecken, als sei das Mitglied ein Mitarbeiter des Site-Betreibers. Das ist insbesondere dann wichtig, wenn die Mitglieder eine eigene E-Mail-Adresse bekommen. Die Implementierung einer solchen Überwachung ist eine Entwickleraufgabe.

Notfallbenutzer

Es gibt einen speziellen Benutzer, der immer dann ins Spiel kommt, wenn sich der Administrator selbst aus dem System ausgesperrt hat – der Notfall-Benutzer. Er ist aus Sicherheitsgründen normalerweise deaktiviert. Der Notfallbenutzer ist dazu da, einen neuen Benutzer mit Administratorrechten anzulegen, damit der Administrator wieder Zugriff auf die Seite hat. Danach sollte der Notfallbenutzer gleich wieder deaktiviert werden. Ohnehin sind die Möglichkeiten des Notfallbenutzers sehr beschränkt. Er kann keine eigenen Inhalte anlegen.

Der Notfallbenutzer kann nicht über die Weboberfläche aktiviert werden. Man braucht den Zugriff auf das Dateisystem. Auf Unix-Systemen wird die Datei `$ZOPE/bin/zpasswd.py` ausgeführt:

```
[G4:~/applications/Zope/bin] hans% ./zpasswd.py access
Username: emergency
Password:
Verify password:

Please choose a format from:

SHA - SHA-1 hashed password (default)
CRYPT - UNIX-style crypt password
CLEARTEXT - no protection

Encoding:
Domain restrictions:
```

Dem Skriptaufruf wird als Parameter ein Dateiname übergeben, in dem die Daten des Benutzers gespeichert werden sollen. Zunächst werden ein Benutzername und ein Passwort abgefragt. Die weiteren Parameter sind mit Vorgabewerten belegt, so dass sie einfach mit dem Zeilenschalter bestätigt werden können. `Encoding` gibt an, wie das Passwort in der Access-Datei verschlüsselt werden soll. Die Vorgabe ist SHA-1. `Domain restrictions` schränkt die Domänen ein, von denen aus man sich mit diesem Bentzernamen einloggen kann. Standardmäßig gibt es keine Einschränkungen.

Anschließend muss die Access-Datei in das `$INSTANCE`-Verzeichnis verschoben und Zope neu gestartet werden. Dann kann man sich mit der erzeugten Benutzerkennung anmelden.

Die Aktivierung des Emergency-Benutzers unter Windows erfolgt über den Plone Controller.

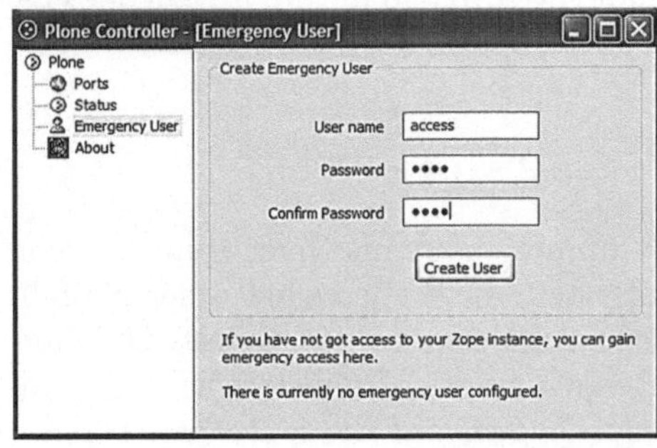

Abb. 17.5. Aktivieren des Notfallbenutzers im Plone Controller

Es gibt zwei gängige Fehler, durch die man in die Verlegenheit kommt, den Notfallbenutzer aktivieren zu müssen. Einmal dadurch, dass man den letzten Manager-Account löscht. Das ist allerdings gar nicht so einfach. Denn der originäre Zope-Administrator wird im ZMI im Verzeichnis *acl_users* gespeichert. Also im Stammverzeichnis von Zope. Die andere Möglichkeit ist, dass einem Manager notwendige Rechte zur Administration der Site deaktiviert werden. Als Beispiele sind hier „View"und „View Management Screens" zu nennen.

Sind die Notfall-Arbeiten ausgeführt, sollte man sich so schnell wie möglich wieder abmelden und als Manager einloggen. Zuletzt sollte die Access-Datei aus Sicherheitsgründen gelöscht werden. Auf Windows-Computern wird der Notfallbenutzer über den Plone Controller deaktiviert.

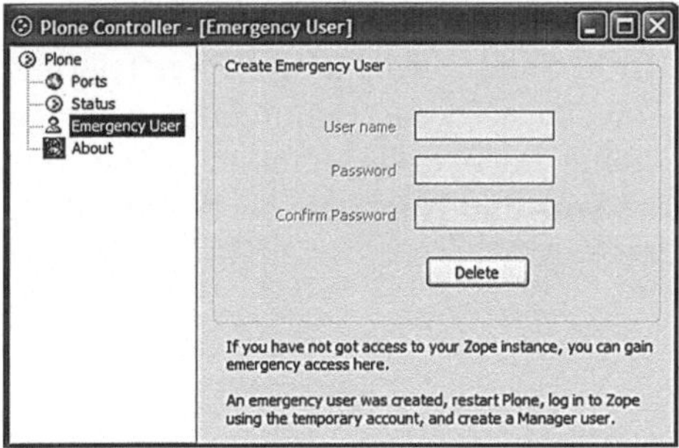

Abb. 17.6. Löschen des Notfallbenutzers im Plone Controller

17.10.7 Gruppen

Gruppen sind Sammlungen von Benutzern. Sie dürfen nicht mit den Rollen verwechselt werden, die eine Sammlung von Rechten sind. Gruppen sind nicht in erster Linie ein Instrument der Rechteverwaltung, sondern der Benutzerorganisation. Plone definiert die Gruppe der Administratoren. In sie werden alle Mitglieder, die die Rolle Manager haben sollen, aufgenommen. Anstatt einem einzelnen Benutzer mehrere Rollen zuzuweisen, kann das auch in einer Gruppe geschehen. Alle Gruppenmitglieder erhalten dann ihre Rollen über die Zugehörigkeit zu einer Gruppe.

Der Umweg über eine Gruppe ist immer dann sinnvoll, wenn eine größere Zahl an Mitgliedern verwaltet werden soll, die zum Teil gleiche, zum Teil aber andere Berechtigungen erhalten sollen. Die gemeinsamen Rechte werden dann über die Gruppe erworben, die speziellen Rechte über sonstige Rollen oder weitere Gruppenmitgliedschaften.

Ein ganz praktischer Vorteil einer Gruppe pro Rolle ist, dass schnell festgestellt werden kann, welche Benutzer diese Rolle inne haben. Gäbe es die Gruppe nicht, dann müsste man in jedem Benutzerobjekt nachsehen, welche Rollen ihm zugewiesen sind. Werden die Rollen nur über die Gruppenmitgliedschaft verteilt, dann kann man sich einfach die Mitglieder der Gruppe ansehen. Dieser Vorteil bleibt natürlich nur so lange bestehen, so lange man sich strikt daran hält, Rollen nur den Gruppen zuzuweisen. Nicht enthalten in dieser Auflistung sind allerdings auch die lokal zugewiesenen Rollen. Denn es gibt keine lokale Gruppenmitgliedschaft zu einer globalen Gruppe. Aber natürlich kann einer Gruppe auch eine lokale Rolle zugewiesen werden.

Praktische Beispiele zur Arbeit mit Benutzern und Gruppen gibt es im folgenden Abschnitt.

17.10.8 Mit Benutzern arbeiten

Benutzer sind ein recht komplexes Thema in Zope und Plone. Aber ein solides Sicherheitskonzept setzt voraus, dass eindeutig definiert ist, welcher Benutzer zu welcher Zeit was machen darf. Jetzt geht es an die praktische Arbeit. Zunächst werden Benutzer erstellt und die Seite wird für die Registrierung durch anonyme Besucher geschlossen. Danach wird das Benutzerkonzept aus dem Kapitel 4.6 realisiert. Darin wird eine neue Rolle erzeugt, lokale und globale Rollen werden zugewiesen und die Vor- und Nachteile der Verwendung von Gruppen erörtert.

Speicherorte für Benutzer

Zope bietet die Möglichkeit, in jedem Verzeichnis einen Benutzerordner zu erstellen. Damit kann prinzipiell ein Benutzer dort angelegt werden, wo er auch etwas an der Site ausrichten soll. Der Nachteil dieses Ansatzes ist aber, dass er nicht sehr flexibel ist, wenn es um kurzfristige Änderungen geht. Ein Benutzer, der nur in einem bestimmten Verzeichnis bekannt ist, kann nicht einfach die Urlaubsvertretung eines Kollegen übernehmen, der einen benachbarten Teil der Website betreut. Deshalb ist auch unter Plone der Ansatz, alle Benutzer im obersten Benutzerverzeichnis anzulegen, und die Rollen dann lokal zu vergeben.

In der Plone-Konfiguration sind mehrere Benutzerverzeichnisse überhaupt nicht vorgesehen. Dafür verfügen die neu angelegten Benutzer aber auch zunächst über keine weitreichenden Berechtigungen.

Gruf

Der Speicherort für Benutzer und Gruppen ist bis Plone 2.1 ein *GroupUserFolder* – kurz Gruf – im Wurzelverzeichnis der Plone Site. Der Ordner heißt *acl_users*. Dieser Name ist für alle Benutzerordner in Zope vorgeschrieben. Deshalb kann es pro Verzeichnis nur einen Benutzerordner geben. Gruf unterscheidet Benutzer und Gruppen. Dabei sind Gruppen aber kein eigener Typ. Statt dessen verwaltet Gruf mehrere Benutzerordner. Benutzer in dem Verzeichnis, das den Gruppen zugeordnet ist, werden als Gruppen interpretiert. Andere Benutzer und auch Gruppen können deshalb diesen Gruppen beitreten. Tatsächlich handelt es sich aber auch bei den Gruppen um normale

Benutzer. Gruppen haben dieselben Eigenschaften wie Benutzer, sie können Rollen annehmen, haben einen Namen und eventuell eine E-Mail-Adresse. Zusätzlich speichern sie Verweise zu anderen Benutzern und Gruppen – ihren Mitgliedern.

Die Rechte eines Benutzers wirken immer bis zum Inhalt des Ordners, in dem er definiert ist, aber nicht höher. Benutzer, die in Plone angelegt werden, sehen deshalb alles bis zum Site-Objekt. Darüber befindet sich aber noch die Zope-Instanz. Diese kann man nur erreichen, wenn der Benutzer, als der man angemeldet ist, im Benutzerverzeichnis der Zope-Instanz definiert ist.

Neben den intern angelegten Benutzern können Benutzerinformationen auch aus anderen Datenquellen bezogen werden. Dazu gibt es verschiedene Zusatzprodukte, die angepasste Benutzerordner bereit stellen. In GRUF bereits eingebaut ist die Funktion, Benutzerkonten aus LDAP-Verzeichnissen zu erzeugen. Dazu muss das Produkt *LDAPUserFolder* installiert sein. Eine genaue Anleitung ist im Netz verfügbar. Den Link dazu erreicht man über das ZMI: *acl_users → LDAP Wizard.*

PlonePAS 2.5

PAS, der PluggableAuthService ist ein Framework zu Einbindung von Benutzern aus verschiedenen Datenquellen.

Gruf speichert Benutzerdaten in der ZODB, kann aber auch an LDAP-Verzeichnisse angebunden werden. Es gibt aber noch eine Vielzahl anderer Benutzerquellen, zum Beispiel Windows-Domänen.

Der Zugriff auf verschiedene Datenquellen erfolgt dann über ein Standard-API. Es werden verschiedene Plugin-Typen definiert.

Authentication Plugin: Authentication Plugins gleichen Benutzerinformationen mit der Datenquelle ab.

Challenge Plugin: Challenge Plugins erzwingen eine Anmeldung vom Benutzer, zum Beispiel durch eine Weiterleitung an ein Anmeldeformular.

Decorator Plugin: Benutzerinformationen können über mehrere Speicherorte verteilt sein. Über Decorator Plugins werden die Informationen zusammengeführt.

Group Plugin: Group Plugins stellen Gruppenfunktionalitäten bereit.

Update Plugin: Während die Benutzerdaten bisher nur ausgelesen werden konnten, kümmern sich Update Plugins um deren Änderung.

Validation Plugin: Plugins zum Überprüfen, ob die Benutzerdaten den Anforderungen entsprechen [43].

Damit steht ein flexibles Gerüst bereit, um Benutzerdaten aus verschiedenen Quellen in Plone zu integrieren. Der bisherige GroupUserFolder wird allerdings weiter bestehen bleiben und er ist auch für Projekte ohne externe Benutzerbestände durchaus eine legitime Wahl.

Registrierung anonymer Benutzer deaktivieren

Sehr häufig sollen anonyme Besucher nicht die Möglichkeit haben, sich als Mitglieder einer Site zu registrieren. Mehrere Elemente werden für die Registrierung benötigt:

- Der Link *benutzer erstellen* in den Personal Tools
- Der Link *neuer Benutzer?* im Anmelde-Portlet
- Die Ansicht des Registrierungsformulars
- Die eigentliche Aktion

Grundsätzlich genügt es, nur die Aktion für anonyme Benutzer zu deaktivieren. Allerdings wäre es für einen anonymen Besucher ein eher frustrierendes Erlebnis, den Anmeldevorgang durchlaufen zu können, und erst am Schluss festzustellen, dass er nicht berechtigt ist. Deshalb ist es guter Stil, grundsätzlich alle Funktionen nur denen zu präsentieren, die sie auch ausführen können[2].

Es reicht nicht aus, einfach die Elemente auszublenden, da jede Aktion auch über die Titelleiste des Browsers aufgerufen werden kann. Der URL der Website und ein angehängtes `join_form` führt immer zum Registrierungsformular. Und selbst wenn anonyme Besucher dieses Formular nicht ansehen dürfen, reicht es immer noch, einen Request an den Server zu schicken, der die entsprechende Funktion aufruft und die gewünschten Parameter übergibt. Eine sorgfältige Überlegung, aus welchen Bestandteilen eine Operation besteht ist also auch aus Sicherheitsgründen wichtig.

Die Aktion

Aus dem Blickwinkel der Sicherheit ist die Sperrung der eigentlichen Aktion das Wichtigste. Dadurch wird die Aktion verhindert, selbst wenn alle anderen Bestandteile noch sichtbar und nutzbar sind.

Die Registrierung wird durch das Tool *portal_registration* gesteuert. Ein Blick in die Aktionen zeigt die Berechtigung, die für die Registrierung notwendig ist: *Add portal member.*

Plone Registration Tool at /clean/portal_registration

Title	Join
Id	join
URL (Expression)	string:${portal_url}/join_form
Condition (Expression)	not: member
Permission	Add portal member
Category	user
Visible?	☑

Abb. 17.7. Aktion im Portal-Registration-Tool

Die *Add portal member* Berechtigung kann nun im Wurzelverzeichnis des ZMI den Rollen zugeordnet werden, die in der Lage sein sollen, neue Benutzer

[2] Davon ausgenommen sind Teaser, die den Benutzer dazu animieren sollen, sich zu registrieren.

anzulegen. Wichtig ist dabei, dass die Standardwerte nicht aquiriert werden dürfen. Ansonsten würde das Recht für anonyme Besucher vom Zope Server vererbt. Deshalb muss der Haken in der ersten Spalte (*Aquire permission settings?*) gelöscht werden.

Die Links

Die Änderung dieser Berechtigung hat bereits bewirkt, dass auch die Links im Anmelde-Portlet und den Personal Tools verschwunden sind. Denn in den Templates wird die Berechtigung bereits überprüft.

Soll künftig nur der Manager neue Benutzer anlegen, dann ist die Bedingung (*Condition*) der Aktion nicht wichtig. Denn jeder Manager hat Zugriff auf die Plone-Konfiguration und damit die Benutzerverwaltung. Anders sieht das für andere Mitglieder aus. Bleibt die Bedingung so, wie sie ist, dann erreichen angemeldete Benutzer das Registrierungsformular nur dann, wenn sie die Adresse direkt in die Titelzeile des Browsers eingeben. Der einfachste Weg ist, die Bedingung ganz zu entfernen. Dann sehen alle, die neue Benutzer anlegen dürfen, den Link in ihren Personal Tools. Etwas eleganter ist es, die Aktion allen Berechtigten zu zeigen, die keine Manager sind:

```
not: python: member.has_role('Manager')
```

Das Registrierungsformular

Der Zugriff auf das Registrierungsformular ist ebenfalls durch eine Berechtigung geschützt. Der Name der entsprechenden Berechtigung ist *View*. Um die Berechtigung zu setzen müssen nur die Dateien *join_form.cpt* und *join_form.cpt.metadata* in das *skins*-Verzeichnis des Site-Produkts kopiert werden. Anschließend wird die Metadaten Datei editiert.

join_form.cpt.metadata

```
[security]
View=0:Authenticated
```

Der Eintrag bedeutet, dass die Berechtigung `View` nicht aquiriert wird (`0`) und der Rolle `Authenticated` zugewiesen ist. Damit kann das Formular von jedem angemeldeten Benutzer aufgerufen werden, nicht aber von anonymen Benutzern.

Plone-Konfiguration

Über die Konfiguration erreicht man die *Benutzer- und Gruppenverwaltung* von Plone:

Auf dieser Seite kann man neue Benutzer anlegen oder bestehende Benutzer ändern. Ein Klick auf das Benutzersymbol führt zu dessen Einstellungen, das Briefsymbol ist hilfreich, um dem Benutzer eine Mail zu schicken. Direkt

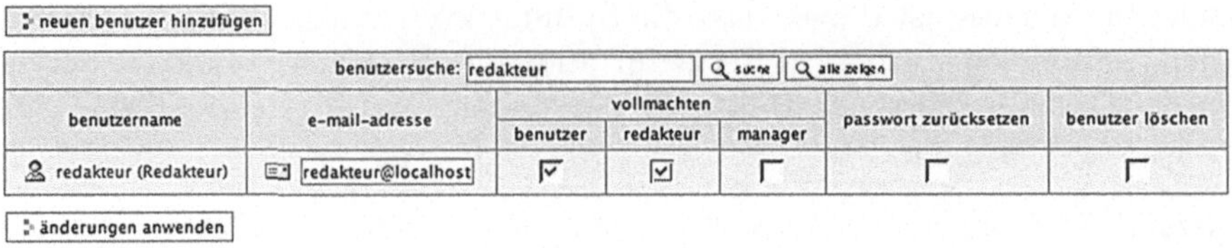

neuen benutzer hinzufügen

benutzersuche: redakteur | suche | alle zeigen

benutzername	e-mail-adresse	vollmachten			passwort zurücksetzen	benutzer löschen
		benutzer	redakteur	manager		
redakteur (Redakteur)	redakteur@localhost	☑	☑	☐	☐	☐

änderungen anwenden

Abb. 17.8. Benutzerverwaltung der Plone-Konfiguration

daneben kann eine neue E-Mail-Adresse eingetragen werden. In der Rubrik Vollmachten werden dem Benutzer seine Rollen zugewiesen. Vergisst ein Mitglied sein Passwort, dann kann über die Checkbox *passwort zurücksetzen* ein neues Passwort angefordert werden, das der Benutzer per Mail zugeschickt bekommt. Als letzte Möglichkeit kann ein Benutzer auch ganz aus dem System gelöscht werden. Das Benutzerverzeichnis wird dabei nicht gelöscht.

In den Benutzereinstellungen zeigt die Registerkarte *benutzereigenschaften* die Datenfelder, die auch der Benutzer selbst über die Personal Tools aufrufen kann. Änderungen, die der Administrator hier vornimmt, können vom Benutzer überschrieben werden.

Der GroupUserFolder

Benutzer können auch direkt im ZMI, *acl_users* → *Users* → *User creation* angelegt werden. Das ist insbesondere interessant, wenn mehrere Benutzer gleichzeitig angelegt werden sollen.

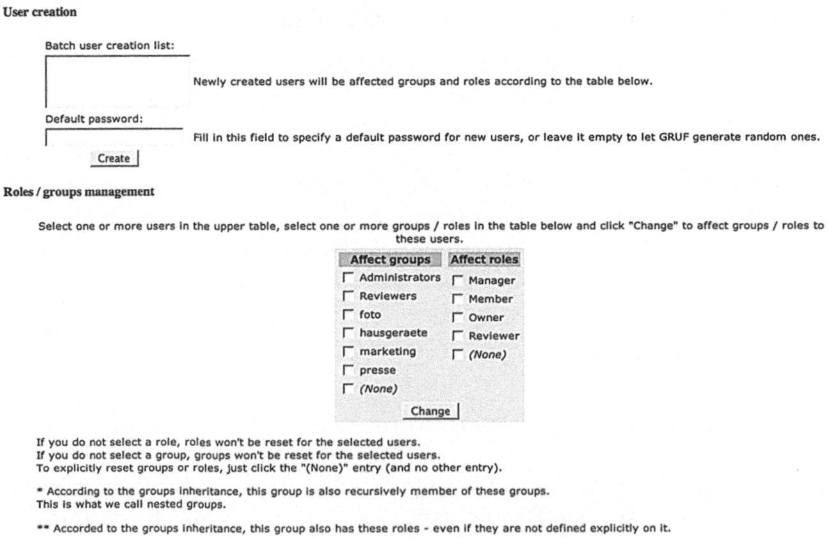

User creation

Batch user creation list:

Newly created users will be affected groups and roles according to the table below.

Default password:

Fill in this field to specify a default password for new users, or leave it empty to let GRUF generate random ones.

Create

Roles / groups management

Select one or more users in the upper table, select one or more groups / roles in the table below and click "Change" to affect groups / roles to these users.

Affect groups	Affect roles
☐ Administrators	☐ Manager
☐ Reviewers	☐ Member
☐ foto	☐ Owner
☐ hausgeraete	☐ Reviewer
☐ marketing	☐ *(None)*
☐ presse	
☐ *(None)*	

Change

If you do not select a role, roles won't be reset for the selected users.
If you do not select a group, groups won't be reset for the selected users.
To explicitly reset groups or roles, just click the "(None)" entry (and no other entry).

* According to the groups inheritance, this group is also recursively member of these groups.
This is what we call nested groups.

** Accorded to the groups inheritance, this group also has these roles - even if they are not defined explicitly on it.

Abb. 17.9. Mehrere Benutzer gleichzeitig anlegen

Die gleiche Funktion bietet die Management-Oberfläche des GroupUser-Folders auch für Gruppen.

Registration-Tool

Datei: *$INSTANCE → Products → CMFCore → RegistrationTool.py*

Ob Benutzer automatisch angelgt werden können, ist abhängig, von der Implementierung des Benutzerordners, der verwendet wird. Das Tool *portal_registration* stellt grundsätzliche Funktionen bereit.

```
pr = getToolByName(self, 'portal_registration')
```

Das Tool definiert ein Textmuster, dem die Benutzernamen entsprechen müssen. Standardmäßig ist das `^[A-Za-z][A-Za-z0-9_]*$`. Also beginnend mit einem Groß- oder Kleinbuchstaben, gefolgt von beliebig vielen Buchstaben, Ziffern oder Unterstrichen. Werden bestimmte Anforderungen an die Beschaffenheit des Passwortes gestellt, dann kann die Funktion `testPasswordValidity` implementiert werden. Sie muss im Erfolgsfall `None` zurückgeben, ansonsten eine Zeichenkette mit der Fehlermeldung.

Die Funktion mit der neue Benutzer angelegt werden lautet:

```
pr.addMember(id, password, roles=('Member',), domains ↩
    ='',properties=None):
```

Zwar nimmt das Registrierungstool den Aufruf entgegen, aber die eigentliche Arbeit macht das Portal-Membership-Tool.

Das Membership-Tool

Datei: *$INSTANCE → Products → CMFCore → MembershipTool.py*

Das Portal-Membership-Tool stellt Funktionen bereit, mit denen grundsätzlich definiert wird, welche Aktionen den Mitgliedern zur Verfügung stehen. Dazu gehören die Optionen in den Personal Tools genauso wie die Festlegung, ob ein Benutzer ein persönliches Verzeichnis bekommt oder nicht.

Control creation of member areas: Entweder werden Benutzerverzeichnisse bei der ersten Anmeldung des Benutzers angelegt oder nicht.

Set member area type: Hier kann der Inhaltstyp angegeben werden, der dem persönlichen Verzeichnis entspricht. Das sollte ein Verzeichnistyp sein, wenn der Benutzer dort auch Inhalte anlegen können soll. Es sind aber auch andere Typen denkbar. Zum Beispiel wenn sich Mitglieder registrieren können, die eine eigene Homepage haben. Dann reicht ein Link zu dieser Homepage. Falls die Mitglieder Inhalte nicht in ihrem persönlichen Verzeichnis, sondern direkt in der Struktur der Seite erstellen, könnte ein intelligenter Ordner die gesammelten Artikel des Benutzers anzeigen...

Set members folder: Die ID des Ordners, in dem die Mitgliederordner angelegt werden sollen.

Tabelle 17.3. Wichtige Funktionen des Membership-Tools

Rubrik Funktionsdeklaration	Bemerkungen
Aktuelle Benutzerinformationen	
`getAuthenticatedMember(self)`	Gibt den aktuellen Benutzer zurück.
`isAnonymousUser(self)`	Gibt 1 zurück, wenn kein Benutzer angemeldet ist, sonst 0.
`checkPermission(self, permissionName, object, subobjectName=None)`	Überprüft, ob der momentan angemeldete Benutzer für das übergebene Objekt die angegebene Berechtigung hat.
Benutzersuche	
`getMemberById(self, id)`	Findet ein Benutzerobjekt nach seinem Namen.
`listMemberIds(self)`	Gibt alle Benutzer-IDs zurück.
`listMembers(self)`	Gibt alle Benutzer-Objekte zurück.
`searchMembers(self, search_param, search_term)`	`search_param` ist die Eigenschaft, die durchsucht werden soll, `search_term` ist der Suchbegriff.
Benutzeroperationen	
`addMember(self, id, password, roles, domains, properties=None)`	Legt einen neuen Benutzer an.
`deleteMembers(self, member_ids, delete_memberareas=1, delete_localroles=1)`	Löscht die angegebenen Benutzer, sofern das vom jeweiligen Benutzerordner unterstützt wird.

Die Aktionen der Personal Tools sind auf der Registerkarte *Actions* zu finden. Die meisten der Aktionen sind bereits aktiviert und aus den Personal Tools bekannt. Die anderen werden hier kurz erklärt:

Add to favorites: Jeder Benutzer kann Lesezeichen anlegen. Diese Funktion war in früheren Versionen in der Breadcrumbs-Navigation untergebracht. Jetzt ist sie, wenn sie aktiviert wird, in den Personal Tools zu finden.

My favorites: Die Liste der persönlichen Lesezeichen ist über diesen Link abrufbar.

Logged in: Der angegebene URL wird angezeigt, nachdem sich ein Benutzer erfolgreich angemeldet hat.

Das Membership-Tool wird in Skripten verwendet, um Mitglieder aufzulisten oder zu suchen. Außerdem lassen sich Berechtigungen des angemeldeten Benutzers abfragen.

```
pm = getToolByName(self, 'portal_membership')
pm.getMemberById('id')
```

Tabelle 17.4. Wichtige Funktionen des Memberdata-Tools

Rubrik Funktionsdeklaration	Bemerkungen
Benutzersuche	
`searchMemberData(self, search_param, search_term, attributes=())`	Die Eigenschaft `search_param` wird nach `search_term` durchsucht. Von den Treffern werden die in `attributes` angegebenen Felder zurückgegeben. Ohne den Parameter liefert die Funktion den Benutzernamen und die E-Mail-Adresse zurück.
Eigenschaften	
`setMemberProperties(self, mapping)`	Setzt die Eigenschaften des Benutzers gemäß den angegebenen Werten.
Rollen	
`getRoles(self)`	Gibt die Rollen des Benutzers zurück.
`getRolesInContext(self, object)`	Gibt alle, auch lokale Rollen zurück, die der Benutzer im angegebenen Kontext hat.

Das Memberdata Tool

Datei: *$INSTANCE → Products → CMFCore → MemberDataTool.py*

Die Eigenschaften eines Benutzers werden im Memberdata-Tool verwaltet. Hiermit werden zum Beispiel die Rollen eines Benutzers abgefragt oder Benutzereinstellungen geändert.

Das Groups-Tool

Datei: *$INSTANCE → Products → GroupUserFolder → GroupsTool.py*

Was das Membership-Tool für Benutzer ist, ist das Groups-Tool für die Verwaltung der Gruppen. Mit den Funktionen des Tools werden Gruppen aufgelistet oder gesucht, neue Gruppen erstellt und bestehende geändert. Außerdem kann man ermitteln, ob es sich bei einem Benutzerobjekt um eine Gruppe handelt und zuletzt gibt eine Funktion alle Gruppen aus, der ein bestimmter Benutzer angehört. Die Tabelle 17.5 zeigt die wichtigen Funktionen.

Tabelle 17.5. Wichtige Funktionen des Groups-Tools

Rubrik Funktionsdeklaration	Bemerkungen
Gruppensuche	
`getGroupById(self, id)`	Die Funktion liefert die Gruppe mit der angegebenen ID zurück.
`getGroupsByUserId(self, userid)`	Liefert alle Gruppen zurück, denen der Benutzer mit der angegebenen ID angehört.
`listGroups(self)`	Gibt eine Liste aller Gruppen-Objekte zurück.
`listGroupIds(self)`	Gibt eine Liste aller Gruppen-IDs zurück, ebenso wie die Funktion `listGroupNames(self)`.
`searchForGroups(self, REQUEST={}, **kw)`	Die Funktion gibt eine Liste der Gruppen zurück, die auf die angegebenen Suchkriterien passen. Wird ein `REQUEST` übergeben, dann werden andere Keywords ignoriert. Mögliche Suchkriterien sind `name`, `email`, `roles`, `title`, `title_or_name` und `last_login_time`.
Gruppenoperationen	
`addGroup(self, id, roles=[], groups=[], *args, **kw)`	Legt eine neue Gruppe an, sofern sie noch nicht existiert und der verwendete Benutzerordner die Funktion unterstützt.
`editGroup(self, id, roles=None, groups=None, *args, **kw)`	Die Parameter der Gruppe können mit dieser Funktion geändert werden.
`removeGroups(self, ids, keep_workspaces=0)`	Die Gruppen mit den angegebenen IDs werden gelöscht. Workspaces – die zugehörigen Arbeitsbereiche für alle Gruppenmitglieder – werden standardmäßig ebenfalls gelöscht.
Sonstiges	
`isGroup(self, u)`	nimmt ein Benutzer- oder Gruppenobjekt entgegen und prüft, ob es sich um eine Gruppe handelt. Die Funktion erwartet das Objekt in einem bestimmten Format. Die üblichen Funktionen wie `getGroupById` oder `getAuthenticatedUser` liefern Benutzerobjekte bereits richtig aus.

Tabelle 17.6. Wichtige Funktionen des Groupdata-Tools

Rubrik Funktionsdeklaration	Bemerkungen
Gruppenmitgliedschaften	
`getGroupMemberIds(self)`	Gibt alle direkt untergeordneten Benutzer- und Gruppen-IDs zurück.
`getAllGroupMemberIds(self)`	Gibt alle untergeordneten Benutzer- und Gruppen-IDs aus. Auch die Mitglieder der geschachtelten Gruppen.
`getGroupMembers(self)`	Liefert alle direkt untergeordneten Benutzer- und Gruppen-Objekte zurück.
`getAllGroupMembers(self)`	Gibt alle untergeordneten Benutzer- und Gruppen-Objekte aus. Auch die Mitglieder der geschachtelten Gruppen.
`addMember(self, id)`	Nimmt einen Benutzer oder eine Gruppe in die Grupppe auf.
`removeMember(self, id)`	Entfernt den Benuzter oder die Gruppe mit der angegebenen ID aus der Gruppe.
Gruppeneigenschaften	
`getProperty(self, id, default=_marker)`	Liefert den Wert der Eigenschaft zurück.
`getProperties(self)`	Liefert alle gesetzten Eigenschaften des Objektes zurück.
`setGroupProperties(self, mapping)`	Nimmt ein Mapping-Objekt entgegen, nach dem die Eigenschaften der Gruppe gesetzt werden.

Das Groupdata-Tool

Datei: *$INSTANCE → Products → GroupUserFolder → GroupDataTool.py*

Das Groupdata-Tool informiert über Gruppenzugehörigkeiten und verwaltet die Eigenschaften der Gruppen. Einen Überblick über die wichtigsten Funktionen gibt die Tabelle 17.6.

17.10.9 Ein Benutzerkonzept umsetzen

Im Abschnitt 4.6 auf Seite 36 wurde für ein fiktives Unternehmen definiert, wie die grobe Struktur der Site aussehen soll und wer welche Aufgaben auf der Seite hat. Ihre Aufgabe als Administrator ist es nun, diese Anforderung mit Hilfe von Plones Berechtigungsmaschinerie umzusetzen.

Zur Erinnerung zeigt Abbildung 17.10 noch einmal das Organigramm des Unternehmens.

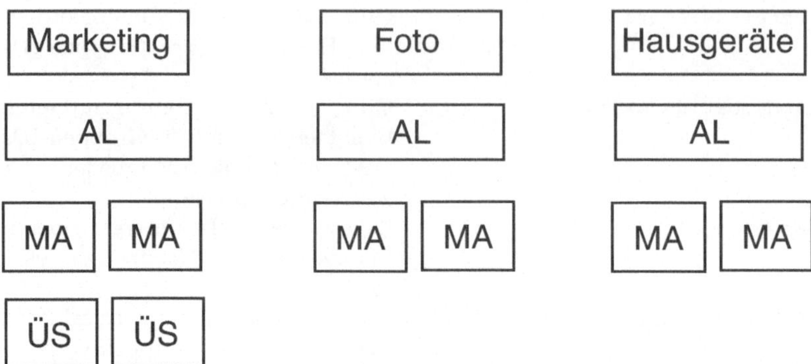

Abb. 17.10. Das Organigramm eines fiktiven Unternehmens

Verzeichnisstruktur anlegen

Weiter wird festgelegt, dass die Site später in vier Sektionen aufgeteilt ist. Zum Großteil werden für die unterschiedlichen Sektionen unterschiedliche Benutzer berechtigt. Das bedeutet, dass mit lokalen Rollen gearbeitet werden muss. Generell können Sie sich merken, dass immer dann, wenn in unterschiedlichen Verzeichnissen unterschiedliche Berechtigungen benötigt werden, lokale Rollen notwendig sind. Um aber lokale Rollen auf ein Verzeichnis anzuwenden, muss es bereits existieren. Deshalb müssen im ersten Schritt die Verzeichnisse erzeugt werden, sofern es sie noch nicht gibt.

Eine Besonderheit gibt es im Presse-Ordner. Er soll nur für angemeldete Benutzer sichtbar sein. Das Konzept besagt, dass er nur für akkreditierte Pressevertreter freigegeben sein soll. Da aber außer den Journalisten nur die Mitarbeiter auf der Seite angemeldet sind, reicht es aus, die `View`-Permission der Rolle `Authenticated` zuzuweisen.

```
if not hasattr(portal,'unternehmen'):
    portal.invokeFactory('Folder', 'unternehmen')
if not hasattr(portal,'presse'):
    portal.invokeFactory('Folder', 'presse')
if not hasattr(portal,'foto'):
    portal.invokeFactory('Folder', 'foto')
if not hasattr(portal,'haushalt'):
    portal.invokeFactory('Folder', 'haushalt')
```

```
getattr(portal , 'unternehmen').setTitle('Unternehmen')
getattr(portal , 'presse').setTitle('Presse')
getattr(portal , 'foto').setTitle('Foto')
getattr(portal , 'haushalt').setTitle('Haushalt')

getattr(portal , 'presse').manage_permission( View, \
                     ('Authenticated',), acquire=0 )
```

Benutzerstruktur anlegen

Die lokalen Rollen werden mit Benutzern oder Gruppen verknüpft. Die Versuchung ist groß, direkt die Benutzer anzulegen und ihnen die entsprechenden Rechte einzuräumen. Die automatische Konfiguration soll aber unabhängig von realen Mitarbeitern funktionieren. Was passiert, wenn sich der Arbeitsbereich eines Mitarbeiters verändert? Was ist, wenn Mitarbeiter ausscheiden oder neue hinzukommen? Oder wie wird verfahren, wenn die Mitarbeiter in externen Datenquellen gespeichert werden?

Um die Rechtevergabe von den tatsächlichen Benutzern zu trennen wird mit Gruppen gearbeitet. Auf diese Weise bleiben die lokalen Rollen auch dann gleich, wenn sich die hinter der Gruppe liegenden Benutzer verändern.

Zur Identifikation der Gruppen müssen die Tätigkeiten angesehen werden, die auf der Seite anfallen. Einmal müssen Artikel in jeder Sektion erstellt und freigegeben werden. Ferner werden die Seiten übersetzt. Das Anlegen neuer Übersetzungen entspricht in LinguaPlone dem Anlegen neuer Artikel. Damit ergeben sich zunächst acht Gruppen:

- Unternehmen-Autoren
- Presse-Autoren
- Foto-Autoren
- Haushalt-Autoren
- Unternehmen-Redakteure
- Presse-Redakteure
- Foto-Redakteure
- Haushalt-Redakteure

Da aber jeder Marketingmitarbeiter die Berechtigung hat, Inhalte in den beiden Bereichen Unternehmen und Presse anzulegen, können diese zwei Gruppen zusammen gelegt werden.

Der Chefredakteur bekommt keine eigene Gruppe. Das wäre zwar möglich, aber im vorliegenden Fall handelt es sich dabei immer um genau eine Person. Außerdem bekommt der Marketingleiter seine Berechtigung für die gesamte Site, weshalb man ihm die Redakteurs-Rolle direkt zuweisen kann. Es gibt auch keine Gruppe für die Journalisten. Gruppen lassen sich nur mit Rollen, aber nicht direkt mit Berechtigungen verknüpfen. Damit lässt sich der Zugriff auf die Presseseiten nicht durch eine Gruppe weiter einschränken.

```
gt = getToolByName(self, 'portal_groups')

groups    = gt.listGroupIds()
newgroups = ('marketing-autor', 'unternehmen-redakteur',
             'presse-redakteur', 'foto-autor',
             'foto-redakteur', 'haushalt-autor',
             'haushalt-redakteur')
for newgroup in newgroups:
    if newgroup not in groups:
        gt.addGroup(newgroup)
```

Rollen verteilen

Anschließend werden die Gruppen mit den lokalen Rollen verknüpft. Die verwendete Funktion trägt auf jeden Fall den angegebenen Benutzer mit den entsprechenden Rechten ein. Ob der Benutzer auch existiert, wird nicht überprüft. Damit muss aber die Information mitgeliefert werden, ob es sich um eine Gruppe oder einen Benutzer handelt. Gruppennamen wird deshalb intern immer ein group_ vorangestellt.

```
pm = getToolByName(self, 'portal_membership')

pm.setLocalRoles(getattr(portal, 'unternehmen'), \
    ('group_marketing-autoren',), 'Owner')
pm.setLocalRoles(getattr(portal, 'unternehmen'), \
    ('group_unternehmen-redakteure',), 'Reviewer')
pm.setLocalRoles(getattr(portal, 'presse'), \
    ('group_marketing-autoren',), 'Owner')
pm.setLocalRoles(getattr(portal, 'presse'), \
    ('goup_presse-redakteure',), 'Reviewer')
pm.setLocalRoles(getattr(portal, 'foto'), \
    ('group_foto-autoren',), 'Owner')
pm.setLocalRoles(getattr(portal, 'foto'), \
    ('group_foto-redakteure',), 'Reviewer')
pm.setLocalRoles(getattr(portal, 'haushalt'), \
    ('group_haushalt-autoren',), 'Owner')
pm.setLocalRoles(getattr(portal, 'haushalt'), \
    ('group_haushalt-redakteure',), 'Reviewer')
```

Benutzer anlegen

Jetzt können Benutzer in die Struktur eingebettet werden. Der Chefredakteur, in unserem Fall der Marketingleiter, wird auf der obersten Ebene als Redakteur angelegt. Er behält seine Rolle auf der gesamten Site. Genauso verhält es sich mit den Übersetzern. Sie sind auf der ganzen Site als Autoren tätig.

Alle anderen Mitarbeiter werden einer der vorhandenen Gruppen zugeordnet. Jeweils der zuständige Redakteur und der Abteilungsleiter, sowie eventuelle Stellvertreter kommen in die Redakteursgruppe des jeweiligen Bereichs. Zusätzlich werden alle Mitarbeiter einer Geschäftseinheit in ihre Autorengruppe aufgenommen.

17.11 Workflow

Workflows bestimmen, welche Benutzer welchen Inhalt zu welcher Zeit sehen oder bearbeiten dürfen. Sie sind damit das flexibelste Werkzeug der Zugriffskontrolle in einem Content-Management-System. Plone wird mit zwei Workflows ausgeliefert, in Zukunft sollen es einige mehr sein, die auf die verschiedenen Anwendungsfälle zugeschnitten sind. Doch schon jetzt können Entwickler den Inhalt ihrer Produkte nach eigenen Regeln steuern und neue Workflows in die Produkte integrieren.

Als Administrator kommen Sie mit Workflows in Berührung, wenn die Arbeitsabläufe der vorgefertigten Workflows nicht mit den Abläufen des Unternehmens vereinbar sind. Dabei sollte man nicht versuchen, sich zu verbiegen, um das Unternehmen an die Software anzupassen. Neue Workflows sind schnell erstellt und flexibel genug, um fast jeden erdenklichen Fall abzubilden. Das Prinzip der Workflows und wie sie genau funktionieren, ist im Abschnitt 4.5 auf Seite 32 beschrieben.

Der Administrator wird bei seiner Arbeit mit den folgenden Aufgaben konfrontiert:

- Standard- oder Drittanbieter-Workflows installieren und gegebenenfalls anpassen.
- Content-Typen den Workflows zuordnen
- Neue Workflows anlegen

Wie immer lassen sich auch die Arbeitsabläufe in Plone auf mehrere Arten verwalten. Ausnahmsweise gibt es aber keine Einstellungsmöglichkeiten in Plone selbst. Plone hat den Anspruch, komplexe Themen von den Benutzern fern zu halten. Deshalb sind auch wie bereits erwähnt, neue Workflows im Gespräch, die eigene Änderungen seltener nötig machen sollen. Ich persönlich halte aber die Ergonomie einer Software, und damit die Frage, wie gut sie sich in die Arbeitsprozesse eines Unternehmens einfügt für eine der wichtigsten Eigenschaften, so dass man auf jeden Fall versuchen sollte, die Arbeitsabläufe zu optimieren. Kommt dabei heraus, dass der Plone-Workflow genau passt, dann ist das um so besser.

17.11.1 Das Workflow-Tool

Das Workflow-Tool ist das Werkzeug zur Manipulation von Arbeitsabläufen. Es befindet sich wie jedes Tool im Stammverzeichnis der Plone Site und heißt *portal_workflow*.

Workflows

Die Registerkarte *Workflows* zeigt, welche Inhaltsarten von welchem Workflow gesteuert werden. Die Kriterientypen der intelligenten Ordner werden nicht als normale Inhalte verwendet und deshalb nicht von einem Workflow überwacht. Die anderen Dokumenttypen nutzen den Default-Workflow, der in der letzten Zeile definiert ist. Ordnertypen ist der *folder_workflow* zugeordnet. Änderungen werden mit *Change* gespeichert.

Sehr wichtig ist die Schaltfläche am unteren Rand des Formulars. Nach einer Änderung müssen bestehende Objekte über *Update security settings* an die neuen Gegebenheiten angepasst werden.

Contents

Die Registerkarte *Contents* offenbart den Blick auf die installierten Workflows. Ein Klick auf einen der Listeneinträge führt zur Konfiguration. Dort finden sich wieder einige Registerkarten:

Properties: Die Grundeinstellungen wie der Titel und die ID werden hier vorgenommen.

States: Die Zustände, die ein Artikel anehmen kann, werden hier definiert. Die Konfigurationsoptionen werden später in diesem Kapitel noch ausführlicher erklärt.

Transitions: Die Übergänge zwischen den Zuständen, verbergen sich hinter dieser Registerkarte. Mehr zur Konfiguration der Übergänge im Abschnitt „Transitions" später in diesem Kapitel.

Variables: Variablen können gesetzt werden, wenn ein Artikel in einen Zustand eintritt oder ein Übergang ausgelöst wird. Standardmäßig werden Informationen über den letzten Übergang gespeichert.

Worklists: Worklists sind Auflistungen von Artikeln, die ein bestimmtes Kriterium erfüllen. Die Revisionsliste stellt dann die zu bearbeitenden Artikel in einer Liste dar. Vorgegeben ist eine Liste, die den Redakteuren alle offenen Artikel anzeigt.

Scripts: Hierbei handelt es sich um eine Sammlung von Skript-Objekten, die vor und nach einem Übergang aufgerufen werden können.

Permissions: Jeder Workflow überwacht einen bestimmten Satz an Berechtigungen. Nicht jede existierende Berechtigung ist für Artikel relevant. Für viele reicht eine statische Zuweisung. Und manche sind so speziell, dass sie nur für einen bestimmten Inhaltstyp gelten, der dann aber möglicherweise auch von einem eigenen Workflow gesteuert werden soll.

States

Die Zustände, die die Inhalte in einem Workflow annehmen können, sind auf dieser Seite aufgelistet. Der Zustand, den neu angelegte Inhalte bekommen, wird mit einem Stern vor dem Namen gekennzeichnet. Zu jedem Status werden die möglichen Übergänge mit einem kurzen, erklärenden Text dargestellt. Markierte Zustände können über die Schaltflächen umbenannt, gelöscht oder als primärer Zustand definiert werden. Klickt man auf einen Status, erreicht man weitere Konfigurationsoptionen:

Permissions: Hier werden alle Berechtigungen, die der Workflow überwachen soll, an die verschiedenen Rollen zugewiesen. Wenn die Rechte nicht geerbt werden sollen, dann muss das Feld *Acquire permission settings?* gelöscht werden.

Variables: Die vor- und die selbstdefinierten Variablen können beim Eintritt in den Status mit einem Wert versehen werden.

Transitions

Die Startseite der Transitions bietet einen Überblick über die existierenden Übergänge, zeigt die notwendigen Berechtigungen an und den Zielzustand. Die Details eines Übergangs erreicht man, wenn man auf den Titel klickt. Die Registerkarte *Properties* zeigt die Eigenschaften einer Transition:

Die Elemente *Id*, *Title* und *Description* haben die übliche Bedeutung.

Destination state: Der Zielzustand, der mit dem Übergang erreicht wird.

Trigger Type: Die meisten Übergänge werden durch Benutzer ausgelöst. Der Typ dazu heißt *Initiated by user action.* Er ist auch der Vorgabewert. Automatische Übergänge, die sofort ausgeführt werden, wenn ein Ereignis eintritt, erhalten den Wert *Automatic.* Der Typ *Initiated by WorkflowMethod* erfordert, dass der Artikel eine Methode vom Typ WorkflowMethod kennt, der denselben Namen hat wie der Übergang. Der Übergang wird direkt nach der Methode ausgeführt.

Script (before): Alle Skripte aus dem Scripts-Verzeichnis werden hier aufgelistet. Das gewählte Skript wird vor dem Übergang ausgeführt.

Script (after): Ein Skript aus dem Scripts-Verzeichnis, das nach dem Übergang ausgeführt werden soll.

Guard: Der Wächter über den Übergang stellt sicher, dass die Transition nur dann ausgeführt wird, wenn zumindest eine der Bedingungen erfüllt ist. Dabei kann die Menge der zulässigen Benutzer, die den Übergang anstoßen dürfen nach einer Berechtigung, einer Rolle oder Gruppenzugehörigkeit eingeschränkt werden. Mehrere Elemente können durch ein Semikolon getrennt notiert werden. Außerdem kann ein TALES-Ausdruck angegeben werden, dessen Ergebnis als wahr oder falsch interpretiert wird. Muss die Kombination mehrerer Anforderungen erfüllt werden, dann müssen auch die Rollen, Gruppen und Rechte über eine TALES-Anweisung oder ein Skript geprüft werden, da ansonsten die erste erfüllte Bedingung ausreicht.

Display in actions box: Wichtig für Plone ist der Name der Aktion. Er steht nachher im Status-Menü. Hier werden nur solche Übergänge mit einem Namen versehen, die der Benutzer auslösen kann.

Die Optionen der Registerkarte *Variables* entsprechen denen, die beim Eintritt in einen Status zur Verfügung stehen.

Variables

Die verfügbaren Variablen werden auf der Registerkarte *Variables* definiert. Hier sieht man zunächst eine Übersicht der verfügbaren Variablen. Neue Variablen können angelegt, bestehende umbenannt oder gelöscht werden. Ein Klick auf einen Variablennamen führt zur Konfiguration.

Make available to catalog: Damit kann der Katalog den Wert dieser Variablen speichern. Allerdings heißt das nicht, dass das auch passiert. Es wird nicht automatisch ein Index angelegt. Möchte man nach dem Wert der Variablen suchen können, dann muss man den entsprechenden Index manuell anlegen.

Store in workflow status: Der Workflow verwaltet ein Objekt mit Namen *status*. Wird das Feld gesetzt, dann kann man den Wert der Variablen über das Status-Objekt abfragen.

Variable update mode: Hier gibt es zwei Werte. Der Wert kann entweder automatisch bei jedem Übergang aktualisiert werden oder nur dann, wenn der Variablen explizit ein neuer Wert zugewiesen wird. Die erste Option eignet sich vor allem für Werte, die im Workflow-Prozess existieren und sich automatisch bei Übergängen verändern. Die manuelle Änderung empfiehlt sich für Werte, die nur selten und dann explizit gesetzt werden. Als Beispiel für den ersten Fall sind die vordefinierten Variablen, die bei jeder Änderung einen neuen Wert bekommen. Da die Variable bei jedem Übergang automatisch aktualisiert werden, muss man sich nicht darum kümmern, der Variablen den aktuellen Wert zuzuweisen.

Default value: Der Vorgabewert. Hier kann ein beliebiger Wert eingetragen werden.

Default expression: Sicherlich interessanter das der Default-Wert ist ein TALES-Ausdruck, der den initialen Wert der Variablen ermittelt. Deshalb hat er auch Vorrang vor dem statischen Vorgabewert.

Info guard: Die bereits bekannten Optionen, um den berechtigten Benutzerkreis für die Abfrage der Informationen einzuschränken.

Worklists

Worklists sind Suchabfragen nach festen Kriterien, die zum Beispiel in der Revisionsliste gezeigt werden. Standardmäßig ist eine Worklist definiert, die alle offenen Artikel auflistet. Weitere sinnvolle Listen sind denkbar. Um die Seite aktuell zu halten könnten alle veröffentlichten Artikel, die ein bestimmtes Alter erreicht haben einer Revision unterzogen werden. Um Karteileichen zu vermeiden kann man sich an alle eigenen Artikel, die nach einer gewissen Zeit noch nicht eingereicht oder veröffentlicht sind, erinnern lassen...

Die Detailansicht einer solchen Worklist bietet wieder einige Konfigurationsoptionen, von denen aber viele in Plone nicht von Bedeutung sind. Die wichtigen werden im Folgenden kurz erklärt:

Cataloged variable matches: Hier ist standardmäßig die Status-Variable eingetragen, deren Wert im Katalog abgefragt wird. Die anderen für den Katalog verfügbaren Variablen können dort auch gesetzt werden.

Guard: Auch die Abfrage der Worklist kann über die bekannten Elemente eingeschränkt werden. In Plone werden die Inhalte für das Revisionsportlet über das Skript *portal_skins* → *plone_scripts* → *my_worklist* zusammengetragen. Die Implementierung unterstützt allerdings nur die Angabe von Berechtigungen und Rollen. Wer TALES-Ausdrücke für die eigenen Worklists in Plone verwenden möchte, der kommt um eine eigene Umsetzung nicht umhin.

17.11.2 Das Vier-Augen-Prinzip

Die Aufgabe eines Administrators besteht in der Regel darin, bestehende Elemente an die konkrete Situation anzupassen. Genauso verhält es sich auch mit den Workflows. Sie werden von Plone und von Drittanbieterprodukten geliefert und bieten eine zumeist gute Ausgangsbasis. Allerdings weichen die Bedürfnisse eines Unternehmens in der Regel ein wenig von diesem Originalzustand ab. Einen typischen Fall einer solchen Modifikation des Plone-Workflows zu unserem Benutzerkonzept wird in diesem Abschnitt beschrieben.

Workflows ändern oder erstellen?

Die Frage, die man sich als Administrator stellen muss ist, ob man einen bestehenden Workflow verändern kann oder einen neuen erstellen muss. Sobald der existierende Workflow in Ansätzen das tut, was er soll, sollten Sie ihn als Basis für die Änderungen nehmen und keinen neuen Workflow erschaffen. Die Erstellung neuer Workflows ist im Abschnitt 14.3 auf Seite 275 beschrieben.

Sie sollten allerdings nie einen Original-Workflow verändern, sondern immer mit Kopien arbeiten, denen Sie neue Namen geben. Wenn Sie den *plone_workflow* modifizieren, dann heißt er immer noch „plone_workflow". Deshalb wird man zuerst auch davon ausgehen, dass er sich wie der bekannte Plone Workflow verhält. Da fast jede Website mehr oder weniger starke Änderungen am Standard-Workflow von Plone verlangt, lässt sich ein passender Name für den Workflow meist aus dem Domainnamen ableiten.

Um den Standard-Plone-Workflow zu verändern legen Sie eine Kopie davon an. Das erledigen Sie am schnellsten über die Copy/Paste-Funktion im Contents-Register des Workflow-Tools. Geben Sie anschließend der Kopie einen aussagekräftigen Namen und verändern Sie sie dann.

Das Konzept

Hat Ihr Content Manager dieses Buch gelesen, dann wird er mit einer recht konkreten Vorstellung zu Ihnen kommen, was er möchte. Ihre Aufgabe wird es jedoch sein, diese Anforderungen möglichst effizient umzusetzen. Nur Sie kennen das Innenleben der Workflow-Maschinerie.

Als Ergänzung zum Benutzerkonzept des Kapitels 4.6 sollen die Mitarbeiter der Fachabteilungen sich nun gegenseitig kontrollieren. Der Hintergrund ist der, dass die Marketingabteilung, die die Redaktion übernimmt, über keine Fachkompetenz verfügt, um sachliche Fehler auszuschließen. Deshalb soll jeder Artikel von einem Mitarbeiter der Fachabteilung vor der Veröffentlichung noch einmal gegengelesen werden.

Aus dieser Anforderung können Sie direkt einen neuen Workflow ableiten. Sie müssen aber auch absehen können, welche indirekten Auswirkungen die Änderungen nach sich ziehen. Zu diesen Seiteneffekten gehört zum Beispiel, dass der Publikationsprozess verlängert wird. Darauf müssen Sie mit geeigneten Mitteln reagieren.

Ein automatisches Informationssystem, das die potenziellen Mitwirkenden über die anstehenden Arbeiten informiert, könnte eine sinnvolle Ergänzung sein. Ferner ist aber auch eine Kontrollinstanz nötig, die dafür sorgt, dass die Arbeit nicht länger als nötig liegen bleibt. Am Anfang der Überlegungen sollte jedoch eine günstige Reihenfolge der Arbeitsprozesse entwickelt werden.

Zwei Möglichkeiten sind denkbar. Entweder korrigiert der Mitarbeiter der Fachabteilung den Artikel bevor der Redakteur ihn bearbeitet, oder danach. Im ersten Fall wird der Redakteur nicht unnötig mit Artikeln konfrontiert, die noch Fehler aufweisen, im zweiten Fall werden auch die Fehler noch gefunden, die beim Redaktionsprozess entstanden sind.

An dieser Stelle fällt die Entscheidung zu Gunsten der Version, bei der die Fachabteilung den korrigierten Artikel an die Redaktion weiter gibt. Das bedeutet nicht, dass das die bessere Lösung ist. Beide Wege können sich günstig, aber auch ungünstig auf die Geschwindigkeit der Veröffentlichung auswirken. Um den Sachverhalt abschließend zu bewerten, müsste man die tatsächlichen Abläufe im Unternehmen testen. Für Sie ist es in jedem Fall eine gute Übung, wenn Sie versuchen, auch den anderen Fall als Workflow abzubilden.

Die Umsetzung

Abbildung 17.11 zeigt den bisherigen Ablauf bis zur Veröffentlichung.

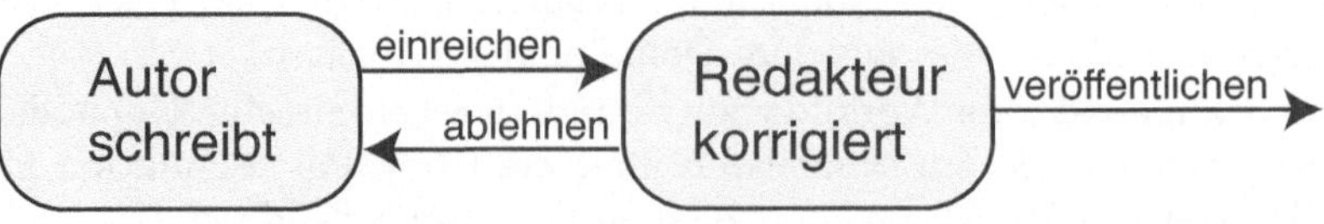

Abb. 17.11. Ausschnitt aus Plones Standardworkflow

Kommt ein weiterer Mitarbeiter dazu, dann ändert sich der Workflow gemäß dem Diagramm 17.12:

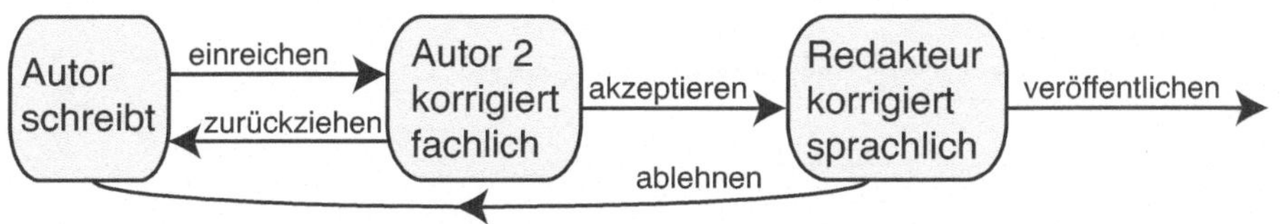

Abb. 17.12. Erweiterter Workflow im Vier-Augen-Prinzip

Allein diese geringe Änderung macht den Workflow deutlich komplexer. Es stellt sich die Frage, mit welchen Mitteln diese Änderungen implementiert werden sollen. Eine Möglichkeit wäre, einen neuen Status einzuführen, der zum Beispiel „akzeptiert" heißen könnte. Dazu bräuchte man noch einen weiteren Übergang – „akzeptieren".

Das ist durchaus praktikabel und in der Regel auch der richtige Weg. Um den Umgang mit Variablen zu veranschaulichen, soll im Beispiel ein anderer Weg beschritten werden.

Die Variable *accepted* soll speichern, ob der Artikel bereits fachlich korrigiert wurde. Der Standardwert ist *no*. Sobald ein Autor seinen Artikel einreicht, bekommt er wie gehabt den Status *offen*. Neu ist aber, dass der Artikel damit allen Mitarbeitern der Fachabteilung in der Revisionsliste angezeigt wird. Der neue Übergang *akzeptieren* setzt den Wert der Variablen dann auf *yes*. Erst wenn der Artikel akzeptiert wurde, wird er dem Redakteur in dessen Revisionsliste angezeigt. Damit kann der Redakteur den Artikel wie üblich freigeben. Immer wenn der Artikel abgelehnt wird, egal von wem, wird die Variable auf *no* zurück gesetzt.

Die Variable *accepted* wird über die Registerkarte *Variables* hinzugefügt. Im Beispiel habe ich eine englische Bezeichnung gewählt, da dies allgemein üblich ist. Genauso gut könnte man aber auch durch deutsche Bezeichnungen die eigenen Werte von den fremden abheben. Abbildung 17.13 zeigt die Konfiguration der neuen Variablen.

Als Update-Modus wird die manuelle Variante gewählt, weil sich die Variable nicht ohne explizite Zuweisung ändern kann. Dem Katalog soll die Variable bereit gestellt werden, um Suchabfragen zu ermöglichen. Denken Sie daran, einen passenden Index anzulegen. Der Wert ist nicht geheim und wird deswegen nicht durch eine Wächterbedingung geschützt.

Als nächstes muss der Übergang „akzeptieren" angelegt werden. Die Abbildung 17.14 zeigt die Einstellungen.

Damit sind die neuen Elemente angelegt. Der nächste Schritt ist, dafür zu sorgen, dass die Variable auch den richtigen Wert hat. Der Standardwert ist *no*. Er soll allen neuen Artikeln bei der Initialisierung zugewiesen werden. Außerdem muss der Wert immer auf *no* zurückgestellt werden, wenn

Workflow Variable at /clean/portal_workflow/own_workflow/variables/accepted

Id	accepted
Description	
Make available to catalog	☑
Store in workflow status	☑
Variable update mode	Update only when the transition or new state specifies a new value
Default value	no
Default expression (overrides default value)	
Info guard	Permission(s) Role(s) Group(s) Expression [?]

Save changes

Abb. 17.13. Die Eigenschaften der neuen Workflow-Variablen

Workflow Transition at /clean/portal_workflow/own_workflow/transitions/accept

Id	accept
Title	akzeptieren
Description	Der Mitarbeiter der Fachabteilung akzeptiert einen Artikel wenn er keine fachlichen Fehler hat und gibt ihn damit an die Redaktion weiter.
Destination state	(Remain in state)
Trigger type	○ Automatic ● Initiated by user action ○ Initiated by WorkflowMethod
Script (before)	(None)
Script (after)	(None)

Abb. 17.14. Die Eigenschaften des Übergangs „akzeptieren"

der Artikel abgelehnt oder zurückgezogen wird. Der Wert *yes* wird durch den Übergang *akzeptieren* gesetzt.

Unter *States* → *visible* → *Variables* wird die Variable *accepted* zunächst aus der Liste der Variablen ausgewählt und hinzugefügt. Anschließend wird unter *Value* der Wert `no` eingetragen.

Die Auswahl der Variablen erfolgt unter *Transitions* → *accept* → *Variables* genauso wie beim Status. Allerdings wird als Wert ein TALES-Ausdruck verlangt. In diesem Fall `string:yes`.

Nach diesen Änderungen wird die Variable bei jedem Eintritt in den Status *sichtbar* auf `no` und bei jedem Akzeptieren auf `yes` gestellt. Allerdings hat das noch keine Auswirkungen. Die nächste Aufgabe besteht darin, die Wächterbedingungen so anzupassen, dass jeder Mitarbeiter die richtigen Übergänge zur richtigen Zeit sieht. Der letzte Schritt ist dann die Definition der Worklists.

Offene Artikel sollen akzeptiert werden können. Deshalb muss der neue Übergang im Status *offen* aktiviert werden, wie die Abbildung 17.15 illustriert.

Um die Wächterbedingungen anzupassen, muss man zunächst identifizieren, wer welchen Übergang zu welchem Zeitpunkt ausführen können soll. Die

Workflow State at /clean/portal_workflow/own_workflow/states/pending

Id pending

Title Pending

Description

Possible Transitions
- [x] accept (akzeptieren)
- [x] hide (Member makes content private)
- [x] publish (Reviewer publishes content)
- [x] reject (Reviewer rejects submission)
- [x] retract (Member retracts submission)
- [ ] show (Member makes content visible)
- [ ] submit (Member requests publishing)

Save changes

Abb. 17.15. Mögliche Übergänge für den Status „offen“

Tabelle 17.7 zeigt die möglichen Übergänge für die relevanten Benutzergruppen.

Tabelle 17.7. Übergänge nach Benutzergruppen

	Verfasser	Eigentümer	Redakteur
privat schalten	●		
sichtbar machen	●		
einreichen	●		
zurückziehen	●	●	
akzeptieren		●	
ablehnen			●
veröffentlichen			●

Hier muss zwischen dem Verfasser und den Eigentümern unterschieden werden, obwohl der Verfasser keine eigene Rolle in Plone ist. Alle Mitarbeiter der Fachabteilung sind Eigentümer des Verzeichnisses ihrer Abteilung. Das ist notwendig, damit die Mitarbeiter dort Artikel schreiben können. Die Kontrolle, die die Erweiterung des Workflows sicher stellen soll, ist nur dann gegeben, wenn die Verfasser eines Artikels nicht das Recht hat, seine eigenen Artikel zu akzeptieren.

Dem Eigentümer wiederum wird das Recht entzogen, Artikel, die er nicht verfasst hat einzureichen. Damit verliert man einen Teil der Offenheit des Systems eines gemeinsamen Arbeitsbereichs, aber andernfalls hätte es die absurde Auswirkung, dass ein Verfasser seine eigenen Artikel nicht selbst akzeptieren kann, die anderen Eigentümer könnten dies jedoch sehr wohl. Die resultierenden Wächterbedingungen sind in der Tabelle 17.8 zusammengefasst.

Mit Hilfe der Revisionsliste sollen Redakteure alle Artikel sehen, die eingereicht und akzeptiert wurden. Die Mitarbeiter der Fachabteilung sollen die Artikel sehen, die in ihrer Abteilung eingereicht, aber noch nicht akzeptiert wurden. Es wird folglich eine zweite Worklist benötigt. Zuerst soll aber die bestehende modifiziert werden.

Tabelle 17.8. Wächterbedingungen der Übergänge

Übergang	Art	Bedingung
privat schalten	Expression	`python:here.Creator()==str(user)`
sichtbar machen	Expression	`python:here.Creator()==str(user)`
einreichen	Expression	`python:here.Creator()==str(user)`
zurückziehen	Permission	`Request review`
akzeptieren	Expression	`python:user.has_role('Owner', here)and here.Creator()!=str(user)and state_change.status['accepted']=='no'`
ablehnen	Expression	`python:user.has_role('Reviewer', here)and state_change.status['accepted']=='yes'`
veröffentlichen	Expression	`python:user.has_role('Reviewer', here)and state_change.status['accepted']=='yes'`

Unter *worklists* → *reviewer_queue* muss der erforderliche Wert für *accepted* eingetragen werden, um die eingereichten Artikel auszublenden, die noch nicht akzeptiert wurden. Danach erstellen Sie eine neue Worklist mit den Variablenwerten *accept*=`no` und *review_state*=`pending`. Als Wächterbedingung wird die Rolle `Owner` eingetragen. Abbildung 17.16 zeigt noch einmal die Einstellungen für die beiden Worklists.

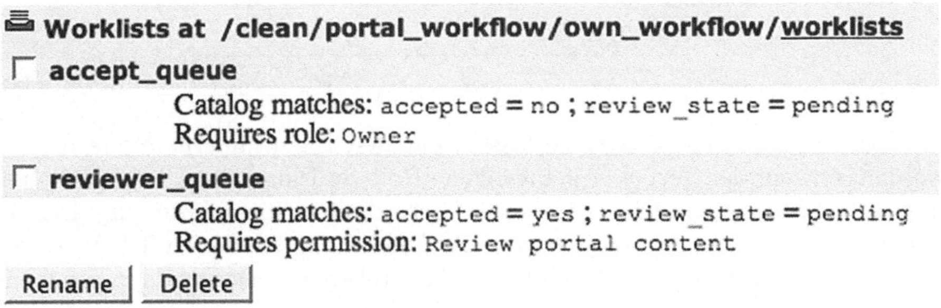

Worklists at /clean/portal_workflow/own_workflow/worklists

accept_queue
Catalog matches: `accepted` = `no` ; `review_state` = `pending`
Requires role: `Owner`

reviewer_queue
Catalog matches: `accepted` = `yes` ; `review_state` = `pending`
Requires permission: `Review portal content`

Rename | Delete

Abb. 17.16. Übersicht über die beiden Worklists

Bis auf einen Schönheitsfehler zeigt die Worklist jetzt die richtigen Artikel an. Allerdings sehen die Verfasser ihre eigenen Artikel, obwohl sie sie nicht akzeptieren können. Um das zu vermeiden wäre man auf TALES-Ausdrücke in den Wächterbedingungen angewiesen.

Workflows exportieren

Die Anpassung des Workflows ist über die Weboberfläche schnell und intuitiv zu erledigen. Die Nachteile der webbasierten Entwicklung sind, dass die Logik zusammen mit den Inhalten in der Objektdatenbank gespeichert wird. Damit lässt sich der Workflow nicht von den Inhalten trennen. Das Zusatzprodukt *DCWorkflowDump* erzeugt aus einem Workflow in der Objektdatenbank einen Workflow im Dateisystem. Dieser kann dann auch in anderen Plone Sites installiert werden. Der Zugriff auf die Datei kann über ein Versionskontrollsystem reglementiert werden.

Die Entwicklung eines Workflows über das ZMI und der anschließende Export in das Dateisystem über DCWorkflowDump ist eine Möglichkeit, Workflows zu entwerfen. Eine andere Methode, die vor allem für Programmierer interessant ist, wird im Abschnitt 14.3 auf Seite 275 beschrieben.

17.11.3 Placeful Workflow

Bisher konnten unterschiedliche Workflows nur unterschiedlichen Inhaltstypen
zugeordnet sein. Diese behielten den im Workflow Tool zugewiesenen Work- 2.5
flow auf der gesamten Site bei. Plone 2.5 führt ein Zusatzprodukt ein, mit
dem die Grundeinstellung lokal überschrieben werden kann.

Anwendungsfälle

Die Plone-Macher definieren drei Anwendungsfälle, in denen eine solche lokale Konfiguration sinnvoll ist:

- Workspaces
- Ordner mit vereinfachten Workflows
- externe Veröffentlichung

Workspaces sind Arbeitsbereiche für Gruppen, in denen andere Anforderungen herrschen können, als im öffentlichen Bereich einer Site. Sicherlich sind die Befugnisse der einzelnen Gruppenmitglieder weitreichender, möglicherweise existieren in den Arbeitsgruppen auch andere Hierarchien, denen im Workflow Rechnung getragen werden muss.

Bereiche einer Site, in denen die Inhalte keinen komplizierten Arbeitsabläufen unterliegen, können mit einfacheren Regeln versehen werden.

Der Begriff externe Veröffentlichung ist etwas irreführend. Tatsächlich geht es darum, den Artikel an einem Ort zu erstellen, und ihn an einem anderen zu veröffentlichen, was an den zwei Orten spezielle Workflows für ein- und denselben Artikel verlangt.

Einstellungen

Konfiguriert wird der Placeful Workflow über ein Configlet in der Plone-Konfiguration. Ein angenehmer Nebeneffekt ist, dass unter *global content type to workflow mapping* auch die globalen Einstellungen wie der Standard-Workflow und die Zuordnung der Workflows zu den Artikeltypen vorgenommen werden können, für die man sonst ins ZMI wechseln müsste.

Abb. 17.17. Globale Zuordnung von Workflows zu Artikeltypen

Workflows, die lokal verwendet werden sollen, müssen zunächst auf eine der bekannten Weisen angelegt und im System registriert werden. Dann werden unter *local content type to workflow mapping* Policies definiert. Eine Policy ist ein Satz aus Verknüpfungen zwischen Artikeltypen und Workflows.

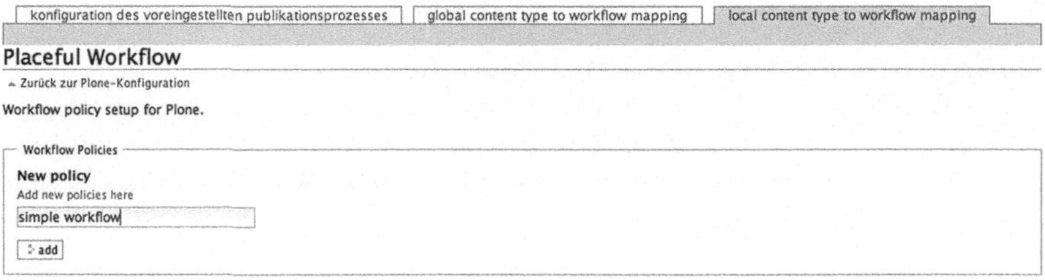

Abb. 17.18. Es können beliebig viele Policies angelegt werden

Zuordnung

Anschließend kann jedem Verzeichnis oder jeder Verzeichnisstruktur eine der Policies zugewiesen werden.

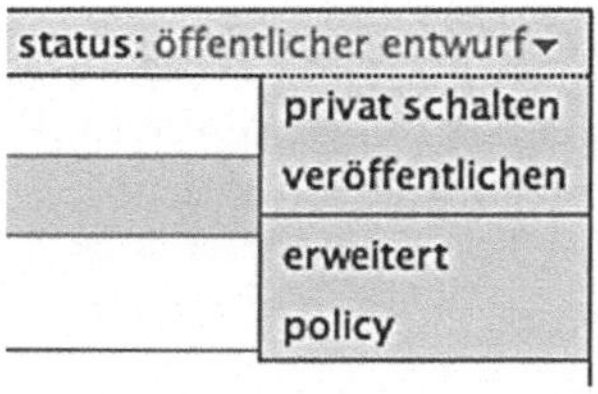

Abb. 17.19. Zuweisen einer lokalen Workflow Policy über das Status-Menü

17.12 External Editor

Dieses Produkt ermöglicht die Bearbeitung von Plone-Inhaltstypen mit beliebigen Programmen auf dem heimischen Rechner. Bilder können mit einer Bildbearbeitungssoftware bearbeitet und Texte in einem Texteditor erfasst werden. Besonders an der Installation dieses Produktes ist, dass es aus zwei Komponenten besteht: Der Client-Komponente und der Server-Komponente. Nach der Installation müssen beide Komponenten und der Web-Browser konfiguriert werden. Danach geht es um die Automatisierung der serverseitigen Aufgaben.

17.12.1 Server-Komponente

Die Server-Komponente stellt eine Aktion bereit, mit der eine Datei auf den Rechner des Benutzers übertragen wird. Vorher werden Metainformationen in die Datei eingefügt. Sie bekommt den MIME-Type *application/x-zope-edit.* External Editor ist standardmäßig bereits installiert. Da es sich um ein Zope-Produkt handelt, ist es in der Plone-Konfiguration nicht zu sehen.

17.12.2 Client-Komponente

Die Client-Komponente erwartet die Datei auf dem Rechner des Benutzers, analysiert die Header-Informationen und generiert eine temporäre Datei mit der korrekten Dateierweiterung. Diese wird dann im registrierten Editor geöffnet. Änderungen werden in regelmäßigen Intervallen an den Zope-Server übertragen und gespeichert. Nach Beendigung der Änderungen werden die Dateien auf dem Client-Rechner wieder gelöscht.

Die Client-Komponente regelt also die Kommunikation zwischen dem externen Editor und der Plone Site. Sie muss auf allen Rechnern installiert sein, an denen die Funktion zur Verfügung stehen soll. Es gibt die Client-Komponente für verschiedene Plattformen. Die Installation für die einzelnen Betriebssysteme wird im Folgenden erklärt.

Linux / Unix

External Editor hängt von den Paketen Python und TK ab. Die Dokumentation spricht von Python 2.2, aber höhere Versionen sollten ebenso gut funktionieren. Im Verzeichnis ExternalEditor wird dann der Funktionsaufruf ausgeführt:

```
python setup.py install
```

Der `python`-Befehl muss auf eine aktuelle Version verweisen. Installiert wird eine Datei mit Namen *zopeedit.py*, normalerweise in */usr/local/bin*. Am Besten überprüfen Sie noch die Zugriffsrechte der Datei. Sie muss für den Benutzer ausführbar sein.

```
chmod +x /usr/local/bin/zopeedit.py
```

Die Konfigurationsdatei liegt versteckt im Benutzerverzeichnis: *~/.zope-external-edit*

Windows

Für Windows-Systeme steht eine vorkompilierte Version der Client-Komponente zur Verfügung. Sie kann unter *http://plope.com/software/↩ ExternalEditor* heruntergeladen werden. Ein grafisches Setup-Programm führt durch die Installation.

Die Konfigurationseinstellungen werden in der Datei ZopeEdit.ini gespeichert.

Mac OS X

Mit Mac OS X hat man zwei Möglichkeiten. Man kann entweder die Unix-Installation verwenden, oder aber eine Anwendung mit einem grafischen Interface herunterladen, die ZopeEditManager heißt. Die aktuelle Version, die unter Tiger läuft ist 0.9.7[3]. Der Vorteil dieser Anwendung ist die grafische Oberfläche zur Einstellung der Konfiguration und die Möglichkeit, mehrere gleichartige Dokumente parallel bearbeiten zu können.

Zur Installation wird die Anwendung in das Programme-Verzeichnis kopiert. Das Programm legt eine Preferences-Datei an. Sie liegt unter *~/Library/Preferences/com.urbanape.zopeeditmanager.plist.*

[3] http://www.urbanape.com/software/ZopeEditManager_0.9.7.html

Browser konfigurieren

Egal unter welchem Betriebssystem, der Webbrowser muss noch so konfiguriert werden, dass die empfangenen Dateien an die Client-Komponente übergeben werden.

Mozilla

Unter *Mozilla → Preferences → Navigator → Helper Applications* wird mit *New Type...* eine neue Verknüpfung erstellt. Die restlichen Einstellungen zeigt der Screenshot.

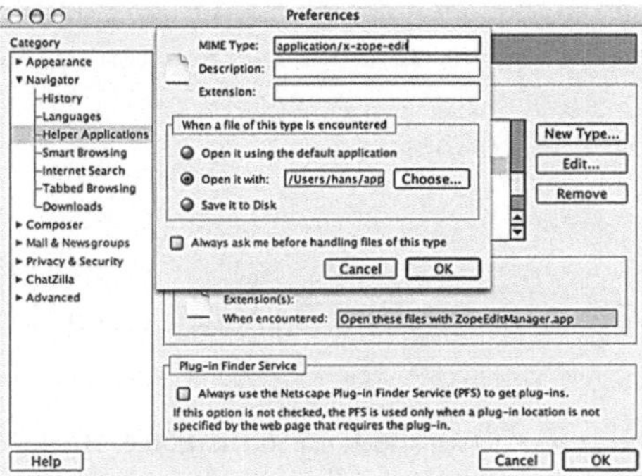

Abb. 17.20. Hilfsprogramme in Mozilla definieren

Firefox

In Firefox können keine neuen Datei-Verknüpfungen per Knopfdruck eingerichtet werden. Statt dessen meldet sich die Software, wenn zum ersten Mal eine Datei mit einem unbekannten Format heruntergeladen werden soll. Dann kann man die Einstellungen wie in der Abbildung 17.21 eintragen.

Abb. 17.21. Firefox fragt beim ersten Download

Internet Explorer

Wenn die Client-Komponente über das grafische Installationsprogramm installiert wurde, dann ist der Microsoft Internet Explorer bereits für die Verwendung konfiguriert.

Eingerichtet wird in den Ordneroptionen eine Verknüpfung zwischen der Dateiendung .ZOPE und der Client-Komponente.

Client-Konfiguration

Verschiedene Einstellungen beeinflussen das Verhalten des Programms. Diese werden in die Konfigurationsdatei eingetragen. Der ZopeEditManager unter Mac OS X verfügt über eine grafische Oberfläche, mit der die Einstellungen vorgenommen werden können.

Die Konfigurationsdatei hat das folgende Format:

```
[Sektion]
Schlüssel=Wert
```

Die Sektionen – sortiert nach aufsteigender Priorität – können einen der folgenden Werte haben:

general: Diese Sektion ist obligatorisch und sollte alle Einstellungen beinhalten, die keinen Vorgabewert haben. Sie hat die niedrigste Priorität und die Einstellungen in den anderen Sektionen überschreiben die Werte, die hier gesetzt sind.

domain: Einstellungen können pro Domain vorgenommen werden. Der Domainname wird dabei durch einen Doppelpunkt vom Sektionsnamen getrennt: `[domain:www.meinedomain.de]`

meta-type: Einstellungen können für jeden Zope-Meta-Type gesetzt werden. Der Meta-Type wird durch einen Doppelpunkt vom Sektionstyp getrennt. Zum Beispiel: `[meta-type:Page Template]`

content-type: Die höchste Priorität hat der Content-Type, wobei entweder nur der Major-Part angegeben wird (`[content-type:text/*]`) oder aber beide Teile (`[content-type:text/html]`). Die vollständige Angabe hat Vorrang vor der teilweisen.

Die unterschiedlichen Einstellungen werden im Folgenden erklärt:

editor: Das Programm, mit dem die Datei des angegebenen Typs geöffnet werden soll. Es kann ein Anwendungsname sein, oder ein Befehl. Bei Kommandozeilentools muss man darauf achten, dass sich die Anwendung nicht von der Shell abkoppelt, sonst verliert der EditManager die Kontrolle über die heruntergeladene Datei und Änderungen werden nur noch lokal gespeichert. Der Pfad zur lokalen Datei wird ans Ende der Kommandozeile angehängt. Soll er in der Mitte verwendet werden, dann kann die Variable `$1` beziehungsweise `%1` unter Windows eingesetzt werden.

Windows-Benutzer müssen keine Editoren definieren. Statt dessen wird anhand des Dateityps der Standardeditor verwendet.

save_interval: Das Speicherintervall gibt die Anzahl an Sekunden an, nach denen Änderungen jeweils auf den Server zurückgeschrieben werden sollen.

use_locks: Der Parameter kann den Wert `1` für wahr und `0` für falsch annehmen. Er legt fest, ob die Dateien auf dem Server für weitere Bearbeitungen gesperrt werden sollen oder nicht.

always_borrow_locks: Der Parameter kann den Wert `1` oder `0` bekommen. Er unterdrückt Warnmeldungen, wenn eine Datei geändert wird, die bereits vom Benutzer gesperrt wurde. Standardmäßig ist das nicht der Fall.

cleanup_files: Ein Wert von `1` gibt an, dass die temporären Dateien nach der Bearbeitung gelöscht werden sollen, bei `0` verbleiben sie auf dem Rechner. Das ist insofern problematisch, als Authentifizierungsinformationen in den Dateien gespeichert sind. Der Vorgabewert sollte deshalb nur in Ausnahmefällen geändert werden.

extension: Der Parameter bestimmt die Dateiendung, die an die temporäre Datei angehängt werden soll. Das vermeidet Probleme beim Öffnen der Datei und ermöglicht Text-Editoren ein korrektes Syntax Coloring.

temp_dir: Auf Unix-Systemen kann ein Verzeichnis angegeben werden, in dem die temporären Dateien gespeichert werden. Voreingestellt ist das temporäre Verzeichnis des Betriebssystems.

long_file_name: Normalerweise wird in temporären Dateinamen neben der ID auch der gesamte Pfad zur Datei aufgenommen. Um das zu verhindern kann der Eintrag auf `0` gestellt werden.

file_name_separator: Werden lange Dateinamen verwendet, dann wird das angegebene Zeichen als Pfadtrenner verwendet. Der Standardwert ist das Komma. Es darf kein Zeichen gewählt werden, das tatsächlich als Pfadtrenner im jeweiligen Betriebssystem fungiert. Zu bedenken ist dabei auch, dass Mac OS X sowohl den Doppelpunkt aus alten Macintosh-Zeiten, als auch den Schrägstrich aus der Unix-Welt als Pfadß-trenner interpretiert.

17.12.3 Aktivierung

Der letzte Schritt ist die Aktivierung der Funktion in Plone. Dafür gibt es zwei Möglichkeiten:

Global

Sollen alle Artikel extern bearbeitbar sein, kann in den Benutzereinstellungen die Option *externen Editor erlauben* aktiviert werden. Ist im ZMI in Portal-Actions-Tool die Aktion *extedit* aktiv, dann erscheint ein Stiftsymbol in den Document Actions.

17.12.4 Abhängig vom Content Type

Einzelne Inhaltstypen können separat freigeschaltet werden. Zwei Aktionen sind vordefiniert. Die eine beachtet die persönlichen Einstellungen nicht, die andere zeigt nur dann einen Reiter in den Content Views, wenn der Benutzer den Externen Editor gestattet.

17.13 Kupu

Kupus Konfiguration, die über die Sektion *Konfiguration von Zusatzprodukten* in der Plone-Konfiguration erreichbar ist, ist auf vier Registerkarten untergebracht. Die Karte *documentation* beherbergt die Dokumentation, die sehr ausführlich, leider aber nur englisch verfügbar ist.

17.13.1 Config

Die Seite *config* enthält allgemeine Einstellungen und solche, die die Behandlung von HTML und CSS-Quelltext behandeln:

Link using UIDs: Alle Elemente können in Plone über ihren URL angesprochen werden. Damit sind sie im Moment des Aufrufs eindeutig identifizierbar. Dieser URL kann sich aber ändern, wenn zum Beispiel ein Artikel umbenannt oder verschoben wird. Deshalb haben die neuen Standardtypen – genauergesagt alle Archetypes-basierten Content-Typen – einen eindeutigen Bezeichner, der sich während der Lebensdauer eines Artikels nicht ändert. Wird die Option *Link using UIDs* gesetzt, dann wird immer wenn ein eindeutiger Bezeichner verfügbar ist, ein Link erzeugt, der den Artikel über den UID-Katalog ermittelt. Solche Links behalten selbst dann ihre Gültigkeit, wenn sich der URL ändert. Benutzen Sie diese Funktion, wenn zu erwarten ist, dass Artikel häufig verschoben oder umbenannt werden.

Install Kupu code to detect form changes: Wenn man ein Webformular lädt, dann ist der Vorgang im zustandslosen Hypertext-Transfer-Protokoll abgeschlossen. Über einen Link, ein Lesezeichen oder eine Schaltfläche im Browser kann jederzeit ein neues Dokument geladen werden. Damit wären alle Ändererungen und Eintragungen, die im Formular vorgenommen wurden, verloren. Um das zu vermeiden, können Zusatzfunktionen aktiviert werden, die vor dem verlassen eines geänderten Dokuments warnen. Wenn diese Option nicht aktiviert ist, dann bedeutet das nicht, dass eine solche Funktion nicht existiert. Es heißt lediglich, dass dann nicht die Kupu-eigenen Funktionen verwendet werden.

Tables / Paragraph Styles: Für Tabellen und Absätze können CSS-Klassen definiert werden, die dann in Kupu für markierte Bereiche aus einer Liste ausgewählt werden können. Der bloße Eintrag in die Liste reicht

natürlich nicht aus. Die entsprechende Klasse muss in der Stilvorlagendatei von Plone – üblicherweise ploneCustom.css – noch definiert werden.

Tags / Attributes: Kupu achtet auf einen möglichst sauberen HTML-Code. Das wird erreicht, indem ein HTML Filter bestimmte Attribute und Tags löscht. Die Voreinstellungen sind für viele Fälle akzeptabel. Es gibt insbesondere dann keine Probleme, wenn der Artikel neu mit Kupu erstellt wird. Anders sieht es allerdings aus, wenn bestehende Artikel, die im HTML-Format vorliegen, mit Kupu geöffnet, verändert und wieder gespeichert werden. Dann greift der Filter und arbeitet die Regeln ab. Oft kommt es dabei zu unerwünschten Änderungen des Layouts, wenn zum Beispiel Tabellen mit `height`- und `width`-Attributen verwendet werden. Sie werden vom Filter gelöscht. Neue Regeln können in die zwei leeren Textfelder eingefügt werden. Lassen Sie die Tagliste leer, damit die Regel für alle Tags gilt. Eine leere Attributliste führt zur Löschung des gesamten Tags. Alte Regeln werden gelöscht, indem der Haken aus der zugehörigen Checkbox entfernt wird.

Style Whitelist: Hier wird pro Zeile eine CSS-Anweisung geschrieben, die bei der Quelltext-Bearbeitung in das Style-Attribut eines Tags geschrieben werden darf.

Class Blacklist: Sollen bestimmte CSS-Klassen nicht auf Elemente, die in Kupu erzeugt werden, anwendbar sein, dann kann der Klassenname dieser Liste hinzugefügt werden.

17.13.2 Libraries

Kupu verwendet Dialoge zur Auswahl von Bildern und Verweiszielen. Das Verhalten dieser Dialoge wird über diese Registerkarte gesteuert.

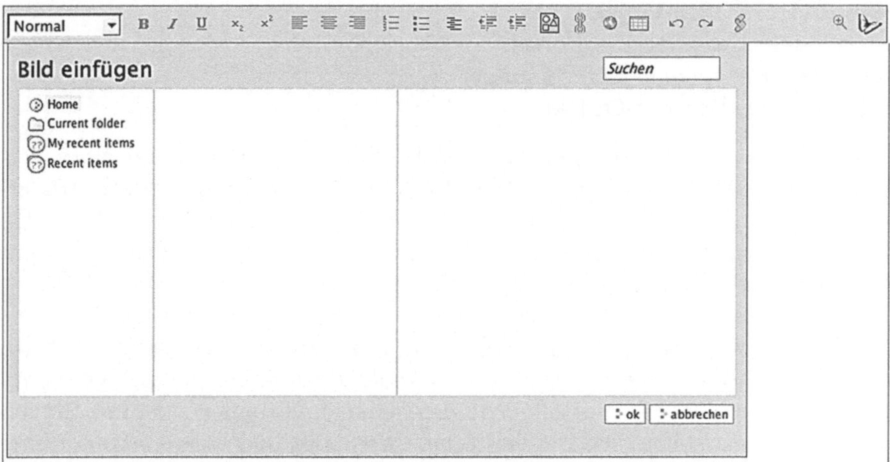

Abb. 17.22. Bildauswahldialog in Kupu

Die Liste der Startpunkte, die in der linken Spalte des Dialogs stehen, wird über die Einträge auf dieser Registerkarte bestimmt. Sie werden Bibliotheken genannt, weil sie Sammlungen bestimmter Artikel darstellen. Standardmäßig sind bereits einige Bibliotheken definiert. Weitere können weiter unten im Formular angelegt werden. Die einzelnen Werte sind TALES-Ausdrücke, die im Abschnitt 13.1 auf Seite 213 erklärt werden.

ID: Ein eindeutiger Name für die neue Bibliothek.
Title: Die Zeichenkette, mit der der Eintrag im Dialog beschriftet werden soll.
URI: Der eindeutige Bezeichner für die Ergebnismenge.
Source URI: Die XML-Datei, in der die Ergebnismenge an Kupu übergeben wird.
Icon URI: Das Symbol, das neben dem Eintrag dargestellt werden soll.

Die Definition des eigenen Benutzerverzeichnisses als Bibliothek sähe folgendermaßen aus:

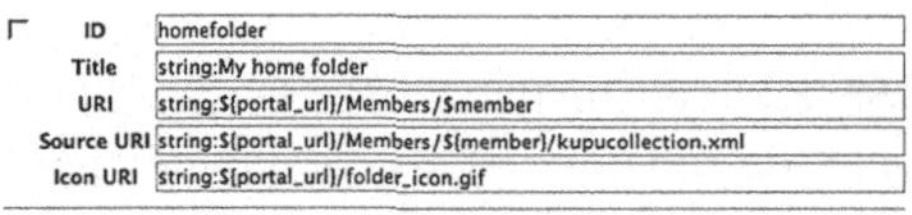

Abb. 17.23. „Mein Ordner" als Bibliothek

Innerhalb der Definitionen sind verschiedene Variablen gesetzt:

object: Das aktuell bearbeitete Objekt
object_url: Der URL des aktuellen Objekts
folder: Der Ordner, in dem sich das aktuelle Objekt befindet
folder_url: Der URL des `folder`-Verzeichnisses
portal: Das Portal-Objekt
portal_url: Der URL des Portals
member: Der angemeldete Benutzer
request: Das Request-Objekt

Handelt es sich bei der gewünschten Bibliothek um den Inhalt eines Verzeichnisses, dann kann die Liste über das Template `kupucollection.xml` erzeugt werden. Es handelt sich hierbei übrigens nicht um eine statische XML-Datei, sondern um ein Template. Eine statische Datei im richtigen Format wäre aber ebenso gültig.

Zur Ermittlung der Ergebnismenge und der Formatierung in XML spielen zwei Dateien zusammen. Einmal das XML-Template, das die Daten als XML darstellt und zum Anderen ein entsprechendes Python-Script, das die darzustellenden Datensätze ermittelt. Wie das genau funktioniert, können Sie am lebenden Objekt sehen. Die Dateien *kupuMyItems.py* und *kupumyitems.xml.pt* liegen beide im Verzeichnis *$INSTANCE* → *Products* → *kupu* → *plone* → *kupu_plone_layer*.

17.13.3 Resource Types

Klickt man auf die Schaltfläche um ein Bild einzufügen, dann sieht man eine andere Auswahl als wenn man einen Querverweis setzen möchte. Das kommt daher, dass Kupu die Inhalte nach ihrem Typ filtert. Dieser Filter wird über die Resource Types realisiert. Wichtig für Sie als Administrator ist zu wissen, wie neue Inhaltsarten in Kupu eingesetzt werden können, um in den Auswahldialogen zu erscheinen.

linkable: In dieser Liste werden alle Typen aufgeführt, auf die ein Querverweis gesetzt werden kann.

mediaobject: Hier sind alle Typen aufgelistet, die in ein Dokument eingefügt werden können. Standardmäßig sind hier nur Artikel des Typs *Image* enthalten. Werden externe Produkte, die Bilder verwalten installiert, so sind diese Artikel möglicherweise ausgeblendet.

collection: Hierbei handelt es sich um Containertypen. Sie müssen benannt werden, damit durch die Verzeichnisstruktur navigiert werden kann.

17.14 Customization Policy – die Implementierung

Was eine Customization Policy ist, wurde im Abschnitt 17.1 auf Seite 318 bereits kurz erklärt. Es handelt sich um eine Datei, in der die Konfiguration der Site mittels Funktionsaufrufen definiert ist. Sie wird entweder automatisch oder manuell nach der Erzeugung der Plone Site ausgeführt.

An vielen Stellen der vergangenen Abschnitte wurden Codefragmente genannt, mit denen Einstellungen über die verschiedenen Tools vorgenommen werden. Diese Anweisungen werden in der Customization Policy gesammelt.

Die Konfigurationsskripte werden vom Migration-Tool verwaltet und können über die Registerkarte *Setup* abgerufen werden, die die Abbildung 17.24 zeigt.

Im oberen Bereich stehen die registrierten Policies. Wie Policies registriert werden, wird an späterer Stelle beschrieben.

Der zweite Bereich, überschrieben mit *General Setup* ist eine Liste einzelner Funktionen, die im Migration Tool registriert sind. Dabei handelt es sich um sogenannte *Setup Widgets*. Der Vorteil der Setup Widgets liegt darin, dass Konfigurationsabschnitte einzeln auf eine Plone Site angewendet werden können. Es ist nicht notwendig, die gesamte Policy zu durchlaufen. Der Einsatz von Setup Widgets ist kaum aufwändiger als eine einfache Customization Policy, weshalb hier die Konfiguration mittels Setup Widgets beschrieben wird.

Man ist übrigens nicht auf eine Customization Policy beschränkt. Es können beliebig viele davon im System registriert werden.

Das Produkt der eigenen Site hat eine bestimmte Ordnerstruktur:

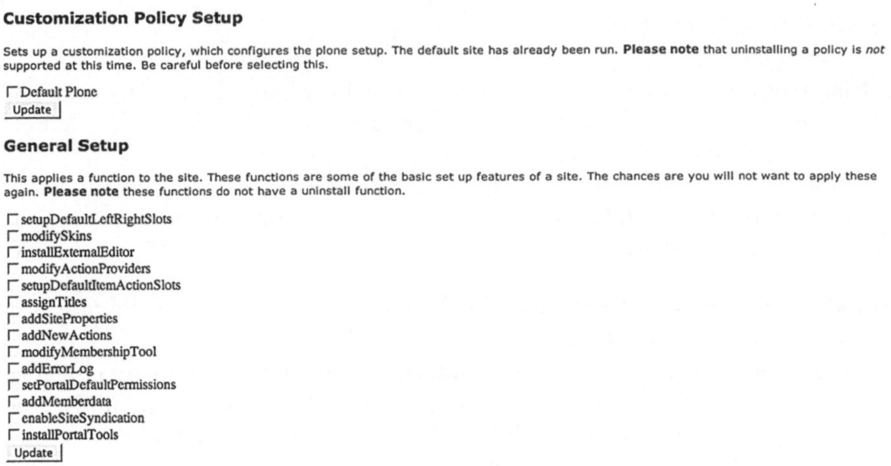

Customization Policy Setup

Sets up a customization policy, which configures the plone setup. The default site has already been run. **Please note** that uninstalling a policy is *not* supported at this time. Be careful before selecting this.

- [ ] Default Plone

Update

General Setup

This applies a function to the site. These functions are some of the basic set up features of a site. The chances are you will not want to apply these again. **Please note** these functions do not have a uninstall function.

- [ ] setupDefaultLeftRightSlots
- [ ] modifySkins
- [ ] installExternalEditor
- [ ] modifyActionProviders
- [ ] setupDefaultItemActionSlots
- [ ] assignTitles
- [ ] addSiteProperties
- [ ] addNewActions
- [ ] modifyMembershipTool
- [ ] addErrorLog
- [ ] setPortalDefaultPermissions
- [ ] addMemberdata
- [ ] enableSiteSyndication
- [ ] installPortalTools

Update

Abb. 17.24. Die Registerkarte *Setup* im Migration-Tool

```
- Site
    - __init__.py
    - Extensions
    - skins
```

Hier wird noch ein Unterverzeichnis *setup* eingefügt. In diesem Verzeichnis wird eine leere *__init__.py* angelegt.

Als nächstes folgt eine Datei, in der die benötigten Änderungen in sinnvolle Blöcke zu einzelnen Funktionen zusammengefasst sind. Als Vorlage kann hier die Datei *$INSTANCE → Products → CMFPlone → setup → ConfigurationMethods.py* dienen. Einige der Konfigurationen einer Standard-Plone-Site sollen sicher auch in anderen Projekten beibehalten werden, zum Beispiel die Installation des Externen Editors. In anderen Funktionen werden Sie möglicherweise nur die Werte ändern wollen. Auf jeden Fall finden Sie in dieser Datei viele Hinweise, wie die verschiedenen Konfigurationen vorgenommen werden. Achten Sie darauf, dass die Funktionen mehrfach angewendet werden können. Wenn Sie zum Beispiel Objekte anlegen, dann überprüfen Sie vorher, ob das Objekt schon existiert. Arbeiten Sie mit absoluten Wertzuweisungen und nicht mit relativen Werten.

Nach der Definition der Funktionen werden diese im Dictionary-Objekt `functions` gespeichert. Die Schlüssel der Einträge sind beliebig, aber wenn der Name der Funktion verwendet wird, dann bleibt der Zusammenhang zwischen dem Setup Widget und der entsprechenden Funktion auch im ZMI sichtbar.

Zuletzt folgt die Definition einer Klasse, die die Methoden ihrer Superklasse `SetupWidget` implementiert. Wichtig ist, dass Sie im Kopf der Datei die Klasse `SetupWidget` importieren. Die Funktionsdefinitionen können Sie aus der Klasse `GeneralSetup` übernehmen. Das `functions`-Objekt wird der gleichnamigen Klassenvariablen zugewiesen. Neben den Funktionsdeklarationen wird in der Klasse SetupWidget dem Konstruktor das Portal-Objekt als Parameter hinzugefügt.

Die Datei *ConfigurationMethods.py* hat dann also folgenden Grundaufbau:

setup/ConfigurationMethods.py

```
from Products.CMFPlone.setup.SetupBase import ↩
    SetupWidget

### Konfigurationsfunktionen ###
 def setupDefaultLeftRightSlots(self, portal):
     """ sets up the slots on objectmanagers """
     left_slots=( 'here/portlet_navigation/macros/ ↩
         portlet'
                , 'here/portlet_login/macros/portlet'
                , 'here/portlet_recent/macros/portlet'
                , 'here/portlet_related/macros/portlet' ↩
                  )
     right_slots=( 'here/portlet_review/macros/portlet'
                 , 'here/portlet_news/macros/portlet'
                 , 'here/portlet_events/macros/portlet'
                 , 'here/portlet_calendar/macros/portlet ↩
                   ' )
     safeEditProperty(portal, 'left_slots', left_slots, ↩
         'lines')
     safeEditProperty(portal, 'right_slots', right_slots ↩
         , 'lines')
     safeEditProperty(portal.Members, 'right_slots', (), ↩
          'lines')

### Verzeichnis-Objekt der Funktionen ###
functions = {
    'setupDefaultLeftRightSlots': ↩
       setupDefaultLeftRightSlots,
    }

### Setup-Klasse ###
class MySiteSetup(SetupWidget):
    type = 'MySite Setup'

    description = """Eine Beispielpolicy für MySite."""

    functions = functions

    def setup(self):
        pass

    def delItems(self, fns):
        out = []
```

```
        out.append(('Currently there is no way to remove ↩
            a function', INFO))
        return out

    def addItems(self, fns):
        out = []
        for fn in fns:
            self.functions[fn](self, self.portal)
            out.append(('Function %s has been applied' % ↩
                fn, INFO))
        return out

    def installed(self):
        return []

    def available(self):
        """ Go get the functions """
        return self.functions.keys()
```

Die Setup-Klasse muss noch im Migration-Tool registriert werden. Deshalb müssen folgende Anweisungen in die Datei `setup/__init__.py` aufgenommen werden:

setup/__init.py__

```
from Products.CMFPlone import MigrationTool
from ConfigurationMethods import MySiteSetup

MigrationTool.registerSetupWidget(MySiteSetup)
```

Damit sind die Setup Widgets auf der Setup-Seite des Migration-Tools sichtbar. In der Regel möchte man aber bereits beim anlegen einer Plone Site das Setup angeben. Zur Wahl stehen dort aber nur Customization Policies. Und da nur eine im System registriert ist – nämlich die Plone Policy – wird das nicht einmal angezeigt.

Eine Customization Policy wird erzeugt, indem eine Klasse von `DefaultCustomizationPolicy` abgeleitet wird, die das ICustomizationPolicy-Interface implementiert. Dazu muss die `customize`-Methode so verfasst sein, dass sie die Widgets der Setup-Klasse ausführt. Sie wird in der Datei *setup/MySite.py* definiert:

setup/MySite.py

```
from Products.CMFPlone.Portal import addPolicy
from Products.CMFPlone.interfaces.CustomizationPolicy ↩
    import ICustomizationPolicy
from Products.CMFPlone.CustomizationPolicy import ↩
    DefaultCustomizationPolicy

class MySitePolicy(DefaultCustomizationPolicy):
    """ MySite Website configuration """
```

```
    __implements__=ICustomizationPolicy

    availableAtConstruction=1

    def customize(self, portal):
        mi_tool = portal.portal_migration
        gs = mi_tool._getWidget('MySite Setup')
        gs.addItems(gs.available())


def register(context, app_state):
    addPolicy('My Site', MySitePolicy())
```

Als letzter Schritt muss die Klasse noch registriert werden. Dazu müssen folgende Anweisungen in die Datei `__init__.py` (nicht `setup/__init__.py`) aufgenommen werden:

__init.py__

```
from setup import MySitePolicy

def initialize(context):
    MySitePolicy.register(context, globals())
```

Damit lässt sich für neue Plone Sites die anzuwendende Policy auswählen.

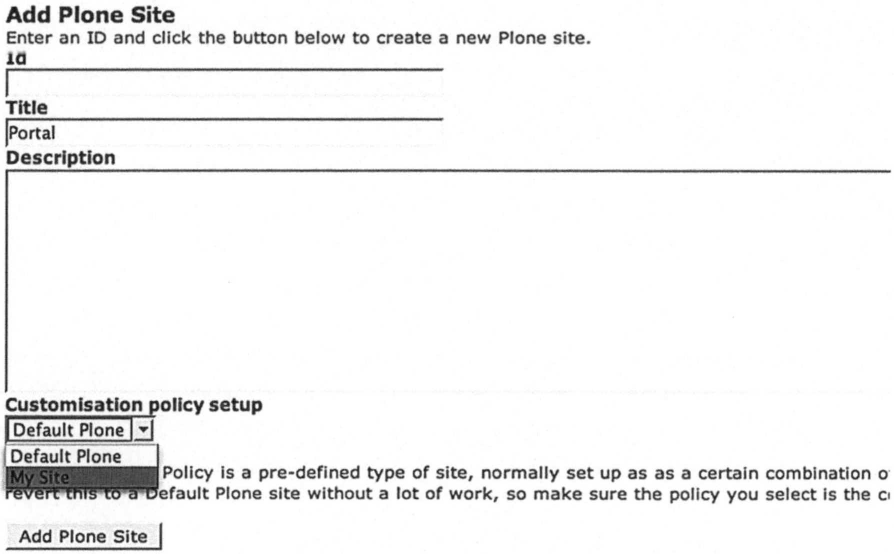

Add Plone Site
Enter an ID and click the button below to create a new Plone site.
Id
Title
Portal
Description
Customisation policy setup
Default Plone
Default Plone
My Site
Policy is a pre-defined type of site, normally set up as as a certain combination o
revert this to a Default Plone site without a lot of work, so make sure the policy you select is the c
Add Plone Site

Abb. 17.25. Auswahl der Customization Policy

Mit Hilfe der verschiedenen Techniken können Sie entscheiden, wie nah oder wie weit die Konfiguration Ihrer Plone Site von der Original-Plone-Site entfernt sein soll. Grundsätzlich könnten Sie jetzt noch die Funktion `getPloneGenerator()` des ICustomizationPolicy-Interfaces überladen und einen eigenen Generator bereit stellen. Das zu erklären würde aber hier zu weit führen.

Wenn Sie mit dem Setup einer Standard-Plone-Site schon einigermaßen zufrieden sind, dann sollten Sie eine neue Site mit der *Default Plone*-Konfiguration erzeugen und anschließend über Setup Widgets Ihre eigenen Konfigurationsänderungen übertragen.

17.15 Wie geht es weiter?

Mit dem jetzigen Wissen können Sie Plone Sites einrichten und verwalten. Im produktiven Betrieb kommen noch viele Anforderungen an die Leistungsfähigkeit und die Sicherheit dazu, die im Testbetrieb nur bedingt geprüft werden können. Deshalb sind Leistungsmessungen und Profiling-Techniken nötig, um nahende Engpässe und auftretende Probleme analysieren und beheben zu können.

Eine Bremse für jede Plone Site verrate ich Ihnen hier, die anderen im folgenden Kapitel. In der Datei *$INSTANCE/etc/zope.conf* müssen sie für Produktivsysteme den Schalter `debug-mode` auf `off` schalten oder einfach die entsprechende Zeile auskommentieren.

18

Plone in Betrieb

Plone arbeitet zufriedenstellend und es ist an der Zeit, der Öffentlichkeit die Arbeit zu präsentieren. Um dem Besucher ein optimales Online-Erlebnis zu bescheren, sind noch einige Schritte zu absolvieren. Die Geschwindigkeit muss gesteigert werden, der Zugang zur Site muss über einen leistungsfähigen Webserver abgewickelt werden, etc. Diese Maßnahmen werden hier beschrieben.

Die zwei wichtigsten Parameter für den Betrieb einer Website – ganz gleich, ob es sich um eine Plone Site, eine Website auf PHP-Basis oder eine statische HTML-Site handelt – sind Sicherheit und Performance. Beides muss implementiert, getestet und im laufenden Betrieb überwacht werden. Für jede dieser Aufgaben gibt es in allen Rechnerwelten spezialisierte Werkzeuge, die diese Arbeit verrichten. In diesem Kapitel geht es vorrangig um die Anbindung von Plone an einen Webserver und die Erweiterungsmöglichkeiten von Plone.

18.1 Backups

Ein wichtiger Aspekt der Betriebssicherheit ist die Datensicherheit. Also die Möglichkeit, die Daten einer Site selbst bei gravierenden Störungen wie einer defekten Festplatte oder einem Virus wieder herzustellen.

Alle Konfigurationsdateien, die Plone-Installation selbst und alle Zusatzprodukte existieren im Dateisystem. Von der Installation lässt sich also ohne Probleme ein Image anlegen. Die eigenen Entwicklungen sind bei Werkzeugen zur Versionskontrolle gut aufgehoben. Bekannte Vertreter sind CVS und Subversion.

Alle Daten, die beim Betrieb einer Zope-Instanz anfallen, werden normalerweise in der Objekdatenbank von Zope (ZODB) gespeichert. Um alle Informationen zu sichern reicht es, von dieser Datenbank in regelmäßigen Abständen Sicherungskopien anzufertigen. Dabei sollte das Backup natürlich nicht nur auf dem Server gespeichert sein. Solche lokalen Sicherungskopien sind bei Festplattendefekten meist wertlos.

Bevor die Datenbank gesichert wird, kann sie noch gepackt werden, um Platz zu sparen. Beim Packen werden alte, ungültige Kopien der Objekte aus der Datenbank entfernt. Wie alt diese Objekte sein dürfen, kann beim Packen angegeben werden. Nach dem Packen lassen sich keine Arbeitsschritte mehr rückgängig machen, die länger zurück liegen als das angegebene Höchstalter der Objekte. Hier muss also ein Kompromiss zwischen der Speicherersparnis und dem Komfort der Seite gefunden werden. Eine Woche sollten die alten Änderungen meines Erachtens schon aufgehoben werden.

18.2 Weitere Sicherheitsvorkehrungen

Damit es erst gar nicht zum Datenverlust durch einen Angreifer kommt, sind verschiedene Sicherheitsvorkehrungen notwendig, die allesamt aber außerhalb des Fokusses dieses Buches liegen, aufgrund ihrer Wichtigkeit aber dennoch stichpunktartig behandelt werden sollen.

18.2.1 Firewall

Eine Firewall ist eine Grundvoraussetzung, um einen Server sicher betreiben zu können. Die meisten Webserver bringen bereits eine Grundkonfiguration mit, die nach den eigenen Bedürfnissen verändert werden kann. Immer benötigt wird bei einem Webserver der Port 80 für HTTP und der Port 443 für HTTPS. Meist geöffnet, aber ein potentielles Sicherheitsrisiko ist der FTP-Port 21. Wenn Sie nicht über FTP auf die Site zugreifen, sollten Sie diesen Port sperren, da bei einer FTP-Übertragung Passwörter im Klartext übertragen werden. Das Gleiche gilt für Telnet.

Alle Ports, die nicht geöffnet sein müssen, sollten von der Firewall gesperrt werden.

Eine bekannte Firewall-Software für Unix-Systeme ist *iptables*.

18.2.2 Intrusion Detection

Für ein höheres Sicherheitsbedürfnis sollte man über die Verwendung eines Intrusion-Detection-Systems nachdenken, das Einbruchsversuche entdecken kann. Das ist aber nur dann hilfreich, wenn die Protokoll-Dateien regelmäßig ausgewertet werden.

Ein Beispiel für ein Intrusion-Detection-System ist die Software *Snort*.

18.2.3 Zugriff über sichere Verbindungen

Die Sicherheitsmerkmale der einfachen Protokolle, mit denen lange Zeit über lokale Terminals andere Rechner administriert wurden, reichen in der Zeit des unsicheren Internets schon lange nicht mehr aus. Dennoch werden sie noch eingesetzt und damit werden Passwörter im Klartext übertragen, die Eindringlingen Tür und Tor öffnen. Mittlerweile gibt es aber für die meisten dieser unsicheren Protokolle sicheren Ersatz. Diese neuen Protokolle unterstützen Verschlüsselung und verwenden kryptografische Autorisierungsmechanismen. Wann immer es geht, sollte diesen Verfahren der Vorzug gegeben werden.

Um den Rechner über das Netzwerk zu administrieren, wird heute nicht mehr Telnet, sondern SSH oder VPN verwendet, für sichere Dateiübertragungen anstelle von FTP SCP, beziehungsweise SFTP. Leider versteht der Zope Server noch kein SFTP, so dass der Bulk-Upload von Content nur über FTP möglich ist. Lösen lässt sich dieses Problem nur über ein lokales Verzeichnis auf dem Server und einen Cron Job, der regelmäßig die enthaltenen Dateien auf den Zope Server lädt oder eine FTP-Verbindung durch einen SSH-Tunnel.

Genauso wie Sie nur über sichere Kanäle auf Ihren Webserver zugreifen sollten, sollten Sie auch eine verschlüsselte Verbindung benutzen, um den Zope Server selbst zu verwalten. Denn auch das bestmöglich gesicherte System geht bei korrekten Anmeldekennwörtern zuerst einmal von einem autorisierten Zugriff aus[1].

Zope unterstützt das SSL-Protokoll von Haus aus allerdings nicht. Eine Alternative ist wieder der SSH-Tunnel, eine andere – die, die ich auch empfehle – ist die Vorschaltung einer Webserver-Software wie Apache. Zope hat einen HTTP-Server eingebaut. Dieser ist notwendig, damit die Software HTTP-Anfragen beantworten kann. Er ist aber recht einfach gehalten und nicht das Kernstück der Software. Ein reiner HTTP-Server wie Apache ist sehr aufwändig auf seine Sicherheit hin getestet worden. Deshalb ist es ratsam, Zope über einen solchen HTTP-Server von der Außenwelt zu trennen.

18.3 Plone und Apache

Die Sicherheit ist ein Aspekt, der andere ist der Funktionsumfang. Apache und andere HTTP-Server sprechen auch HTTPS. Zudem bieten sie Caching-Funktionen, die für die Performance-Optimierung notwendig sind. Sie erlauben es, Sites nur teilweise von Zope aus zu bedienen, während andere Inhalte (noch) statisch vorliegen.

In den meisten Webhosting-Installationen ist ein HTTP-Server bereits installiert. Ist Apache auf Ihrem Webserver noch nicht installiert, dann finden Sie das Programm auf der Website der Apache Software Foundation[2]. Der Apache-Webserver ist sehr umfangreich auch auf Deutsch dokumentiert. Zur Zeit sind drei Versionen des Apachen auf dem Markt. Die Version 1.3, die bei vielen Webmastern immer noch sehr beliebt ist, weil sie sehr kompakt ist, und durch die lange Zeit, die diese Version schon verwendet wird, werden kaum noch Fehler gefunden. Die Version 2.0 trägt dem Bedürfnis nach mehr Funktionen Rechnung. Die neueste Version, die allerdings im produktiven Betrieb noch nicht sehr aufwändig getestet wurde, ist die Version 2.2.

[1] Hier gibt es natürlich Ausnahmen, wenn diese Zugriffe beispielsweise nur über bestimmte IP-Adressen erlaubt sind oder nur über die Netzwerkkarte des internen Netzwerkes.

[2] www.apache.org

18.3.1 Apache installieren

Hier wird die Installation der Apache-Version 2.0.55 unter MacOS X beschrieben. Da es sich um eine Quellcode-Installation handelt, sollte es auf allen Unix-Systemen genauso funktionieren. Plattformspezifische Unterschiede sind auf der Apache Homepage dokumentiert. Unter *http://httpd.apache.org/ ↪download.cgi* suchen Sie sich einen Server in Ihrer Nähe – beziehungsweise in der Nähe des Servers auf dem die Software installiert werden soll – und laden dann die Datei *httpd-2.0.55.tar.gz.* Der Rest der Installation erfolgt textbasiert über ein Terminal. Zunächst wechselt man in das Download-Verzeichnis und vergleicht die Prüfziffer der Datei. Die richtige Prüfziffer verbirgt sich neben dem Verweis zur Datei unter dem Link *MD5.*

```
md5sum httpd-2.0.55.tar.gz
```

Danach muss das Archiv entpackt werden.

```
cd /pfad/zur/datei
tar -xvzf httpd-2.0.55.tar.gz
```

Die Versuchung ist groß, die heruntergeladene Datei durch einen Doppelklick mit dem Standardprogramm zu entpacken. Dabei kommt es aber häufig zu Problemen. Mit *tar* ist man auf der sicheren Seite.

Nachdem die Dateien entpackt sind, befindet sich ein Verzeichnis httpd-2.0.55 im aktuellen Verzeichnis. Als nächstes muss die Installation vorbereitet werden.

```
cd httpd-2.0.55
./configure --enable-mods-shared='ssl rewrite cache ↪
    disk-cache proxy'
```

Die hier verwendeten Konfigurationsoptionen reichen aus, um die Beispiele in diesem Buch nachzuvollziehen. Was genau es damit auf sich hat, finden Sie in der Dokumentation des Apache-Webservers. Diese wird bei der Installation auch auf dem Server installiert und ist später über */manual* abrufbar.

Dem `configure`-Befehl kann ein Parameter `--prefix` übergeben werden, wenn die Installation nicht im Verzeichnis /usr/local/apache2 erfolgen soll.

```
./configure --prefix=/Applications
```

Die anderen Parameter sorgen dafür, dass weitere Funktionen in das Programm eingebaut werden. Der Konfigurationslauf nimmt einige Zeit in Anspruch, er zeigt aber die ganze Zeit über an, dass er arbeitet. Seien Sie geduldig.

Die nächste Geduldsprobe verlangt Ihnen das Dienstprogramm *make* ab.

```
sudo make
sudo make install
```

Damit ist Apache installiert und einsatzbereit. Bevor die Anfragen an den Zope Server weitergeleitet werden, folgt erst mal ein kurzer Test, um Fehler bei der Installation auszuschließen.

18.3.2 Apache starten und beenden

Bevor der eben installierte Webserver gestartet werden kann, muss eventuell zuerst der standardmäßig installierte Webserver beendet werden. Das erledigt man am besten über die *Systemeinstellungen* → *Sharing* → *Dienste* → *Personal Web Sharing.* Damit ist sichergestellt, dass der Webserver beim nächsten Start des Computers nicht wieder gestartet wird. Linux und Unix-Systeme müssen den Server über `apachectl stop` herunter fahren. Außerdem muss der Aufruf für den automatischen Start aus dem entsprechenden init-Skript entfernt werden.

Alle Dateien wurden, sofern kein Prefix angegeben wurde, im Verzeichnis */usr/local/apache2* erzeugt. Die ausführbaren Dateien liegen im Unterverzeichnis *bin.* Der Apache Server wird über ein Dienstprogramm verwaltet, das *apachectl* heißt. Damit der Server den Standard-HTTP-Port 80 verwenden kann, muss er als root gestartet werden:

```
sudo /usr/local/apache2/bin/apachectl start
```

Rufen Sie danach im Browser die Seite *localhost* auf. Erscheint die Begrüßung des Webservers im Browser, dann war die Installation erfolgreich.

18.3.3 URL-Transformation

Jetzt muss die Verbindung zwischen Plone und Apache hergestellt werden. Hier wird ein Apache-Modul verwendet, mit dem URLs dynamisch umgeschrieben werden können. Die Anweisungen, wie das zu geschehen hat, werden in Apaches Konfigurationsdatei geschrieben. Diese Datei heißt *httpd.conf* und findet sich in */usr/local/apache2/conf/httpd.conf.*

Zope Sites als virtuelle Hosts

Zope soll so konfiguriert werden, dass es virtuelle Hosts, also mehrere Sites innerhalb eines Servers unterstützt. Plone 2.1 installiert im Gegensatz zu seinen Vorgängern bereits ein *Virtual Host Monster*. Dieses „Monster" regelt alle virtuellen Hosts, ohne dass dazu etwas konfiguriert werden muss.

Mit den folgenden Einträgen wird ein virtueller Host erzeugt und die ankommenden Aufrufe an Zope weitergeleitet.

httpd.conf

```
NameVirtualHost 127.0.0.1:80

<VirtualHost 127.0.0.1:80>
ServerName clean.localhost
RewriteEngine On
RewriteRule ^/(.*) http://clean.localhost:8080/ ↩
   VirtualHostBase/
```

```
                http/clean.localhost:80/clean/ ↩
                    VirtualHostRoot/$1 [L,P]
</VirtualHost>
```

Der Ausdruck ist nicht sehr einfach zu lesen, hat aber meist eine ähnliche Form, sodass funktionierende Regeln oft als Vorlage dienen können.

Namensbasiertes virtuelles Hosting ermöglicht es, mehrere Sites auf einem Rechner mit nur einer IP-Adresse zu betreiben. Mit der Apache-Direktive `NameVirtualHost` aktiviert man alle virtuellen Hosts, die die gleiche IP:Port-Signatur verwenden. Für jeden virtuellen Host wird dann eine `<VirtualHost>`-Sektion angelegt. Zunächst gibt es nur einen virtuellen Host. Den Hostnamen `clean.localhost` habe ich auf meinem lokalen Testrechner definiert. Diese Definition geschieht unter MacOS X über den Netinfo Manager. Unter *machines* wird der Eintrag *localhost* dupliziert und in den gewünschten Namen umbenannt.

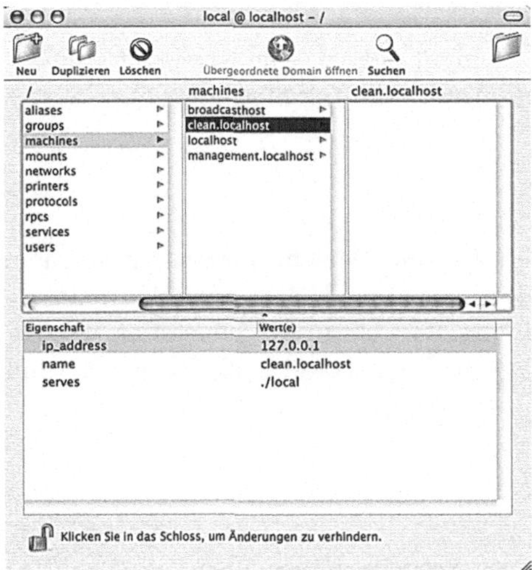

Abb. 18.1. Hostnamen definieren unter MacOS X

Die Anweisung `RewriteEngine=On` aktiviert das Modul zum Umschreiben der URLs. Genau das wird getan, um Zope an den Apachen zu binden. Anschließend werden die Regeln definiert, nach denen das zu geschehen hat. Eine solche `RewriteRule` beginnt immer mit einem regulären Ausdruck, der die URLs beschreibt, die umgeschrieben werden sollen. Der hier verwendete Ausdruck `^/.*` bedeutet, dass vom Anfang (`^`) nach dem ersten Schrägstrich (`/`) beliebig viele (`*`) beliebige, nicht leere Zeichen (`.`) stehen dürfen. Die Klammer um `.*` speichert die dadurch repräsentierte Zeichenkette in einer Variablen.

Der zweite Ausdruck ist der URL, an den die Anfrage weitergeleitet wird. Der Empfänger ist immer die Adresse
http://clean.localhost:8080/VirtualHostBase. Danach folgen Informationen, welcher URL zurück geliefert werden soll. `http/clean.localhost:80/clean` ↩

`/VirtualHostRoot/$1 [L,P]`. `http` bedeutet hier, dass das Protokoll HTTP ist. Danach folgt der Pfad, wie er in internen Links erscheinen soll. In diesem Fall sollen also alle Links auf der Seite später mit *http://clean.localhost* beginnen. Die Zahl 80 ist der Standard-HTTP-Port und fällt deshalb weg. `clean` ist der Name der Plone Site. Anschließend folgt der variable Teil des URLs, eingeleitet durch das Schlüsselwort `VirtualHostRoot`. Mit `$1` wird der erste durch eine Klammer gespeicherte Wert eingefügt.

Der dritte Abschnitt `[L,P]` bedeutet, dass es sich um die letzte Anweisung handelt und dass Apache hier als Proxy fungiert. Mehr dazu später.

Konkret sieht die URL-Konvertierung also folgendermaßen aus: Schreiben Sie die Adresse *clean.localhost/events* in die Titelzeile des Browsers, dann wird der URL umgeschrieben in `http://clean.localhost:8080/VirtualHostBase` ↩ `/http/clean.localhost:80/clean/VirtualHostRoot/events`. Zope wird dadurch veranlasst, die Seite *http:clean.localhost:8080/clean/events* zurückzuliefern. Die Links auf der Seite beginnen alle mit `http://clean.localhost/`, gefolgt vom relativen Pfad zum Objekt. Es ist wichtig, dass Zope auch die Links auf der ausgelieferten Seite ändert, denn ansonsten würde jede weitere Anfrage den Apachen umgehen. Das ist natürlich nicht der Sinn der Sache.

Gemischte Dokumentquellen

Bisher reichte eine einzige Zeile in der Konfiguration des Webservers, um Zope an den Apachen anzubinden. Etwas schwieriger ist es, wenn nicht alle Seiten von Zope kommen sollen, sondern auch statische Inhalte auf der Site integriert sind.

Das Apache-Handbuch ist bei einer Installation standardmäßig über */manual* abrufbar. Gibt man aber mit der jetzigen Konfiguration die Adresse *localhost/manual* ein, dann erhält man eine Fehlermeldung von Plone, dass der Artikel nicht gefunden werden konnte. Gemäß der Regel wurde der URL umgeschrieben und Zope sollte den Artikel *clean.localhost:9080/clean/manual* liefern, der aber nicht existiert. Hier muss also eine weitere Regel definiert werden, die die URL-Transformation für diesen URL ausschließt:

```
RewriteRule ^/manual - [L]
```

Da die Regeln von oben nach unten abgearbeitet werden, muss die neue Regel vor der bisherigen notiert sein. Damit ist aber ein Plone-Artikel unter *clean/manual* nicht mehr erreichbar.

Der reguläre Ausdruck passt hier auf alle URLs, die vom Anfang nach dem ersten Schrägstrich mit dem Wort *manual* beginnen. Darunter fällt zum Beispiel auch:

- *clean.localhost/manual1*
- *clean.localhost/manual/neu*

Dagegen wird die Adresse *clean.localhost/neu/manual* wie gehabt an Zope übergeben.

Das Minus bedeutet, dass gar keine URL-Transformation stattfindet.

Für die Management-Oberfläche wird noch ein zweiter virtueller Host eingerichtet. Das ist nicht mehr unbedingt notwendig, weil inzwischen auch die Konfigurationsebene des Zope Servers über das ZMI einer Plone Site erreichbar ist. Der neue virtuelle Host sieht folgendermaßen aus.

```
<VirtualHost 127.0.0.1:80>
    ServerName management.localhost
    RewriteEngine On
    RewriteRule ^/$
        http://management.localhost:8080/VirtualHostBase ↩
          /http/management.localhost:80/manage [L,P]
    RewriteRule ^/(.*)
        http://management.localhost:8080/VirtualHostBase ↩
          /http/management.localhost:80/ ↩
          VirtualHostRoot/$1 [L,P]
</VirtualHost>
```

Die erste Regel dient der Bequemlichkeit. Die Startseite der Zope-Konfiguration ist ja *[ServerName]/manage*. Ohne das Wort *manage* kommt man zur Kurzanleitung von Zope. Deshalb werden alle Aufrufe, die nach dem ersten Schrägstrich enden an *management/manage* weitergeleitet.

Auch der Servername *management.localhost* wurde zunächst über den Netinfo Manager eingerichtet. Die zweite Regel ist die bekannte Weiterleitung aller Anfragen an den Zope Server.

Damit kann der Zope Server über den Apachen angesprochen werden. Allerdings ist es immer noch möglich, den Zope Server direkt aufzurufen. Standardmäßig reagiert Zope auf Anfragen an allen verfügbaren IP-Adressen. Stellen Sie den Parameter in der *zope.conf* um, so dass nur noch das lokale Loopback Interface beachtet wird.

```
ip-address 127.0.0.1
```

18.4 SSL – verschlüsselte Verbindungen

Eine wichtige Voraussetzung für einen sicheren Betrieb ist, dass alle Zugriffe auf den Server, bei dem sensible Daten übermittelt werden, über einen verschlüsselten Kanal statt finden. Zwar unterstützt Zope das HTTPS-Protokoll nicht, aber dadurch, dass Zope vom Apache von der Außenwelt abgeschirmt wird, kann die Verbindung bis zum Apachen gesichert werden. Die Kommunikation zwischen Apache und Zope verläuft dann unverschlüsselt. Da der Apache aber auf demselben Rechner läuft wie Zope, ist das nicht problematisch.

18.4.1 SSL einrichten

Bei der Installation wurde das SSL-Modul bereits eingebunden. Um es zu verwenden, müssen aber die Zertifikate erzeugt und signiert werden. Für lokale Testinstallationen reicht ein selbstsigniertes Zertifikat. Für den Produktionsserver sollte das Zertifikat jedoch von einer offiziellen Zertifizierungsstelle signiert werden. Ansonsten werden Ihre Besucher vom Browser vor einem nicht vertrauenswürdigen Zertifikat gewarnt.

Wir beginnen damit, eine eigene Zertifizierungsstelle zu erzeugen:

```
cd /usr/local/apache2/conf/
openssl genrsa -des3 -out ca.key 2048
openssl req -new -x509 -days 365 -key ca.key -out ca.crt
```

Der erste Befehl fragt nach einem Passwort, das Sie bei der Ausführung des zweiten Befehls gleich wieder eingeben müssen. Es werden weitere Informationen abgefragt, die für eine Testinstallation nicht von Belang sind.

Anschließend wird der Server-Schlüssel erzeugt, der den Server später identifiziert.

```
openssl genrsa -out server.key 2048
```

Der Server-Schlüssel ist nicht durch ein Passwort geschützt, weil ansonsten bei jedem Start von Apache das Passwort angegeben werden müsste. Wenn Sie einen Serverschlüssel erzeugen, um ein reguläres Zertifikat für Ihren Produktionsserver zu kaufen, dann sollten Sie eine Kopie des Schlüssels sicher verwahren, da das Zertifikat nur für diesen einen Server-Schlüssel gilt.

Im nächsten Schritt wird das Server-Zertifikat, genauergesagt ein Antrag auf ein Zertifikat, erzeugt:

```
openssl req -new -days 365 -key server.key -out server.csr
```

Auch dafür werden verschiedene Informationen abgefragt. Darunter der Parameter *Common Name*. Diesem müssen Sie den Servernamen zuweisen. Welche Möglichkeiten Sie haben, mehrere Subdomains einzuschließen, erfahren Sie von Ihrer Zertifizierungsstelle. Wir erzeugen ein Wildcard-Zertifikat um auch Subdomains damit abzudecken. Als Common Name wird deshalb `*.localhost` angegeben.

Jetzt sind alle Einzelteile beisammen. Die eigene – oder eben eine fremde – Zertifizierungsstelle muss noch das Server-Zertifikat signieren. Dazu gibt es ein Shell-Script, das mit mod_ssl für Apache 1.3 ausgeliefert wird. Die Standard-Verzeichnisse, in denen der Server-Schlüssel und das Zertifikat liegen müssen sind in der Datei *ssl.conf* definiert. Standardmäßig liegt das Server-Zertifikat unter */usr/local/apache2/conf/ssl.crt/server.crt* und der Server-Schlüssel unter */usr/local/apache2/conf/ssl.key/server.key*. Diese Voreinstellung kann beibehalten werden, sie führt jedoch unter MacOS X dazu, dass im Finder nicht mehr in das Verzeichnis *ssl.key* gewechselt werden kann, da *.key* die Dateiendung von Apples Präsentationsprogramm Keynote ist. Sie können also bei Bedarf einfach andere Pfade eintragen. Wir gehen hier davon aus, dass die

Standardeinstellung erhalten bleibt. Nach der Signierung werden die beiden Verzeichnisse *ssl.key* und *ssl.crt* erstellt und die Dateien hineinkopiert.

```
sign.sh
mkdir ssl.key ssl.crt
mv server.key ssl.key/
mv server.crt ssl.crt/
```

Die weiteren Konfigurationsoptionen der Datei *ssl.conf* entnehmen Sie der Apache- beziehungsweise der mod_ssl-Dokumentation.

Jetzt kann der Apache Server neu gestartet werden.

```
sudo ./apachectl stop
sudo ./apachectl startssl
```

Testen Sie, ob der Server läuft, indem Sie eine geschützte Seite aufrufen:

```
https://localhost
```

Erscheint die Begrüßungsseite des Apache-Servers, hat alles funktioniert. Ansonsten müssen Sie im Fehlerprotokoll nach den Ursachen forschen. Das Fehlerprotokoll liegt, sofern Sie die Grundeinstellung in der *httpd.conf* nicht verändert haben unter */usr/local/apache2/logs/error_log*. MacOS X gibt manchmal den folgenden Fehler aus:

```
[emerg] (13)Permission denied: couldn't grab the accept ↩
    mutex
```

Verändern Sie in diesem Fall die `AcceptMutex`-Direktive der *httpd.conf* folgendermaßen[34]:

```
AcceptMutex fcntl
```

Jetzt sollte sich der Apache starten lassen und den Willkommensgruß verschlüsselt ausliefern. Sie können nun im Browser das Zertifikat registrieren, damit nicht bei jedem Seitenaufruf eine Fehlermeldung wegen der unbekannten Zertifizierungsstelle kommt.

18.4.2 Sichere Anbindung des Zope Servers

Ganz egal, welchen URL man eingibt, der Zope Server ist nicht verschlüsselt zu erreichen. Das hängt damit zusammen, dass der Apache Server für das SSL-Protokoll eigene virtuelle Hosts verwaltet. Leider können die Konfigurationsabschnitte nicht einfach kopiert werden, da SSL keine namensbasierten virtuellen Hosts unterstützt. Daraus ergibt sich, dass wir einen sicheren virtuellen Host brauchen, dessen URL-Transformationsregeln selbst den Hostnamen berücksichtigen und an die richtige Adresse weiterleiten.

In der Datei *ssl.conf* wird also ein virtueller Host angelegt, der auf dem Port 443 hört. Die Konfigurationsoptionen können vom `_default_`-Server übernommen werden. Hier abgedruckt ist nur die Sektion der URL-Transformation.

```
<VirtualHost 127.0.0.1:443>
RewriteEngine On

RewriteCond %{HTTP_HOST} ^management
RewriteRule ^/$ http://management.localhost:8080/ ↩
    VirtualHostBase/https/management.localhost:443/ ↩
    manage [L,P]

RewriteCond %{HTTP_HOST} ^management
RewriteRule ^(.*) http://management.localhost:8080/ ↩
    VirtualHostBase/https/management.localhost:443/ ↩
    VirtualHostRoot/$1 [P,L]
#
RewriteCond %{HTTP_HOST} ^clean
RewriteRule ^/manual - [L]
RewriteRule ^(.*) http://clean.localhost:8080/ ↩
    VirtualHostBase/https/clean.localhost:443/clean/ ↩
    VirtualHostRoot/$1 [P,L]
</VirtualHost>
```

Die eigentlichen Regeln bleiben bis auf die Tatsache unverändert, dass das Protokoll `http` in `https` geändert wird und der Zielport von 80 auf 443 umgestellt wird.

Jetzt lässt sich der Zope Server auch sicher aufrufen. Damit sind wir dem Ziel eines abgesicherten Plone-Servers ein großes Stück näher gekommen.

18.4.3 Anfragen an den SSL-Server umleiten

Bisher ist es noch möglich, den Server auch unverschlüsselt aufzurufen. Das könnte grundsätzlich unterbunden werden, indem die Rewrite-Regeln aus der *httpd.conf* entfernt werden. Es ist aber nicht nötig, einfache Seitenaufrufe zu verschlüsseln. Es sollen nur Anfragen verschlüsselt werden, bei denen ein Benutzer angemeldet ist. Wie das geht beschreibt dieser Abschnitt.

Der einfachste Fall ist der Zugriff auf die Management-Oberfläche. Denn es gibt dort keine anonymen Anfragen. In der *httpd.conf* werden also alle Anfragen an den sicheren Port weitergeleitet.

```
RewriteRule ^/(.*) https://%{SERVER_NAME}/$1 [L,R]
```

Bei den Plone Sites ist es nicht ganz so einfach, herauszufinden, ob es sich um einen Aufruf handelt, der verschlüsselt werden soll. Denn auch anonyme Anfragen enthalten möglicherweise sensible Daten. Zum Beispiel dann, wenn ein Besucher seine Anmeldung abschickt.

Es lassen sich drei Regeln ableiten, wann die Seitenabrufe verschlüsselt werden sollten.

- wenn ein Benutzer angemeldet ist
- wenn ein Besucher das Login-Formular aufruft
- wenn ein Besucher einen Management Screen aufruft

Angemeldete Benutzer werden von Plone über ein Cookie identifiziert. Dieses Cookie hat den Namen __ac. Daraus ergibt sich folgende Regel:

```
RewriteCond %{HTTP_COOKIE} .*__ac=.*
RewriteRule ^/(.*) https://%{SERVER_NAME}/$1 [R,L]
```

Immer wenn das Cookie existiert, dann wird der Aufruf an das sichere Protokoll weitergeleitet.

Das Login-Formular und die Management Screens sind über ihren URL zu identifizieren.

```
RewriteRule ^/(.*)login_form$ https://%{SERVER_NAME}/ ↩
    $1login_form [R,L]
RewriteRule ^/(.*)manage(.*)$ https://%{SERVER_NAME}/ ↩
    $1manage$2 [R,L]
```

Nach einem Neustart sollten alle authentifizierten Aufrufe verschlüsselt werden. Eine Ausnahme gibt es allerdings. Wenn sich ein Benutzer über das Login-Portlet anmeldet, dann greift diese Änderung nicht. Hier könnte man das SSL-Protokoll explizit im Template festschreiben.

Nachdem Apache nun für die Sicherheit sorgt, soll der zweite Aspekt – die Performance – in den kommenden Abschnitten besprochen werden.

18.5 Caching

Zope erzeugt aus einer Vielzahl von Templates und Skripten aufwändige Seitenstrukturen, überwacht bei jeder Aktion die Berechtigungen mit Hilfe eines komplexen Rechtesystems. Diese Komplexität geht auf Kosten der Geschwindigkeit. Die Geschwindigkeit ist aber eines der Qualitätskriterien einer Website, die vom Benutzer unmittelbar wahrgenommen wird. Deshalb sollte die Geschwindigkeit auch im laufenden Betrieb in regelmäßigen Abständen einer kritischen Untersuchung unterzogen werden. Werden die Antwortzeiten zu lang, muss mit geeigneten Mitteln gegengesteuert werden. Dazu gehört der Einsatz von mehr oder besserer Hardware, die Skalierung mittels ZEO, die der Inhalt des Abschnitts 18.6 auf Seite 403 sein wird oder das Caching – das Zwischenspeichern von Seiten, um sie schnell wieder abrufen zu können.

Das Prinzip des Cachings ist, dass man einen Geschwindigkeitsvorteil auf Kosten der Aktualität bekommt. Hierzu speichert man das Ergebnis einer Anfrage für eine bestimmte Zeit. Wird innerhalb dieser Zeit dieselbe Seite noch einmal abgerufen, dann wird sie nicht neu berechnet, sondern aus dem Zwischenspeicher geliefert. Diese Zwischenspeicherung kann von optimierten Programmen in großer Geschwindigkeit erledigt werden. Der Zope Server wird so entlastet und kann die Anfragen, die nicht im Zwischenspeicher liegen, schneller bedienen.

Je länger eine Seite zwischengespeichert wird, desto mehr Anfragen können innerhalb einer Zeitspanne beantwortet werden. Aber gleichzeitig leidet die

Aktualität auch zunehmend. Denn jeder Besucher sieht innerhalb der Lebensdauer der gespeicherten Kopie nur den Zustand, den die Seite hatte, als sie vom ersten Besucher aufgerufen wurde. Damit ist zum Einen klar, dass ein günstiger Kompromiss zwischen Systemleistung und Aktualität gefunden werden muss, zum Anderen sich nicht alle Inhalte für das Caching eignen.

Was ist ein günstiger Kompromiss? Diese Frage kann nicht pauschal beantwortet werden. Sie hängt ab von der Art der Inhalte, die auf der Seite bereit gestellt werden und von der Beschaffenheit des Benutzerverhaltens. Als dritter Faktor kommt die Erwartungshaltung der Benutzer ins Spiel. Akzeptiert der Benutzer den Mangel an Aktualität nicht, dann lässt sich das Problem durch Caching nicht lösen. Aber davon soll an dieser Stelle nicht ausgegangen werden.

Wie lange Seiten ohne Veränderung ausgeliefert werden können hängt davon ab, wie schnell sich die Informationen darin verändern. Bei Inhalten, die sich nicht ändern, zum Beispiel in einem Archiv, ist eine größere Zeitspanne denkbar, als bei zeitkritischen Vorgängen, die ein Caching sogar ganz ausschließen können. Bei Sportergebnissen sind alte Werte noch zu verschmerzen, aber stellen Sie sich vor, sie handeln aufgrund von „Realtime"-Börsenkursen des Vortags.

Damit das Caching Wirkung zeigen kann, muss innerhalb der Lebensdauer des Inhalts wenigstens eine weitere Anfrage nach derselben Seite kommen. Ist das nicht der Fall, dann wird die Seite zwar im Zwischenspeicher aufbewahrt, aber von dort nie ausgeliefert.

Die Kombination der beiden Parameter führt zu einer Zeitspanne, wie lange die Seiten im Cache vorgehalten werden können. Im ungünstigsten Fall kann es jedoch sein, dass ein Caching keine Vorteile bringt. Angenommen, Ihre Inhalte vertragen eine Verzögerung von fünf Minuten, aufgrund des analysierten Benutzerverhaltens ist aber erst nach zehn Minuten mit einer weiteren Anfrage nach der Seite zu rechnen, dann wird der tatsächliche Leistungsgewinn sehr gering ausfallen. Wird in diesem Fall die Kapazitätsgrenze des Systems erreicht, muss statt dessen das Gesamtsystem skaliert werden.

Wenn nach der Analyse der Parameter jedoch davon ausgegangen werden kann, dass die Lebensdauer des Zwischenspeichers sinnvoll gesetzt werden kann, dann ist es Zeit, sich mit den Möglichkeiten, die Zope bietet, zu beschäftigen.

18.5.1 RAM Cache Manager

Zope kann Ergebnisse komplexer Berechnungen speichern. Verwaltet wird das über einen RAM Cache Manager. Ein solches Objekt wird standardmäßig mit dem Namen *RAMCache* im Wurzelverzeichnis einer Plone Site angelegt. Um den RAM Cache zu verwenden, muss das Skript, dessen Ergebnisse gespeichert werden sollen, mit dem Cache Manager assoziiert werden. Das geht entweder über die Weboberfläche oder über einen Eintrag in der Metadata-Datei im

Dateisystem. Eine Metadata-Datei speichert Metadaten zu einer anderen Datei. Sie liegt im selben Verzeichnis und hat auch denselben Namen, ergänzt um die Endung `.metadata`. Da die Einstellungen, die über die Weboberfläche gemacht werden, bei einem Neustart von Zope nicht gespeichert werden, ist die Verwendung der Metadata-Dateien die richtige Wahl. Der entsprechende Eintrag sieht folgendermaßen aus:

```
[default]
cache=RAMCache
```

Der CacheManager selbst wird über das ZMI verwaltet. Die Einstellungen stehen auf der Registerkarte *Properties*.

Title	
REQUEST variables	AUTHENTICATED_USER
Threshold entries	1000
Maximum age of a cache entry (seconds)	3600
Cleanup interval (seconds)	300
	Save Changes

Abb. 18.2. Einstellungen des RAM Cache Managers

Title: Der optionale Titel des Managers.

REQUEST variables: Die Informationen werden für unterschiedliche Werte der angegebenen Request-Variablen mehrfach gespeichert. Die Voreinstellung ist *AUTHENTICATED_USER*. Das stellt sicher, dass für jeden Benutzer ein eigener Skriptlauf durchgeführt und gespeichert wird. Das ist immer dann notwendig, wenn die Ergebnisse des Skripts vom jeweiligen Benutzer abhängen. Genauso wäre es möglich, für jede Sprache eine eigene Kopie zu erzeugen, falls das Skript darauf unterschiedlich reagiert. Die Einstellungen gelten dabei immer für den gesamten Cache Manager. Werden für unterschiedliche Skripte unterschiedliche Einstellungen benötigt, müssen mehrere RAM Cache Manager angelegt werden.

Threshold entries: Der Schwellwert bestimmt, wie viele Objekte im Cache gehalten werden können. Werden es mehr, dann werden jeweils die Objekte entfernt, auf die am längsten nicht mehr zugegriffen wurde.

Maximum age of a cache entry (seconds): Das maximale Alter eines Cache-Eintrags. Der Vorgabewert ist eine Stunde.

Cleanup interval (seconds): Dieser Wert bestimmt, wie oft abgelaufene Objekte gesucht und aus dem Speicher entfernt werden.

Die Registerkarte *Statistics* zeigt Informationen über die gespeicherten Objekte.

Path: Der Speicherort des Skripts.
Hits: Die Anzahl der Anfragen, die aus dem Cache bedient wurden.
Recent Hits: Die Anzahl der kürzlich aus dem Cache bedienten Anfragen.
Misses: Die Anzahl der Skriptläufe.
Memory: Der verbrauchte Speicher.
Views: Den Einträgen könnte ein View-Name übergeben werden. Fehlt der Wert, dann wird $< default >$ ausgegeben.
Entries: Die Anzahl der gespeicherten Objekte. Wird eine Request-Variable gesetzt, dann wird für jeden unterschiedlichen Wert das Skript einmal ausgeführt und der Wert als Eintrag im Cache gespeichert.

Der RAM Cache ist eine schnelle Möglichkeit, die Ausgabegeschwindigkeit für komplexe Berechnungen zu erhöhen wenn ein gewisses Alter toleriert werden kann. Durch den vermehrten Speicherverbrauch ist er aber keine billige Lösung. Außerdem reduziert er nicht den Netzwerkverkehr. Ein weiterer Punkt ist, dass er keine kompletten Anfragen speichern kann. Das hängt damit zusammen, dass keine HTTP-Status-Codes gespeichert werden. Sehr beliebt ist auch das Caching von Portlets. Der RAM Cache Manager kann allerdings keine Makros speichern. Deshalb muss innerhalb des Portlets ein Skript aufgerufen werden, das alle Daten, die in dem Portlet dargestellt werden sollen, sammelt. Dieses Skript kann dann einem RAM Cache Manager zugeordnet werden.

18.5.2 Accelerated HTTP Cache Manager

Im Gegensatz zum RAM Cache Manager speichert der HTTP Cache Manager keine Daten in Zope. Statt dessen werden Header-Informationen gesetzt, die die Caching Server, die auf dem Weg vom Webserver zum Client liegen, anweist, die Informationen zwischenzuspeichern. Damit unterliegt der Zwischenspeicher aber nicht mehr der eigenen Kontrolle. Es ist nicht möglich, mal eben den Cache zu löschen, wenn sich ein Objekt verändert hat. Deshalb eignet sich der HTTP Cache Manager vor allem für Elemente, die sich nicht oft ändern. Dazu gehören zum Beispiel Schmuckelemente auf der Seite wie Icons, Hintergrundbilder und Logos.

Der Vorteil dieser Methode ist, dass Anfragen, die von einem der Caching Server bedient werden können, den eigenen Server gar nicht mehr belasten. Es wird weder Rechenzeit noch Netzkapazität verbraucht.

Eine Plone Site hat standardmäßig einen HTTP Cache Manager mit Namen *HTTP Cache*. Um ihm Elemente zuzuordnen, schreibt man folgenden Eintrag in die zugehörige Metadata-Datei:

```
[default]
cache=HTTPCache
```

Wenn Sie einen Blick in den Ordner *$INSTANCE → Products → CMFPlone → skins → plone_images* werfen, dann sehen Sie, dass für viele Bilder bereits eine Metadata-Datei existiert. Sie sind zumeist auch der HTTP Cache Manager zugeordnet.

Die Einstellungen für den Cache Manager finden sich auf der Registerkarte *Properties*.

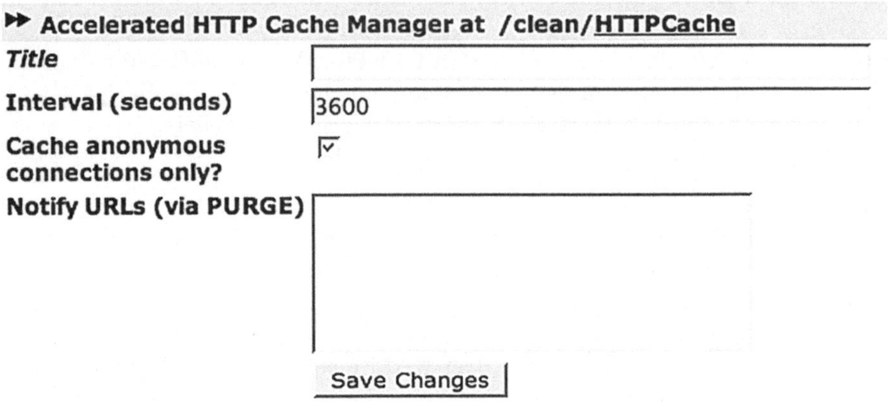

Accelerated HTTP Cache Manager at /clean/HTTPCache

Title

Interval (seconds) 3600

Cache anonymous connections only?

Notify URLs (via PURGE)

Save Changes

Abb. 18.3. Einstellungen des Accelerated HTTP-Cache-Managers

Title: Der optionale Titel.

Interval (seconds): Die maximale Lebensdauer der gespeicherten Kopie.

Cache anonymous connections only? Dieser Schalter ist standardmäßig gesetzt. So werden personalisierte Ergebnisse nicht an anonyme Benutzer ausgeliefert. Im Gegensatz zum RAM Cache gibt es hier keine Möglichkeit, nach Request Variablen zu sortieren, welche Anfragen aus dem Cache bedient werden und welche nicht.

Notify URLs (via PURGE): Bekannte Caching Server können angewiesen werden, ihre Kopien zu verwerfen und bei der nächsten Anfrage wieder neu vom Server zu holen. Das ist zum Beispiel dann sinnvoll, wenn sich das Dokument geändert hat. Hier muss aber der URL zum Caching Server bekannt sein, wovon nur bedingt ausgegangen werden kann. Schon allein deshalb sollte die Zeit nicht zu lang eingestellt werden.

Auch der HTTP Cache bietet eine Statistik an, bei dem die anonymen und die authentifizierten Treffer angezeigt werden. Authentifizierte Treffer werden auch dann angezeigt, wenn der Cache nur für anonyme Verbindungen wirksam ist.

18.5.3 Caching Policy Manager

Datei: *$INSTANCE → CMFCore → CachingPolicyManager.py*

Über die Elemente, für die der HTTP Cache geeignet ist, lässt sich bestimmt sagen, dass sie sich nicht oft ändern werden. Über die Artikel, die im laufenden Betrieb einer Plone Site entstehen, lässt sich eine solche pauschale Aussage nicht treffen. Es kann sein, dass es so ist; Bilder sind ein gutes Beispiel für Inhalte, die sich nicht oft ändern. Andere Dokumente unterliegen einem ständigen Wandel. Es ist sehr wahrscheinlich, dass an Artikeln, die noch nicht veröffentlicht sind, weiter gearbeitet wird. Um solche Fälle abzubilden gibt es den Caching Policy Manager.

Wie der Name schon sagt, handelt es sich um ein Tool, mit dem Caching Policies verwaltet werden. Eine Caching Policy ist ein Ausdruck, der beschreibt, auf welche Inhalte sie passt und ein Satz von Parametern, der steuert, wie diese Inhalte von Caching-Servern behandelt werden sollen.

Policy ID
Predicate
Mod. time
Max age (secs) 0
Vary
ETag
Add
No-cache?
No-store?
Must-revalidate?

Abb. 18.4. Parameter einer Caching Policy

Policy ID: Ein eindeutiger Bezeichner für die Policy.

Predicate: Ein TALES-Ausdruck, der für passende Inhalte wahr, ansonsten falsch ist. Es kann sich auch um einen Skriptaufruf handeln, der den entsprechenden Wert zurück liefert. Das aktuelle Objekt ist über die Variable `content` ansprechbar.

Mod. time: Ein TALES-Ausdruck, der den Zeitpunkt der letzten Änderung liefert. Er kann über `content/modified` dynamisch abgefragt werden.

Max age (secs): Die Lebensdauer des Objekts im Zwischenspeicher.

Vary: Anhand des Vary-Headers kann ein Caching Server ermitteln, ob die Kopie der Antwort zum aktuellen Request passt. Wird zum Beispiel `Content-language` angegeben, dann wird die Anfrage nur dann aus dem Zwischenspeicher bedient, wenn die Seite in derselben Sprache angefordert wird.

ETag: Das HTTP1.1-Protokoll empfiehlt, alle Inhalte mit einem eindeutigen Bezeichner, einem sogenannten *Entity Tag*, zu versehen, der sich immer dann ändert, wenn sich der Inhalt ändert. So kann ein Caching Server entscheiden, ob es sich bei der Version im Zwischenspeicher um die aktuelle Version handelt. Der Wert der in das Feld eingetragen werden kann ist ein TALES-Ausdruck. Werden Entity Tags unterstützt, dann kann der Wert über `python:content.http__etag()` abgerufen werden.

no-cache: Der *no-cache*-Header weist einen Caching Server an, zuerst zu überprüfen, ob sich ein Dokument verändert hat, bevor es aus dem Cache ausgeliefert wird.

no-store: Der *no-store*-Header soll verhindern, dass Caching Server die Daten speichern. Damit sollen sensible Daten geschützt werden. Allerdings kann nicht garantiert werden, dass sich die Caching Server auch daran halten.

must-revalidate: Clients können so konfiguriert sein, dass sie auch veraltete Kopien der Anfragen akzeptieren. Solche veralteten Kopien werden ausgeliefert, wenn die Seite nicht aktuell abgerufen werden kann. Der must-revalidate-Header erzwingt den Abgleich des Caching Servers mit dem Webserver. Die veraltete Kopie darf auch dann nicht an den Client weitergegeben werden, wenn ein Abgleich zum Beispiel aufgrund von Netzwerkausfällen nicht möglich ist.

Caching ist ein sehr komplexes Thema. Deshalb kann die Bedeutung der verschiedenen Parameter hier nur angerissen werden. Mehr Informationen zum Caching-Vorgang im HTTP-Protokoll finden Sie auf den Internetseiten des w3-Consortiums[3].

Im Caching Policy Manger können beliebig viele Policies angelegt werden. Sie werden der Reihe nach abgearbeitet. Die erste Policy, die auf den Artikel zutrifft, wird verwendet.

Caching mit Apache

Der Apache ist kein reiner Proxy Server. Dennoch kann er als Caching Server verwendet werden. Hier verwenden wir ihn, weil er ja bereits als vorgeschalteter Webserver dient. Wenn sie nicht die Möglichkeit haben, auf Ihrem Webserver neue Software zu installieren, dann können Sie auf spezielle Produkte wie Squid auch nicht zurück greifen. Für Ihre Produktivumgebung müssen Sie sich aber dennoch Gedanken machen, ob die Möglichkeiten des Apachen ausreichen.

Das Modul, das die Caching-Funktion übernimmt, wurde bei der Installation bereits berücksichtigt.

Der verwendete Cache speichert seine Daten auf der Festplatte. Legen Sie ein Verzeichnis an, in dem der Apache Server Schreibrechte hat, zum Beispiel */tmp/apache*.

Öffnen Sie die Konfigurationsdatei des Apachen und fügen Sie die folgenden Zeilen ein:

[3] http://www.w3.org/Protocols/rfc2616/rfc2616-sec14.html

httpd.conf

```
CacheRoot /tmp/apache/
CacheSize 204800
CacheEnable disk /
CacheDirLevels 5
CacheDirLength 3
```

Eine genaue Beschreibung der einzelnen Parameter ist in der Apache-Dokumentation zu finden. Die Direktiven gehören zu den Modulen *mod_cache* und *mod_disk_cache*. Achten Sie darauf, dass der Wert für die Größe nicht zu klein gewählt wird. Der Wert ist eine Angabe in KByte.

Nach einem Neustart des Apachen sollte der Cache funktionieren. Ob er das tut oder nicht muss natürlich noch überprüft werden. Wie das passiert, und wie bei einem Fehler vorgegangen werden kann, zeigt der Abschnitt 18.7 auf Seite 408.

18.6 Skalierung mit ZEO

Zope Enterprise Objects – kurz ZEO – sind eine Möglichkeit, eine Zope Site über mehrere Zope-Instanzen zu betreiben, wobei die Datenbasis aber für alle gilt. Die einzelnen Zope Server können dabei auf demselben Computer ausgeführt werden, oder auf verschiedenen Rechnern laufen.

Die Erweiterung durch ZEO auf demselben Rechner ist immer dann angebracht, wenn der Zope Server, nicht aber der physikalische Server ausgelastet ist. Stößt die Hardware an ihre Grenzen, dann hilft nur die Verteilung auf mehrere Server. Ein positiver Nebeneffekt von Zeo ist, dass einzelne ZEO-Clients im Debug-Modus laufen können, während der Produktivbetrieb der Site ansonsten ungehindert weitergeht.

18.6.1 Architektur

Jeweils nur ein Prozess kann sich mit einer Zope-Datenbank verbinden. Deshalb können nicht einfach mehrere Zope Server gestartet werden, die dieselbe Datenbank verwenden. Um dieses Problem zu lösen, wird die Datenbank mit dem ZEO Server verbunden. Dieser nimmt dann Anfragen von beliebig vielen Clients entgegen. Der Zope Server wird zum ZEO Client.

Jeder Client hat eine Cache Datei, deren Größe einstellbar ist. Sowohl temporäre, als auch dauerhafte Zwischenspeicher sind möglich. Die Konsistenz der lokalen Kopien mit der zentralen Datenbank sicherzustellen fällt in den Verantwortungsbereich des Servers. Er sendet an alle Clients Meldungen, wenn sich ein Artikel verändert hat, so dass die Clients ihre Kopie im Speicher verwerfen können. In einem laufenden System ist der Abgleich relativ effizient. Bei Verbindungsausfällen oder einem Neustart der Clients oder des Servers ist es jedoch notwendig, den gesamten Zwischenspeicher mit der Datenbank abzugleichen. Damit das effizient ablaufen kann,

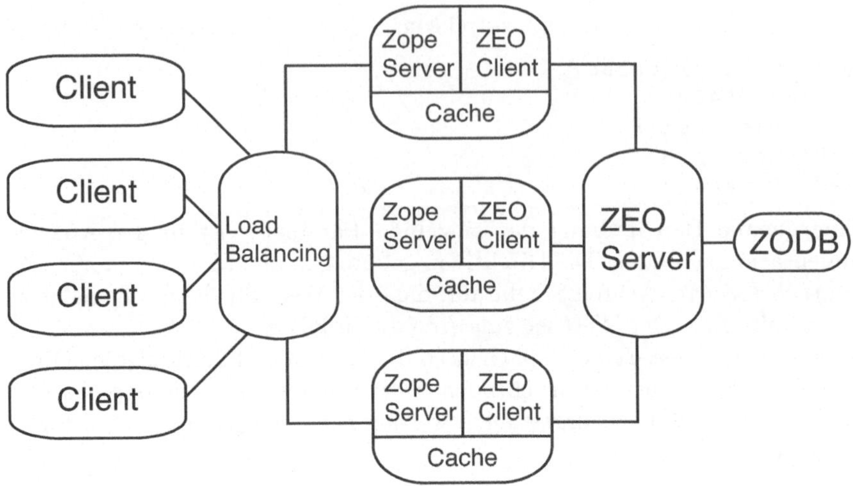

Abb. 18.5. ZEO-Architektur

müssen die Server- und die Clientparameter sorgfältig aufeinander abgestimmt werden. Welche Zusammenhänge dort genau bestehen beschreibt die Datei *http://www.zope.org/Wikis/ZODB/HowtoRunAZEOServer/howto.html*.

Dort ist auch das Setup beschrieben. ZEO ist nicht ausschließlich für die Verwendung mit Zope entworfen, sondern kann auch andere Clients bedienen. Die Nutzung von Zope als ZEO Client wird über Zopes Konfigurationsdatei gesteuert und ist deshalb wesentlich einfacher, als die Beschreibung in der ZEO-Dokumentation.

18.6.2 Setup

Der eine Hauptanwedungsfall für ZEO ist es, die Last auf verschiedene Zope Server zu verteilen. Dafür benötigt man aber eine Load-Balancing-Lösung, die außerhalb von Zope realisiert werden muss und deshalb den Rahmen dieses Buches sprengen würde. Die Dokumentation des Rewrite-Moduls von Apache beschreibt aber zwei einfache Möglichkeiten, die zumindest für Testzwecke sehr gut geeignet sind[4]. Ein anderer Anwendungsfall ist eine eigene Instanz für Wartungsarbeiten. Genau das soll hier besprochen werden. Es besteht ja in unserer Beispiel-Anbindung an den Apache Server bereits eine Trennung zwischen der Besucher und der Verwaltungsebene. Der Host *clean.localhost* bedient die normalen Plone-Besucher und der Host *management.localhost* ist für Zugriffe auf das ZMI zuständig. Bisher werden aber alle Anfragen vom Webserver an denselben Zope Server weitergegeben. Lediglich der URL wird umgeschrieben. Der erste Schritt ist, einen zweiten Zope Server zu erzeugen,

[4] http://httpd.apache.org/docs/2.0/misc/rewriteguide.html

der nachher die Verbindungen über *management.localhost* entgegennehmen wird.

Eine neue Zope-Version wird über das Skript *$ZOPE/bin/mkzopeinstance.py* erzeugt. Das Skript fragt nach einem Pfad, wo die Verzeichnisstruktur der Instanz angelegt werden soll. Außerdem müssen Sie wie bei der ersten Installation einen Benutzernamen und ein Passwort für den Administrator benennen.

```
./mkzopeinstance
```

Diese Instanz soll nachher auf dieselbe Datenbank zugreifen, wie der andere Zope Server. Deshalb müssen die Installationen übereinstimmen. Kopieren Sie also alle Drittanbieterprodukte, die benötigt werden in das *Products*-Verzeichnis der neuen Zope-Instanz.

Anschließend wird der ZEO Server mit dem Skript *$ZOPE/bin/mkzeoinstance.py* erzeugt. Dieses Skript funktioniert unter Windows nicht, weshalb dort das Beispiel leider nicht eins zu eins nachvollzogen werden kann. ZEO selbst kann unter Windows allerdings installiert werden. Dem Skript wird als Parameter ein Pfad für die Installation und eine optionale Portnummer übergeben.

```
./mkzeoinstance /Users/Shared/ZEO
```

Jetzt sind auf dem System zwei Zope Server, ein ZEO Server und der Apache Webserver installiert. Damit die Programme richtig zusammenspielen, müssen die Konfigurationen noch angepasst werden. Falls Ihr Zope Server noch läuft, dann halten Sie ihn jetzt an.

zeo.conf

Datei: *$INSTANCE/etc/zeo.conf*

Die Variable `INSTANCE` bezieht sich auf das Verzeichnis, das Sie bei der Installation angegeben haben.

Der erste Abschnitt beinhaltet die Server-Parameter. Wichtig ist hier die Portnummer. Sie muss bei den Clients übereinstimmen, damit die Clients sich mit dem Server verbinden können. Unter MacOS X ist der Standardport 8100. Standardmäßig dürfen Clients die Datenbank lesen und verändern. Bei der `invalidation-queue-size` handelt es sich um einen der Parameter, der zur Cache-Größe der Clients passen muss. Um die Aktionen des ZEO-Servers beobachten zu können, geben wir eine Portnummer an, unter der später Informationen abgerufen werden können.

```
monitor-address 8188
```

Der nächste Abschnitt beschreibt den Pfad zur Datenbank. Der Standardwert kann hier belassen werden. Da die bisherige Datenbank weiter verwendet werden soll, muss sie in dieses Verzeichnis verschoben werden.

```
mv /Users/Shared/ZopeSites/var/Data.fs /Users/Shared/ZEO ↩
    /var/Data.fs
```

Die Logfile-Parameter können Sie wie bei Zope verändern, wenn Sie das möchten. Der letzte Abschnitt liefert die Parameter, für den Betrieb von ZEO als Hintergrundprozess.

zope.conf

Datei: *$INSTANCE/etc/zope.conf*

Zwei unabhängige Zope Server haben zwei unterschiedliche Konfigurationsdateien. Sie liegen jeweils im Installationspfad der Zope-Instanz. Nachher werden sie beide parallel laufen und auf dieselbe Datenbank zugreifen. Aber sie haben unterschiedliche Aufgaben und deshalb werden sie auch unterschiedlich konfiguriert.

Schalten Sie den Debug-Modus im Debug Server an und im Produktivserver aus.

```
debug-mode on
```

Setzen Sie die Portbasis auf unterschiedliche Werte für die beiden Zope Server.

```
port-base 1000
```

Für dieses Beispiel gelten folgende Portnummern:

Tabelle 18.1. Portnummern des Beispiel-Setups

Server	Portnummer
ZEO Server	8100
ZEO Monitor	8188
clean.localhost	8080
management.localhost	9080

Weisen Sie dann den Server an, die Datenbank des ZEO-Servers zu verwenden und nicht die lokale Datenbank. Dazu kommentieren Sie den bisherigen Eintrag aus, und entfernen die Kommentarzeichen des letzten Abschnitts.

```
#<zodb_db main>
#    # Main FileStorage database
#    <filestorage>
#      path $INSTANCE/var/Data.fs
#    </filestorage>
#    mount-point /
#</zodb_db>
```

```
# Other storage examples
#
# ZEO client storage:
#
 <zodb_db main>
   mount-point /
   # ZODB cache, in number of objects
   cache-size 5000
   <zeoclient>
     server localhost:8100
     storage 1
     name zeostorage
     var $INSTANCE/var
     # ZEO client cache, in bytes
     cache-size 20MB
     # Uncomment to have a persistent disk cache
     #client zeo1
   </zeoclient>
 </zodb_db>
```

Überprüfen Sie, ob die Portnummer mit dem ZEO-Server übereinstimmt. Wenn Sie möchten, dass auch bei einem Neustart des Zope Servers der Inhalt des Zwischenspeichers erhalten bleibt, dann entfernen Sie das Kommentarzeichen vor `client zeo1`.

ssl.conf

Zum jetzigen Zeitpunkt haben wir eine funktionierende Konfiguration für den ZEO Server und zwei Clients. Allerdings zeigen alle `rewrite`-Anweisungen noch auf den ursprünglichen Zope Server. Also müssen die Regeln so geändert werden, dass die Anfragen an *management.localhost* an den neuen Zope Server umgeleitet werden. Dazu muss nur das VirtualHostMonster unter der neuen Portnummer angesprochen werden.

```
RewriteCond %{HTTP_HOST} ^management
RewriteRule ^/$ http://management.localhost:9080/ ↩
    VirtualHostBase/https/management.localhost:443/ ↩
    manage [P]

RewriteCond %{HTTP_HOST} ^management
RewriteRule ^(.*) http://management.localhost:9080/ ↩
    VirtualHostBase/https/management.localhost:443/ ↩
    VirtualHostRoot/$1 [P,L]
```

Jetzt können die Server gestartet werden. Starten Sie zunächst den ZEO-Server. Rufen Sie danach im Browser die Adresse localhost:8188 auf, um den Status des ZEO-Servers zu erhalten. Sie erhalten ungefähr die folgende Ausgabe.

```
ZEO monitor server version 3.4.1
Wed Jan  4 16:22:40 2006

Storage: 1
Server started: Wed Jan  4 16:21:51 2006
Clients: 0
Clients verifying: 0
Active transactions: 0
Commits: 0
Aborts: 0
Loads: 0
Stores: 0
Conflicts: 0
Conflicts resolved: 0
```

Starten Sie den ersten Zope Server und überprüfen Sie danach die Anzahl der Clients. Steht dort der Wert 1, dann funktioniert die Verbindung. Starten Sie auch den zweiten Zope Server und rufen Sie dann über beide Hostnamen Dokumente auf, um die Funktion zu testen.

18.6.3 Bemerkungen

Die Verwendung von Caching Policies und die damit einhergehenden Entlastung des Servers lässt die Frage aufkommen, wann der Zope Server an seine Grenzen kommt. Es ist in den meisten Fällen nicht die Menge der Anfragen, sondern die Gestalt der Inhalte. Echtzeitanwendungen, die teure Berechnungen ausführen müssen, erfordern von Zope viel Rechenleistung, ohne dass die Ergebnisse effektiv gecacht werden könnten. Hier hilft die Verteilung der Last auf mehrere Zope Server.

Das vorliegende Beispiel wurde auf einem Computer realisiert. Es ist aber genauso denkbar, jeden ZEO Client auf einem eigenen Server unterzubringen. Nur so kann man ja wirklich von Skalierbarkeit sprechen. Wichtig bei verteilten Systemen ist die Sicherheit. Der ZEO Server überprüft keine Berechtigungen. Das bedeutet, dass die Verbindung der Clients zum Server nur über ein privates Netz laufen sollte, zumindest aber der Zugriff auf den Server nur über die IP-Adressen der bekannten Clients möglich ist.

18.7 Überwachung

Ob der Server das macht, was er soll, lässt sich nur durch eine systematische Überwachung der Leistungsparameter herausfinden. Dazu stehen Zugriffs- und Fehlerprotokolle zur Verfügung. Entspricht die Leistung nicht den Erwartungen, dann gibt es verschiedene Werkzeuge, um herauszufinden, wo die Schwachstelle liegt. Wenn das System an seine Grenzen stößt, dann ist es wichtig zu wissen, wo das Problem liegt. Sind es die langen Antwortzeiten des Servers, dann kann ein RAM Cache helfen. Ist das Netzwerk jedoch der Flaschenhals, dann ist dem Problem auf diese Art nicht beizukommen. Im Folgenden sollen deshalb einige Werkzeuge angesprochen werden, die Aufschluss über die Probleme geben können.

18.7.1 Leistungsmessung

Um die Leistung des Servers zu messen, müssen Anfragen an den Zope Server generiert werden. Das geschieht manuell jedes Mal, wenn eine Plone-Seite aufgerufen wird. Eine realistische Auslastung lässt sich damit aber nicht erreichen. Dafür muss man hunderte von Aufrufen innerhalb kurzer Zeit erzeugen. Das geht nur mit einem speziellen Werkzeug. Im Lieferumfang des Apache-Webservers ist ein Tool, mit dem genau diese Aufgabe erledigt werden kann. Dieses Tool heißt *ab* und liegt im Verzeichnis *bin* der Apache-Installation.

ab

Bei der grundlegenden Verwendung benennt man eine Adresse und gibt an, wie oft sie aufgerufen werden soll und wie viele Aufrufe parallel erzeugt werden sollen.

```
ab -n80 -c5 http://clean.localhost/
```

Wer mehr zu den Optionen von *ab* wissen möchte, der findet alle Informationen auf der man-Page oder in der Apache-Dokumentation unter *Server und Hilfsprogramme → ab.*

Die Ausgabe des obigen Befehls sieht auf meinem Laptop so aus:

```
Benchmarking clean.localhost (be patient).....done
Server Software:         Apache/2.0.55
Server Hostname:         clean.localhost
Server Port:             80

Document Path:           /
Document Length:         27655 bytes

Concurrency Level:       5
Time taken for tests:    0.313 seconds
Complete requests:       80
Failed requests:         0
Broken pipe errors:      0
Total transferred:       2360232 bytes
HTML transferred:        2323020 bytes
Requests per second:     255.59 [#/sec] (mean)
Time per request:        19.56 [ms] (mean)
Time per request:        3.91 [ms] (mean, across all ↩
   concurrent requests)
Transfer rate:           7540.68 [Kbytes/sec] received
```

```
Connnection Times (ms)
              min  mean[+/-sd] median   max
Connect:        0     3   3.2      2     14
Processing:     6    15  21.5      9    100
Waiting:        2    14  21.5      7     99
Total:          6    18  20.7     11    100
```

Die Frage ist nun, ob das ein guter oder ein schlechter Wert ist. Die Antwort lautet: Es kommt darauf an. Der selbe Befehl kann auf einem anderen Rechner ein völlig anderes Ergebnis liefern. Es hängt davon ab, welche Programme zusätzlich laufen, und was der Rechner leisten kann. Liegt ein Netzwerk zwischen dem Client und dem Server, dann werden die Unterschiede vermutlich noch größer. Das einzige, was aussagekräftig ist, ist der Erfolg einer Maßnahme. Das bedeutet, Sie testen die Geschwindigkeit mit *ab*. Daraufhin beschließen Sie Optimierungen durchzuführen. Sind die Modifikationen abgeschlossen, dann überprüfen Sie die Antwortzeiten erneut. Jetzt können Sie beide Ergebnisse vergleichen und sehen daran, ob Ihre Maßnahmen den gewünschten Effekt hatten.

Die oben angegebenen Zahlen waren das Ergebnis mit aktiviertem Cache. Um die Geschwindigkeit von Zope alleine zu messen, können Sie den Cache deaktivieren, Apache neu starten und den Test wiederholen.

Die Gesamtzeit des Tests, die Anzahl Anfragen pro Sekunde und die Dauer einer Anfrage drücken im Wesentlichen den gleichen Sachverhalt auf verschiedene Arten aus. Sie können sich einen aussuchen. Bei *Time per request* aber bitte den Durchschnittswert über alle konkurrierenden Anfragen. Der andere Wert hängt von dem Parameter `c` ab.

Der Block *Connnection Times* – auf die Korrektur des Schreibfehlers habe ich hier verzichtet – bietet noch einige Informationen darüber, womit die Zeit verbracht wurde. Die Bereiche Verbindung, Berechnung und Wartezeit sind hier aufgeschlüsselt.

Netzwerkprobleme

Wenn Sie den Test über das Netzwerk machen und hohe Werte für *Connect* erhalten, dann weist das auf Probleme mit der Netzwerkverbindung hin. Möglicherweise hilft es dann, den Netzwerkverkehr zu reduzieren, indem sie die Daten am Webserver komprimieren. Das entsprechende Modul *mod_deflate* müssen Sie dann noch über apxs nachinstallieren. Eine weitere Möglichkeit ist die vermehrte Nutzung von Caching Servern, die außerhalb Ihres Netzwerkes laufen. So laufen weniger Anfragen über Ihren Server.

Rechenleistung

Laufen die Skripte zu lange, dann kommt es zu hohen Werten für *Processing*. Der erste Ansatz sollte hier immer sein, den Code zu optimieren. Ein häufiger Fehler ist, dass Informationen über Objekte nicht über den Katalog abgefragt werden, sondern über die Objekte selber. Ist der Code in Ordnung, dann kann ein RAM Cache hilfreich sein. Statische Elemente können ebenfalls über die besprochenen Caching-Mechanismen schneller ausgeliefert werden.

Serverauslastung

Es gibt keinen Fehler, der behoben werden kann, damit keine Wartezeiten entstehen. Es besagt einfach, dass der Server ausgelastet ist, und im Moment keine weiteren Anfragen bearbeiten kann. Hier gilt es herauszufinden, ob ein bisschen mehr Arbeitsspeicher ausreicht, um das Problem zu beheben, oder ob das gesamte System mittels ZEO skaliert werden muss. Um ZEO geht es im Abschnitt 18.6 auf Seite 403.

Call Profiler

Call Profiler ist ein Zusatzprodukt, das Sie bereits installiert haben, wenn Sie den Vorschlägen für die Zusatzprodukte im Abschnitt 16.4 auf Seite 311 gefolgt sind.

Der Call Profiler misst die Zeiten, die ein Seitenabruf braucht, um bearbeitet zu werden. Welche Dokumenttypen bei der Messung berücksichtigt werden, kann auf der Konfigurationsseite eingestellt werden. Die Einstellung findet sich im Wurzelverzeichnis der Zope-Installation unter *ControlPanel → Call Profiler*.

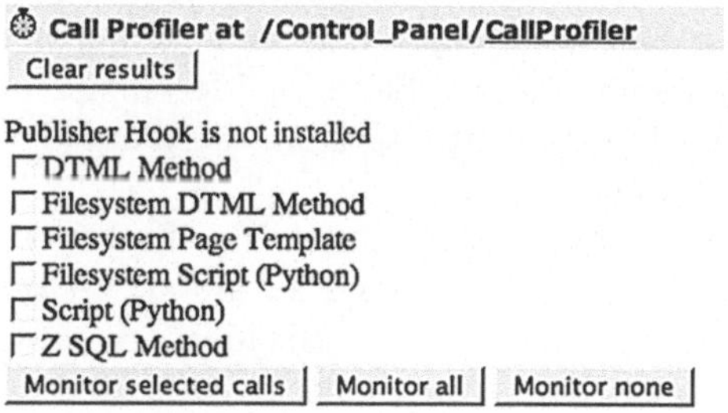

Abb. 18.6. Einstellungen des Call Profilers

Wählen Sie die Typen aus, die Sie messen wollen und klicken Sie *Monitor selected calls*. Dann können Sie die zu messenden Seiten aufrufen und später zum Profiler zurückkehren, um die Ergebnisse zu betrachten.

Der Call Profiler zeigt jeden Aufruf, der für die Berechnung der Seite gemacht wurde und zeigt dabei die Dauer des Vorgangs relativ zum übergeordneten Knoten an. Besonders zeitintensive Positionen werden farblich hervorgehoben. Diese lohnt es sich näher zu betrachten. Ebenfalls interessant sind Aufrufe, die sehr oft durchgeführt werden. Auch hier könnte es Optimierungsmöglichkeiten geben. Vielleicht lässt sich für einzelne Skripte ein RAM Cache einrichten. Lassen Sie aber vorher den entsprechenden Code von einem Entwickler auf mögliche Geschwindigkeitsverbesserungen hin untersuchen.

Call Profiler at /Control_Panel/CallProfiler

clear

time	total time	url
2006-01-03 11:20:39	3.3644	http://localhost:9080/clean/presse
2006-01-03 11:20:30	0.0218	http://localhost:9080/favicon.ico
2006-01-03 11:20:44	3.1670	http://localhost:9080/clean/foto
2006-01-03 11:20:52	2.9459	http://localhost:9080/clean/haushalt
2006-01-03 11:20:59	3.3835	http://localhost:9080/clean/front-page/view
2006-01-03 11:21:09	0.0130	http://localhost:9080/favicon.ico
2006-01-03 11:21:06	0.0108	http://localhost:9080/favicon.ico

http://localhost:9080/clean/front-page/view (total: 3.38s)

Elapsed	Time Spent	Percentage	Action
	0.0553	1.6%	I
+0.0553	2.6910	79.5%	+- document_view
	0.2320	6.9%	I I
+0.2873	0.0111	0.3%	I +- isDefaultPageInFolder
+0.2999	0.0025	0.1%	I +- is_folderish
+0.3141	0.0171	0.5%	I +- isDefaultPageInFolder (2nd call)
+0.3341	0.0109	0.3%	I +- isDefaultPageInFolder (3rd call)
+0.3492	0.0114	0.3%	I +- isDefaultPageInFolder (4th call)
	0.2800	8.3%	I I
+0.6406	0.0129	0.4%	I +- keyFilteredActions
	0.0633	1.9%	I I
+0.7167	0.0015	0.0%	I +- hide_columns
+0.7238	0.0023	0.1%	I +- isRightToLeft
	0.1142	3.4%	I I

Abb. 18.7. Ergebnisse des Call Profilers

PTProfiler

Beim PageTemplate Profiler handelt es sich um ein Zusatzprodukt, dass Sie separat installieren müssen. Die Installation wurde im Abschnitt 16.4 beschrieben.

Innerhalb eines Templates können zahlreiche Funktionsaufrufe stehen. Wenn ein Template lange braucht, bis es berechnet ist, dann gilt es herauszufinden, ob einzelne Aufrufe daran Schuld sind, oder ob die Summe der Aufrufe die Verzögerung verursacht. Im letzten Fall kann eine kritische Prüfung der Funktionsvielfalt helfen, unnötige Elemente auf der Seite zu identifizieren. Liegt das Problem an einer bestimmten Komponente, so kann diese auf Optimierungsmöglichkeiten hin untersucht werden.

Nach der Installation des Produkts ist der Profiler aktiv. Um die Ergebnisse zu sehen, muss im ZMI noch ein Objekt vom Typ *PTProfiler Viewer* angelegt werden. Geben Sie ihm eine beliebige ID und wenn Sie möchten einen Titel. Über *Add and Edit* können Sie direkt zum neuen Objekt wechseln.

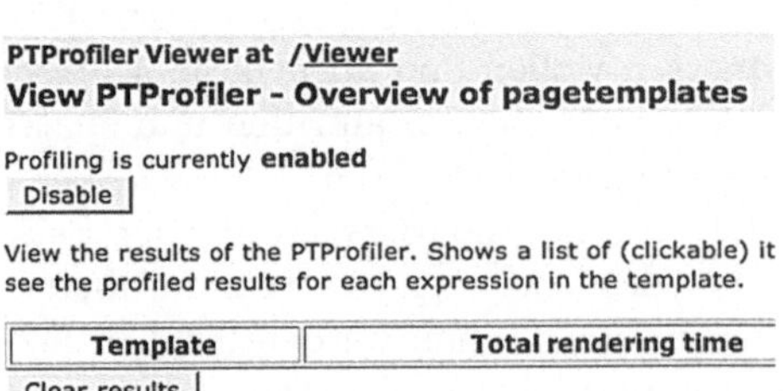

Abb. 18.8. Einstellungen im PTProfiler Viewer

Die Einstellungsmöglichkeiten sind spartanisch, aber ausreichend. Sie können hier den Profiler deaktivieren, was wichtig ist, wenn ein anderer Profiler verwendet werden soll. Außerdem können die Ergebnisse gelöscht werden, was sich vor einem neuen Test auch immer empfiehlt, um nicht aus Versehen die alten Ergebnisse zu bewerten.

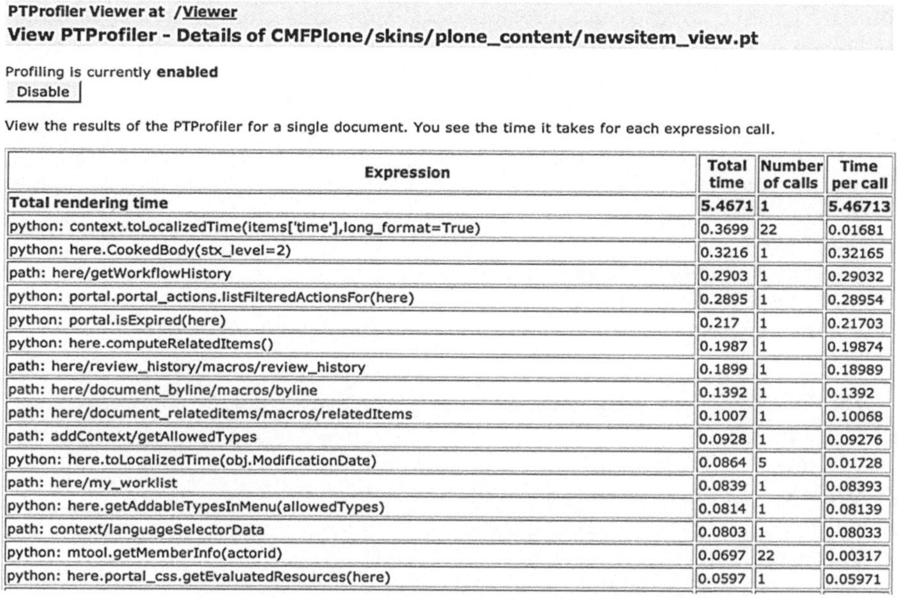

PTProfiler Viewer at /Viewer

View PTProfiler - Details of CMFPlone/skins/plone_content/newsitem_view.pt

Profiling is currently **enabled**

Disable

View the results of the PTProfiler for a single document. You see the time it takes for each expression call.

Expression	Total time	Number of calls	Time per call
Total rendering time	**5.4671**	**1**	**5.46713**
python: context.toLocalizedTime(items['time'],long_format=True)	0.3699	22	0.01681
python: here.CookedBody(stx_level=2)	0.3216	1	0.32165
path: here/getWorkflowHistory	0.2903	1	0.29032
python: portal.portal_actions.listFilteredActionsFor(here)	0.2895	1	0.28954
python: portal.isExpired(here)	0.217	1	0.21703
python: here.computeRelatedItems()	0.1987	1	0.19874
path: here/review_history/macros/review_history	0.1899	1	0.18989
path: here/document_byline/macros/byline	0.1392	1	0.1392
path: here/document_relateditems/macros/relatedItems	0.1007	1	0.10068
path: addContext/getAllowedTypes	0.0928	1	0.09276
python: here.toLocalizedTime(obj.ModificationDate)	0.0864	5	0.01728
path: here/my_worklist	0.0839	1	0.08393
python: here.getAddableTypesInMenu(allowedTypes)	0.0814	1	0.08139
path: context/languageSelectorData	0.0803	1	0.08033
python: mtool.getMemberInfo(actorid)	0.0697	22	0.00317
python: here.portal_css.getEvaluatedResources(here)	0.0597	1	0.05971

Abb. 18.9. Die Ergebnisansicht des PTProfilers

Die Ergebnisliste zeigt, wie lange jeder Aufruf gedauert hat. Die Optimierung des Codes ist eine Entwickleraufgabe, aber es ist von Vorteil, wenn der Administrator bereits fundierte Hinweise auf die mögliche Schwachstelle hat.

Da der Profiler sofort beim Start von Zope aktiviert wird, muss das Produkt vor dem Neustart aus dem Produkte-Verzeichnis entfernt werden, wenn es nicht benötigt wird.

18.7.2 Logfiles

Sowohl Zope, als auch ein eventuell vorgeschalteter Apache Server protokollieren sowohl Fehler, als auch Zugriffe. Während die Fehlerprotokolle vor allem bei Problemen Aufschluss geben, sind Zugriffsprotokolle für die Messung des Erfolgs einer Website wichtig. Ebenso lässt sich das Benutzerverhalten über Zugriffsstatistiken analysieren.

Zope schreibt bis zu drei unterschiedliche Logfiles, wovon allerdings nur zwei standardmäßig aktiv sind:

access: Im Access Log befinden sich Informationen über den Zugriff auf den Zope Server.

event: Das Event Log protokolliert alle außergewöhnlichen Vorkommnisse.
trace: Trace-Informationen werden normalerweise nicht geschrieben. Sie sind nur zur Fehlerbehebung interessant.

Welche und wie viele Informationen in den Logfiles protokolliert werden, können Sie über Zopes Konfigurationsdatei *zope.conf* einstellen. Die Parameter heißen `logger` und `warnfilter`.

logger

```
<logger access>
  level WARN
  <logfile>
    path $INSTANCE/log/Z2.log
    format %(message)s
  </logfile>
</logger>
```

Die Wichtigkeit der Einträge kann in sechs Stufen eingestellt werden:

- CRITICAL
- ERROR
- WARN
- INFO
- DEBUG
- ALL

ALL gibt erwartungsgemäß die meisten Meldungen aus. Der Standardwert ist INFO. Bei allen Einstellungen werden alle Vorfälle protokolliert, die zumindest den angegebenen Status haben.

Es kann aus fünf Protokollarten ausgewählt werden:

- logfile
- syslog
- win32-eventlog
- http-handler
- email-notifier

warnfilter

Über den Konfigurationsparameter `warnfilter` können Filterregeln definiert werden, mit denen Protokolleinträge unterdrückt oder auch aufgewertet werden können. Eine solche Regel besteht immer aus einer Aktion und einer Beschreibung der Warnung.

```
<warnfilter>
    action ignore
    category exceptions.DeprecationWarning
</warnfilter>
```

Action

Die Aktion kann einen der folgenden Werte annehmen:

error: Kommt es zu einer Warnung, die auf die Regel passt, dann wird ein Ausnahmefehler erzeugt und die Bearbeitung abgebrochen. Das ist eine sehr strenge Einstellung und wohl am ehesten für diejenigen interessant, die nie einen Blick in eine Protokolldatei werfen wollen, aber über bestimmte Warnungen informiert sein müssen.

ignore: Genau das Gegenteil passiert bei dieser Einstellung. Hier werden die auftretenden Warnungen nicht aufgezeichnet. Ich halte diese Einstellung für problematisch. Statt dessen sollte die Menge der Protokolleinträge über deren Bedeutung reguliert werden.

always: Ein Hinweis, der auf die Regel passt wird immer protokolliert.

default: Für jeden Ort wird der erste passende Hinweis aufgezeichnet.

module: Passende Warnungen werden nur einmal pro Modul festgehalten.

once: Jede Warnung wird unabhängig vom Ort nur einmal protokolliert.

Beschreibung

Für die Beschreibung der Warnungen, die gefiltert werden sollen, stehen verschiedene Optionen zur Auswahl:

message: Ein regulärer Ausdruck, auf den die Warnmeldung passen muss. Groß-/Kleinschreibung wird nicht unterschieden.

category: Die Angabe einer Klasse, die von `warning` abgeleitet ist.

module: Ein regulärer Ausdruck, der auf ein Modul passt.

lineno: Eine ganze Zahl, die auf die Zeilennummer passt, die zur Ausgabe der Warnung geführt hat.

Z2.log

Datei: *$INSTANCE → log → Z2.log*

Das *Z2*-Log ist das Zugriffsprotokoll von Zope. Die Daten geben Aufschluss über die zeitbezogene Last des Servers. Für die Erfolgsermittlung sind sie allerdings nur bedingt verwendbar. Wenn ein Caching Server die Anfragen bedient, dann wird der Zope Server nicht belastet. Diese Anfragen werden deshalb im *Z2*-Log auch nicht protokolliert. Um die Erfolgsmessung vorzunehmen, bietet sich statt dessen die Zugriffsdatei des Apache-Servers an.

event.log

Datei: *$INSTANCE → log → event.log*

Das *event*-Log protokolliert Ausnahmen und sonstige Hinweise, die von den Entwicklern im Programmcode definiert wurden. Es ist eine gute Adresse, wenn beim Betrieb von Zope Unregelmäßigkeiten auftreten.

Fehlerprotokoll

Wenn man über die Plone-Konfiguration das Fehlerprotokoll aufruft, dann sieht man die letzten Fehler, die beim Betrieb der Site aufgetreten sind. Auf der Seite kann die Länge des Fehlerprotokolls bestimmt werden, ob die Fehler zusätzlich in das *event*-Log kopiert werden sollen und welche Fehler ignoriert werden sollen.

Plone Error Reporting

Plone Error Reporting ist ein Zusatzprodukt, mit dem Ziel, dem Benutzer ein Verfahren an die Hand zu geben, wie er auf diesen Fehler reagieren kann. Ein positiver Nebeneffekt ist, dass die Fehlermeldungen wesentlich ausführlicher werden und so eine echte Hilfe bei der Fehlersuche darstellen. Anonyme Benutzer sehen diese ausführlichen Fehlermeldungen übrigens nicht, so dass das Produkt eventuell auch auf Produktivsystemen verwendet werden kann. Wenn Sie bei der Installation auch die Zusatzprodukte installiert haben, dann sollten Sie das Produkt bereits verwenden können. Ansonsten müssen Sie es möglicherweise erst in der Produktverwaltung von Plone aktivieren.

In den vergangenen Kapiteln wurde gezeigt, wie eine Plone Site installiert wird, wie man sie einrichtet und betreibt. Die vewendeten Konfigurationsoptionen sind nur ein kleiner Ausschnitt der Möglichkeiten, die Plone bietet. Aber es ist eine gute Ausgangsbasis. Darauf aufbauend lassen sich die weiteren Anforderungen eines konkreten Objekts gut im Selbststudium bewältigen. Die wichtigsten Quellen sind sicher die Python-Dateien selbst und natürlich die reichhaltigen Ressourcen im Internet.

Literaturverzeichnis

1. David Goodger (2005) reStructuredText Markup Specification http://docutils.sourceforge.net/docs/ref/rst/restructuredtext.html
2. David Goodger (2005) reStructuredText Directives http://docutils.sourceforge.net/docs/ref/rst/directives.html
3. OSCOM – Open Source Content Management (2005) OSCOM Kupu – Kupu WYSIWYG XHTML Editor http://kupu.oscom.org/
4. Dublin Core Metadata Initiative® (2005) DCMI Metadata Terms http://dublincore.org/documents/dcmi-terms/
5. Håkon Wium Lie, Bert Bos (1999) Cascading Style Sheets, designing for the Web. Addison Wesley
6. World Wide Web Consortium Cascading Style Sheets. http://www.w3.org/Style/CSS/
7. World Wide Web Consortium Cascading Style Sheets – System Colors. http://www.w3.org/TR/CSS21/ui.html\#system-colors
8. World Wide Web Consortium Cascading Style Sheets – Appendix A. A sample style sheet for HTML 4.0. http://w3.org/TR/CSS2/sample.html
9. Stefan Münz (1995-2005) SELFHTML – HTML-Dateien selbst erstellen. http://de.selfhtml.org
10. Patrick J. Lynch, Sarah Horton (2002) Web Style Guide 2nd Edition. Yale University Press
11. Zope Corporation (2003) Zope.org – Metal Specification 1.0 http://www.zope.org/Wikis/DevSite/Projects/ZPT/METAL%20Specification%201.0
12. Zope Corporation (2003) Zope.org – Tal Specification 1.4 http://www.zope.org/Wikis/DevSite/Projects/ZPT/TAL%20Specification%201.4
13. Andy McKay (2004) The Definitive Guide to Plone. Apress
14. Zope.org The Zope Book (2.6 Edition) – Appendix C: Zope Page Templates Reference http://www.zope.org/Documentation/Books/ZopeBook/2_6Edition/AppendixC.stx
15. Upfront Systems – Jean Jordaan, Raphael Ritz (2004) Plone Internationalization – Upfront Systems http://www.upfrontsystems.co.za/courses/plone/ch02s05.html
16. Plone.org – Joel Burton (2005) Internationalization (i18n) For Developers http://plone.org/documentation/how-to/i18n-for-developers
17. Zope Corporation (2003) Zope.org http://zope.org

18. Alexander Limi (2006) Should I learn Zope and/or CMF before I start with Plone? http://plone.org/documentation/faq/learn-plone-before-zope-cmf
19. Zope Corporation, Tres Seaver (2003) TopicIndexes http://www.zope.org/Wikis/DevSite/Proposals/TopicIndexes
20. Kedai (2003) TopicIndex and my first Zope diff http://myzope.kedai.com.my/Members/kedai/News_Item.2003-11-21.1100/
21. dedalu (2003) How-to create a Lexicon and ZCTextIndex using python http://www.zope.org/Members/dedalu/ZCTextIndex_python
22. Mitch Trachtenberg (2004) How To Understand DC Workflow v1.01 http://www.zope.org/Members/mitchtrachtenberg/workflowhowto/index.html
23. Geoff Davis (2004) CMFFormController: Everything You Ever Wanted To Know But Were Afraid to Ask http://plone.org/events/conferences/2/handouts/FormControllerTutorial.pdf
24. python.org Python Library Reference – 5.3 unittest – Unit testing framework http://docs.python.org/lib/module-unittest.html
25. Stefan H. Holek, Plone Solutions (2004) PloneTestCase – The Plone 2 Test Environment Explained http://www.zope.org/Members/shh/Tutorial/PloneTestCase.pdf
26. Maik Röder Archetypes Quick Reference Manual http://plone.org/products/archetypes/documentation/manual/quickref/referencemanual-all-pages
27. Jens W. Klein, Martin Aspeli (2006) ArchGenXML - Getting started http://plone.org/documentation/tutorial/archgenxml-getting-started
28. Nate Aune (2005) Building an artist community website http://ploneconf2005.bluedynamics.net/talks/building-an-artist-community-website-using-poseidon-archgenxml/artist-community
29. Martin Aspeli (2006) RichDocument: Creating content types the Plone 2.1 way http://plone.org/documentation/tutorial/richdocument
30. jeremy (2004) Running a ZEO Server HOWTO http://www.zope.org/Wikis/ZODB/HowtoRunAZEOServer/howto.html
31. ZODB/ZEO Programming Guide – ZEO http://www.zope.org/Wikis/ZODB/FrontPage/guide/zeo.html
32. Vasudeva Service (2005) Plone Speed Up http://www.vasudevaservice.com/documentation/articles/plone_speed
33. w3c.org 13 Caching in HTTP, 14 Header Field Definitions – part of Hypertext Transfer Protocol – HTTP/1.1 RFC 2616 Fielding, et al. http://www.w3.org/Protocols/rfc2616/rfc2616-sec13.html, http://www.w3.org/Protocols/rfc2616/rfc2616-sec14.html
34. Tigerblog Die Welt, das Leben und der ganze Rest. (2005) Tigerblog – Permission denied: couldn't grab the accept mutex http://tigerblog.de/index.php/archiv/2005/08/03/permission-denied-couldnt-grab-the-accept-mutex/
35. Sidnei da Silva (2006) #105: Using Five/Zope 3 Views http://plone.org/products/plone/roadmap/105
36. Alexander Limi (2006) #52: Placeful workflow support for Plone http://plone.org/products/plone/roadmap/52

37. Zope Corporation (2006) Zope.org – Documentation http://www.zope.org/Wikis/DevSite/Projects/ComponentArchitecture/Zope3DeveloperInfo/Documentation
38. Philipp von Weitershausen (2005) Web Component Development with Zope 3 Springer, Berlin Heidelberg New York
39. Stephan Richter (2006) Zope3Book – Chapter 8 Zope Schemas and Widgets (Forms) http://www.zope.org/Wikis/DevSite/Projects/ComponentArchitecture/Zope3Book/schema.html
40. Five, the Zope 3 in Zope 2 project http://codespeak.net/z3/five/
41. Jean Francois Roche, Russ Ferriday (2006) Walking through Five to Zope 3 http://plone.org/documentation/tutorial/five-zope3-walkthrough/introduction
42. Zope.org Introduction to the Zope Configuration Markup Language (ZCML) http://www.zope.org/Wikis/DevSite/Projects/ComponentArchitecture/Zope3Book/zcml.html
43. Zope.org (2006) Framework Overview http://www.zope.org/Members/urbanape/PluggableAuthService/PluggableAuthService-1.0.2/framework_overview.stx
44. J. Cameron Cooper (2004) Content Management With Plone http://plonebook.packtpub.com/index.htm
45. Wikipedia – Die freie Enzyklopädie. http://de.wikipedia.org

Sachverzeichnis